高等职业教育物流类专业新形态一体化教材

冷链物流管理

黄建辉 刘世明 主　编
杨　倩 江成城 凌宇鹏 杨莉蓉 张　蓉 陈少强 副主编

清华大学出版社
北京

内 容 简 介

本书共分为 6 个项目、27 个学习任务，主要内容包括冷链物流认知、冷链物流设备运营、农产品冷链物流运营、医药冷链物流运营、冷链物流数智化运营、冷链物流食品安全监管。本书以真实冷链物流企业为原型，描述了在实习导师指导下，实习生完成轮岗实践实习的项目情景。书中选取了经典、丰富的案例及素材，将冷链物流的新技术、新工艺、新方法等引入教材，并将技能培养融入每个学习任务，以冷链物流管理操作岗位的能力培养为本位，落实职业技能的养成。

本书注重落实立德树人的根本任务，依托省级高水平专业群及省级品牌专业建设，配套校企共建的课程教学资源库，既可作为高等职业院校物流类专业的教材，也可作为物流从业人士的参考书。

本书封面贴有清华大学出版社防伪标签，无标签者不得销售。

版权所有，侵权必究。举报：010-62782989，beiqinquan@tup.tsinghua.edu.cn。

图书在版编目（CIP）数据

冷链物流管理 / 黄建辉，刘世明主编. -- 北京：清华大学出版社，2024.8. -- （高等职业教育物流类专业新形态一体化教材）. -- ISBN 978-7-302-66873-2

Ⅰ. F252.8

中国国家版本馆 CIP 数据核字第 2024BS0335 号

责任编辑：强　溦
封面设计：常雪影
责任校对：李　梅
责任印制：刘　菲

出版发行：清华大学出版社
网　　址：https://www.tup.com.cn，https://www.wqxuetang.com
地　　址：北京清华大学学研大厦 A 座
邮　　编：100084
社 总 机：010-83470000
邮　　购：010-62786544
投稿与读者服务：010-62776969，c-service@tup.tsinghua.edu.cn
质量反馈：010-62772015，zhiliang@tup.tsinghua.edu.cn
课件下载：https://www.tup.com.cn，010-83470410

印 装 者：涿州汇美亿浓印刷有限公司
经　　销：全国新华书店
开　　本：185mm×260mm
印　　张：17.5
字　　数：403 千字
版　　次：2024 年 8 月第 1 版
印　　次：2024 年 8 月第 1 次印刷
定　　价：49.00 元

产品编号：104612-01

前言

民族要复兴,乡村必振兴。党的十八大以来,党中央高度重视"三农"各项工作,全面推进乡村振兴,大力推进农业农村现代化。党的二十大报告对全面推进乡村振兴做出了重要部署,明确指出"发展乡村特色产业,拓宽农民增收致富渠道"。要实现现代化的农业,离不开现代化的冷链物流。

随着中国人均可支配收入的增加,人们对高品质的生活越来越向往,消费升级趋势日益明显,消费者对食品的新鲜度也提出了新的要求。党的二十大报告着眼于增进民生福祉,提高人民生活品质,明确提出:"必须坚持在发展中保障和改善民生,鼓励共同奋斗创造美好生活,不断实现人民对美好生活的向往。"

冷链物流即将迎来发展黄金期。冷链物流可以使生鲜农产品、药品等商品在生产、贮藏、运输等过程中保持低温,以保证商品质量并减少损耗。随着中国居民消费能力持续增强,对冷冻冷藏食品的需求量越来越大,冷链物流行业规模效应也更加明显,进一步推动了消费结构的升级。越来越多的农产品与生鲜食品能够保质保量地抵达老百姓的餐桌,离不开农产品冷链物流的保驾护航。

党的二十大报告提出"加强教材建设和管理",将教材建设作为深化教育领域综合改革的重要环节。教材是进行教学活动的依据,也是学生系统地获得知识和能力的重要工具,还是学校深入教育教学改革与提升教学质量的重要保证,更是育人的载体,直接关系人才培养的方向和质量。因此,本书旨在帮助职业院校学生及社会学习者能更全面、更系统地掌握冷链物流业务知识和技能,并引导他们形成正确的世界观、人生观、价值观,从而成长为能够担当民族复兴大任的时代新人。

本书具有以下特色。

(1)培根铸魂、启智润心。本书设置了"补充阅读""素养园地"等栏目。在"素养园地"中,本书根据课程不同内容挖掘并设计了6个典型的育人案例,引导学生树立正确的价值取向,让铸魂育人不仅有深度,还有温度,更有高度,实现知识技能传授与价值引领的同频共振。

(2)项目导向,任务驱动。本书以真实的冷链物流企业为原型,构建了广州华滴生鲜食品集团虚拟工作场景,描述了在实习导师指导下,实习生小王在该集团完成轮岗实习的项目情景,并根据工作过程组织项目及学习任务。其中,每个项目由"学习目标""学习内容""任务布置""学习任务""素养园地""习题"构成;项目中的"学习任务"包括"知识储备""任务实施""任务拓展""任务评价""补充阅读"5个部分,打造具有真实企业情景的项目化、任务驱动式理实一体化教材。

(3)工学结合,协同育人。本书以职业教育国家教学标准体系为指引,以冷链物流管理操作岗位能力培养为本位,从冷链物流企业中选取权威性、经典性、丰富性、深刻性的案例及素材,将冷链物流的新技术、新工艺、新方法等引入教材,将技能培养融入每个学习任务,校企合作开发教材,落实职业技能养成。

(4)纸媒融合,互补共赢。本书依托省级高水平专业群及省级品牌专业建设,校企共建了与教材配套的课程教学资源库,在智慧职教平台开设了配套的慕课,推动教材与教学资源融合应用,强化学生学习的主动性、积极性和创造性,通过多种形式立体化地呈现教材内容。学生不仅能通过教材中的二维码链接微课等教学资源,还能通过慕课、云课堂辅助学习及课堂教学。这种纸媒与数媒的深度融合,满足了"互联网+"背景下教与学的需求,为教师开展课堂教学改革,提高教育教学效率和质量奠定了良好的基础。

本书由广东农工商职业技术学院黄建辉负责全书整体框架设计,具体编写分工如下:项目一、项目三由黄建辉、广州城市职业学院江成城编写;项目二由广州番禺职业技术学院刘世明编写;项目四由广东农工商职业技术学院杨莉蓉编写;项目五由广东农工商职业技术学院凌宇鹏编写;项目六由广东科贸职业学院杨倩编写。

在本书编写过程中,广东农工商职业技术学院教务处处长李法春教授等学校领导给予了总体指导,雷州湛垦农业发展有限公司李盖经理、京东物流张蓉总监、广东翰智数字科技公司陈少强总经理、广东本来网电子商务有限公司黄彦富经理、湛江农垦现代农业有限公司苏增生副总经理等给予了技术指导或提供了素材、案例等。

本书在编写过程中参考了许多资料和文献,在此对这些专家和学者们表示衷心的感谢。由于编者水平所限,书中疏漏之处在所难免,敬请广大同仁和读者批评、指正。

编　者
2024 年 3 月

目录

项目情景	1
项目一　冷链物流认知	2
任务一　冷链物流起源及发展	3
任务二　冷链物流数智化	9
任务三　冷链物流保鲜技术分析	15
素养园地	23
习题	24
项目二　冷链物流设备运营	26
任务一　冷链物流设备认知	27
任务二　冷链物流加工设备运营	31
任务三　冷链物流仓储设备运营	40
任务四　冷链物流运输与配送设备运营	47
任务五　冷链物流销售设备运营	57
素养园地	60
习题	61
项目三　农产品冷链物流运营	63
任务一　农产品采收	64
任务二　农产品分级	73
任务三　农产品预冷	80
任务四　农产品贮藏	88
任务五　农产品包装	109
任务六　农产品运输与配送	120
任务七　农产品销售	136
素养园地	145
习题	146
项目四　医药冷链物流运营	148
任务一　医药冷链物流认知	149

任务二　医药冷链物流标准化 …………………………………… 157
　　任务三　医药冷链物流业务运营 ………………………………… 163
　　任务四　疫苗冷链物流管理 ……………………………………… 169
　　素养园地 …………………………………………………………… 176
　　习题 ………………………………………………………………… 177

项目五　冷链物流数智化运营 ……………………………………… 179
　　任务一　冷链物流数智化技术分析 ……………………………… 180
　　任务二　冷链物流数智化设备认知 ……………………………… 196
　　任务三　冷链物流数智化运营框架搭建 ………………………… 209
　　素养园地 …………………………………………………………… 220
　　习题 ………………………………………………………………… 220

项目六　冷链物流食品安全监管 …………………………………… 222
　　任务一　食品安全治理 …………………………………………… 223
　　任务二　食品化学成分分析 ……………………………………… 235
　　任务三　食品质量评估 …………………………………………… 249
　　任务四　食品温湿度监控 ………………………………………… 257
　　任务五　食品安全追溯 …………………………………………… 262
　　素养园地 …………………………………………………………… 271
　　习题 ………………………………………………………………… 271

参考文献 ……………………………………………………………… 273

项目情景

广州华滴生鲜食品集团(以下简称华滴生鲜)是中国华南地区一家大型的生鲜农产品经销商,旗下拥有农产品生产基地、冷链物流运输网络及多家生鲜门店,致力于为广大市民提供优质生鲜农产品。

华滴生鲜为了满足企业业务拓展的需要,每年都会招聘实习生。实习生需在实习过程中完成公司各岗位的轮岗实践,只有通过企业导师布置的岗位实操考核任务,且测试成绩及格(60分及以上),才能获得该岗位的认证证书,也才有资格进入下一个岗位的实践。

小王是华滴生鲜招聘的众多实习生中的一员,其企业导师姓李(以下统称李导师)。为了能更快地理解并掌握岗位操作的理论及逻辑,小王在每个岗位实习前都需预先完成相关岗位的知识储备学习。在完成岗位实操考核任务后,可获得对应岗位的认证证书。在获得所有岗位的认证证书后,华滴生鲜会给小王开出实习合格证明并纳入企业的人才储备库。

冷链物流认知

  学习目标

知识目标

1. 了解冷链物流的起源及发展过程。
2. 熟悉"互联网+"背景下冷链物流数智化的必然性及手段。
3. 理解冷链物流低温保鲜原理。

能力目标

1. 能够分析冷链物流发展的影响因素。
2. 能够分析并撰写冷链物流数智化手段。
3. 能够利用呼吸作用或蒸腾作用的原理进行果蔬贮藏。

素养目标

1. 培养学生的专业认同感。
2. 增强学生服务农业农村现代化的使命感和责任感。
3. 培养学生求真务实的科学精神。

  学习内容

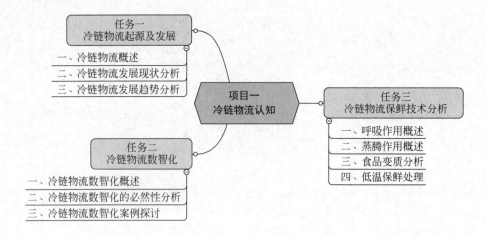

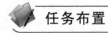

任务布置

实习入职的第一天,小王在参加完人事部门组织的实习启动仪式并办完实习入职手续后,面见导师,并由导师为其安排实习任务。

李导师向小王简单介绍了公司,并详细介绍了接下来需要轮岗实习的3个任务:①冷链物流起源及发展;②冷链物流数智化;③冷链物流保鲜技术分析。

李导师给小王布置了轮岗实习中的任务与要求。

(1)各岗位实践中,导师会分别以"冷链物流的特点""京东冷链物流数智化手段""利用呼吸作用的原理进行果蔬贮藏的方法"为例,通过"任务实施"方式,完成每一岗位实操的培训。

(2)为了强化及检验实习生对岗位实操的掌握情况,实习生需依次完成"冷链物流'火'起来""顺丰冷链数智化手段""利用蒸腾作用的原理进行果蔬贮藏的方法"等实训拓展任务的实操考核。

任务一 冷链物流起源及发展

随着人们对于食品个性化需求的提升,生鲜食品的消费需求与日俱增。由于果蔬、肉、奶制品、海鲜等生鲜食品需要低温贮藏及运输,冷链物流可为其提供适宜的温度和湿度环境,同时抑制细菌的活性、降低细菌在运输或贮藏过程中的繁殖,从而保证食品的品质及安全。

知识储备

一、冷链物流概述

(一)冷链物流的概念

冷链物流(cold chain logistics)是随着科学技术的进步、制冷技术的发展而建立起来的低温物流。冷链物流是以冷冻工艺学为基础,通过运用制冷技术等手段,确保生产、贮藏、运输、销售直至消费的各个流通环节都始终处于特定的低温环境中,从而最大限度地保持食品原有的色泽、风味及营养,减少食品损耗,延长食品保鲜期限的一项系统工程。

冷链物流应用于果蔬、畜禽肉、水产品、加工食品、冰淇淋和蛋奶制品、冷冻或速冻食品、快餐原料、酒品饮料、花卉,以及药品(疫苗、血液)、化工品等特殊产品的保鲜或保质。

冷链物流

随着经济发展和居民收入的提高,人们的消费水平不断提升,消费观念也不断转变,对于食品品质、安全和新鲜度的要求越来越高。冷链物流不仅可以降低食品的损耗率,还可以提高食品的可追溯性和安全性。因此,作为保障食品品质和新鲜度的冷链物流,将会得到更广泛的应用。

(二)冷链物流的价值

加快冷链物流发展,对于保障人民的生命安全,提升农产品的竞争力,促进农民持续增收具有重要意义。

1. 降低农产品流通损耗,推动农业现代化

冷链物流在农产品流通中发挥着不可忽视的作用。由于整个冷链物流环节不配套,大部分农产品仍旧是在常温或"断裂的冷链"的状态下流通。发展冷链物流不仅能够大幅度地降低农产品的流通损耗,促进农民增收,也可以有效提高农产品的国际竞争力,全面支撑和推动农业现代化的发展。

2. 减少农产品营养流失,保障农产品质量安全

中国是食品生产和消费大国,食品质量安全一直是备受关注的问题。冷链物流提高了农产品的保鲜能力,可以保障农产品的质量安全。例如,果蔬在同样储存5天的情况下,常温储存的叶绿素、糖分只有冷链物流状况下的25%左右,这意味着水果内大部分营养成分流失,只剩下纤维素。随着城乡居民消费水平和消费能力的不断提高,全社会对生鲜食品的多元化、新鲜度和营养性方面提出了更高的要求,发展冷链物流已经成为提升居民消费品质、减少营养流失、满足居民"更优质、更便利、更安全"要求的重要保障。

3. 延长农产品存储期限,提高其经济价值

冷链物流延长了农产品的存储期限。例如,新疆地区的库尔勒香梨,在没有冷链物流的情况下,每年9—10月的收获季节,由于不能长时间储存,必须在较短时间内销售出去,其价格只能卖到每斤0.4~0.5元,丰产时可能会有大量的香梨由于卖不出去而烂在地里。近年来,国家在库尔勒地区建立了20万t冷库,此后香梨的价格提升到每斤4~5元,产生了10倍的增值。

二、冷链物流发展现状分析

(一)冷链物流发展的历史

冷链物流起源于19世纪上半叶,20世纪50年代出现了以商品形式销售的冷冻食品。目前,日本、美国、德国、英国和加拿大等发达国家的冷链物流发展已非常成熟。

中国冷链物流行业始于20世纪60年代,主要经历了以下三个阶段。

1. 萌芽期(20世纪60年代—20世纪90年代)

20世纪60年代,国民经济发展较为缓慢,交通运输不完备。为了调节淡旺季,保障肉、禽和水产品等生鲜食品在市场上得到有效供应,中国在主要城市兴建大型冷藏仓库,并通过铁路冷藏车和水冷船连接,但此时冷链物流资源还极其匮乏。

2. 起步发展期(20世纪90年代—2007年)

20世纪90年代,冷链物流进入了第二阶段,由萌芽期逐渐过渡到起步发展期。改革开放政策的实施及国民经济的迅速发展,使居民生活水平迅速提高,产品需求由以肉、禽和水产品为主衍生到各种冷冻冷藏食品。中国一线城市开始出现大型连锁超市,采用大量先进的冷藏陈列柜,并逐渐完善零售终端冷链设备。同时,交通设施的完善使得海陆空

的冷链物流运输得以发展,从而加快了冷链物流行业各环节的设备技术开发及建设进程。

3. 迅速发展期(2008年至今)

随着中国居民收入水平的提高,以及2008年北京奥运会供应标准的推动,中国冷链物流企业业务能力得到了大幅提升。消费者对生鲜食品的品质意识逐渐增强,市场经济日趋活跃,进口生鲜品类增加,农产品及药品市场需求激活,以及生鲜电商的崛起,都进一步刺激了冷链物流的发展。同时,冷链物流行业服务水平模式也得到提升,从最初的运输、仓储、超市配送衍生到供应链型、电商生鲜配送及"互联网+冷链物流平台"等商业模式,大量企业进入冷链物流行业,其中包含传统物流企业转型、生产商自营冷链物流部门、专业冷链物流服务商。例如,双汇、光明等食品企业成立了独立的物流公司,京东、天猫等平台开始试水生鲜电商。冷链物流进入飞速发展时代,实现多方面的转型升级。

(二) 冷链物流发展现状

从全球范围冷链物流的发展来看,美国、日本、欧洲等发达国家或地区的冷链物流发展处于世界领先地位,不仅冷链物流体系建设较为完善,而且在冷链物流技术应用方面也较为先进。全球冷链物流巨头,如费普斯、冷王、New Cold 等,面向全球市场提供涵盖技术研发、冷链物流仓储、冷链物流运输等综合冷链物流服务,竞争优势明显。

冷链物流在中国处于快速发展阶段,但是物流成本比较高,产值损耗大,产业竞争力有待进一步提升。

1. 国外冷链物流现状

(1) 美国。美国注重食品的监督与管理,根据各地气候、土壤条件,建立蔬菜基地,形成了较为完善的全国性蔬菜生产分工体系。美国冷链物流技术先进,设施设备充足,遵守标准的操作守则和有组织地运行管理。此外,美国还推行区域化生产,实施生产基地与终端用户之间专业化的全程温控,从而降低或避免产品损耗。

(2) 日本。日本是一个极其重视产品安全和保鲜程度的国家,在鲜果低温流通保鲜技术方面处于领先位置。日本通过研发先进设施、建设先进设备,并采取"产地预冷、低温运输、低温销售"等冷链流通措施,保证了在无农药或低农药处理条件下能很好地实现食品品质优、鲜度好、腐烂少。

(3) 德国。德国在冷链物流方面完善了监督体系,上至立法机构、监督部门,下至评估部门、生产企业均包含在内。德国制定了相应的法律法规,成立了相关协会进行监督与管理。

(4) 加拿大。加拿大设立专门的卫生安全、质量管理机构。同时,设立食品检验机构,推行果蔬的分级包装处理,在"最先一公里"(农产品流通开始阶段)进行预处理及快速冷冻,从而实现全程专业化、规范化、社会化操作,降低成本并提高效率。

2. 国内冷链物流现状

(1) 完整独立的冷链物流体系尚未形成。中国冷链物流的应用还仅仅重视冷链物流运输与冷藏环节,冷链物流技术装备相对落后,信息化水平低下。例如,由于没有配备相应的温度传感装置,存在监控不到位,不能轻易发现冷链物流运输途中的温度变化,从而容易造成生鲜食品的损耗。

(2) 冷链物流流通率低。虽然国内有了一定的冷链物流意识,但消费者对生鲜品是否需要冷链物流保鲜尚没有严格要求。国内果蔬、肉类、水产品冷链物流流通率分别仅有5％、15％、23％,导致我国农产品产后损失严重。

(3)冷链物流设施分布不均。由于经济发展的地域性特点等原因,冷链物流设施主要分布在华东、华南、华北等发达地区。例如,上海、山东、江苏的冷库发展速度较快,冷库容量居全国前列,其中华东地区冷库容量已占到全国冷库总容量近46％。而中西部地区冷库则比较短缺,冷库容量仍旧偏低,在生鲜食品产地缺乏预冷,产生源头"断链"。

(4)行业集中度低,利润率低。从竞争格局看,中国冷链物流行业集中度低,企业规模小,行业竞争激烈,企业之间存在着价格战、恶性竞争等现象,目前国内缺乏可以面向全国甚至全球的冷链物流企业,多数企业以区域性服务为主,并且主要提供运输、仓储等基本物流服务。由于中国冷链物流企业规模普遍较小,再加上预冷环节缺失、经营分散、运输网络落后、缺乏有效信息管理等,使得冷链物流成本较高。中国常温物流利润率为10％,冷链物流利润率仅为8％,而发达国家冷链物流的利润率可以达到20％~30％。可喜的是,近年来,一些大型物流及电商企业,如京东、阿里、顺丰等,纷纷涉足冷链物流业务,冷链物流企业的规模有所壮大。

(5)冷链物流系统标准化有待完善。冷链物流涉及交通、民航、铁路、卫生等多个部门,以及科研机构和产业技术组织,它们分散在各个政府部门、行业中,造成相互间交流和配合困难,从而影响了冷链物流标准化体系统一规划和建设。据不完全统计,分布在不同行业和部门的冷链物流标准约有200项。

三、冷链物流发展趋势分析

随着生活水平的提高和消费的升级,人们对生鲜产品的需求增加,冷链物流开始受到广泛关注。未来,中国将逐步形成衔接产地销地、覆盖城市乡村、联通国内国际的冷链物流网络,基本建成符合中国国情和产业结构特点、适应经济社会发展需要的冷链物流体系。

(一)国家政策助力冷链物流快速发展

近年来,冷链物流产业规划、扶持政策和行业标准陆续出台,政策支持是冷链物流行业发展的重要原因之一。冷链物流行业的首个五年规划《"十四五"冷链物流发展规划》,掀起了中国冷链物流高质量发展的新高潮。中央各部门及各级地方政府纷纷出台鼓励扶持冷链物流发展的政策举措,从政策、法规角度推动冷链物流的转型升级。

政策支持为冷链物流行业的发展提供了有利的环境,有助于降低农产品冷链物流的成本,支撑冷链物流基础设施的建设,并推动全程冷链物流的完善,以及覆盖农产品收集、加工、运输、销售各环节的冷链物流体系的构建。2021年修正的《中华人民共和国食品安全法》进一步推动了冷链物流体系的完善,从生产、运输、贮存、销售、餐饮服务等各环节实施严格的全过程管理,强化生产经营者的主体责任,完善追溯制度,加大监管处罚力度。

此外,构建全国统一大市场、实施乡村振兴战略、发布稳经济一揽子政策、出台扩大内需战略规划、实施质量强国战略等,为冷链物流行业发展营造了绝佳的政策环境。

(二)冷链物流需求不断提升

冷链物流是未来国家重点扶持的领域。随着中国居民消费能力的持续增强,对冷冻冷藏食品的需求越来越大,生活水平提升引导的消费结构升级预示着冷链物流将迎来发展黄金期。根据中国物流与采购联合会公布的2023年上半年冷链物流运行数据,可以看出中国冷链物流的产业环境、市场需求、企业竞争力等方面持续企稳回升,支持行业发展的积极因素不断增多。2023年上半年,中国冷链物流总额为3.1万亿元,同比增长3.7%;冷链物流市场规模为2688亿元,同比增长3.3%。中国冷链物流需求总量为2.1亿t,同比增长5.2%,并保持稳定增长,冷链物流市场体量稳步扩大。

(三)智慧冷链物流不断发展

随着大数据、物联网、人工智能等新兴科技的发展,相关技术在冷链物流的应用落地越来越频繁,自动搬运、无人设备、远程监控、智慧管理都取得了较好的成果。

2021年11月,国务院办公厅发布《"十四五"冷链物流发展规划》,要求加强冷链物流智能技术装备应用,即推动大数据、物联网、5G、区块链、人工智能等技术在冷链物流领域广泛应用;鼓励冷链物流企业加快运输装备更新换代,加强车载智能温控、监控技术装备应用;推动冷库"上云用数赋智",加强冷链物流智慧仓储管理、运输调度管理等信息系统开发应用,优化冷链物流运输配送路径,提高冷库、冷藏车利用效率;推动自动消杀、蓄冷周转箱、末端冷链物流无人配送装备等研发应用。

政策支持为冷链物流的发展提供了有利的外部环境,支持建设全程冷链物流和覆盖生鲜食品的采收、贮藏、加工、运输、配送、销售各环节的冷链物流体系。显然,打造智慧冷链物流已经成为未来冷链物流产业的发展趋势。

(四)冷链物流企业发展模式不断创新

随着电子商务的不断发展,生鲜和跨境电商等持续壮大,在满足居民消费需求的过程中,冷链物流的服务水平不断提升,冷链物流企业也由之前的仓储服务或单一运输发展模式逐步转向综合化的冷链物流服务运营商,不断创新冷链物流发展模式。在多业态、多模式、多元化的冷链需求下,冷链物流企业形成了多种服务类型共存的行业生态。传统连锁餐饮商超冷链物流需求稳中有进;食品生产加工、中央厨房后劲充足,已经形成更为成熟的冷链物流市场;新兴预制菜潜力巨大,未来有可能培育出新的增长点。

(五)冷链物流基础设施将进一步完善

冷藏车保有量和冷库总容量正在不断提升,冷库建设更加有目的性,特别是农产品产地的预冷、清洗、分级、包装等"最先一公里"短板在政策的驱动下将加快补齐。2023年6月,随着第三批国家骨干冷链物流基地公布,中国冷链物流基础设施空间分布更加优化,逐渐形成贯穿京津冀、长三角、粤港澳、成渝、中原等城市群的冷链物流网络,冷链物流服务覆盖范围进一步拓展。

任务实施

李导师:小王,根据你的预习,谈一谈你对冷链物流的认识。

小王:冷链物流是一种专门通过进行温度控制以保障农产品鲜度及食品安全的物流系

统。例如,果蔬、肉、海鲜、牛奶、冰激凌等,都需要通过冷链物流进行流通直至送到客户手中。

李导师:是的,你对冷链物流有了一定了解,预习得非常好。冷链物流与常温物流最大的区别就是,冷链物流全程需要温度控制,下面通过"冷链物流的特点"来了解冷链物流的独特之处。

冷链物流的特点

(1) 冷链物流系统复杂。冷链物流也叫低温物流,是一种特殊的物流形式,其运输的货物是生鲜食品或易腐食品,旨在保障易腐食品在流通环节中的品质。因此,冷链物流系统要求运行在低温环境下,物流业务运作要求更高、更为复杂,从而导致冷链物流系统复杂,投资建设资源耗费量大。

(2) 组织协调性要求高。易腐食品的时效性强,它们对时间和作业环境的要求非常严格。如果各个环节间不能有效衔接,将使食品质量发生变化,降低或丧失经济价值,造成损失。冷链物流食品的时效性要求冷链物流各环节具有非常高的组织协调性。

(3) 冷链物流高成本。为了保证易腐食品在流通各个环节能处在特定的低温环境中,在生产加工、贮藏、运输和配送到终端消费的各环节都需要冷藏车或者低温仓库等冷链设备。但是冷库建设和冷藏车购置的投资比较大,如冷库建设成本是一般库房的3~5倍。

任务拓展

李导师:小王,随着中国不断升级的城乡居民消费结构,生鲜食品需求旺盛,冷链物流开始"火"起来,冷链物流行业将迎来新的"春天"。

小王:了解,老师。冷链物流在中国居民消费水平越来越高的情况下,未来发展潜力巨大,冷链物流行业前景可观。

李导师:是的。经过本任务相关知识的学习,相信你对冷链物流有了较好的掌握。冷链物流产业在不断满足人民日益增长的美好生活需要的过程中,必将加快迈向高质量的发展。下面请你以"冷链物流'火'起来"为题,根据老师提供的资料及上网查询的相关数据,撰写你对冷链物流"火"起来的看法,至少包括以下几方面内容。

(1) 乡村振兴战略对冷链物流的影响。
(2) 国家相关政策对冷链物流的影响。
(3) 居民的消费水平及消费观念的改变。
(4) 中国冷链物流的现状及提升空间。
(5) 冷链物流设备及技术的迭代升级。

小王:好的,老师。我会认真完成的。

请你代替小王,撰写你对冷链物流"火"起来的看法。

任务评价

知识点与技能点	我的理解(填写关键词)	掌握程度
冷链物流概述		☆☆☆☆☆
冷链物流发展现状分析		☆☆☆☆☆
冷链物流发展趋势分析		☆☆☆☆☆

补充阅读

中国冷链物流运行总体情况持续向好

中国物流与采购联合会于 2023 年 9 月 22 日公布 2023 年 1—8 月冷链物流运行数据。数据显示,在国家政策的支持下,中国冷链物流运行总体情况持续向好,保持企稳回升态势。

2023 年 1—8 月,冷链物流需求总量为 2.4 亿 t,同比增长 5.35%;冷链物流总收入为 3085.9 亿元,同比增长 3.41%;中国冷链物流总额为 3.7 万亿元,同比增长 3.95%。冷链物流市场逐步向好,国家对冷链物流支持的政策效果在持续显现。政策层面推动中国冷链物流发展的支持力度在明显增强。

1. 消费需求升级 带动冷链物流增长

冷链物流主要跟食品、药品的流通相关。从市场需求来看,消费的逐步回暖拉动冷链物流的快速发展,也体现了消费升级的发展需求。此外,暑期旅游、餐饮、住宿等消费需求回升明显,带动快消品和生鲜食品等品类的电商物流需求快速增长。

2023 年 1—8 月,餐饮收入达到 32818 亿元,同比增长 19.4%。其中,8 月餐饮收入为 4212 亿元,同比增长 12.4%。从季节因素来看,7—8 月是冷链物流的传统旺季,冰品、低温饮品等冷链物流需求旺盛。此外,进口冷链食品也在持续回暖。中国农产品进口额为 1614.9 亿美元,同比增长 4.0%。中国水产品进口 132.4 亿美元,同比增长 8.8%。进口冷链食品整体需求仍保持旺盛。

冷链物流是加持和支撑消费升级的一个非常重要的措施。在冷链物流的支撑下,农产品、水产品才能在更广泛的范围内流通,内陆地区才能吃到新鲜的海鲜,有些不产水果的地方才能够吃到新鲜的水果。实际上,冷链物流支撑了这种消费的升级。

2. 冷链物流基建投资维持稳定增长

在政策的推动和市场需求的支持下,冷链物流基建投资也保持了一定的增长力度。

2023 年 1—8 月,冷链物流基础设施投建总额超过 299.5 亿元,同比增长 9.1%。中国公共型冷库库容新增 1209.5 万 m^3,同比增长 4.3%。

冷链物流行业的稳定性促进了冷链物流投资的快速增长,推动了冷链物流行业投资的快速增长。具体来看,冷链物流行业的稳定发展态势吸引了资本、基金及地产等多元主体进入冷链物流市场。同时,在政策的加持下,甲方企业开始自建冷库,由需求方转变成供应方,带动冷链物流行业投资的快速增长。

资料来源:中国青年网. 数据里看发展 中国冷链物流运行总体情况持续向好[EB/OL].(2023-09-22) [2024-02-19]. https://news.youth.cn/gn/202309/t20230922_14807359.htm.

【思考】
冷链物流运行总体情况持续向好主要体现在哪些方面?

任务二 冷链物流数智化

冷链物流本质是全程监控运输过程中食品的温度、湿度,并实时追踪监控食品状态。随着信息技术的快速发展,通过借助数字化、信息化、智能化手段,能够实时监控冷链物流运输中的多个环节,打通从生产、流通、加工到销售之间的信息壁垒,真正实现食品质量与安全可追溯,订单信息与位置可跟踪。

知识储备

一、冷链物流数智化概述

(一)冷链物流数智化的概念

数智化是数字化、智能化概念的统称,也是数字化与智能化发展阶段的延续。数智化是科技发展与创新的产物,标志着一个全新时代的开始。具体到冷链物流行业,新技术的发展使得现有物流要素从数字化逐渐走向智慧化和智能化,并创造新一代的物流要素,促进产业的转型与升级。

冷链物流数智化是指在冷链物流系统中,采用物联网、大数据、云计算和人工智能等先进技术,使整个冷链物流系统实时收集并处理信息,做出最优决策、实现最优布局,从而实现冷链物流系统各组成单元的高质量、高效率、低成本分工与协同。

仓内技术、干线技术、"最后一公里"技术、末端技术、智慧数据底盘等是实现冷链物流数智化的技术基础,而冷链物流的数智化水平也是确保冷链物流全过程受控的重要保障。

(二)冷链物流数智化的意义

(1)运营高效化。通过移动化(无线)、标签化、多功能化三方面,能实现冷链物流多维度、全链条的数据采集,可以快速、准确地进行数据采集和处理,实现冷链物流设施的标准化和高效化运营。

(2)管理智能化。通过数智化冷链物流技术的应用,可以帮助司机优化线路,同时让运单与实际货物匹配更准确,实现配送全程透明、可追溯。对于监管部门而言,可通过大数据清晰汇聚和展示生鲜食品冷链物流现状,由被动监管向主动监管转变,由事后治理向事前预测防范转变,形成科学可行的长效监管机制。

(3)决策科学化。通过大数据,可辅助企业预测未来一段时间生鲜食品的市场态势,按市场需求来进行仓储调度,减少冷链物流过程中的损耗与食品积压。

二、冷链物流数智化的必然性分析

近年来,数智化浪潮席卷了各行各业,冷链物流行业也不例外。在大数据、互联网、云计算等科技创新力量的加持下,传统冷链物流配送迎来了又一轮转型升级。特别是在2020年后,"无接触配送"在电商等行业内迅速铺开和跟进,众多企业与平台已开展"无接触配送"服务,如京东、盒马鲜生、每日优鲜、顺丰冷链等。自此,数智化冷链物流开始广泛进入大众视野,为广大市民提供服务。

随着冷链物流信息化、数字化发展,数智化冷链物流成为必然发展趋势。数智化冷链物流技术能让冷链物流具备自主性能力,具备全过程信息感知、计算、处理、信息交互及信息共享等能力,有助于实现冷链物流各环节的自动化、智能化、节能化、一体化运营与管理,提高冷链物流系统的科学决策和智能执行能力,从流通环节、底层技术、应用领域和功能目标等方面实现智慧化,从而降低运营成本投入,提高冷链物流整体效率。

三、冷链物流数智化案例探讨

科技创新的力量正在推动冷链物流摆脱传统的运行方式。通过数智化手段,建立严格的冷链物流管理体系,对从采收到配送的各环节进行层层把关筛查,通过追溯等方式保障冷链物流透明化,以解决冷链物流隐患和实现冷链物流高质量发展。

(一) 数智化时代的运荔枝作为

运荔枝是冷链行业领先的一站式互联网货运平台,为客户提供全程冷链仓储运输服务。运荔枝从供应链优化视角,构建了开放共赢的数智系统生态,为中餐连锁、西餐连锁、食品工贸、商超零售、休闲食品等客户提供全国一站式冷链服务。运荔枝以智能算法、软硬件为链接驱动力,打通了产业端与消费端之间的需求、供应、生产、履约、流通的大动脉,持续赋能食材供应链全流程效率提升。

如图 1-1 所示,仓网优化、干线组网、智能排线、运力推荐、AI 预警、防窜货、食安溯源、履约驾驶舱、共配拟合、商圈画像等产品,从经营决策层、采购生产指引层、仓配管理层、销售支持层不断赋能运荔枝供应链优化,让食材交付更完美。

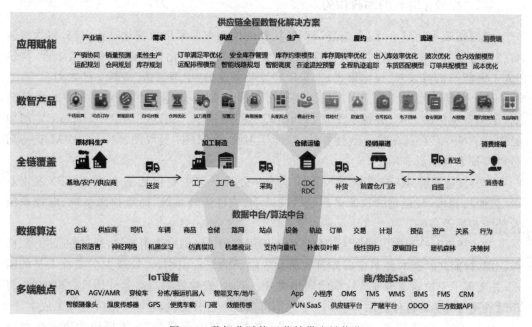

图 1-1 数智化赋能运荔枝供应链优化

以数智产品为支撑,运荔枝不断提升冷链物流设施的运转效能,提升车辆满载率、提高车辆利用率、减少车辆资源浪费、减少无效行驶的总公里数,降低仓库闲置率、提高仓库利用率,实现节能减排的低碳发展,如图 1-2 所示。

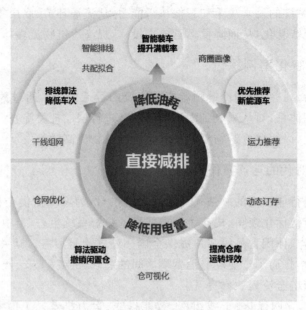

图 1-2 提升冷链物流设施的运转效能

（二）数智化时代的邮政作为

中国邮政主动肩负"国企担当"，积极从软硬件两方面紧跟数智化时代大潮，将物流装备技术与人工智能、物联网技术、识别技术、路径算法、无人化等前沿领域有机结合，构筑"人工智能＋机器人"数智化模式，为实现物流装备业的"中国制造"贡献一己之力。

（1）机器视觉技术的应用。机器视觉技术的应用有效体现在物流业务中的单件分离、不同种类货物分离、分拣小车货物判断等不同场景中。在这些场景中，OpenCV 图像处理、RANSAC 随机采样一致性算法、深度学习技术、HOG 提取图像特征、SVM 支持向量机等技术被广泛应用。

（2）打造智能 3D 视觉机器人分拣系统。分拣系统主要包括基于 AI 的 3D 视觉系统、工业机器人、轻量化的物流多功能机械抓手、快件翻转系统、面单扫码系统、电控系统及外围非标设备等。

（3）高速安检智能识别系统。分拣中心采用卷积神经网络识别算法，通过图像拍照、图像识别、智能判断技术自动完成普通物品和危险品的安检识别，大幅减少了安检人员的需求，并实现了安检效率与分拣效率的同步提升。例如，安检效率与高速分拣机效率匹配，每小时最高可分拣 5 万件货品，只需 1～2 人即可监控一台分拣机，能够有效降低人工成本。

（4）AGV 分拣技术，即"搬运机器人"。该技术对地面载荷、分拣场地的要求变得更加柔性，可更细化分拣颗粒度，大幅增加分拣的目的地格口数量。此外，采用 AGV 进行异形件的分拣和场地笼车的搬运，能够降低工作人员的劳动强度，提升分拣效率。

（5）无人车的应用。无人车技术的普及可以提高整个行业的运转效率，提升企业服务品质。无人车可通过摄像机、毫米波雷达、激光雷达、超声波等车载传感器来感知周围环境，依据所获取信息进行决策，再由适当的工作模型来制定相应策略，通过预测本车与其他车辆及行人等在未来一段时间内的运动状态,进行路径规划。

(6)数字化转型进程加速。中国邮政未来将在智慧园区、大数据、云计算、智慧网点转型、SDN敏捷网络等领域深入探索,促进中国邮政ICT数字化转型。通过运用物联网、云网一体、大数据、5G等新技术,中国邮政将在通信基础设施方面占据高点。

任务实施

李导师:小王,根据之前的预习,谈一谈你对冷链物流数智化的理解。

小王:在云计算、物联网、区块链、大数据、人工智能等数字技术的推动下,以及移动智能终端在中国的日益普及,数智化已成为冷链物流产业未来增长的核心动力。

李导师:很好,数智化是企业降本增效的关键路径。下面以"京东冷链物流数智化手段"为例,进一步学习冷链物流数智化相关的知识及技能。

京东冷链物流数智化手段

京东冷链物流数智化解决方案帮助企业解决供应链全链路可视、精准预测、通用物资供应链提效、运力资源共享与交易等供应链场景优化问题,赋能企业优化库存周转率、订单履约周期、服务水平、供应链成本等关键绩效,实现企业供应链的数智化转型升级。

以供应链管理优化为目标,提供智慧运力平台及智慧物资供应链管理平台,融合供应链战略规划、供应链网络优化、供应链咨询等技术服务及仓储运输配送物流服务能力,打造智慧的数字化供应链解决方案。

(1)天狼货到人系统。该系统是由天狼穿梭车+立体货架+提升机+拣选工作站+输送系统组成的智能仓储拣选系统。天狼货到人系统可以有效提升存储能力和拣货人效,解决目前仓储物流行业存储能力不足及出入库效率不高等问题,并缓解仓储占地面积大及人力成本高等问题。穿梭车搭配高速提升机,使得单巷道出入库能力达到每小时1000箱。货到人拣货模式的应用,使拣货效率提升了3~5倍。

(2)地狼搬运系统。该系统是由地狼搬运机器人+容器及货架+充电桩+地狼工作站组成的智能物流搬运系统。地狼搬运系统可以有效提升作业效率,减少人员投入,降低运营及搬运成本,投资可降低20%,能耗可降低30%,搬运人效提升50%,实现工器具全自动搬运,对物料进行精准追踪、精准搬运、实现数据化管理。地狼搬运机器人(见图1-3)已广泛应用于欧洲、澳洲、亚洲等地区。

(3)智能快递车。智能快递车具备L4级别自动驾驶能力,能实现在无视距安全员条件下,在开放道路上自主运行,并依据不同场景类型与作业模式,完成履约配送工作。智能快递车(见图1-4)具备良好的通行能力,支持24小时全时段运行,以及适应复杂天气条

图1-3 地狼搬运机器人

图1-4 智能快递车

件下的稳定运行。智能快递车已经在国内30余座城市开展常态化落地运营,开放道路累计行驶里程超过100万公里,承接包括京东快递及其他更多场景的配送需求。

（4）自动分播墙系统。该系统由供包台+分播车+分播架+货架容器组成,适用于多SKU、多流向场景下中小件商品分播的自动化设备,具有立体、柔性和高性价比的特性。自动分播墙系统(见图1-5)将分拣效率提升2倍以上,缩短履约分拣时间；定位精度、运动精度、跟随性能、负载稳定性等处于行业领先水平,运行效率高达每小时2400件（双供包）,每小时1800件（单供包）。

资料来源：京东物流官网。

图1-5　自动分播墙系统

任务拓展

李导师：小王,数智化的本质就是通过数字化实现智能化。一是借助大数据、云计算、人工智能等技术,让系统具有实现状态感知、实时分析、科学决策、精准执行的能力；二是借助数字化模拟人类智能,让智能数字化,进而应用于系统决策与运筹。数智化更强调通过智能化技术实现智能化的业务和决策。

小王：明白,老师。利用人工智能、大数据分析、物联网等技术,通过数据的深度学习、分析、模式识别、预测和优化,实现智能化的业务决策。

李导师：是的。通过学习本任务的相关理论及京东冷链物流数智化等实例,相信你对冷链物流数智化有了较好的掌握。下面请你以顺丰冷链物流数智化为例,根据老师提供的资料及上网查询相关数据,编写"顺丰冷链物流数智化手段"。

小王：好的,老师。顺丰冷链物流以强大的冷链物流技术、完善的运输网络和专业的服务团队为支撑,提供包括海鲜、水果、蔬菜、奶制品、肉类、医疗、生物制品等在内的冷链物流服务,为客户提供更加安全、可靠和高效的物流方案。我会认真完成的。

请你代替小王,分析并撰写"顺丰冷链物流数智化手段"。

任务评价

知识点与技能点	我的理解（填写关键词）	掌握程度
冷链物流数智化概述		☆☆☆☆☆
冷链物流数智化必然性分析		☆☆☆☆☆
冷链物流数智化案例探讨		☆☆☆☆☆

补充阅读

数智化赋能传统冷库

随着社会的经济发展和生活水平的提高,广大群众对食品质量和安全越发重视,冷链物流在生活中的角色地位也越来越重要。其中,冷库作为冷链物流环节的关键组成部分,在近几年得以迅猛发展,由传统冷库向智能冷库转型成为趋势。

智能化、自动化、数字化、规范化、专业化、多元化、绿色化是冷库的发展趋势。通过冷库内集成多种先进智能化仓储设备,融合物联网、人工智能等技术,实现货物从入库、存储到出库的全流程智能化、无人化监控管理,从而提供智能、高效、安全的冷链物流仓储及相关延伸服务。

数智化冷链物流解决方案的做法如下。①建立了多仓库、多园区、多企业的"云仓"管理模式,将部分业务迁移至线上和手机端,为客户提供随时随地的可视化仓储服务。②根据货物情况划定合理的货位规格和空间,再借助自动缠膜、自动整形、设备偏移等技术最大限度地进行纠偏。③为实现货权安全和有效监管,通过双密钥技术,在解押、提货节点进行多方密钥验证,实现合法化货转和提货,保证多方的合法权益。

数智化冷链物流解决方案的优势如下。①充分利用空间资源,其利用率是传统冷库的 2~4 倍。天津某 $7000m^3$ 冷库,是智能四向车冷库,货架高度 20m,共计约 3 万个货位数,可储存 3 万 t 货物。而山东某地传统冷库 $7000m^3$,4 层楼式结构,每层 8m,有效货位数约 1.5 万个,智能库的库容约为传统库的 2 倍,所以每年的仓储收益可增加 1 倍以上。②采用 AB 门方式,可使库内温度恒定,库温波动±0.1℃,库内湿度 75%~90%。同时,通过智能化传感器,可实时获取库内温湿度,以便即时预警。③采用不同智能设备,由中央控制软件协同调度,可高效完成冻品的收发货和上下架,且速率恒定。

资料来源:青岛盈智科技. 数智化赋能传统冷链[EB/OL]. (2023-03-23)[2024-02-19]. https://baijiahao.baidu.com/s?id=1758602820007411968&wfr=spider&for=pc.

【思考】

数智化如何赋能传统冷库?

任务三　冷链物流保鲜技术分析

冷链物流作为保障食品质量安全链条中的重要一环,已成为衡量一个国家经济发展水平和物流业发展水平的重要标志,也是中国政府和百姓密切关注的领域。

知识储备

一、呼吸作用概述

果蔬采摘之后仍然是个"生命体",在常温条件下会进行正常的生理新陈代谢。由于脱离了原来的生长环境,它们不能再从母株获得水分和其他物质的供给,因此在酶的作用下，会通过持续消耗自身的水分和有机物等，维持基本的生命活动。

（一）呼吸作用的概念

呼吸作用是指植物生活细胞的呼吸底物，在一系列酶的参与下，经过许多中间反应，将体内复杂的有机物逐步分解为简单物质，同时释放能量的过程。呼吸作用是果蔬采摘后最主要的生理活动，也是生命存在的重要标志。果蔬在贮藏和运输中，尽可能保持低而正常的呼吸作用，是其贮藏和运输的基本原则与要求。

根据呼吸过程中是否有氧气的参与，可将呼吸作用分为有氧呼吸和无氧呼吸两种类型。

（1）有氧呼吸。有氧呼吸是指有氧气参与的条件下，通过氧化酶的催化作用，使果蔬的呼吸底物被彻底分解，生产出水和二氧化碳，同时释放大量能量的过程。呼吸作用中被氧化的有机物称为呼吸底物，如碳水化合物、有机酸、蛋白质、脂肪都可以作为呼吸底物。通常所说的呼吸作用，主要是指有氧呼吸。

（2）无氧呼吸。无氧呼吸一般指在无氧条件下，使果蔬的有机物分解成不彻底的氧化产物，同时释放少量能量的过程。无氧呼吸的产物除少量二氧化碳外，还有乙醇、乙醛、乳酸等。在果蔬贮藏中，无氧呼吸的加强都被看作对正常代谢的干扰和破坏，不利于贮藏。

呼吸作用会产生呼吸消耗和呼吸热。呼吸消耗是在呼吸过程中所消耗底物的量。对果蔬而言，所消耗的底物主要是糖。呼吸消耗是果蔬在贮藏中发生失重（自然消耗）和变味的重要原因之一。呼吸热特指在呼吸中以热能形式释放到环境中的能量，呼吸热的释放会使环境温度升高。因此，在果蔬贮运过程中，应尽可能降低产品的呼吸强度，从而减少呼吸热的释放。

（二）呼吸强度

呼吸强度也叫呼吸速率，果蔬的贮藏寿命与呼吸强度成反比。呼吸强度越大，呼吸作用越旺盛，果蔬贮藏寿命就越短；反之，呼吸强度越小，贮藏寿命就越长。测定果蔬的呼吸强度常用的方法有气流法、红外线气体分析仪、气相色谱法等。

（1）跃变型果实的呼吸强度随着完熟而上升。有些果实，如苹果、香蕉、番茄、梨、杧果、猕猴桃、杏、无花果、桃子、柿子和李子等，在从发育成熟至衰老的过程中，其呼吸强度的变化模式具有显著特点。在果实发育定型之前，呼吸强度不断下降；在成熟开始时，呼吸强度会骤然升高，当到达一个高峰值后又快速下降，直到衰老死亡。这一现象称为呼吸跃变，这类果实称为跃变型果实（也称后熟果）。

（2）非跃变型果实的呼吸强度低，并且在成熟期间呼吸强度不断下降。另一些果实，如柑橘、柠檬、草莓、樱桃、甜橙、蜜柑、金柑、荔枝、葡萄、橘、菠萝、火龙果、龙眼、枇杷和橄榄等，在果实发育过程中没有呼吸高峰的出现，呼吸强度在其成熟过程中缓慢下降或基本保持不变，此类果实称为非跃变型果实（也称非后熟果）。非跃变型果实在其整个成熟过程中，对能量的需求没有突然的变化，其成熟过程是平缓而长期的。即在采收后，大多数非跃变型果实不出现呼吸跃变。

（三）呼吸作用对贮藏寿命的影响

1. 呼吸作用的积极影响

由于果蔬等农产品在采收后仍是生命活体，具有抵抗不良环境和致病微生物的特性，有利于减少损耗，保持品质，并延长贮藏期。活的果蔬具有的这些特性称为耐藏性和抗病性。此外，通过呼吸作用，还可防止对组织有害的中间产物的积累，防止代谢失调造成的生理障碍。

2. 呼吸作用的消极影响

虽然呼吸作用对果蔬的耐藏性和抗病性有一定的有益作用，但同时它也是造成果蔬品质下降的主要原因。旺盛的呼吸作用会加快果蔬的生命活动，不断消耗果蔬的贮藏物质，促进其衰老，是贮藏中发生失重和变味的主要原因。具体表现为组织老化、风味下降、失水萎蔫，最终导致品质劣变，甚至失去食用价值。

因此，在果蔬贮藏过程中，首先应该保持正常的呼吸代谢活动，不发生生理障碍，使其能够正常发挥耐藏性、抗病性作用。在此基础上，采取一切可能措施降低呼吸强度，维持缓慢的代谢，增加农产品寿命，从而延缓耐藏性和抗病性的衰变，延长贮藏期。

（四）影响呼吸强度的因素

1. 内在因素

（1）农产品的种类和品种。果蔬种类繁多，食用部分各不相同，包括根、茎、叶、花、果实等。这些器官在组织结构和生理方面有很大差异，采收后的呼吸作用差异也很大，这种差异主要是由遗传特性决定的。蔬菜中耐藏性依次为根菜类＞茎菜类＞果菜类＞叶菜类，其呼吸强度依次为根菜类＜茎菜类＜果菜类＜叶菜类。在果品中，浆果的呼吸强度最大，如草莓最不耐贮藏；其次是桃、李、杏等核果；苹果、梨等仁果类和葡萄的呼吸强度较小。

（2）发育阶段和成熟度。在果实发育成熟过程中，幼果期呼吸旺盛，代谢活动十分活跃，呼吸强度较高，因此很难贮藏保鲜。随着果实生长发育，呼吸强度逐渐下降。成熟果实的表皮保护组织，如蜡质、角质，会变得加厚并趋于完整，新陈代谢缓慢，使得呼吸作用减弱，耐藏性加强。

2. 外在因素

（1）温度。正常情况下，环境温度越高，果蔬的呼吸强度就越强，越不利于果蔬贮藏。在一定温度范围内，每升高 10℃，果蔬的呼吸强度就增加 1 倍。果蔬的呼吸强度越小，物质消耗也就越慢，贮藏寿命会更长。

（2）湿度。与温度相比，相对湿度对呼吸强度的影响较小。果蔬在采收后，经轻微干燥后，比湿润条件下更有利于降低呼吸强度。

（3）气体成分。大气含氧气 21%、氮气 78%、二氧化碳 0.03% 及其他一些微量气体。气体成分也是影响呼吸作用的重要环境因素，在不干扰正常呼吸代谢前提下，适当降低贮藏环境的氧气浓度并提高二氧化碳浓度，可抑制果蔬呼吸作用和延缓呼吸跃变的出现，并抑制乙烯的生物合成，从而延迟果蔬成熟和衰老过程。

(4) 机械损伤和病虫害。果蔬因受伤引起呼吸强度不正常的增加,称为伤呼吸。果蔬在采收、分级、包装、运输、贮藏过程中,常常会受到挤压、震动、碰撞、摩擦等机械损伤。任何损伤,即使是轻微挤伤和压伤,都会引起伤呼吸和乙烯产量的明显提高,加速果蔬完熟和衰老。受机械损伤的果蔬,还易受病菌侵染而引起腐烂。病虫害与机械损伤的影响相似,果蔬受到病虫害侵害时,呼吸作用明显加强,贮藏时间缩短。因此,在果蔬采收等流通环节中,都要轻拿轻放,避免损伤,同时应剔除有病虫害或机械损伤的果蔬。

(5) 植物调节物质。植物调节物质有两大类:一类是生长激素,如赤霉素、生长素、细胞分裂素等,它们对呼吸有抑制作用,同时可延缓果蔬衰老;另一类是如乙烯、脱落酸等激素,它们具有促进呼吸、加速成熟作用。在贮藏过程中,控制乙烯的生成,并及时排除以降低乙烯含量,是延缓成熟、降低呼吸强度的有效方法。

(6) 其他。对果蔬采取涂膜、包装、避光等措施,均可不同程度地抑制产品的呼吸强度。

二、蒸腾作用概述

水分是生命活动必不可少的重要物质,采收后的果蔬失去了母体和土壤所供给的水分和营养,水分会从产品表面丧失,使果蔬失水,造成失鲜,不利于贮藏。

(一)蒸腾作用对农产品的影响

果蔬中的水分挥发到空气中,称为蒸腾作用。蒸腾作用是影响果蔬贮藏的一个重要因素。当果蔬被采摘后,失去了水分供给,但蒸腾作用依然存在。随着时间的推移,果蔬由于水分的损失会造成"缩水"现象,如苹果裂果、蔬菜"发蔫"。

1. 失重和失鲜

失重即所谓的"自然损耗",包括水分和干物质两方面损失,其中主要是蒸腾失水。失水影响果蔬的口感、脆度、硬度、颜色和风味。据实验,苹果贮藏的自然损耗在 $5\% \sim 8\%$。

在蒸腾失水引起失重的同时,果蔬新鲜度下降,光泽消失,甚至会失去商品价值,即质量方面损失——失鲜。例如,苹果失鲜而果肉变沙,失去脆度;萝卜失鲜而老化糠心等。

2. 破坏正常的代谢过程

水分在果蔬代谢过程中起着维持细胞结构稳定、确保新陈代谢正常进行等的特殊生理作用。蒸腾作用导致的失水会引起果蔬代谢失调,当组织过度缺水时,会引起脱落酸含量增加,并且刺激乙烯合成,加速器官衰老和脱落。因此,在果蔬采后贮运期间,要尽量控制失水,以保持产品品质,延长贮运寿命。

3. 降低耐藏性和抗病性

由于失水萎蔫破坏了果蔬正常的代谢过程,水解作用加强,细胞膨压下降而造成机械性结构特性改变,这必然影响果蔬的耐藏性和抗病性。组织脱水萎蔫程度越大,抗病性下降得越厉害,腐烂率就越高。

(二)影响蒸腾失水因素

影响果蔬蒸腾作用的六大因素:品种特性、成熟度、温度、相对湿度、风速、产品包装。

1. 品种特性

果蔬种类多，不同果蔬的果皮厚度不一样。不仅如此，果皮上的角质层、果脂、皮孔也千差万别，造成蒸腾作用有强有弱。

2. 成熟度

果蔬成熟期后，其果皮生长完成，角质层、蜡层也逐渐发育完全。原本旺盛的蒸腾作用会变慢。但也有例外，如香蕉和木瓜在成熟后会加快蒸腾速度。

3. 温度

在低温下，果蔬蒸腾作用会受到一定程度的抑制。

4. 相对湿度

贮藏环境相对湿度越大，果蔬中的水分蒸腾速度越慢。

5. 风速

在风速平稳状态下，果蔬蒸腾作用产生的水蒸气会在果蔬表层形成一层"保护膜"——蒸发面。这个"保护膜"可降低蒸气压差，从而降低蒸腾作用。如果风速大，则会破坏蒸发面而加速蒸腾作用。

6. 产品包装

产品包装对于贮藏、运输中水分蒸发有明显影响。瓦楞纸箱与木箱和筐相比，用瓦楞纸箱包装的果实蒸发量小。如果在纸箱内衬塑料薄膜，水分蒸发可大幅降低。果实包纸、装塑料薄膜袋、涂蜡以及使用保鲜剂等都有防止或降低水分蒸发的作用。

（三）控制蒸腾失水措施

（1）严格控制果蔬采收成熟度，使保护层发育完全。果蔬采收期的早晚将直接影响其成熟度和品质，并关系到果蔬的抗病耐贮藏能力。如果过早采收，果蔬保护组织尚未发育完善，内含物积累不足，呼吸代谢强度往往较高，品质较差。

（2）增大贮藏环境空气湿度。贮藏中可采用地面洒水、放湿锯末、库内挂湿帘等简单措施，或用自动加湿器向库内喷雾或水蒸气的方法，以增加贮藏环境相对湿度，抑制水分蒸发。

（3）增加外部小环境湿度。最简单有效方法是用塑料薄膜或其他防水材料包装果蔬，也可将果蔬放入袋子、箱子等容器中。产品在小环境中可依靠自身蒸散出的水分来提高绝对湿度，起到减轻蒸发的作用。

（4）采用低温贮藏。采用低温贮藏有两个作用。一是低温抑制呼吸等代谢作用，对减轻失水起一定作用；二是低温下饱和湿度小，产品自身蒸散的水分能明显增加空气相对湿度。

（5）采用涂被剂。采用涂被剂可减少水分蒸散。例如，给果蔬打蜡或涂膜，在一定程度上可阻隔水分从表皮向大蒸散。

三、食品变质分析

食品变质包括两大类：一是物理变化，即外形的变化，如饼干的破碎；二是腐败变质，如鱼、肉的腐臭，水果和蔬菜的腐烂，油脂的酸败，粮食的霉变等。

食品变质会降低或丧失食品食用价值，甚至产生致病因素，对人体无益。任何食物，在常温下放置一段时间后都会变质。例如,有的发霉结块,有的腐烂发臭,有的变酸。变质食物不仅外观发生变化,失去原有食物的色、香、味品质,营养价值也会下降,还会含有相应毒素危害人体健康。

(一)食品变质的主要原因

食品腐败变质的主要原因有以下三方面。

(1)微生物作用。因微生物繁殖而引起食品腐败变质。环境中无处不存在微生物,食品在生产、加工、运输、储存、销售过程中,很容易被微生物污染。只要温度适宜,微生物就会生长繁殖,破坏食品中的蛋白质,食品会发出臭味和酸味,失去原有坚韧性和弹性,颜色也会发生变化。

(2)酶作用。因食品内部含有氧化酶、过氧化酶、淀粉酶、蛋白酶等,这些酶会促进食品的代谢作用,导致食品中的营养素被分解成多种低级产物,产生热、水和二氧化碳,最终导致食品变质。例如,饭发馊、水果腐烂,就是碳水化合物被酶分解后发酵的结果。

(3)食物化学反应。因空气中氧气而引起食品成分的氧化变质。油脂很容易被氧化,产生一系列化学反应,氧化后的油脂有怪味,如肥肉会由白色变成黄色。

在食品变质的诸多因素中,微生物作用是最活跃、最普遍的因素,起主导作用。一般来说,鱼、肉、果蔬类食品,以细菌作用最为明显,粮食、面制品则以霉菌作用最为显著。

(二)食品变质的类型

从腐败变质对食品品质的影响来看,食品变质的类型主要有以下三种。

(1)变黏。变黏主要是由于细菌生长代谢形成的多糖所致,常发生在以碳水化合物为主的食品中。使食品变黏的常见微生物有黏液产碱杆菌、类产碱杆菌、无色杆菌属、气杆菌属、明串珠菌等,少数酵母也会使食品腐败变黏。

(2)变酸。食品变酸常发生在以碳水化合物为主的食品和乳制品中。食品变酸主要是由于腐败微生物生长代谢所致,这些微生物主要包括醋酸属、丙酸属、假单胞菌属、微球菌属、乳酸杆菌科备用细菌等。例如,乳制品变质后,其中的菌种会腐败,产生乳酸杆菌科备用细菌等微生物,造成食品变酸。

(3)变臭。食物变臭主要是由于细菌分解以蛋白质为主的食品,产生有机胺、氨气和粪奥素等所致。分解蛋白质的常见细菌有梭状芽孢杆菌属、变形杆菌属、芽孢杆菌属等。

(三)食品变质的危害

食品变质对人体健康的危害主要表现在以下三方面。

1. 产生厌恶感

由于微生物在生长繁殖过程中促进食品中各种成分(分解)变化,改变了食品原有感官性状,使人对其产生厌恶感。例如,蛋白质在分解过程中产生合机胺、硫化氢、硫醇、咧跺、粪臭素等,以上物质具有蛋白质分解所特有的恶臭;细菌和真菌在繁殖过程中能产生色素,使食品呈现各种异常颜色,导致食品失去原有色香味;脂肪腐败的"哈喇"味和碳水化合物分解后产生的特殊气味,也往往使人难以接受。

2. 降低食品营养价值

由于食品中的蛋白质、脂肪、碳水化合物在腐败变质后结构会发生变化,因此它们会丧失原有的营养价值。例如,蛋白质腐败分解后产生低分子有毒物质,从而丧失其原有的营养价值;脂肪腐败、水解、氧化产生过氧化物,再分解为碳基化合物、低分子脂肪酸与醛、酮等,这些变化导致脂肪丧失了其原有的生理功能和营养价值;碳水化合物腐败变质,分解为醇、醛、酮和二氧化碳,也是因为失去了其原有的生理功能。

3. 引起中毒或潜在危害

食品在从生产加工到销售的整个过程中,被污染的方式和程度都很复杂。食品变质产生的有毒物质多种多样,因此,食品变质对人体健康造成的危害也表现不同。

(1) 急性毒性。一般情况下,腐败变质食品常引起急性中毒,轻者多以急性胃肠炎症状出现,如呕吐、恶心、腹痛、腹泻、发烧等,经过治疗可以恢复健康。重者可在呼吸、循环、神经等系统出现症状,如治疗不及时还可危及生命。有的急性中毒患者虽经各种治疗,但仍会留下后遗症。

(2) 慢性毒性或潜在危害。有些变质食品中的有毒物质含量较少,或者由于本身毒性作用特点,不会引起急性中毒,但长期食用会造成慢性中毒,甚至可以表现为致癌、致突变等。例如,食用被黄曲霉毒素污染的霉变花生、粮食和花生油,可导致慢性中毒、致病、致畸和致突变。

四、低温保鲜处理

低温保鲜是指在低温环境下,将食品的新鲜度和营养价值尽可能地保留。这种保鲜方式是目前最为常见的保鲜方式之一,被广泛应用于食品加工、贮藏和运输等领域。低温保鲜的原理是基于食品的生理、化学和微生物特性,通过创造适宜的温度环境,降低食品的新陈代谢和微生物繁殖速率,从而达到延长食品保质期的目的。

低温能保存食品主要是由于低温可以抑制食品中微生物的生长繁殖,降低或停止食品中微生物的增殖速度。调查显示,温度每升高6℃,细菌就会繁殖1倍。在10℃以下,绝大多数微生物和腐败菌的繁殖能力大幅减弱;当温度降低至0℃以下时,微生物基本已经停止了对食品的分解;而温度降低至-10℃以下时,大多数微生物将不能存活。低温还能降低食品和微生物中酶的活性。一般而言,当温度降低到-10℃时,大多数微生物的生长停止,只有少数嗜冷微生物能缓慢生长。冻结温度对微生物的繁殖影响很大,温度在-1~5℃(最大冰晶生成带)时对微生物活性的威胁最大。

此外,低温可以钝化酶,抑制食品中酶的活性,减缓食品中生化反应和酶反应的速率,从而延长食品的保质期。

任务实施

李导师:小王,根据你的预习,谈一谈你对果蔬呼吸作用的认识。

小王:呼吸作用是果蔬体内的有机物在细胞内经过一系列的氧化分解,最终生成二氧化碳或其他产物,并且释放能量的总过程。

李导师:对,你对呼吸作用有了一定的认识。鲜活农产品需要进行呼吸作用以维持正常的生命活动。在一系列酶的作用下,细胞中的有机物在释放能量的同时,逐渐地被氧化分解。呼吸活动是所有活细胞的共性。下面以"利用呼吸作用原理进行果蔬贮藏的方法"为例,进一步学习果蔬呼吸作用相关的知识及实操技能。

利用呼吸作用原理进行果蔬贮藏的方法

呼气作用分为有氧呼吸和无氧呼吸。在有氧呼吸时,果蔬会消耗氧气和其中的有机物;而在无氧呼吸时又会产生酒精、乳酸等有毒有害物质。果蔬贮藏就是要降低有氧呼吸,同时又要抑制无氧呼吸。果蔬在贮藏过程中,如果有氧呼吸旺盛,会导致有机物的消耗过多,使果蔬重量显著减少;在缺氧条件下,果蔬会进行无氧呼吸,但其产生的能量较少,无法满足维持生命活动所需的能量,导致果蔬分解更多的有机物,加速有机体的衰老、死亡。同时,无氧呼吸作用会产生乙醇等物质,对果蔬细胞产生毒害作用,引起生理性病害,使果蔬品质恶化,从而影响贮藏效果。例如,苹果在贮藏过程中,其生命活动主要表现为纯消耗型的呼吸作用,需适当降低贮藏环境中的氧气浓度,或适当提高二氧化碳浓度,以合理控制苹果的呼吸作用,尽量减少无氧呼吸。

任务拓展

李导师:小王,蒸腾作用就是水分从活的植物体表面(主要是叶子)以水蒸气状态散失到大气中的过程。

小王:明白,老师。

李导师:经过本任务的相关理论及实例学习,相信你对农产品的蒸腾作用有了较好的掌握。下面请你利用蒸腾作用原理,根据老师提供的资料及上网查询相关数据,编写"利用蒸腾作用原理进行果蔬贮藏的方法"。

小王:好的,老师。我会认真完成的。

请你代替小王,编写"利用蒸腾作用原理进行果蔬贮藏的方法"。

任务评价

知识点与技能点	我的理解(填写关键词)	掌握程度
呼吸作用概述		☆☆☆☆☆
蒸腾作用概述		☆☆☆☆☆
食品变质分析		☆☆☆☆☆
低温保鲜处理		☆☆☆☆☆

补充阅读

食品变质及其辨别

食品是人类生活中不可或缺的一部分。无论是食品品质还是安全性,都对我们的身体健康有着重要影响。当食品遭受污染或贮藏不当时,就容易滋生细菌并产生有害物质,即食品变质。

变质肉类食品通常会散发出不好的气味并出现变色现象。如果肉类食品呈现灰色或黄色，表明肉类已开始变质。如果肉类食品表面出现黏稠感或者黏糊感，也表明肉类食品已经变质。

变质鱼类食品通常会出现强烈腥臭或腐烂的味道。新鲜鱼类食品应该有一种清新的海水味道，而不是强烈腥味。此外，变质鱼类食品通常会变得黏稠或软弱无力。

变质蔬菜通常会出现黄色或黑色斑点，这表明蔬菜已经腐烂。此外，蔬菜也会出现腐烂味道，表明它们已经不适宜食用。

变质水果通常会出现黑色或褐色斑点，水果表面会变得黏糊，口感也会变得不新鲜。另外，如果水果发出酸臭味或者霉味，那就是已经变质的表现。

变质奶制品通常会出现酸味或异味，并且质地也会变得不同。酸奶发生变质时，表面会出现水乳分离，变得稀稀拉拉，口感也会变得苦涩。如果发现奶制品有异味或呈现不同质地，就要停止食用。

变质食品对人体健康有很大危害，我们应该注意食品存储和处理，尽可能避免食品变质。在日常生活中，我们可以通过观察食品的外观、气味、温度和包装等方式，来判断食品是否变质。如果我们发现食品已经变质，应该及时丢弃，并注意处理变质食品的包装，以及接触过的厨具和餐具，以保护自己和他人的身体健康。

资料来源：健康知讯早知道. 变质食物有哪些？如何辨别是否变质？[EB/OL]. (2023-04-19)[2024-02-19]. https://baijiahao.baidu.com/s?id=1762931029842917138&wfr=spider&for=pc.

【思考】
如何辨别食品是否变质？

素养园地

党的二十大代表、圣农党委书记兼董事长傅光明的忠诚担当

党的二十大胜利召开，圣农集团党委书记、圣农发展股份有限公司董事长傅光明作为党员代表参加这一盛会。傅光明说："作为一名民营企业家党代表，我将切实履行好政治责任、发展责任、社会责任，带领圣农集团在科学发展上当样板，在科技创新上当先锋，在履责社会上当表率，做一个落实党的二十大精神的党员企业家。"

1. 创业报国 鸡作坊发展成全产业链"航母"

1986年，他注册了福建省第一家私营公司营业执照，并于1993年引进国内第一条冻肉加工生产线。在发展中，傅光明严格按照国际标准高起点建设10个食品加工厂，产能达43.32万t，位列全国第一，并逐步打造出全球唯一，集自主育种、孵化、饲料加工、种鸡养殖、肉鸡加工、食品深加工、产品销售、冷链物流于一体的全产业链。2016年，圣农集团再投资20多亿元，实施"农业养殖4.0"，实现管理智能化，生产自动化，食品安全系统化，环保、消防标准化，极大地提升了生产效率、管理水平和经济效益。

从最初的个体养鸡小作坊发展成为总资产达200多亿元的白羽肉鸡生产、食品加工集团，集团生产基地达500多个，肉鸡年产能达6亿羽，排名全球第七、亚洲第一，创造了中国白羽肉鸡行业的"凤凰传奇"。

2. 创新引领 "圣泽901"锁定锚定种质安全

欧美企业长期把控白羽肉鸡育种,完全掌握定价权,对鸡苗随意提价,随意控制投放数量,携带多种种源性疾病,给中国带来极大的生物安全隐患。

自2011年起,傅光明开启白羽肉鸡育种技术研究,累计投入14亿元,在远离人烟的大山深处育种,从育种素材、人才、设备、工艺、技术到体系,逐个环节进行攻关。2019年,公司培育出11个原种新品系,研发出国内第一个拥有完全自主知识产权的白羽肉鸡配套系"圣泽901",实现祖代种鸡的国产替代,欧美企业对种源长达百年的技术垄断终于被突破了。2021年12月,"圣泽901"通过农业农村部新品种审定,并获得新品种证书。

据了解,"圣泽901"与国外优良品种对比,在种源疾病方面,没有肝病、禽白血病和白痢,且具有产蛋数多、肉鸡长速快、料肉比低等优势。圣农集团审时度势,投资超过5亿元,启动资溪祖代种鸡扩繁场建设,新建9个祖代种鸡场、1个祖代孵化场,公司年产父母代种鸡2000万套。2022年1月至9月,累计推广父母代种鸡雏超过400万套。

3. 大爱情怀 "养一只鸡回报社会一毛钱"

"做企业首要的是对社会有益,向善而行肩负责任,这是我的使命担当和精神追求。"傅光明的话铿锵有力。他把回报社会纳入集团总体规划中,承诺"养一只鸡回报社会一毛钱",独创"慈善捐赠、精准扶贫、乡村振兴、县域经济"四位一体的工业反哺农业新模式。

从捐建"光泽县希望小学",到汶川、玉树地震捐款……每当社会有需要,傅光明都慷慨解囊。20多年来,他累计为慈善公益捐赠超17亿元,被南平市委、市政府授予"慈善家"称号。

百炼淬初心,热血鉴忠诚。傅光明先后荣获全国优秀共产党员、全国劳动模范,连续三届全国诚实守信道德模范(提名奖)、全国优秀企业家、全国优秀特色社会主义建设者、改革开放40年百名杰出民营企业家、全国模范退役军人、庆祝中华人民共和国成立70周年纪念章、第十一届"中华慈善奖"、全国脱贫攻坚奉献奖等称号。

资料来源:中国福建三农网.党的二十大代表、圣农党委书记兼董事长傅光明忠诚担当的时代答卷[EB/OL].(2022-10-18)[2024-02-19].http://www.fujiansannong.com/info/80483.

习　题

一、单选题

1. (　　)可以钝化酶,抑制食品中酶的活性,减缓食品中生化反应和酶反应的速率,从而延长食品的保质期。

  A. 低温　　　　B. 中温　　　　C. 高温　　　　D. 冰冻

2. 当温度降低到(　　)℃时,大多数微生物的生长停止,只有少数嗜冷微生物能缓慢生长。

  A. 5　　　　　B. 0　　　　　C. －5　　　　D. －10

3. 温度降低至(　　)℃以下时,微生物基本已经停止了对食物的分解。

  A. 10　　　　　B. 5　　　　　C. 0　　　　　D. －5

4. 在食品腐败的诸多因素中,(　　)是最活跃、最普遍的因素,起主导作用。

A. 酶作用　　　　B. 食物化学反应　　C. 氧化变质　　　　D. 微生物作用
　5. 呼吸作用是指植物生活细胞的呼吸底物,在一系列酶的参与下,经过许多中间反应,将体内复杂的有机物逐步分解为简单物质,同时释放(　　)的过程。
　　　A. 氧气　　　　　B. 二氧化碳　　　　C. 乙烯　　　　　　D. 能量
　6. 果蔬采摘之后仍然是个(　　),生命活动依靠氧气来维持。
　　　A. 生命体　　　　B. 物体　　　　　　C. 植物　　　　　　D. 商品
　7. AGV分拣技术,也就是(　　)。
　　　A. 无人搬运车　　　　　　　　　　　B. 快件翻转系统
　　　C. 智能拣选系统　　　　　　　　　　D. 搬运机器人
　8. 冷链物流是指冷藏冷冻类食品在从生产、贮藏、运输、销售,到消费的各个环节中始终处于特定的(　　)下,以保证食品质量。
　　　A. 湿度环境　　　B. 低温环境　　　　C. 温度环境　　　　D. 外部环境
　9. 在数智化冷链物流中,(　　)可辅助企业预测未来一段时间内什么生鲜食品会畅销市场,按市场需求来进行仓储调度。
　　　A. 仓内技术　　　　　　　　　　　　B. "最后一公里"技术
　　　C. 大数据技术　　　　　　　　　　　D. 末端技术
　10. 在正常情况下,环境温度越高,果蔬的(　　)就越强,越不利于果蔬贮藏。
　　　A. 品质　　　　　B. 呼吸强度　　　　C. 热量　　　　　　D. 呼吸热量

二、多选题

　1. (　　)等有防止或降低水分蒸发的作用。
　　　A. 果实包纸　　　　　　　　　　　　B. 装塑料薄膜袋
　　　C. 涂蜡　　　　　　　　　　　　　　D. 保鲜剂
　2. 腐败变质食品对人体健康的影响主要表现在(　　)。
　　　A. 产生厌恶感　　　　　　　　　　　B. 降低食品的营养价值
　　　C. 引起中毒或潜在危害　　　　　　　D. 降低免疫力
　3. 对果蔬采取(　　)等措施,均可不同程度地抑制产品的呼吸强度。
　　　A. 涂膜　　　　　B. 包装　　　　　　C. 光照　　　　　　D. 避光
　4. (　　)等是实现冷链物流数智化的技术基础。
　　　A. 仓内技术　　　　　　　　　　　　B. 干线技术
　　　C. "最后一公里"技术　　　　　　　　D. 末端技术
　5. 冷链物流适用于(　　)。
　　　A. 果蔬类　　　　　　　　　　　　　B. 畜禽肉类
　　　C. 水产品　　　　　　　　　　　　　D. 冰激凌和蛋奶制品

三、简答题

　1. 冷链物流数智化的意义是什么?
　2. 食品变质的主要原因是什么?
　3. 呼吸作用的原理是什么?

冷链物流设备运营

 学习目标

知识目标
1. 了解各类冷链物流设备的概念。
2. 熟悉各类冷链物流设备的特点和作用。
3. 掌握各类冷链物流设备的构成。

能力目标
1. 能够识别冷链物流相关设备。
2. 能够合理选择冷链物流相关设备。
3. 能够分析冷链物流相关设备的主要性能和应用范围。

素养目标
1. 提升学生对冷链物流装备运营岗位职责的认识。
2. 培养学生冷链物流设备管理岗位的责任感。
3. 培养学生爱岗敬业的劳动态度。

 学习内容

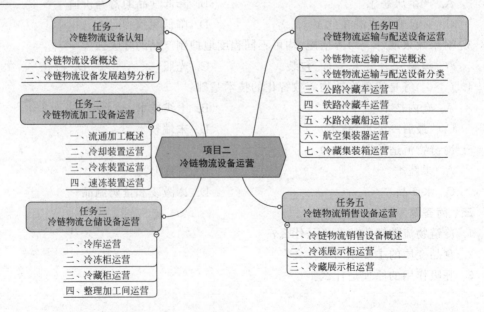

项目二 冷链物流设备运营

任务布置

李导师向小王介绍了公司的冷链物流设备，并逐一介绍了接下来需要轮岗实习的5个任务：①冷链物流设备认知；②冷链物流加工设备运营；③冷链物流仓储设备运营；④冷链物流运输与配送设备运营；⑤冷链物流销售设备运营。

李导师给小王布置了岗位实习中的任务与要求。

（1）在各岗位实践中，导师会分别以"冷链物流设备信息""未包装大虾的速冻方案""冷库库板的选择要求""冷链物流运输与配送设备及其适用领域""冷藏展示柜和冷冻展示柜的区别"为例，通过"任务实施"方式，完成每一岗位实操的培训。

（2）为了强化及检验小王对该岗位的实操掌握情况，小王需依次完成相应岗位的"冷链物流设备图片展示""海参鲍鱼速冻设备的选择建议""冷库库址的选择要求""耗用冷剂式冷藏集装箱与机械式冷藏集装箱优劣势对比分析""生鲜超市冷链物流设备调研报告"等实训拓展任务的实操考核。

任务一 冷链物流设备认知

生鲜食品在冷链物流中占比接近90％，冷链物流设备为食品保鲜提供了基础和支撑，冷链物流设备已经成为中国现代农业高质量发展的新动能。

知识储备

一、冷链物流设备概述

冷链物流设备是指将运输或贮藏的食品保持在一定温度范围内的设备和系统，以保持食品在冷藏、冷冻或者常温状态下的品质和安全。随着冷链物流的不断发展，冷链物流体系对冷链物流设备的需求也越来越高，尤其对冷链物流设备的要求更加精准化。

冷链物流设备包括加工、贮藏、运输与配送、销售、消费等冷链物流全过程各环节应用的装备和设施，主要有冷链物流加工设备、冷链物流仓储设备、冷链物流运输与配送设备、冷链物流销售设备等。例如，冷库、常温冷库、低温冰箱、普通冰箱、冷藏车、冷藏箱、冷藏包、疫苗运输车、备用冰排等。

二、冷链物流设备发展趋势分析

（一）国内外冷链物流设备技术的现状

1. 流通加工设备

（1）果蔬预冷设备。20世纪60年代，日本开始进行果蔬预冷技术研究，90％以上进入冷链物流的蔬菜都要预冷。压差预冷设备、真空预冷设备、冷水预冷设备等果蔬预冷设备在美国、日本、欧洲等发达国家和地区已十分成熟并得到广泛应用。中国果蔬预冷技术研究始于20世纪80年代中期，目前应用范围正在逐步扩展。

(2) 食品速冻设备。隧道式、螺旋式、流化床式、平板式速冻机在发达国家已比较成熟,并在近年研制生产了自堆积螺旋式速冻机和冲击式速冻机。中国速冻食品工业起步较晚,20 世纪 80 年代开始引进隧道式、螺旋式、流态化等速冻技术;近年来研制开发了全自动堆积式螺旋速冻机和冲击式速冻机。

2. 冷冻冷藏设备

北美、欧洲、日本等地区和国家的冷库行业起步早、技术先进、规范成熟。2022 年美国冷库总容量达 2200 万 m^3,位居全球第二,人均冷库容积达到 $0.3m^3$。日本是目前世界上自动化立体仓库应用最广泛的国家之一。2016—2022 年,中国冷库总容量保持在 30% 以上增速平稳增长。截至 2022 年,全国冷库总量达到 1.4 亿 m^3,人均冷库容量为 $0.14m^3$。随着社会和行业的发展需求,大型冷链物流中心在各地迅速发展。

3. 冷藏运输设备

发达国家的冷藏运输率为 80%~90%,发展中国家一般只有 10%~20%。近年来,公路冷藏运输的运量占冷藏运输总运量的比率不断上升,如欧洲和日本达 60%~80%,美国为 80%~90%。冷藏集装箱在海运和多式联运具有明显优势,得到越来越广泛的应用。20 世纪 50 年代起,中国开始采用保温车运送易腐货物。统计数据显示,2016—2022 年中国公路冷藏及保温车保有量年均增速超 28%。

4. 冷藏销售和消费设备

近年来,随着生鲜电商的发展,自提冷冻冷藏柜(生鲜配送柜)在欧洲、日本、新加坡等地区和国家得到较为广泛的应用。2022 年中国冷藏展示柜市场增长较快,销售量达 1600 万台,增速 16% 左右。国内主要生鲜电商近年来开始在社区、学校、线下门店布设智能生鲜配送柜,实现了冷链物流"最后一公里"的无缝衔接。

(二)冷链物流设备的发展趋势

我国生鲜市场规模可观且处于高速增长通道中。蓬勃发展的生鲜市场吸引企业不断入局,加之线上、线下相结合的新零售模式正火热,各电商企业纷纷加大终端展示的建设力度,包括冷藏柜、冷冻柜等各式冷链物流设备,推动商用冷柜行业持续发展。生鲜电商体量增势强劲,助力冷链物流产业快速扩张。

从冷链物流设备的发展来看,主要有以下四个发展趋势。

1. 高效节能

发展低温环境强化换热技术、低温环境下蒸发器抑霜除霜技术、物流场辅助冻结技术、变容量制冷技术、冷热一体化、可再生能源和自然冷能利用等技术,开发高效冷链物流设备系列,并开展冷链物流设备能效评价标准制定和能效评价工作。

2. 安全环保

对于可燃制冷剂(如碳氢类)和可燃有毒制冷剂(如氨),开展制冷剂充注减量技术,制冷剂泄漏检测及应急处置技术,深入研究和完善二氧化碳制冷系统,包括跨临界、亚临界等制冷系统。

3. 精准环控

研究储运环境参数及其对食品品质的影响,综合制冷系统容量调节,均匀供冷末端设备等技术，发展储运环境参数精准控制的冷链物流设备。

4．信息化与智慧化

发展食品品质感知技术、环境参数感知技术、产品位置感知技术、冷链物流安全溯源技术，并应用于冷链物流设备中，建立冷链物流数据中心，实现冷链物流流通体系的信息化。发展大数据智能、群体智能、跨媒体智能、数字孪生技术、区块链溯源技术等智慧冷链物流技术，并应用于冷链物流设备中，实现冷链物流体系的信息化和智能化。

任务实施

李导师：小王，根据你之前的预习，你对冷链物流设备有了一定的认识吧。

小王：是的，生鲜食品在从生产地运输至销售地或消费者手中的过程中，通过科学合理的冷链物流设施和设备，可保持食品在低温下的质量和新鲜度。

李导师：是的，冷链物流设备的种类繁多，每种设备都有其特定功能和用途，它们共同协作，确保食品在冷链物流过程中能够保持适宜温度和湿度条件，从而延长食品保鲜期和保证食品质量和安全。下面以"冷链物流设备信息"为例，进一步学习冷链物流设备运营相关的知识及实操技能。

冷链物流设备信息如表 2-1 所示。

表 2-1 冷链物流设备信息

冷链物流环节		设 备
流通加工	预冷	压差预冷设备、冷水预冷设备、真空预冷设备、冰预冷设备
	冷却	畜禽肉冷却设备、水产品冷却设备、乳制品冷却设备
	冷冻	鼓风式冷冻设备（冻结间、隧道式冷冻设备、螺旋式冷冻设备、流态化冷冻设备）、间接接触式冷冻设备、直接接触式冷冻设备
贮藏	冷库	土建式冷库、装配式冷库、气调库、自动化立体冷库、冰温库
	冷链物流中心	市场型冷链物流中心、仓储型冷链物流中心、综合型冷链物流中心
运输配送	冷藏汽车	机械式冷藏汽车、机械式冷藏挂车、蓄冷板式冷藏车、液氮/干冰冷藏车、保温车
	铁路冷藏车	机械冷藏车、蓄冷保温车、铁路隔热车
	冷藏船	渔业冷藏船、商用冷藏船
	航空冷藏箱	主动式航空冷藏箱、被动式航空冷藏箱
	冷藏集装箱	耗用冷剂式冷藏集装箱、机械式冷藏集装箱、制冷/加热集装箱、隔热集装箱、气调冷藏集装箱
销售消费	冷藏销售	制冷展示柜、厨房冰箱、饮料冷藏展示柜、葡萄酒储藏柜、自动售卖机、自助生鲜便利店、生鲜配送柜
	冷藏消费	冰箱、冷柜、小型冷库

任务拓展

气调保鲜冷库的四个重要特征

李导师：小王，通过上述的冷链物流设备信息，你应该对冷链物流相关的设备十分清楚了。

小王：老师，根据冷链物流设备信息，我虽然对冷链物流相关设备有了

冷链物流管理

一定的认识,但还是比较模糊,不知道该设备的"真面貌"。

李导师:你说对了。为了让你们更清楚地了解冷链物流设备,除了在接下来的四个任务中详细讲解每个冷链物流环节的设备,本任务还需要你们通过上网查询或者现场调研企业的方式,将表 2-2 中的各冷链物流设备插入对应的设备图片,从而了解各设备的"外貌",达到对该设备的进一步认知。

小王:好的,老师。我会认真完成的。

请你代替小王,完成"冷链物流设备图片展示"。

表 2-2 冷链物流设备图片展示

冷链物流环节		设备	
		名称	图片
流通加工		预冷	
		冷却	
		冷冻	
贮藏		冷库	
		冷链物流中心	
运输配送		冷藏汽车	
		铁路冷藏车	
		冷藏船	
		航空冷藏箱	
		冷藏集装箱	
销售消费		冷藏销售	
		冷藏消费	

注:设备行数如果不够,可自行增加行数。

任务评价

知识点与技能点	我的理解(填写关键词)	掌握程度
冷链物流设备概述		☆☆☆☆☆
冷链物流设备发展趋势分析		☆☆☆☆☆

补充阅读

玉湖冷链(广州)交易中心正式运营

智利的帝王蟹、澳大利亚的和牛、北冰洋的甜虾、新西兰的黑金鲍……这些全球高品质新鲜食材,将从原产地以更快的速度、更恒定的低温抵达粤港澳大湾区市民的餐桌。

2024年4月8日,曾连续4年上榜广东省重点项目的玉湖冷链(广州)交易中心在花都区正式开业,成为提升中国冷链新质生产力的新标杆。该交易中心占地38.5万 m^2,库容达12.4万t,已吸引冷链食品产业链超400家企业入驻,交易区签约率近100%。

步入玉湖冷链(广州)交易中心,一股"冷气"扑面而来,一箱箱来自世界各地的生鲜食品从冷藏车上卸下,通过专门的恒温穿堂和专用垛口,无缝衔接地被搬进冷库进行分拣;在交易大厅,展位明亮整洁,各类食品摆放整齐,LED屏幕中滚动着生鲜食品的最新价格。

玉湖冷链(广州)交易中心园区配备10万t以上级冷库和智慧物流分拨中心,严格按照国际高标准建设了5座冷库,包括单层高架库、多温区楼库、全自动立体库三种类型,且可实现从常温区至-60℃全温区覆盖。冷库内安装了各类物联网设备,配备玉湖智慧物流管理系统与超过9万 m^2、覆盖整体园区的地下转运系统,真正实现了人、货、车有序分流,保证生鲜产品输送全过程温控而不断链。

玉湖冷链(广州)交易中心按功能划分为交易区、冷库区、配套区三大区域,是目前行业内业态功能最齐全、设施设备最先进的冷链食品交易园区。玉湖冷链(广州)交易中心能够提供从一站式国内外源头代采、线上线下一体化交易服务、全链路创新金融支持、仓干配物流解决方案等全链服务。玉湖冷链(广州)交易中心当前正在加码建设国内最大的冷链项目集群,计划在中国核心物流枢纽城市建设10个以上一级交易中心,在主要物流节点城市建设30个以上二级枢纽,实现多级流通的实体网络布局,且整合订单直采、仓储物流、产品展示与体验、交易与交付等全链条,并配套稳健的供应链金融服务,以打通物流、商流、信息流和资金流,构建稳定、安全可溯源的跨境冷链产品供应链体系。

玉湖冷链(广州)交易中心应在高起点的冷链产业科技创新和应用基础上,继续发挥"链主"牵头作用,与产业链上下游企业实现充分互联互通,以引领行业新质生产力的发展。

资料来源:大洋网. 玉湖冷链(广州)交易中心正式运营[EB/OL]. (2024-04-09)[2024-04-11]. https://news.dayoo.com/guangzhou/202404/09/139995_54653139.htm?from=timeline.

【思考】

玉湖冷链(广州)交易中心配备有哪些先进的冷链物流设备?

任务二 冷链物流加工设备运营

农业企业要立足农业优势特色产业,发展预冷、冷冻、速冻等产地保鲜方式,延长供应时间,提高质量效益,实现农产品减损增效、保值增值,切实满足市场的多样化需求。

冷链物流流通加工设备主要包括冷却装置、冷冻装置、速冻装置等。

知识储备

一、流通加工概述

流通加工是食品在从生产者向消费者流通过程中,为了增加附加价值,满足客户需求,促进销售而进行的简单加工作业,如清洗、分类、称重、晒干、剥皮、包装等。流通加工通过加工、改变或完善流通中食品的形态,以发挥其在生产与消费之间的桥梁和纽带作用。

食品流通加工需要采用低温冷藏方式。低温冷藏又称为食品冷加工,它包括冷却、冻结、冷藏和解冻四个过程。低温冷藏能抑制微生物生长,保存食品的风味、营养素及食品原有性质和新鲜度。食品冷却温度一般是±4~0℃,食品冻结温度一般是－8℃。流通加工环节包括肉禽类、鱼类和蛋类的冷却与冻结,以及在低温状态下的加工作业过程,也包括果蔬预冷、各种速冻食品和奶制品的低温加工等。

二、冷却装置运营

(一)果蔬冷却装置

果蔬预冷是将采收后的新鲜果蔬迅速去除田间热,在较短时间内使果蔬从初始温度冷却到规定温度的过程。预冷称为冷链物流的"最先一公里",是确保冷链物流所需温度的第一步,对于大多数果蔬,特别是易腐果蔬,采后预冷非常重要。

果蔬预冷设备是指将果蔬从采后初始温度迅速降至所需要冷藏温度的设备,其目的是迅速排除田间热,抑制其呼吸作用,保持果蔬鲜度,延长贮藏期。常用的果蔬预冷设备有压差预冷设备、冷水预冷设备、真空预冷设备等,其性能对比分析如表2-3所示。在进行预冷方式和预冷设备选择时,要综合考虑果蔬种类、市场需求、经济效益等方面。

表2-3 常用预冷设备性能对比分析

预冷设备	预冷速度	预冷能力	占地面积	制造条件	设备造价	适用品种	包装	操作
压差预冷设备	慢	大	大	一般	低	大多数果蔬	较复杂	简单,易实现自控
冷水预冷设备	快	很大	大	一般	低	果实类根茎类	要求严格	简单
真空预冷设备	很快	大	小	严格	高	叶菜类	要求严格	复杂,易实现自控

1. 压差预冷设备

压差预冷是强制通风预冷的一种。它是以空气为冷却介质,通过机械加压,在果蔬两侧产生一定的压力差,迫使冷空气全部通过果蔬充填层,增加冷空气与冷却物间的接触面积,从而迅速冷却果蔬的方法。压差预冷冷却时间仅为常规室内冷却时间的三分之一,且冷却均匀,耗能低和适用性强,特别适用于果蔬和鲜切花卉。压差预冷设备主要由隔热围护机构、制冷系统、通风系统、自动控制和监控系统组成。针对压差预冷设备造价高、使用率低的问题,国内企业开发了移动式压差预冷设备。移动式压差预冷设备可车载移动,适应性强,广泛用于田间产地预冷,以降低果蔬采后损失,提高产品鲜活度,并延长其货架期。

2. 冷水预冷设备

冷水预冷是采用冷水作为冷却介质,将果蔬沉浸到冷水中或将冷水喷淋在果蔬表面以实现冷却的一种预冷方法。冷水预冷后带走了果蔬内部的热量,经过过滤冷却后,重新循环使用。与压差预冷相比,冷水预冷对流换热强度高,冷却速度快,是一种快速高效预冷方法。

冷水预冷设备主要包括喷淋式冷水预冷设备、浸渍式冷水预冷设备和复合式冷水预冷设备,如图 2-1~图 2-3 所示。

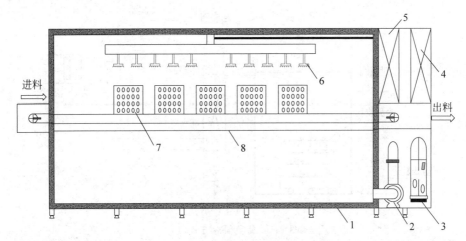

1—围护结构;2—循环水泵;3—压缩机;4—冷凝器;5—蒸发器;6—喷淋装置;7—果蔬;8—输送带
图 2-1 喷淋式冷水预冷设备

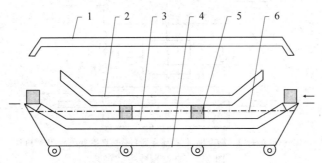

1—顶盖;2—上输送带;3—下输送带;4—槽体;5—物料;6—冷却水
图 2-2 浸渍式冷水预冷设备

3. 真空预冷设备

真空预冷设备是运用真空预冷技术,利用真空泵抽取真空槽内空气和水蒸气,以降低真空箱体内气压的冷却加工设备。在低气压下,水沸点降低,蒸发潜热增加,被冷却物表面自由水发生汽化现象,带走自身及环境热量,从而达到冷却降温的效果。图 2-4 和图 2-5 是两种典型的真空预冷方式。

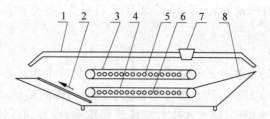

1—隔热壳体；2—出料传送带；3—上传送带；4—下传送带；
5—带喷淋喷嘴的管道；6—下喷管；7—加冰口；8—入料滑板

图 2-3 复合式冷水预冷设备

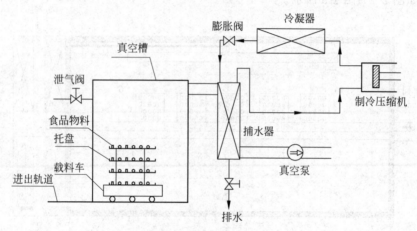

图 2-4 真空预冷方式(1)

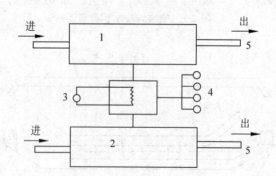

1、2—真空槽；3—制冷机(包括捕水器)；4—真空泵；5—装卸机构

图 2-5 真空预冷方式(2)

（二）畜禽肉冷却装置

畜禽肉冷却是将其降温至冰点以上的温度,抑制外界微生物侵袭,减弱自身酶的催化反应,从而延长其保质期,或者为下一步冷加工做准备。

1. 肉胴体两段式冷却设备

两阶段冷却工艺：第一阶段，将肉胴体（如猪肉胴体等）在快速冷却隧道或在冷却间内进行冷却，空气温度一般为-15~-10℃，空气速度为1.5~2.5m/s，经过2~4小时后，胴体表面在较短时间内降到接近冰点，并迅速形成干膜，而后腿中心温度还在16~25℃；第二阶段，将冷却间温度逐步升高至0~2℃，以防止肉胴体表面冻结，直到肉胴体表面温度与中心温度达到平衡，一般为2~4℃。肉胴体两段式冷却设备如图2-6所示。

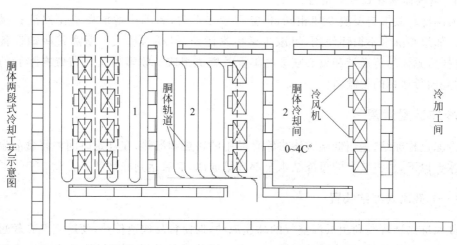

1—第一阶段低温冷却间；2—第二阶段高温冷却间

图2-6 肉胴体两段式冷却设备

2. 肉胴体雾化喷淋冷却设备

肉胴体雾化喷淋冷却是冷水通过雾化喷嘴，将水雾喷淋到胴体表面而达到冷却目的，这是一种既能减少肉胴体冷却损耗，又能加快降低中心温度的技术。肉胴体雾化喷淋冷却设备如图2-7所示。

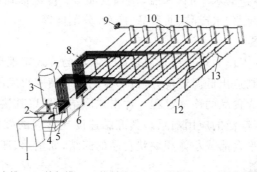

1—空压机；2—水槽；3—储气罐；4—控制器；5—气路总管；6—水路总管；7—气路支管；
8—水路支管；9—减速电机；10—齿轮齿条机构；11—齿条；12—水管；13—分支气管

图2-7 肉胴体雾化喷淋冷却设备

3. 禽胴体浸渍式冷却设备

浸渍冷却是指用冷却水或冰水混合物进行的冷却,限用饮用水。优点是具有漂白效果,冷却速度快,易实现流水作业,没有干耗,而且会增重。缺点是微生物污染增加,禽胴体带水量多,如仔鸡平均增重5.5%~12%,在个别情况下增重高达30%;包装后袋内易渗出水分且逐渐增加,影响产品外观,并为微生物生长繁殖创造条件。浸渍式冷却设备由水槽、带有冷却排管的大桶、倾斜传送带、管道和循环泵组成。被冷却的禽胴体沿着水槽向前移动,然后进入冷却大桶,冷却好的禽胴体由倾斜传送带从大桶中捞出。

4. 禽胴体喷淋式冷却设备

喷淋冷却效果与浸渍冷却相同,但需要较多动力,禽胴体增加质量比浸渍式减低约85%。如果喷淋水不循环使用,可减少微生物污染,但耗水量大。喷淋式冷却设备由小室、悬挂禽胴体的传送带和离心喷雾的集管及管道组成。喷雾器交叉布置在集管的格点上,并且向传送带的轴倾斜。

三、冷冻装置运营

冷冻也称冻结,是用低温方法去除食品中的显热和潜热,在规定时间内将食品温度降低到冰点以下,并将其中的可冻结水全部冻结成冰,最后达到冻结状态。

(一)鼓风式冻结装置

鼓风冻结装置是利用低温空气的高速流动,促使食品快速传热,使冷空气在较短时间内带走食品的热量,达到冻结的目的。此类冻结装置的关键在于保持装置内气流流动顺畅,使冷空气在流通过食品时与其所有部位都有良好的接触。

1. 隧道式冻结装置

隧道式冻结装置外形呈长方形,冷风在隧道中循环,食品通过隧道时被冻结。其结构简单,冻结速度快,可实现连续性生产,但设备占地面积较大。根据食品通过隧道方式的不同可分为悬挂式、吊篮式、传送带式等。悬挂式主要用于大型水产品及禽胴体的冻结;吊篮式主要用于中小体积的水产品、果蔬、调理食品等;传送带式适合形态比较小、冻结时间比较短的产品,如蔬菜、水产品、面食品、冷食、分割肉等。

2. 冲击式冻结装置

冲击式冻结装置的工作原理主要是通过高速吹风的方式实现食品的快速冷冻。当设备运行时,制冷系统会制造出低温环境,风机部分则会以高速吹风的方式将冷空气吹向食品表面,在短时间内完成食品的冷冻过程。冲击式冻结装置以其快速、高效、环保等优势,在食品加工行业中有着广泛的应用前景。其冻结速度比常规的鼓风式冻结装置快很多,且干耗小,主要用于薄平食品或小体积块状食品的冻结,如鱼片、虾仁、调理食品等。

3. 液态化冻结装置

液态化冻结装置也称流态化冻结装置,是将被冻食品放在开孔率较小的网带或多孔槽板上,使食品颗粒受到垂直向上的高速气流吹动,形成半悬浮状态或者全悬浮状态,悬浮食品颗粒被低温气流包围,实现迅速冻结。其具有冻结速度快、不结块、干耗较小、耗能较低等优点,一般用于体积较小的颗粒状、片状、条状或块状食品,如草莓、薯条、青刀豆、豌豆、辣椒、板栗、玉米粒、蒜薹、胡萝卜、香菇等。

（二）平板式冻结装置

平板式冻结装置是将食品放在各层平板间，然后将平板压紧，由于空心平板中冷媒蒸发而速冻。这种装置可用氟利昂、盐水等作为冷媒。该装置具有传热系数大、速冻时间短、可在常温间运行、占地面积小、安装操作方便、便于移动等优点。但其结构较复杂，不能进行连续性生产，且对食品厚度有一定限制，适合批量冻结鱼糜、肉类、水果泥、贝类等食品，可在船舶等运输工具上使用。

（三）直接冻结装置

直接冻结装置是将食品与低温制冷剂直接接触换热，使食品迅速降温冻结。其常用制冷剂有液态氮、液态二氧化碳、盐水、丙二醇等。根据接触方式，该装置可分为喷淋式、浸渍式，或两种方法结合式。直接冻结装置具有冻结速度快、食品干耗小的优点，但存在制冷剂回收困难、损耗大、成本高等缺点，且对制冷剂有一定限制。特别是在与未包装食品接触时，制冷剂必须无毒、纯净、无异味和异样气体、无外来色泽和漂白剂、不易燃、不易爆等。

四、速冻装置运营

为避免速冻食品细胞间形成大的冰晶，在短时间（30分钟）内，使速冻食品快速通过冰晶生产带（－5～0℃区间），其中心温度降低到－18℃，在组织中形成均匀分布的细小冰晶，能够大幅降低组织结构的破坏程度，减少营养成分的流失，解冻后的食品基本能保持原有色香味。

速冻装置一般可以分为推进式速冻机、螺旋速冻机、液氮速冻机、往复式速冻机、平板速冻机、流化态速冻机、隧道速冻机、提升式速冻机等，下面重点介绍前三种。

（一）推进式速冻机

推进式速冻机主要由制冷系统、推进系统、电气控制系统及速冻室等组成。装有食品的冻品盘进入速冻轨道，在移动过程中，经过一个垂直环状低温气流，这个低温气流与水平运动的食品进行热交换，从而实现快速降温冻结过程，如图2-8所示。它具有体积小、降温快、节能、易于操作等优点，适用于中小型速冻食品加工厂快速冻结水饺、包子、春卷、汤圆、馄饨等速冻食品。

（二）螺旋式速冻机

螺旋式速冻机采用螺旋线输送系统，均布在传送链上的冻品随传送链做螺旋运动，同时冷风穿过物料层、传送链对物料进行冻结，并循环使用，冻结完毕的物料从卸料口卸出。螺旋速冻机主要由传动部分、蒸发器、库板和电气装置构成，如图2-9所示。

螺旋速冻机具有结构紧凑、适用面广、占地面积小、冻结能力大、能实现连续性生产等优点，但其设备投资金额大、功耗也较大。螺旋速冻机适用范围广，既适用于处理体积小而数量多的食品，如饺子、烧卖、对虾、肉丸、贝类、水果、蔬菜、肉片、鱼片、冰激凌和冷点

图 2-8　推进式速冻机

图 2-9　螺旋式速冻机

心,也适用于厚度大、体积大、进料温度高的食品,如分割肉禽、水产类等。螺旋式速冻机是速冻肉类等厚度大、体积大、进料温度高冻品的首选机型。

(三) 液氮速冻机

液氮速冻机是在短时间内,把速冻的物品中心温度冻至 −18℃,极限低温度能够达到 −196℃,是一种能够在短时间内冻结大量产品的高效率冻结设备。

液氮速冻机是利用液氮 −196℃ 的冷量,在 5~20 分钟内快速带走食品的热量,实现食品在低温下速冻,冻结速度快,水分丢失少,完整保存了食品的新鲜度和品质。同时,液氮速冻机可连续生产,不用停机除霜,这是传统氨机(氟利昂)制冷机所无法比拟的。液氮速冻机是一种高效率、环保节能、多功能的速冻机器设备,具备节约资源、自动化水平高、体型小、特性比较稳定等优势。

液氮速冻机适用于快速冻结小型块状、条状或粒状食品,如饺子、包子、春卷、汤圆等各类调理食品,也多应用于水产品领域、肉类、面食、果蔬,以及预制菜加工等领域,特别适合用于高附加值的昂贵产品,如稀有肉制品或海鲜。

任务实施

李导师：小王,根据你之前的预习,你对冷链物流加工设备有了一定的了解。

小王：是的,老师。冷链物流加工设备包括冷却装置、冷冻装置和速冻装置。

李导师：是的。尤其是速冻装置，对于食品加工厂来说非常重要，它可以帮助食品企业提高生产效率、保持食品新鲜度及延长食品保质期。然而，在购买食品速冻机时，食品加工厂需要注意生产需求、冷冻效果和性能、操作和维护、卫生性和安全性，以及价格和性价比等方面，以确保选择合适的设备。下面以"未包装大虾的速冻方案"为例，进一步学习冷链物流加工设备运营相关的知识及实操技能。

未包装大虾的速冻方案

2024年6月，山东青岛有未包装的一批大虾需大量上市。为了适当延长大虾的保鲜期，大虾在进入冷库前需要进行速冻。可以采用流态化速冻机进行速冻。该速冻机优点是其空气流速高，能使产品悬浮在冷空气流中，因此可以在不产生结块的情况下冷冻食品。这项技术特别适用于未包装、容易结块的小物品，如虾、豌豆、肉丁或水果和蔬菜丁及切片。此外，这是一个快速冻结过程，因此产品脱水较少。

◆ 任务拓展

李导师：小王，通过上述任务的学习，你应该对冷链物流加工设备，尤其是速冻设备有了进一步的认知。

小王：老师，通过了解流态化速冻机，我对食品速冻设备有了较为清晰的了解。

李导师：要记住，速冻机的选择受很多因素影响，包括产品质量和产能要求、工厂管理要求、财务、环境四大要素。特别是财务方面，有些速冻设备适合于大众化的普通食品，而有些由于使用成本高，更适合于昂贵的食品。

李导师：为了加深你对食品速冻设备的熟悉程度，下面请你根据老师提供的资料及上网查询相关数据，以及选择速冻机的四大要素，编写"海参鲍鱼速冻设备的选择建议"。

小王：选择合适的速冻设备，对于提高整体生产效率，降低企业成本至关重要。老师，我会认真完成的。

请你代替小王，编写"海参鲍鱼速冻设备的选择建议"。

◆ 任务评价

知识点与技能点	我的理解（填写关键词）	掌握程度
流通加工概述		☆☆☆☆☆
冷却装置运营		☆☆☆☆☆
冷冻装置运营		☆☆☆☆☆
速冻装置运营		☆☆☆☆☆

新型食品保鲜机制——真空预冷机

真空预冷机不是冷藏设备，而是冷却加工设备。为了延长食品货架期，预冷成为食品保鲜的关键一步。真空预冷速度快，无细菌繁殖。传统风预冷的冷却速度慢，细菌繁殖多。真空预冷机运用真空预冷技术,通过抽取真空槽内空气和水蒸气以降低气压,使果蔬内外水蒸发吸热,带走自身和环境的热量,在短时间内急速降温,通常为数分钟或数小时,从而达到冷却效果。

真空预冷机一般用于中央厨房等大型熟食生产、加工单位。它将高温熟食从90℃左右降至0~4℃仅需20多分钟;在高温季节去除采摘后的果蔬田间热,也仅需15~25分钟,使其达到食品保鲜冷藏的目标温度(0~4℃)。

常见真空预冷机有以下两种。

(1) 果蔬与花卉型(低温)真空预冷机。设备特点:①降温迅速,迅速解决果蔬、花卉采摘后的田间热问题,抑制其呼吸和自身损耗;②冷却均匀,真空预冷不受包装限制,可使表面中心温度一致,稳定均匀下降;③适用于雨天采摘的果蔬、花卉,可快速带走表面的水分,达到降温效果;④通过水蒸发吸热降温,避免了冷却时造成的表皮损伤,保鲜度高;⑤加水预冷,喷水式真空预冷机的设计在满足快速降温的同时,避免水分过度流失。

(2) 熟食型(高温)真空预冷。中央厨房借助熟食真空预冷机快速冷却团餐、菜肴、卤肉、酱肉等高温食品。熟食品真空预冷机能够让食品快速通过细菌高速繁殖区域(30~60℃),控制菌量的增加,提高食品的卫生性与安全性,延长保质期,适用于高温蒸、煮、炒、炸及烘焙的熟食品,如熟肉制品、焙烤制品和快餐等。

随着人们生活水平的提高,对生活品质有了更进一步追求,人们更加注重食物的新鲜程度。使用传统冷却法冷却的食品无法满足人们的需求,真空预冷机越来越得到重视,发展也会越来越快。

资料来源:弗格森制冰机.新型食品保鲜机制——真空预冷机[EB/OL].(2022-12-12)[2024-02-19].https://baijiahao.baidu.com/s?id=1751999208558466951&wfr=spider&for=pc.

【思考】
常见的两种真空预冷机在应用上有什么区别?

任务三 冷链物流仓储设备运营

冷链物流仓储是利用温控设施创造适宜的温湿度环境并对食品实施贮藏与保管的行为。通过冷链物流仓储设备,让食品处于规定的温湿度环境下,从而保证食品的品质和性能,防止变质、减少损耗,延长其保质期。

冷链物流仓储设备主要包括冷库、冷冻柜、冷藏柜和整理加工间等。

知识储备

一、冷库运营

(一) 冷库的概念

冷库又称冷藏库,是采用人工制冷降温并具有保冷功能的仓储建筑,是加工贮藏食品的场所,如图2-10所示。冷库通过制冷,主要用于对食品、乳制品、肉类、水产、禽类、果蔬、饮料、花卉、茶叶、药品、化工原料、电子仪表仪器、烟草、酒精饮料等半成品及成品的恒温恒湿贮藏。冷库能够摆脱气候影响,延长食品贮藏期限,以调节市场供应。

冷库日常保养小知识

冷库库址选择及库容设计很重要。在库址选择方面,除了要考虑货源需求,还要考虑交通便利、与市场联系等因素,冷库四周应有良好的排水条件,地下水位要低,且保持通风良好。在库容设计方面,要根据需要贮藏食品的最高量来设计。这个容量是根据食品在冷库内堆放所必需占据的体积,加上行间过道,以及食品堆与墙壁、天花板之间的空间等计算出来。

图2-10 冷库

与冷库密切相关的冷链物流中心是以冷库为核心,从事冷链物流活动,并配套交易(批发和拍卖)、加工与配送、检验与检疫、信息发布、质押融资等单项或多项服务功能的场所。按照不同功能,有市场型冷链物流中心、仓储型冷链物流中心和综合型冷链物流中心。

(二)冷库的分类

1. 按结构形式分类

(1)土建式冷库。冷库主体结构(库房的支撑柱、梁、楼板、屋顶)和地下荷重结构都用钢筋混凝土,其围护结构的墙体都采用砖砌而成,老式冷库中其隔热材料以稻壳、软木等土木结构为主。

(2)装配式冷库。冷库主体结构(柱、梁、屋顶)都采用轻钢结构,其围护结构的墙体使用预制的负荷隔热板组装而成。隔热材料采用硬质聚氨酯泡沫塑料和硬质聚苯乙烯泡沫塑料等。

(3)天然洞体冷库。主要存在于西北地区,以天然洞体为库房,以岩石、黄土等作为天然隔热材料,具有因地制宜、就地取材、施工简单、造价低廉、坚固耐用等优点。

2. 按使用性质分类

(1)生产性冷库。主要建在食品产地附近、资源较集中的地区和渔业基地,通常作为鱼类加工厂、肉类联合加工厂、禽蛋加工厂、乳品加工厂、蔬菜加工厂、食品加工厂等的一个重要组成部分。冷库配有相应的屠宰车间、理鱼间、整理间,具备较大的冷却、冻结能力和一定的冷藏容量。食品在此进行冷加工后,经过短期贮藏即运往销售地区,直接出售或运至分配性冷藏库进行较长期储藏。

(2) 分配性冷库。主要建在大中城市、人口较多的工矿区和水陆交通枢纽一带,专门储藏经过冷加工的食品,以调节淡旺季节供应、保证市场供应、提供外贸出口和进行长期储备。它的特点是冷藏容量大并考虑多品种食品的储藏,其冻结能力较小,仅用于长距离运输过程中软化部分的再冻结及当地小批量生鲜食品的冻结。

(3) 零售性冷库。一般建在工矿企业或城市的大型副食品店、菜场内,供临时贮藏零售食品之用。其特点是库容量小、储存期短,其库温随使用要求不同而异。在库体结构上,大多采用装配式冷库。随着人们生活水平的提高,其占有量将越来越大。

3. 按库容分类

按冷库库容,即库存能力或冻结能力进行划分,可分为以下三类。

(1) 大型冷库。冷库冷藏容量在 10 000t 以上,生产性冷库冻结能力为 120~160t/天,分配性冷库冻结能力为 40~80t/天。

(2) 中型冷库。冷库冷藏容量为 1000~10 000t,生产性冷库冻结能力为 40~120t/天,分配性冷库冻结能力为 20~60t/天。

(3) 小型冷库。冷库冷藏容量为 1000t 以下,生产性冷库冻结能力为 20~40t/天,分配性冷库冻结能力为 20t/天以下。

4. 按规模大小分类

按冷库规模大小,依据 GB 50072—2010《冷库设计规范》规定,冷库设计规模以冷藏间或冰库公称容积为计算标准,可以分为以下几类。

(1) 大型冷库。公称容积大于 20 000m³。

(2) 中型冷库。公称容积在 5000~20 000m³。

(3) 小型冷库。公称容积小于 5000m³。

5. 按使用库温要求分类

按使用库温要求,分为高温、中温、低温和超低温四类。

(1) 高温冷库。冷藏设计温度在 −2~8℃,用于保鲜,如果蔬贮藏等。

(2) 中温冷库。冷藏设计温度在 −23~−10℃,适合冻结后的食品冷藏。

(3) 低温冷库。温度一般在 −30~−23℃,适合冻结水产、禽肉类食品。

(4) 超低温冷库。冷库温度一般为 −80~−30℃,适合在鲜品冷藏前的快速冻结。

(三) 冷库的组成

冷库是一个以主库为中心的建筑群,由主库、制冷压缩机机房、设备间、电控室和变配电间,以及其他辅助设施组成。

(1) 主库。主库是冷库主体建筑,有冷却间、冻结间、冷却物冷藏间、冻结物冷藏间、冰库、气调保鲜间,以及联通库内外运输的穿堂、站台、楼梯间和电梯间等。其中,穿堂为冷却间、冻结间、冷藏间进出货物而设置的通道;冷却间是对产品进行冷却加工的房间;冻结间是对产品进行冻结加工的房间;冷藏间是用于贮存冷加工产品的冷间,其中用于贮存冷却加工产品的冷间称为冷却物冷藏间,用于贮存冻结加工产品的冷间称为冻结物冷藏间;冰库是用于储存冰的房间。

(2) 制冷压缩机机房。制冷压缩机机房是冷库主要动力车间,主要安装制冷压缩机及其配套设备。机房一般设置在主库附近,并要求安装事故通风设备,以确保安全。

(3)设备间。设备间与机房相连接,主要安装低压循环贮液桶、氨泵等辅助设备及操作平台。

(4)电控室和变配电间。电控室设有制冷压缩机和辅助动力设备电气启动控制柜、制冷系统操作控制柜,并可配以模拟图或数据采集系统,以及主、辅机运行操作流程和安全报警系统。在自动化程度较高的冷库中,电控室可实现遥控指令操作或全自动控制。冷库变配电间一般靠近主机房。

(5)其他辅助设施。其他辅助设施包括充电间、发电机房、锅炉房、化验室、办公室等,它们是冷库建筑群不可少的辅助设施。

(四)冷库建筑平面布局

图2-11为冷库建筑平面布局。以生产性冷库为例,在进行总平面布置时应注意以下几个方面:①建筑物分区布置应有利于生产和管理需要;②库房结合应符合生产工艺流程;③库房组合应处理好高低温库房组合问题;④机房、装备间、配电间与库房的平面组合。

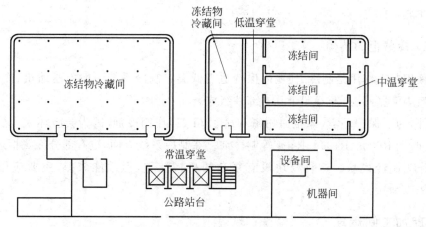

图2-11 冷库建筑平面布局

二、冷冻柜运营

(一)冷冻柜的概念

冷冻柜是一种可达到深度冷冻效果的低温冷藏冷冻设备。冷冻柜用途非常多,从食品行业到医疗行业等都能用到。根据不同使用环境和使用效果要求,冷冻柜制冷空间为$-45 \sim 0 ℃$。

(二)冷冻柜的分类

冷冻柜根据行业分为医用冷冻柜和食品冷冻柜;按照款式分为立式冷冻柜、卧式冷冻柜;根据制冷方式分为直冷冷冻柜和风冷冷冻柜;根据用途分为家用冷冻柜和商用冷冻柜。

(三)冷冻柜的工作原理

冷冻柜和空调制冷原理一样,主要是汽化吸热,液化放热,即利用压缩机将气态的氟利昂压缩为高温高压的气态氟利昂,然后送到冷凝器散热后成为常温高压的液态氟利昂。之后,液态氟利昂通过毛细管进入蒸发器,由于氟利昂从毛细管到达蒸发器后空间突然增大,压力减小,液态的氟利昂就会汽化,变成气态低温的氟利昂,从而吸收大量热量,蒸发器就会变冷,实现室(箱)内降温。

三、冷藏柜运营

(一)冷藏柜的概念

冷藏柜也叫冰柜,其主要作用是保障冷藏食品的新鲜度,因此保鲜效果是一个重要的选购依据。要保持食品新鲜,冷藏柜一方面需要有恒温强"冻力";另一方面需要保持柜内空气净化新鲜。

一般情况下,冷藏柜温度为0~5℃,其最主要的功能就是冷却,因此冷却效率是其最重要的性能指标之一。

(二)冷藏柜的结构

冷藏柜基本作用是制冷,使箱内保持适当低温。制冷系统一般由压缩机、冷凝器、毛细管或热力膨胀阀、蒸发器四个基本部件组成。

此外,为了保护环境,冰柜原用氟利昂12(F12)作制冷剂,因为会破坏大气层中的臭氧层,现改用R600a、R134a、R404等制冷剂。在制冷系统方面,也有部分冷藏柜运用制冷二极管作为制冷模块。这种模块没有复杂的机械装置,但效能较差,主要应用于小型冰箱。

四、整理加工间运营

(一)整理加工间的概念

整理加工间是进行食品初加工的重要场所,是鱼虾、蛋品、果蔬等农产品在进库前进行挑选、分级、整理、过磅、装盘或包装等整理工作的场所,以保证食品质量,如图2-12所示。其面积大小由食品品种、工艺流程而定。例如,处理鱼一般按加工1t鱼配10~15m³的操作面积进行计算。

(二)整理加工间的基本要求

整理加工间要求有良好采光和通风条件。每小时应有1~2次通风换气。地面要便于冲洗,排水要通畅。同时,还要满足:①符合良好生产规范(GMP)要求;②满足生产流程;③产品卫生质量;④便于管理等要求。

图 2-12　整理加工间

（三）流程和设施布局

1. 整理加工流程

整理加工流程是指将原料经过初加工后，通过预处理、切配、成型、包装等环节制成半成品或产成品所经过的工序路线。整理加工包括但不限于以下步骤：原料验收、清洗消毒、称重、配料、混合搅拌、制粒干燥、冷却排料（或装袋）、计量包装入库。

2. 设施布局

（1）原料处理系统。原料处理系统主要由破碎机、提升机、去石机和除铁器组成。根据不同用途选用不同机型和规格型号。其中破碎机分粗碎和细碎两类，前者用于物料大块度粉碎及纤维状物料的分离与分级；后者用于颗粒状或粉状物的粉碎及小杂质的清除。

（2）输送装置。输送装置种类较多，常用有带式输送机和斗式提升机等。带式输送机适用于各种散装物料的连续运输；斗式提升机适用于大件物料的垂直升降运输和高处往低处的水平转移等场合。

（3）辅助设备。辅助设备包括给水槽、除尘设备等。

（4）安全防护设施。安全防护设施主要是防止人员伤亡的各种设施，如防冻通风降温系统、净化系统、电气安全保护系统等。

（5）环保设施。环保设施主要用于对环境有害物质的控制，如废气排放控制。

（6）其他。其他设施主要有配电柜、照明灯具和控制仪表等。

任务实施

李导师：小王，通过之前的预习，能说一说你对冷链物流仓储设备的认识吗？

小王：冷链物流仓储设备主要是冷库。冷库是利用降温设施创造适宜的湿度和低温条件的设备。主要用于对食品、乳制品、肉类、水产、禽类、果蔬、冷饮、花卉、绿植、茶叶、药品、化工原料、电子仪表仪器等的低温贮藏。

李导师：是的。冷库不仅是冷链物流贮藏中的重要设备，也是冷链物流中的主要设备之一。对于易腐食品，如肉类、蔬菜、水果等食品，放在冷库内可以避免微生物和细菌的繁殖,既可保持食品新鲜状态,又可延长保质期。因此,为了保证冷藏效果,需要提升冷库建设质量。

小王:老师,冷库的主要作用是低温保鲜,其库体隔热性应该很重要。

李导师:没错,下面以"冷库库板的选择要求"为例,进一步学习冷链物流仓储设备运营相关的知识及实操技能。

冷库库板的选择要求

冷库建筑以其严格的隔热性、密封性、防潮隔汽性、坚固性和抗冻性来保证冷库质量。冷库库体保温材料的选用必须因地制宜,既要有良好的隔热性能,又要经济实用。现代冷库的结构正向装配式冷库发展,制成包括防潮层和隔热层的冷库构件,做到现场组装。其优点是施工方便、快速,且可移动,但造价比较高。

冷库库板有不同密度,内部保温材料有聚氨酯和聚苯乙烯两种,面板有彩钢、玻璃钢、不锈钢三种。高温库和低温库的厚度也不同,用户可根据保温需要进行选择。其中,聚氨酯泡沫保温板具有优异耐热性能、低密度、较低热传导系数,可以有效地将外界热量隔绝在冷库之外,使内部温度得到很好保存。此外,它还具有耐震性能好、耐久性强、不易受力变形及施工快速便利等特点,因此是目前市场上非常流行的一种冷库库板。

任务拓展

李导师:小王,通过学习冷库库板的选择要求,我们了解了冷库建设材料的重要性。

李导师:为了进一步掌握冷库建设相关要求,下面请你根据老师提供的资料及上网查询相关数据,编写"冷库库址的选择要求"。要知道,库址选择是一项政治、经济、技术的综合性工作,库址选择合理,才能节省基建投资,加快建设速度,减少经营管理费用,降低产品成本。

小王:明白,老师,我会认真完成的。

请你代替小王,编写"冷库库址的选择要求"。

任务评价

知识点与技能点	我的理解(填写关键词)	掌握程度
冷库运营		☆☆☆☆☆
冷冻柜运营		☆☆☆☆☆
冷藏柜运营		☆☆☆☆☆
整理加工间运营		☆☆☆☆☆

补充阅读

加快城乡冷链物流建设　保障农产品新鲜上市

江西是水产大省和蔬菜、畜禽大省,鱼虾鸡鸭、生猪牛羊养殖及蔬菜种植的规模都不小。

江西从2020年起大力推进以"冷库＋冷链干线物流网"为主要内容的城乡冷链物流骨干网建设，旨在延长农产品销售时间、提升产品质量、增加收益。冷库建设向村镇倾斜，除了建设大型冷库，还鼓励农户联合建设地头冷库等小型家用冷库。

江西省供销社在鄱阳湖周边投资建设了12个大型冷链物流仓储配送中心。新建冷库对冷冻温度有了更精确控制，从0℃到－40℃，不同温度的仓库分别储存对应的农产品。现有冷库可以一次性存放260t原材料。特别是有了大型冷库，可以提供－30℃以下冷冻空间，肉类等产品放进去之后能够瞬间锁水，做出的食品口感更好，新鲜度更饱和。

江西已投入运营11个冷链物流园，政府通过租金减免、品牌联营、一件代发等政策叠加，吸引冷链相关物流企业进驻。目前，园区吸引了60多家食品加工企业。同时，配套建有5个中央厨房和9个农产品批发市场，保障生鲜农产品上市及跨季节销售，极大地提升了农产品附加值，帮助农民增收，助力乡村振兴。

资料来源：环球时报. 肉串串 菜串串 一把把竹签串起江西农产品加工产业链[EB/OL]. (2023-09-30)[2024-02-19]. https://baijiahao.baidu.com/s?id=1778422912256802734&wfr=spider&for=pc.

【思考】
江西省实施了哪些政策来推进冷链物流建设？

任务四　冷链物流运输与配送设备运营

随着居民对于食品个性化需求的提升，生鲜食品需求与日俱增。奶、果蔬、肉、海鲜等生鲜食品需要低温运输及配送，冷链物流为其提供了适宜的温度和湿度环境，同时抑制细菌的活性、降低细菌在运输及配送过程中的繁殖，从而保证食品品质及安全。

按照运输方式，冷链物流运输与配送主要设备有冷藏汽车、铁路冷藏车、水路冷藏船、航空冷藏箱和冷藏集装箱等。

知识储备

一、冷链物流运输与配送概述

冷链物流运输与配送是指根据客户要求，在运输与配送服务范围内，依据食品特性，使食品始终处于所需的低温环境中，并按时送达指定地点，减少食品损耗的一项系统工程。

运输与配送是冷链物流的一个重要环节，包含较复杂的移动制冷技术和保温箱制造技术，可以是公路运输、水路运输、铁路运输、航空运输，也可以是多种运输方式组成的综合运输方式。

二、冷链物流运输与配送设备分类

按照运输方式，冷链物流运输与配送设备如下。

（1）公路冷藏车，主要包括机械式冷藏车、机械式冷藏挂车、蓄冷板式冷藏车、液氮或干冰冷藏车和保温车，其中以机械式冷藏车为主。

(2) 铁路冷藏车,主要包括机械冷藏车、蓄冷保温车、铁路隔热车,其中机械冷藏车应用最广。

(3) 冷藏船,主要有渔业冷藏船和商用冷藏船。

(4) 航空冷藏箱,主要有主动式航空冷藏箱和被动式航空冷藏箱。

(5) 冷藏集装箱,按照不同的制冷方式和功能,冷藏集装箱主要分为耗用冷剂式冷藏集装箱、机械式冷藏集装箱、制冷或加热集装箱、隔热集装箱、气调冷藏集装箱。

此外,按照不同的运输方式,冷藏集装箱又可分为公路冷藏集装箱、铁路冷藏集装箱、水路冷藏集装箱、航空冷藏集装箱。

三、公路冷藏车运营

(一) 公路冷藏运输概述

公路运输机动、灵活,可实现"门到门",较适合运输中短途货物。公路运输所用运输工具主要是汽车。因此,公路运输一般指汽车运输。与其他运输方式相比,公路运输在途时间较短,运送速度较快,适合于运输与配送短距离、高价值的产品。

由于公路运输网比铁路、水路运输网的密度大十几倍,分布面也广,不像铁路那样受到铁轨和站点的限制,因此市场覆盖面最广泛,在物流作业中起着骨干作用。此外,公路运输在时间方面的机动性也比较大,车辆可随时调度、装运,各环节之间的衔接时间较短。

公路冷藏车是用于冷藏运输的厢式专用运输汽车,常用于运输冷冻食品(冷冻车)、奶制品(奶品运输车)、果蔬(鲜货运输车)、疫苗药品(疫苗运输车)等。

(二) 公路冷藏车的构造

公路冷藏车由专用汽车底盘的行走部分与隔热保温厢体(一般由聚氨酯材料、玻璃钢组成)、制冷机组、车厢内温度记录仪等部件组成。对于有特殊要求的车辆,如肉钩车,可加装肉钩、拦腰、铝合金导轨、通风槽等选装件。

(三) 公路冷藏车的分类

1. 按车厢型分类

公路冷藏车包括面包式冷藏车、厢式冷藏车(见图 2-13)、半挂冷藏车。

2. 按底盘承载能力分类

公路冷藏车包括微型冷藏车、小型冷藏车、中型冷藏车、大型冷藏车。

3. 按所运输食品对厢体内部温度的需求分类

冷藏车的分类与作用

(1) 易腐食品冷藏车(A~F 类)。A 类冷藏车,平均温度 0~12℃;B 类冷藏车,平均温度 −10~12℃;C 类冷藏车,平均温度 −20~12℃;D 类冷藏车,平均温度小于或等于 0℃;E 类冷藏车,平均温度小于或等于 −10℃;F 类冷藏车,平均温度小于或等于 −20℃。

(2) 生物制品冷藏车(G、H 类)。G 类冷藏车,平均温度 2~8℃;H 类冷藏车,平均温度小于或等于 −20℃。虽然 H 类冷藏车温度要求和 F 类一致,但生物制品冷藏车还需

图 2-13　厢式冷藏车

要经过药监局的 GSP 认证,所以两者存在差异。

对于冷冻肉类、水产类等冷冻食品,必须用 F 类冷藏车运输。在运输中,只需将笼内设定温度设定为 $-18℃$,无须严格控制温度波动的精度。

对于冷鲜肉、水产品、禽蛋等冷藏食品,运输温度以食品不冻结为前提,温度越低越好,即要求接近 $0℃$。这类食品要求用 D 类、E 类、F 类的冷藏车运输,而部分罐头食品要求 $-5℃$ 左右的运输温度,用 E 级和 F 级的冷藏车运输。

对于果蔬等冷藏食品,这类食品在冷藏运输中要求比较复杂。首先,不同果蔬的温度要求不同;其次,很多果蔬对温度波动的要求很高,不能严重偏离设定温度;最后,果蔬采摘后仍需呼吸,产生呼吸热,要求冷藏车制冷机组进行更多的打冷。另外,这类食品还要求相对湿度。因此,从 A 类到 F 类的冷藏车原则上可以用于果蔬的运输。

(四)公路冷藏车的特点

(1)密封性。冷藏车的货柜需要严格的密封来减少与外界的热量交换,以保证冷藏柜内保持较低温度。

(2)制冷性。加装的制冷设备需不断地进行打冷,以保证货柜的温度在食品允许的范围内。

(3)时效性。冷藏车运输的通常是不能长时间保存的食品,虽然有制冷设备,仍需较快送达目的地。

(4)隔热性。冷藏车的货柜类似集装箱,由隔热效果较好的材料制成,从而减少热量交换。

四、铁路冷藏车运营

(一)铁路冷藏运输概述

铁路运输是使用铁路列车运送旅客和货物的一种运输方式。它在社会物质生产过程中起着重要作用。铁路运输的特点是地区覆盖面广,适应性强,可全天候不停地运营,运送量大、速度快、成本较低,一般不受气候条件限制,适合于大宗、笨重货物的长途运输。

铁路运输的主要优势是能以相对较低的运价长距离运输大批量货物,具有较高的连续性、可靠性和安全性。但因受到铁轨、站点等限制,灵活性不高,且铁路一般是按照规定的时间表进行运营,发货频率比公路运输低。

铁路冷藏车具有较大的运输能力,适于长距离冷藏运输。铁路冷藏车具有良好的保温性能,通常采用焊接的金属骨架,两侧铺以薄钢板,中间填有热绝缘材料,厢壁厚度约为200mm,车顶厚度为220~250mm,地板厚度为200mm。

铁路与公路冷藏车的区别

铁路冷藏车主要包括不带冷源车辆和带冷源车辆。不带冷源车辆主要为隔热车,带冷源车辆主要包括采用蓄冷剂制冷的加冰保温车、冷板保温车,以及采用机械制冷的机械冷藏车、冷藏集装箱运输平车。目前,加冰保温车、机械冷藏车和冷藏集装箱运输平车是铁路冷藏运输的主要工具。

(二)加冰保温车

加冰保温车,简称冰保车,是一种采用保温材料和冰块来保持食品低温状态的车辆。加冰保温车是通过在运输途中在较大编组站补充冰块以降低车内温度,使承运保鲜的各种肉类和蔬菜不变质,安全运送到终点站。保温材料通常采用聚苯乙烯,它具有保温效果好、密度小、成本低等优点;冰块则是通过将水放入特定容器中冻结得到,其制作成本低廉。因此,加冰保温车的成本相对较低。由于冰块保冷时间较短,因此加冰保温车适用于短距离、短时间的运输。此外,加冰保温车的容积通常较小,且保温效果相对较差,需要更加注意食品的保鲜。

(三)机械冷藏车

机械冷藏车具有制冷温度低、温度调节范围大、车内温度分布均匀、运送速度快的特点。另外,机械冷藏车适用性强,更实现了制冷、加温、通风换气及融霜的自动化,并设有运输过程的自动检测、记录及安全报警。与加冰保温车相比,机械冷藏车车辆造价高,维修复杂,使用技术要求高。图2-14为中国中车研制的BH10型单节机械冷藏车。

图2-14 BH10型单节机械冷藏车

机械冷藏车采用机械制冷和加温,配合强制通风系统,能有效控制车厢内温度。通常当外界温度为40℃时,车内最低温度可达-18℃;当外界温度为-45℃时,使用电加热器,可使车内温度保持在15℃以上。同时,机械冷藏车装载量比加冰保温车大幅增加。

机械冷藏车按供冷方式可分为整列车厢集中供冷和每个车厢分散供冷两种。集中供冷的冷藏列车,是在一整列车厢中设有装有柴油发电机组的动力车厢、装有制冷机设备的制冷车厢和若干节冷藏车厢,其冷量常用盐水输送到各个车厢,厢内空气用风机强制循环,使用机动性差,不能任意编组,不适于小宗货物运输。因此,现在使用较多的是分散供冷的机械冷藏车,通常在每节车厢两端的机器间,各装一台氟利昂压缩冷凝机组,靠站时操作人员可进入机器间检查。冷风机装于车厢端部上方,采用直接蒸发冷却方式,冷空气在风机的作用下在车厢内循环。

(四)冷藏集装箱运输平车

图 2-15 所示的冷藏集装箱运输平车是一种具有良好隔热、气密,且能维持一定低温要求,适用于各类易腐食品的运送、贮存的特殊集装箱运输车。冷藏集装箱作为一种新型冷藏运输载运工具,具有一定的运输灵活性和多式联运便捷性。铁路发展冷藏集装箱可较好地与市场接轨,体现铁路的比较优势,并与铁路机械冷藏车优化配置、合理分工,形成铁路冷藏运输载运工具的综合服务体系。

图 2-15 冷藏集装箱运输平车

五、水路冷藏船运营

(一)水路冷藏运输概述

水路运输方式中的远洋运输是国际贸易的主要运输方式,国际运输 80% 的货物是通过水路运输方式完成的。尤其是国际集装箱运输,以其高效、方便的特点在海运中占了重要地位。

水路冷藏运输能够运输数量巨大的货物,适合于进行长距离、低价值、高密度、便于机械设备搬运的货物运输。其主要缺点是运营范围和运输速度受限,可靠性与可接近性较差。

(二)冷藏船的分类

冷藏船是水路冷藏运输的主要交通工具,船上装有制冷设备,船舱隔热保温。冻鱼贮藏舱的温度保持在 $-18℃$ 以下,冰鲜鱼冷藏船的温度为 $2℃$ 左右。

按吨位大小,冷藏船分为三种,即冷冻母船、冷冻运输船、冷冻渔船。冷冻母船是万吨以上的大型船,它有冷却、冻结装置,可进行冷藏运输。冷冻运输船包括冷藏集装箱船和冷藏运输船,它们对隔热保温的要求很严格,温度波动不得超过 $±0.5℃$。冷冻渔船是指有低温装置的远洋捕鱼船或船队较大型的船。

按作业专业,冷藏船分为带冷藏货舱的普通货船和只有冷藏货舱的专业冷藏船,还有专门运输冷藏集装箱的船。

冷藏船所采用的制冷装置有氨制冷装置和氟利昂制冷装置。专业冷藏船和渔船以氨制冷机为主,而一般冷藏船或冷藏货舱多采用氟利昂制冷机。

(三)冷藏船的发展趋势

(1)加快自主开发研究进度,实现船用配套冷冻冷藏系统与设备的国产化,提升中国远洋渔业的竞争力。

(2)探索新的制冷方式(如主机排烟余热驱动的吸附式或吸收式制冷系统等)。

(3)寻找合适的制冷剂来替代船用制冷系统中 R22。

(4)发展渔船用超低温(蒸发温度-65℃以下)制冷系统,为远洋渔业的发展提供支撑。

六、航空集装器运营

(一)航空运输概述

航空运输又称飞机运输,简称空运,它是在具有航空线路和飞机场的条件下,利用飞机作为运输工具进行货物运输的一种运输方式。航空运输时效性高,运输速度快,其运输速度位居五种运输方式之首。航空运输的缺点是飞机的机舱容积和载货量都比较小,运载成本和运价比地面运输高,并且由于飞行受天气条件限制,其准点性也受到影响。

(二)航空集装器

航空冷链物流运输通常需要使用具有主动温控功能的集装器(ULD),将食品装入该特定集装器,从而在整个航空运输过程中达到一定的温度控制,如图 2-16 所示。

需使用主动温控服务的商品包括高价值的药品,如原料药、疫苗、成品药;还有一些高价值的食品也会需要主动温控服务,如巧克力、奶酪等。

图 2-16 具有主动温控功能的集装器

一些规模较大且管理规范的航空公司可提供此类服务,如北京可以承接此类货物运输的航空公司有 LH/LX/CX/EK/EY/RU/CA/AC/AF(KL)。航空公司一般需满足以下条件:①宽体机为主(温控集装器不能用于窄体飞机);②航空公司航站人员经过温控货物流程培训;③航空公司与温控集装器租赁公司签署合作协议并进行相关培训。

具有主动温控服务的集装器有两大类别。①汉莎系(LH/OS/LX),汉莎的温控集装器有两类,第一类是自有集装器,集装器提供商为 Unicooler、Icecooler 和 Opticooler,有干冰型、插电型多种选择,价格较贵;第二类是由租赁方 Envirotainer 提供,有干冰型、插电型多种选择。②除汉莎系外,还有 CX/EK/EY/AC/CA 等,通常由租赁方 Envirotainer 提供,具体可分为干冰型、插电型等。

七、冷藏集装箱运营

（一）冷藏集装箱的概念

冷藏集装箱是指一种有良好隔热性能，且能维持一定低温要求，适用于各类易腐食品的运送、贮藏的特殊集装箱，如图 2-17 所示。

冷藏集装箱采用镀锌钢结构，箱内壁、底板、顶板和门由金属复合板、铝板、不锈钢板或聚酯制造。国际上集装箱的尺寸和性能都已标准化，现在使用最多的是长度为 20ft 和 40ft 的集装箱，且 95% 以上为长度为 40ft 的集装箱。最近几年，45ft 集装箱的使用越来越多，使用温度范围为 -30～20℃。

图 2-17 冷藏集装箱

（二）冷藏集装箱的特点

（1）冷藏集装箱具有特殊的隔热结构，可靠的制冷保温功能，完善的自动控制，良好的适用性和灵敏性。其装载容积利用率高，运营调度灵活，使用经济性强。

（2）冷藏集装箱可用于多种交通运输工具联运，可以灵活吊装到火车、汽车、船舶上使用。它既能适合国内陆上、海上冷藏运输，又能适用于欧亚大陆架和国际海上冷藏运输。同时，使用中可以整箱吊装，装卸效率高，运输费用相对较低。

（3）冷藏集装箱在一定条件下，可以当作活动式冷库使用，新型冷藏集装箱结构和技术性能更合理先进，有广泛适用性。

（三）冷藏集装箱的分类

冷藏集装箱包括耗用冷剂式冷藏集装箱、机械式冷藏集装箱、隔热冷藏集装箱及气调冷藏集装箱等，如表 2-4 所示。

表 2-4 冷藏集装箱分类

冷藏集装箱名称	定 义
耗用冷剂式冷藏集装箱	采用液态制冷剂的带有或不带蒸发控制的集装箱，泛指无须外接电源或燃料供应的保温集装箱
机械式冷藏集装箱	设有制冷装置（如制冷压缩机组、吸收式制冷机组等）的保温集装箱
隔热冷藏集装箱	不设任何制冷或加热设备的保温集装箱
气调冷藏集装箱	设有冷藏和加热装置并固装有一种调气设备，可产生或维持一种特定空气成分的保温集装箱

1. 耗用冷剂式冷藏集装箱

耗用冷剂式冷藏集装箱主要包括冷冻板冷藏集装箱、干冰冷藏集装箱和液氮冷藏集装箱。冷冻板冷藏集装箱是指采用冷冻板，利用低温共晶液进行储冷和供冷的集装箱。干冰冷藏集装箱和液氮冷藏集装箱，是用干冰或液氮在汽化时所吸收的潜热和升温显热达到制冷效果。采用干冰或液氮制冷所用设备简单,在降温制冷过程中无须动力电源供应。

耗用冷剂式冷藏集装箱的特点是,在运输过程中无须外接电源或燃料供应等,无任何运动部件,维修保养要求低。主要缺点是无法实现连续制冷,储冷剂放冷或消耗后必须重新充冷或补充,且制冷设备占用空间较大。

2. 机械式冷藏集装箱

机械式冷藏集装箱(含加热集装箱)不仅有制冷装置,而且有加热装置,可以根据需要采用制冷或加热手段,使冷藏集装箱的箱内温度控制在所设定的温度范围内。一般机械式冷藏集装箱箱内控制温度范围为-18~38℃。机械式冷藏集装箱以压缩式制冷为主。当机械式冷藏集装箱在船上运输或集装箱堆场时,由船上或陆上电网供电;而当机械式冷藏集装箱在陆上集装箱专用拖车运输时,一般由车载柴油发电机供电。机械式冷藏集装箱是当前技术最为成熟、应用最为广泛的一种冷藏运输工具。

3. 隔热冷藏集装箱

隔热冷藏集装箱是指不设任何固定的、临时附加的制冷或加热设备的保温集装箱。隔热冷藏集装箱是具有良好隔热性能的集装箱,特点是箱体本身结构简单,箱体货物有效装载容积率高,造价便宜,适合大批量、同品种冷冻或冷藏货物在固定航线上运输。其缺点是缺少灵活性,对整个运输线路上的相关配套设施要求高。隔热冷藏集装箱只有在用于运送大批量、同品种的冷藏货物时,其经济性才能得到充分体现。

为实现其保温功能,隔热冷藏集装箱必须有外接制冷或加热设备,向箱内输送冷风或热风以达到保温目的。当隔热冷藏集装箱处于船舶运输途中时,采用船舶集中式制冷系统向冷藏箱供冷。当隔热冷藏集装箱处于集装箱堆场时,可采用集装箱堆场的集中式制冷系统向冷藏箱供冷,以维持冷藏箱的正常工作。因此,保证隔热冷藏集装箱正常工作的必要条件是:集装箱所途经的堆场,必须有能维持冷藏箱正常工作的集中式制冷装置和设施。

4. 气调冷藏集装箱

气调冷藏集装箱具有一般机械式冷藏集装箱的所有制冷或加热功能,同时气调冷藏集装箱装有一种调气设备,可以产生和维持一种特殊的空气成分,以减弱新鲜果蔬的呼吸量和新陈代谢强度,从而减缓果蔬的成熟进程,达到保鲜的目的。气调保鲜的关键是调节和控制食品储存环境中的各种气体含量。目前最常见的是利用充氮降氧方法来降低环境中的氧气含量,控制乙烯含量。

气调冷藏集装箱的气密性要求较高,一般要求漏气率不超过 $2m^3/h$。采用气调冷藏集装箱运输具有保鲜效果好、储藏损失少、保鲜期长和对果蔬无任何污染的优点,但由于采用气调设备后,技术要求高、冷藏箱价格高,因此目前使用率还不高。

(四)冷藏集装箱的使用要求

(1)在装箱过程中,应严格遵守装货堆码原则,避免冷风短路造成降温不平衡,降低制冷装置的制冷效率。

(2)冷冻食品在长距离运输时,箱内设定温度差不能超过3℃。如果运送的是冷却货物,其温度误差应不大于0.5℃,最好不大于0.25℃。

(3) 运送新鲜果蔬等,应及时打开新风口,进行通风换气;但运送冷冻货时,应关闭新风口。

(4) 运送纸盒包装的冷却货时,应根据室外气温及湿度情况,及时进行通风,保持箱内空气干燥,防止包装箱外表面凝露。

任务实施

李导师:小王,根据你之前的预习,谈一谈你对冷链物流运输与配送设备的了解。

小王:冷链物流运输与配送设备主要有公路冷藏车、铁路冷藏车、水路冷藏船、航空集装器、冷藏集装箱等。

李导师:很好。冷链物流运输与配送设备的应用,保证了食品在整个流通环节中的品质和安全。在运输与配送环节中,食品需要保持在一定的温度范围内。下面以"冷链物流运输与配送设备及其适用领域"为例,进一步学习冷链物流运输与配送设备运营相关的知识及实操技能。

冷链物流运输与配送设备及其适用领域

根据不同的运输方式,梳理冷链物流运输与配送设备的选择及其主要适用领域,如表2-5所示。

表2-5 不同运输方式的运输设备及其适用领域

运输方式	冷链物流运输设备	适用领域
公路运输	冷藏汽车	方便快捷,近距离,小批量
铁路运输	铁路冷藏车	长距离,大批量,低价值,负担能力小
水路运输	冷藏船	低成本,大批量,长距离
航空运输	主动温控的集装器	快捷高效,小批量,高价值,长距离

任务拓展

李导师:小王,说一说你对冷藏集装箱的了解。

小王:冷藏集装箱是一种有良好隔热性能,且能维持一定低温要求,适用于各类易腐食品的运送、贮藏的特殊集装箱。

李导师:是的。在冷链物流运输及配送中,由于集装箱性能优越,使得冷藏集装箱越来越普及,其中耗用冷剂式冷藏集装箱、机械式冷藏集装箱比较常用。

小王:明白,尤其是机械式冷藏集装箱应用更广。

李导师:为了进一步掌握上述两种冷藏集装箱的性能,下面请你根据老师提供的资料及上网查询相关数据,编写"耗用冷剂式冷藏集装箱与机械式冷藏集装箱优劣势对比分析"。

小王:好的,老师,我会认真完成的。

请你代替小王,编写"耗用冷剂式冷藏集装箱与机械式冷藏集装箱优劣势对比分析"。

任务评价

知识点与技能点	我的理解（填写关键词）	掌握程度
冷链物流运输与配送概述		☆☆☆☆☆
冷链物流运输与配送设备分类		☆☆☆☆☆
公路冷藏车运营		☆☆☆☆☆
铁路冷藏车运营		☆☆☆☆☆
水路冷藏船运营		☆☆☆☆☆
航空集装器运营		☆☆☆☆☆
冷藏集装箱运营		☆☆☆☆☆

补充阅读

中国中车"背包式"冷藏集装箱柴油供电装置

2023年6月初，中国中车研制的柴油动力供电系统和海运冷藏集装箱，满载28t进口牛肉，搭乘8717次铁路冷链货物运输班列，由上海杨浦站出发，历经4天长途运输，顺利抵达成都城厢货运中心站。

2023年6月26日，满载着35组"背包式"冷藏箱的大蒜、洋葱等875t河南本地特色农产品的专列，从中国铁路郑州局圃田车站驶出，向着越南胡志明站出发，标志着中铁特货公司、中铁国际多式联运公司与国铁集团郑州局联合开发的首趟郑州—东盟农产品冷链物流出口专列准时发车。本次冷链物流出口专列运输，采用中铁特货公司"BX1K型车＋背包式冷藏箱"的装备组合。"背包式"冷藏箱全称外挂式柴油发电机组冷藏箱，由外挂式柴油发电机组和40ft冷藏集装箱两部分构成，加上可集中供电的BX1K型集装箱专用平车，为本次专列运输提供可靠装备保障，如图2-18所示。

图2-18 "背包式"冷藏集装箱

此次中国中车"背包式"冷藏箱柴油供电装置铁路试应运的顺利开展，标志着中国中车分散式供电装置具备了市场推广及运营条件，同时也是中国中车"供电装置＋冷藏箱＋平车"冷链物流运输系统解决方案的首次应用。

"背包式"冷藏箱柴油动力分散式供电装置是继铁路移动式发电箱集中式供电装备批量推广应用后的又一铁路供电装备，填补小批量冷链物流易腐货物冷链物流运输过程中单台冷藏集装箱制冷机组的供电需求，具有智能化程度高、能源消耗低、安装方便、可靠性高等优点。

（1）高效：续航时间长。该供电装备采用大容积燃油供给系统设计，可连续7天以上为冷藏集装箱铁路运输供电，无须进行动力源切换，转运效率高，大幅提升冷链物流易腐货物的运输效率，解决海运冷藏集装箱公铁联运转运过程制冷机组供电问题。

（2）安全：适应能力强。多项减震、防脱结构设计，可满足铁路货运班列编组铁路冲击的要求，取得了中国铁道科学研究院安全评估认证报告和第三方电气安全测试报告。装置内的一体式电子散热器和电加热装置，可满足－40～50℃应用环境下工作要求。

（3）智能：可远程操控。该柴油动力供电装置配备有智能化远程监控系统，具有远程定位、启停、模式切换、循环时间设定等功能，可对供电系统运行过程进行实时监测，对柴油发动机、发电机等各项性能参数实时采集和远程传输，运行过程中出现故障信息会实时报警，并将相关信息上传到远程运维终端平台，实现远程状态监控、燃油预测、故障诊断及运维管理等，大幅降低使用及运维成本。

资料来源：中国中车. 中国中车"背包式"冷藏集装箱柴油供电装置完成铁路首运！[EB/OL].(2023-06-13)[2024-02-19]. https://mp.weixin.qq.com/s?__biz=MzIxMTAxMzYwNg==&mid=2649723434&idx=2&sn=97345f7dd9afbae9d2c1d55a3dcb9dcc.

【思考】
"背包式"冷藏集装箱柴油供电装置解决了哪些问题，具有哪些优点？

任务五　冷链物流销售设备运营

冷链物流销售设备是指应用于冷链物流末端销售环节的易腐食品冷冻冷藏设备，在销售终端为食品的低温储存、商品展示和企业形象展示等提供保鲜和品质保障服务。冷链物流销售设备主要包括冷冻展示柜与冷藏展示柜。冷冻展示柜和冷藏展示柜都是商家在陈列食品时使用的展示柜。它们的目的是让消费者更好地看到食品，并保证食品的质量和新鲜度。

◆ 知识储备

一、冷链物流销售设备概述

冷藏销售设备主要有商用展示柜与商超展示柜两大类。商用展示柜主要是投向终端商超与专卖店来促进销售，可分为冷冻柜和冷藏柜，冷冻柜主要用于冰激凌、冷冻食品等的销售和储存，冷藏柜则主要用于啤酒、低温奶制品、饮料等的销售和储存。商超展示柜主要用于大型商业超市、连锁便利店等放置与销售奶制品、饮料、蔬菜、速冻食品。

冷藏销售设备有制冷陈列柜、厨房冰箱、饮料冷藏陈列柜、葡萄酒储藏柜、自动售卖机、自助生鲜便利店及生鲜配送柜，广泛用于超市、便利店、饭店等场所快消品的冷藏冷冻。

二、冷冻展示柜运营

（一）冷冻展示柜简介

冷冻展示柜一般称为冷柜，也称冰柜，是一种储存冷冻食品的专业工具，主要由箱体、制冷系统和温控系统三个部分组成。冷冻展示柜是一款制冷保鲜产品，其双绿无氟设计，制冷保鲜,环保绿色美观,用于展示冷冻食品,如冷冻肉、冷冻水饺、冷冻海鲜、冷冻奶制品等,广泛应用于超市、便利店、食品加工企业等。

冷冻展示柜的温度保持在－18℃以下,允许短时升温,但最高温度不能超过－12℃。在柜内的显眼位置应安装温度计,在非营业时间要进行除霜处理。展示柜中商品的堆放量不得超过规定的装载限量。

(二)冷冻展示柜的主要功能

(1) 均衡保鲜。内置吸式对流风机,360°循环风冷,纯风冷保鲜,冰冻无死角。

(2) 可调搁架。搁架高度可调,存放各种罐装、瓶装食品更自如。

(3) 精确控温。双绿无氟设计,双层中空玻璃门,密封门体边框,可调温度0～10℃。

(4) 智能除水。智能除水装置可免除消费者的后顾之忧。

(5) 透明展示。配备大幅箱体广告位,内顶部有照明灯箱,即使在夜间也可存取商品。

(三)冷冻展示柜的选择

冷冻展示柜的选择依据以下几点。

(1) 需求。冷冻展示柜是仅用来冷冻,还是需要同时满足冷冻、冷藏的需求,以及所需容量的大小。

(2) 品牌。知名品牌的产品性能更可靠,售后服务更周到。

(3) 冷冻能力。冷冻能力是指12小时能冷冻食品的数量。冷冻能力通常由冷冻展示柜的容量大小决定。例如,双冷形式的冷冻展示柜,冷冻室达100多L,冷冻能力基本要达到6.5kg/12h;而如果400～600L的大冷柜,则冷冻能力至少达到15kg/12h。原则上,冷冻能力越大,保鲜效果越好。食材在冷冻过程中,可快速通过冰晶带,减少冰晶对食材细胞的破坏,从而减少营养流失。

(4) 能效等级。冷冻展示柜的能效等级分5级,能效等级一方面可衡量整机的耗电,另一方面可衡量整机的质量,因此尽量选择一级能效的冷冻展示柜。

(5) 价格。冷冻展示柜的价格比冰箱便宜,价格区间虽然因容量大小和功能差异有所不同,但总体上相对稳定。

此外,还需考虑温度调节范围、是否自动除霜、宽电压、宽温湿度、噪声等方面的要素。

三、冷藏展示柜运营

冷藏展示柜是一种用来对食品、药品等物品进行冷藏展示的器具。这种展示柜通常用于超市、便利店、商场和餐饮业,可以对蛋糕、水果、蔬菜、鲜肉、药品等多种产品进行冷藏储存。

冷藏展示柜按用途可分为蛋糕冷藏展示柜、水果冷藏展示柜、鲜肉冷藏展示柜、药品冷藏展示柜等。根据柜体结构的不同,冷藏展示柜可分为封闭式冷藏展示柜、敞开式冷藏展示柜、立式冷藏展示柜、卧式冷藏展示柜等。

冷藏展示柜具有在低温下能够保存容易腐败的食品或者商品的功用,以及具有陈列和销售食品的作用。冷藏展示柜主要作用是保证食品新鲜,其选购的重要依据就是它的保鲜效果。冷藏展示柜的温度应保持在8℃以下(储存部分蔬菜、水果应保持在10℃以下),允许短时升温,但不能高于10℃,如图2-19所示。

图2-19 冷藏展示柜

任务实施

李导师:小王,根据你之前的预习,说一说冷链物流销售设备主要包括什么?

小王:冷链物流销售设备主要包括冷冻展示柜与冷藏展示柜。

李导师:是的。冷冻展示柜与冷藏展示柜可以很好地解决食品冷藏、冷冻问题。上述两种设备是生鲜农产品的销售终端,特别是商超里使用最多的两种冷链物流设备。下面以"冷藏展示柜和冷冻展示柜的区别"为例,进一步学习冷链物流销售设备运营相关的知识及实操技能。

冷藏展示柜和冷冻展示柜的区别

根据使用场景,结合温度、对象和功能,梳理冷藏展示柜和冷冻展示柜的温度区间及贮藏对象,如表2-6所示。

表2-6 冷冻展示柜与冷藏展示柜的区别

分类	温度/℃	作用	贮藏对象
冷藏展示柜	2～10	冷藏保鲜	蔬菜、水果、酸奶、牛奶等乳制品、啤酒、饮料、部分药品
冷冻展示柜	-26～-12	低温冷冻	速冻饺子、速冻汤圆、火锅丸子、鸡翅、鸡腿、鸡胸肉、冻鱼、冻虾、雪糕

任务拓展

李导师:小王,你经常去生鲜超市吗?

小王:老师,我打算找个时间去大型生鲜超市,现场近距离详细了解下冷藏柜与冷冻柜。

李导师:实践是检验真理的唯一标准,为了更多地到生产一线了解事物的真实现象,给你布置一个"生鲜超市冷链物流设备调研"的任务。

小王:好的,我会选择一个比较大的具有代表性的生鲜超市进行现场调研。

李导师:调研报告需要有超市名称、冷链物流设备名称、存储温度、存储对象及对应图片。

小王：明白，老师，我会认真完成的。

请你代替小王，现场调研并编写"生鲜超市冷链物流设备调研报告"。

任务评价

知识点与技能点	我的理解（填写关键词）	掌握程度
冷链物流销售设备概述		☆☆☆☆☆
冷冻展示柜运营		☆☆☆☆☆
冷藏展示柜运营		☆☆☆☆☆

百色—北京铁路果蔬冷藏班列运输

百色市是广西地区最大的商品果蔬基地，也是全国重要的"南菜北运"基地之一。近年来，百色果蔬产品年外调量已超过 200 万 t。

百色—北京果蔬专列享受"鲜活农产品绿色运输通道"和"南菜北运"项目扶持等政策，并按照"五定"方式进行运行，即定点（装车站和卸车站固定）、定线（运行线固定）、定车次（班列车次固定）、定时间（货物发到时间固定）、定价（全程运输价格固定）。

水果专列从百色六塘火车货运站驶向首都，3 天后将果蔬摆上北京超市货柜，供应北京市民。回程专列将带回北方的蒜头、苹果等果蔬，首次实现了广西与北方果蔬专列运营的大交换。

专列选用目前国内先进的机械保温车，既可制冷将温度控制在 −18℃ 以下，也可加温将温度保持在 0℃ 以上。专列是客车车底，设计时速达到 120km，便于专列进行"快速度、客车化"的运输。同时，专列优化了装卸方案。将食品从过去的小件散件装卸方式改为标准件运输装卸方式，即在产地就将货物全部采用标准件打包，节约了时间成本。

百色—北京果蔬绿色专列运输具有载运量大、全程保鲜和精准运达的特点，受自然条件的影响小。同时，"鲜活农产品绿色运输通道"和"南菜北运"项目扶持等政策，也降低了运输成本。

资料来源：石孟园.冷链物流惠农兴农[EB/OL].(2023-07-12)[2024-02-19].http://www.zgsyb.com/news.html?aid=658435.

【思考】

百色—北京铁路果蔬冷藏班列具有什么优点？

设备管理制度化：××公司冷链物流设备管理制度

(1) 冷链物流设备应按规定的设备标准进行配置，并做到专物专用，不能挪作他用。

(2) 冷链物流设备必须建档建账，建立领发手续和登记制度，做到账物相符。

(3) 冷链物流设备运输要捆扎牢固，轻搬轻放，摆放整齐，避免剧烈颠簸，电冰箱在搬动时倾斜不得超过45°。

（4）冷链物流设备要有专室或固定房间存放，并有专人负责管理和维修。

（5）冷链物流设备常年运转，在运转期间要定期对其运转情况及其温度进行监测，并做好记录，以保证产品在运输和贮藏过程中的质量。

（6）冷链物流设备到货后应填写验收报告，内容包括品名、数量、型号、产地、收货时间、验收情况。

（7）贮藏保存：所有食品均应按照说明书要求温度进行贮藏。

（8）电冰箱内贮存的食品要摆放整齐，疫苗与箱壁之间应留有1～2cm的空隙，疫苗要求按品名和失效期分类摆放。

（9）高温季节和停电时应尽量减少开启冰箱门的次数，贮藏食品的电冰箱中放一支温度计，每天上下班前记录温度，停电时要记录原因和持续时间。

（10）冷藏箱和冷藏包要定期保养，使用后要及时回收，擦净水迹和污迹。冷藏包的作用单位要固定，每次领交时要有检查和记录。同时，冷藏包要专用。

习 题

一、单选题

1. 果蔬类冷链物流生产加工，一般选择（　　）装置。
   A. 高温　　　　　B. 冷却　　　　　C. 冷冻　　　　　D. 速冻
2. 冷链物流中心是以（　　）为核心的冷链物流活动场所。
   A. 冷库　　　　　B. 批发和销售　　C. 加工配送　　　D. 检验检疫
3. 果蔬类应选用（　　）销售设备。
   A. 冷库　　　　　B. 冷藏展示柜　　C. 冷冻展示柜　　D. 集装箱
4. 冰激凌应选用（　　）销售设备。
   A. 冷库　　　　　B. 冷藏展示柜　　C. 冷冻展示柜　　D. 集装箱
5. 能够机动、灵活，可实现"门到门"冷链物流运输，较适合运输中短途货物设备的是（　　）。
   A. 冷藏汽车　　　B. 冷藏船　　　　C. 冷藏集装箱　　D. 冷藏展示柜
6. 冷藏销售设备是指应用于冷链物流（　　）环节的易腐食品冷藏设备。
   A. 初端　　　　　B. 中端　　　　　C. 终端　　　　　D. 前端
7. 真空预冷设备更适合于（　　）的预冷。
   A. 叶菜类　　　　B. 果实类　　　　C. 根茎类　　　　D. 大多果蔬
8. 小型冷库冷藏容量为（　　）t以下。
   A. 10 000　　　　B. 5000　　　　　C. 1000　　　　　D. 100
9. 航空冷链物流运输的设备是（　　）。
   A. 集装袋　　　　　　　　　　　　B. 冷链物流集装箱

C. 集装箱　　　　　　　　　　D. 集装器
10. 耗用冷剂式冷藏集装箱的特点是,在运输过程中无须(　　)。
　　　A. 外接电源　　　B. 冷冻板　　　　C. 储冷剂　　　　D. 制冷设备

二、多选题
1. 属于冷链物流运输与配送设备的是(　　)。
　　　A. 冷库　　　　　B. 公路冷藏车　　C. 航空集装器　　D. 冷冻展示柜
2. 常用的果蔬预冷设备有(　　)。
　　　A. 压差预冷设备　B. 真空预冷设备　C. 冷水预冷设备　D. 冰预冷设备
3. 速冻装置按送风方式分为(　　)。
　　　A. 垂直送风　　　B. 顶层送风　　　C. 底层送风　　　D. 水平送风
4. 螺旋速冻机具有(　　)。
　　　A. 人工分级　　　B. 重量分级　　　C. 颜色分级　　　D. 机械分级
5. 水路冷藏船可分为(　　)。
　　　A. 冷冻集装箱　　B. 冷冻母船　　　C. 冷冻渔船　　　D. 冷冻运输船

三、简答题
1. 冷链物流设备主要应用于哪些环节?
2. 冷链物流生产加工设备主要包括哪些装置?
3. 冷藏展示柜和冷冻展示柜分别适合的温度区间和贮藏的货物是什么?

农产品冷链物流运营

 学习目标

知识目标

1. 熟悉农产品采收成熟度的判别标准。
2. 了解农产品采后药物处理方法。
3. 熟悉农产品分级判别标准。
4. 理解农产品预冷原理。
5. 熟悉农产品常见预冷方法。
6. 了解呼吸作用、蒸腾作用对农产品贮藏的影响。
7. 熟悉农产品主要贮藏方法。
8. 了解农产品包装材料及包装类型。
9. 掌握农产品运输与配送流程。
10. 熟悉农产品运输与配送方法。
11. 熟悉农产品质量安全标准及要求。

能力目标

1. 能够编制农产品采收操作指南。
2. 能够编制农产品分级操作指南。
3. 能够编制农产品预冷操作指南。
4. 能够编制农产品贮藏操作指南。
5. 能够编制农产品包装操作指南。
6. 能够编制农产品运输与配送操作指南。
7. 能够编制农产品销售操作指南。

素养目标

1. 培育学生"爱农、知农、为农"的素养。
2. 提升学生对冷链物流运营岗位职责的认识。
3. 培养学生严格按照冷链物流操作指南工作的意识。

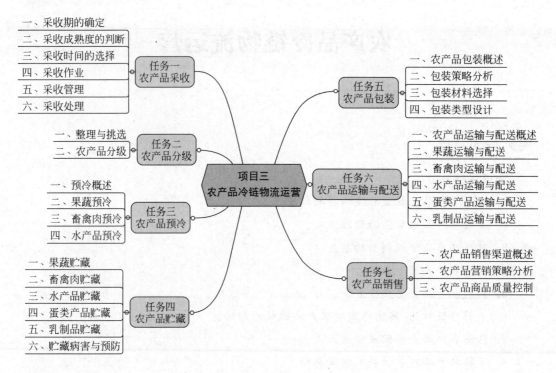

任务布置

李导师向小王简单地介绍了公司农产品冷链物流运营总体情况,并逐一介绍了接下来需要在轮岗实习中完成的7个任务:①农产品采收;②农产品分级;③农产品预冷;④农产品贮藏;⑤农产品包装;⑥农产品运输与配送;⑦农产品销售。

李导师给小王布置了轮岗实习中的任务与要求。

(1)在每次岗位实践中,导师会以"荔枝"生鲜农产品为例,通过"任务实施"方式,完成冷链物流运营每一岗位实操的培训。

(2)为了强化及检验实习生对该岗位的实操掌握情况,实习生需完成"黄秋葵"生鲜农产品的相应岗位拓展任务的实操考核。

任务一 农产品采收

采收是农产品生产过程中的最后一个环节,也是农产品流通的第一个环节。农产品在田间生长发育到一定阶段,达到成熟要求后,就需要进行采收。农产品被采收后,虽然失去了来自土壤或母体的水分和养分供应,但仍是一个有生命的有机体。在后续的分级、预冷、贮藏及运输等流通过程中,农产品继续进行着各种生理活动,是一个利用自身已有贮藏物质进行生命活动的独立个体。

知识储备

一、采收期的确定

果蔬的采收期一般由采后用途、农产品生理动态、市场行情及需求来确定。

1. 采后用途

对于就地销售的农产品,果蔬成熟度可稍高;对于需要贮藏、运输的农产品,果蔬成熟度应低一点;而对用于加工原料的农产品,根据情况而定。例如,青梅加工成话梅,成熟度应高些;加工成糖渍青梅,则不能太成熟。当然也有例外,如南瓜越老越耐藏。

2. 农产品生理动态

食用幼嫩部分的果蔬,不能在完熟期采收;而甜瓜、冬瓜、花椰菜等必须在成熟度较高时采收,这样采摘的果实口感更好,品质也更高。用于罐头加工的菠萝,在约八成的成熟度,果肉尚有一定脆度时采收,成品具有浓郁的菠萝香味。如果菠萝成熟度过高,则罐头成品风味太甜,果肉较软烂;如果成熟度过低,则罐头成品风味较淡。花卉采摘要在花蕾即将开放时进行,这样采摘下来的花朵更加鲜艳。

3. 市场行情及需求

市场需求量大、价格高时,可适当提早采收。企业应根据市场变化调整农产品采收标准,综合考虑产量和价格等因素,适时采收,从而提高农产品的商品价值。

二、采收成熟度的判断

果蔬采收时的成熟度判断指标包括生长期、成熟特征、颜色、风味、果实形态、比重、硬度和质地、呼吸强度、果梗脱离的难易度。不同种类果蔬的成熟度判断方法不同。

1. 生长期(采收重要参数)

不同品种的果蔬由开花到成熟有一定的生长期和成熟特征。例如,山东元帅系苹果的生长期为145天左右,国光苹果的生长期为160天左右,四川青苹果的生长期只有110天。在采收方面,正造蕉需要60~80天采收(11月月底),非正造蕉需要90~150天采收(11月—次年2月)。

2. 成熟特征

不同果蔬在成熟过程中会表现出许多不同特征。例如,豆类蔬菜应该在种子膨大石化以前采收,其食用和加工品质最好;而瓜秧卷须枯萎、表皮"上霜"且出现白粉蜡质、表皮组织硬化时,则是达到成熟。还有一些果实生长在地下,可以从地上部分植株的生长情况判断其成熟度。

3. 颜色

果蔬表面颜色的变化,是判断果实成熟程度的重要参考指标。果实成熟时,一般绿色消退,底色逐渐呈现出来,呈现出该品种特有的色泽。例如,甜橙在成熟时呈现出类胡萝卜素,血橙呈现出花青素,红橘果皮中含有红橘素和黄酮,因此它们的果皮表现出红色或橙色。又如苹果、桃等的红色为花青素;柿子的血红色为橙黄色素和番茄红素;葡萄的红色是由果皮中含有的单宁、儿茶素及某些花青素所造成的。

茄子应该在表皮明亮、有光泽时采收；黄瓜应在瓜皮呈深绿色、尚未变黄时采收；西瓜接近地面部分的颜色由绿色变为略黄，甜瓜的色泽从深绿变为斑绿或稍黄时，表示瓜已成熟；豌豆从暗银色变为亮绿色，菜豆由绿色转为白色表示成熟；甘蓝叶球的颜色变为淡绿色时表示成熟；花椰菜的花球呈白色而不发黄为适当采收期。

4．风味（主要化学成分）

风味也指风味物质，指果蔬的主要化学物质如糖、淀粉、有机酸和维生素类、可溶性固形物含量，可以作为衡量果实品质和成熟度的标志。

果实在成熟过程中，糖含量不断增加，酸含量不断减少，风味逐渐变佳。根据糖含量的变化，可较准确地判断果实的成熟度。例如，苹果在成熟过程中淀粉含量不断减少，果实变得甜而可口；伏令夏橙和枣在糖分累积最高时采收为宜。当然，也有例外，如柠檬则需在含酸量最高时采收。

可溶性固形物（total soluble solid，TSS）的主要成分是糖。TSS与总酸量之比称为固酸比，总含糖量与总酸含量的比值称为糖酸比，它们不仅可衡量果蔬风味，也可用来判断成熟度。果蔬固酸比达到一定比值时才能采收。例如，四川甜橙在采收时，其固酸比为10∶1，糖酸比为8∶1左右；美国甜橙以固酸比8∶1作为采收成熟度的低标准线；苹果和梨在糖酸比为30∶1时采收，风味品质好。

5．果实形态（饱满度）

果实必须长到一定的大小、重量和充实饱满的程度才能达到成熟。例如，香蕉截面的棱角光锐可作为判断成熟的一个指标，棱角越饱满，则成熟度越高。

6．比重

随着果实成熟，果实比重会发生变化。例如，杧果成熟时，比重增加。因此，可采用一定浓度的盐水，根据其浮沉情况判断其成熟度。

7．硬度和质地

随着果实成熟，果实硬度也随之下降。例如，番茄、辣椒、苹果、梨等都要求在果实达到一定硬度时采收；辽宁的国光苹果在采收时，硬度一般为19lb/m^2；烟台的青香蕉苹果在采收时，硬度一般为28lb/m^2；四川的金冠苹果在采收时，硬度一般为15lb/m^2。此外，桃、李、杏的成熟度与硬度的关系也十分密切。

部分果蔬用坚实度来表示其发育状况。果蔬坚实度大，表示发育良好、充分成熟和达到采收的质量标准。例如，甘蓝的叶球和花椰菜的花球都应该在充实坚硬、致密紧实时采收，此时品质好、耐藏性强。但是也有一些果蔬坚实度高表示品质下降，如莴笋、芥菜应该在叶变得坚硬以前采收；黄瓜、茄子、凉薯、豌豆、菜豆、甜玉米等都应该在幼嫩时采收。

8．呼吸强度

果蔬呼吸强度的变化与成熟有密切关系。有些果蔬在成熟过程中出现呼吸跃变。例如，番茄在成熟以前呼吸率最低，随着成熟期的开始，呼吸率逐渐升至最大值，这个时期与果实呈现淡红色相吻合。之后，随着果实进一步成熟，其呼吸速率逐渐降低。对于需长期贮藏的香蕉、番茄等有呼吸跃变特性的果实，应在果实出现呼吸高峰之前采收。

9．果梗脱离的难易度

有些种类的果实，在成熟时果梗与果枝间常产生离层，稍一震动就可脱落。

三、采收时间的选择

由于晴天日照强烈,果蔬温度高,呼吸旺盛,此时采收会降低贮运品质。而雨露天果蔬表面水分多,容易遭到病虫危害等。因此,果蔬采收要避免雨天或正午,最好选择温度较低的晴天早晨露水干后,此时田间温度最低,果蔬呼吸低,细胞膨压低。特别是叶菜采摘,一般要在晨光中进行,以减少叶子中的水分,品质也更好。

四、采收作业

(一)人工采收

枇杷冷链流通技术规程之采收及预冷

人工采收操作简单、成本低,是果蔬采收的主要方法。它主要适用于农田面积不大、地形不规则等情况。人工采收还可分为裸手采摘、手工工具采摘等多种方式。

1. 人工采收工具

(1)采果剪或剪果钳。采果剪或剪果钳必须是圆头的,且刀口锋利,不能用修剪用的枝剪,以免刺伤果实。采果剪的主要作用有两个:一是从树上直接剪下果实,可以避免机械伤及对果树的伤害;二是可以剪去果柄,避免在运输、贮藏过程中造成机械伤。

(2)镰刀。镰刀是收割庄稼和割草的农具,由刀片和木把构成,有的刀片上带有小锯齿,一般用来收割玉米、小麦、稻谷等。

(3)采果箩。采果箩不宜过大,采果时适宜于人背或挂在树枝上,箩内应有衬垫,以减少果皮擦伤,最好内衬帆布袋。

(4)周转箱或箩。田间周转箱多为塑料,也有竹制的和藤制的。周转箱要求可以叠放,便于周转使用。箱体强度要高,延长使用寿命。周转箱的装载重量,一般不超过一个人最大搬运能力(约20kg左右)。周转箱内壁衬垫发泡塑料、薄膜、树叶或稻草、再生纸或其他衬垫物,以减少箱壁对果实的挤压和损伤。

此外,也可采用一些助采器,如梯子、手推车等。

2. 人工采收优缺点

(1)优点。田间生长的果蔬成熟度往往不均匀,人工采收可以任意挑选,精确地掌握成熟度和分次采收;人工采收可以减少机械损伤;只要增加人工,就可增加采收速度,投资较少;作为鲜销和长期贮藏的果蔬都有一定的采收要求,如苹果和梨都要求带果柄采收,失掉了果柄,产品就得降低等级,造成经济损失。

(2)缺点。某些地区由于劳动力不足,不能长期雇用采收工人,且在采收季节雇用工人的成本很高。特别是近年来政府部门规定了一些用工条例,提高了人工采收的花费。

3. 人工采收管理

(1)对新上岗的采收工人要进行培训。

(2)应采用一定激励措施,鼓励农民在采收旺季回家采收。

(3)采收需注意避免指甲刺伤果皮,也要防止机械损伤。

(二)机械采收

机械采收是使用农业机械进行采收的方式,一般适用于规模较大、品质要求不高的果实。机械采收有其独特优点,如采收效率高、品质稳定等。但是机械采收的设备成本和维修保养费用较高。

采收机械包括挖掘机、树干振荡器、吹强风、气流吸果机等。例如,对于成熟时果梗与果枝间形成离层的果实,一般使用强风压或强力振动机械,迫使果实由离层脱落,在树下布满柔软的帆布篷和传送带,承接果实并将果实送到分级包装机内。该方法可节省很多劳动力,但是果实受损伤较多,主要用于加工用果实的采收。

机械加人工采收是一种高效的采收方式。在机械采收的基础上,使用人工进行补充。这种方式既保证了采收效率,又可确保果实品质,适用于高品质农产品的采摘,如葡萄、苹果等。

总体来看,不同果实适用于不同的采收方式。人工采收可实现分期采收,机械损伤小,产量和质量有保证,但劳动强度大,效率低,成本高。机械采收效率高,节约劳动力,成本低,但机械损伤严重,贮藏中腐烂严重。因此,在选择采收方式时应综合考虑果实品质、采收效率、成本等方面,从而选择最佳的采收方式。

五、采收管理

在采收过程中应当做到以下几点。

(1)配备专用及洁净的采收机械、器具。配备专业的采收机械、器具,并保持洁净、无污染,重复使用的采收容器、采收工具和采收设备应定期进行清洗、维护。

(2)戴手套采收。采收过程中要戴手套,一是保护手不受伤,二是减少采收过程中指甲对果实的划伤。

(3)选用适宜的采收方式和采收工具。要针对不同果实,选择是人工采收还是机械采收,并选用适当的采收工具。在花卉采摘时要用剪刀或刀片割取,注意不要捏碎花蕾或花瓣。

(4)采收前水分管理。采收前3~7天不要灌水,以减少果实中的水分含量,增加其耐贮藏性。

(5)选择采收时间。应在晴天早晨露水干后进行。

(6)装果箱选择。应选择光滑平整的木箱、防水纸箱和塑料箱。

(7)轻拿轻放。果实表面的结构是良好的天然保护层,当其受到破坏后,组织就失去了天然的抵抗力,容易受到病菌感染而造成腐烂。因此,在采摘时要轻拿轻放,不要用力拉扯,以免损坏果实。

(8)适时采收。采收过早,果实大小和重量达不到标准,风味、色泽和品质不好,耐贮藏性也差;采收过晚,果实已过熟,开始衰老,不耐贮藏和运输。一般来说,就地销售的果实,可以适当晚采,而用做长期贮藏和远距离运输的果实,可以适当早采。

(9)清洗用水应满足相关卫生要求。用于清洁果实的水,尤其是清洗可直接食用的新鲜果蔬的水质,是影响果蔬卫生质量的关键要素,水质应达到生活饮用水卫生标准

(GB 5749—85)的要求。对于循环使用的清洗用水,应进行过滤和消毒,并监控和记录其水质状况。

（10）使用化学品进行采后处理。采后处理过程中使用的化学品应是相关部门许可使用的产品,不允许使用禁用的化学品。采后处理使用的化学物品包括洗涤剂、消毒剂、杀虫剂和润滑剂等,要按照产品说明书使用,做到正确标记、安全储存。

（11）保持采收过程中的清洁卫生。在采收与处理过程中,采收器械、清洗用水及采后化学品的使用等都对产品的安全质量有很大影响。许多病原菌可以通过采摘、包装和加工的工人传播到新鲜农产品上。因此,需对从事采收及采后处理的人员进行卫生知识培训和健康卫生检查。同时,清除采后处理区内一切可能聚集、滋生蚊蝇的隐患,生产废料和垃圾要用密闭容器运走,实施有效灭鼠计划,特别是根茎类果实在挖出后要及时将果实清洗干净。

六、采收处理

（一）药物处理

果实采收后要进行药物处理。药物处理或化学保鲜处理是采用一些符合食品卫生标准的适当浓度的化学药剂对采收后的果实进行浸渍处理,从而达到保鲜目的。

采收后的果实为防止感染病害,最好做一些"消毒"处理。在做好田间防治微生物潜伏浸染的基础上,一般在采收后还要进行药物处理,除了采用杀菌剂来杀灭果皮表面病原微生物,还可通过化学保鲜药剂作用,来控制微生物的生长,抑制农产品的呼吸作用,防止果实色泽发生改变,并减缓衰老的速度,提高果实的抗病性和耐藏性,从而达到延长果实新鲜度与贮藏时间的目的。但无论采用何种保鲜药剂,都必须对所用药剂的性质、浓度等有明确的了解,还应注意药剂的使用必须符合食品卫生标准。

此外,也可使用一些涂膜剂,其主要处理效果有:一是抑制果实的呼吸作用,减少营养物质的消耗,延长贮藏时间;二是减少果实水分蒸腾,减少果实失重;三是改善果实外观,包括果皮颜色、光泽等,使外皮洁净、美观、漂亮,提高商品价值。国内使用得较多的涂膜剂有虫胶涂料、SM 液态膜、京 2B、高脂膜、AB 保鲜剂、SG 蔗糖酯、蜡液等,其中蜡液在水果处理中的效果比较好,能明显改善果实的外观。涂膜处理方法有浸涂法、刷涂法和喷涂法。前两种方法为手工操作,后者可在采后自动生产线或喷蜡机上进行,用药省、工效高。

涂料中也可加有防腐剂,达到抑制病原菌侵染、减少腐烂的作用。这些防腐剂利用化学和天然抗菌剂来防止霉菌和其他污染菌的繁殖。常用的防腐剂主要有苯甲酸及其钠盐、山梨酸及其盐类、丙酸钙及丙酸钠等,主要作用是防止病原菌侵入果实,并对水果蔬菜表面的微生物有杀灭作用。有些涂膜剂已加入了杀菌剂和生长调节剂。

常用于饮用水、包装容器和加工用具等消毒的杀菌剂有漂白粉、次氯酸钠、过氧化氢、锰酸钾、环氧化合物。果蔬生产使用过程中常用的杀菌剂有百菌清、多菌灵、瑞毒霉、葱姜蒜喷克、黑星叶霉唑、粉锈喷克、辣椒三落疫病净、细菌性角斑净、芹菜病绝、茄病快克等。

药物处理方法投资少、见效快、不需要庞大的设备、简便易行,近年来逐渐受到重视,

冷链物流管理

主要用于短期贮藏或农产品的护色,可缓解采收高峰期加工不及时的状况,还能降低生鲜农产品远距离运输造成的损失。

(二)药物处理实例

1. 以柚类果实为例

(1)采后药物杀菌保鲜。果实采后2天内,应及时用药液浸果。可用70%甲基托布津1000倍液、特克多500倍液或50%多菌灵500倍液中的任意一种,再加200ppm的2,4-D钠盐,将果实浸入药液2~3秒,以全果浸湿为度,捞起晾干,5~7天后包果。

(2)采后药物处理。柚类果实采收后应尽快进行保鲜剂处理,最迟不能超过3天,否则会失去保鲜剂的处理效果。保鲜剂由防腐剂(或称杀菌剂)和植物激素组成。植物激素使用2,4-D,使用浓度在70~700μL/L均有效,当和杀菌剂混用时,浓度以250μL/L较为适宜。杀菌剂使用浓度如前所述。

2. 以鲜蘑菇为例

(1)盐水处理。将鲜蘑菇浸入0.6%的盐水中10分钟,捞出沥干,装入塑料袋内。在10~25℃条件下放置4~6小时后,袋内的蘑菇就会呈亮白色。这种新鲜状态可维持3~5天。虽然提高盐水浓度可以延长保鲜时间,但过高的浓度可能会影响蘑菇的风味及品质,因此在使用这种方法时应注意控制好盐水的浓度。

(2)稀盐酸处理。用0.05%的稀盐酸溶液浸泡蘑菇,酸液会逐渐渗入菇体组织中,使菇体内部pH降到6.0以下,以抑制酶的活性,降低蘑菇的代谢水平,减缓褐变和开伞的速度,同时还可抑制致腐微生物的繁殖生长,从而达到短期贮藏的目的。

(3)焦亚硫酸钠处理。将鲜菇在0.01%焦亚硫酸钠水溶液中漂洗3~5分钟,再用0.1%焦亚硫酸钠溶液浸泡半小时后,捞出沥干,装入塑料袋内,在10~15℃时有较好的保鲜效果。在冬季,菇体可保持洁白达6天。随着温度升高,保鲜效果下降,在30℃以上仅能保鲜1天,然后逐渐褐变。在食用时,应用清水冲洗至含硫量在20mg/kg以下。

任务实施

李导师:小王,根据你之前的预习,谈一谈你对荔枝的认识?

小王:荔枝产于亚热带地区,为栽培果树,分布于福建、台湾、浙江、广东、广西、海南、四川等地,是岭南四大佳果之一。中国是荔枝的原产地,也是荔枝产业第一大国,拥有全球丰富、优质的荔枝品种。荔枝主要栽培品种有十多种,其中桂味、糯米糍是上佳品种,也是鲜食之选,挂绿更是珍贵难求的品种。

李导师:很好,看来你对荔枝有了一定的了解。下面以"荔枝采收操作指南"为例,进一步学习农产品采收相关的知识及实操技能。

荔枝采收操作指南

(1)采收成熟度。①应达到该品种固有的大小、色泽、风味等特征和食用品质,以80%~90%成熟为宜。大部分品种以外果皮已转红、内果皮仍为白色为宜,妃子笑、三月红等个别品种以外果皮1/3~1/2转红为宜。②可溶性固形物含量要求按照表3-1执行。

表 3-1　主要荔枝品种适宜采收期的可溶性固形物含量指标

品　种	可溶性固体物含量/%
妃子笑	≥16.0
三月红	≥16.0
白蜡	≥15.5
紫娘喜	≥15.0
黑叶	≥16.0
白糖罂	≥16.0
桂味	≥18.0
糯米糍	≥18.0
怀枝	≥17.0
井冈红糯	≥16.0

（2）采收标准。荔枝从开始着色至完全红色约 7~10 天。建议在果皮八成至全部呈红色期间采收。在外果皮刚转为鲜红色，龟裂纹底线仍带金黄色，而内果皮仍是白色时即为成熟；内果皮转为红色时（俗称穿红袍）已进入过熟阶段，此时采收的果实不耐贮藏。留树太久的荔枝会"退糖"、果肉结构解体、果汁外渗、味道变淡。未成熟的荔枝颜色不佳，且味淡、酸味浓，不能在采后增甜。

（3）采收时间。宜在晴天上午、傍晚气温较低时或阴天采摘，应避免在烈日下的晴天中午和雨天、雨后或露水未干时及台风天气采收。荔枝采收后要注意防晒及保湿，否则荔枝果皮在高温下很容易失水，严重失水的果实很容易变褐，耐藏性严重下降。

（4）采收方法。用枝剪以整穗采收的方式将果实剪下。在采收时宜轻拿轻放，避免各种机械伤和日光暴晒。在采收时或采收后可根据需求和处理条件修剪成单果或串果。单果宜在距离果实最近的第一个结节处果柄修剪，且果柄长度不宜超过 2mm，串果果柄长度以 5~10cm 为宜。采收后的果实应在 4 小时内运到采后处理包装场。

（5）清洗与防腐处理。荔枝采收后，可用 0.1% 的漂白粉溶液清洗。防腐处理可用 500mg/kg 的咪鲜胺类杀菌剂、500mg/kg 的抑霉唑或 1000mg/kg 的噻菌灵溶液浸果 1 分钟，然后取出晾干。杀菌剂的残留量应符合 GB 2763—2021 有关规定。如果采用水预冷方式，可在预冷的同时进行防腐处理。

此外，在荔枝出口时，应了解不同国家对荔枝的检疫要求。例如，出口日本的荔枝，需要经 46.2℃ 的蒸热处理 20 分钟，以消灭检疫性害虫。虽然经过这种处理荔枝果皮会变褐、变黑，但在日本国内仍可接受。

任务拓展

李导师：小王，农产品采收是农业生产中极为重要的一个环节，合适的采收方法能够保证农产品的品质和产量。

小王：明白，老师。很多人都不重视采收，但实际上，采收方法及采后管理的每一个步骤都非常重要，它们都会直接影响果实的品质。

李导师：是的，你对采收重要性的理解比较到位。

李导师：经过本任务的相关理论及荔枝实例学习，相信你较好地掌握了农产品采收的相关知识及技能。下面请你以黄秋葵为例，根据老师提供的资料及上网查询相关数据，编写"黄秋葵采收操作指南"，操作指南至少含有对以下问题的解决方案。

（1）黄秋葵是什么作物，其分布范围、形态特征、种植季节是什么？

（2）黄秋葵采收的成熟度判断依据是什么？

（3）黄秋葵什么时候进行采收最合适？

（4）黄秋葵应如何进行采收？

小王：好的，老师。采收方法总体上一致，但每种果蔬都有自己的特性，我会认真完成的。

请你代替小王，编写"黄秋葵采收操作指南"。

任务评价

知识点与技能点	我的理解（填写关键词）	掌握程度
采收期确定		☆☆☆☆☆
采收成熟度判断		☆☆☆☆☆
采收时间选择		☆☆☆☆☆
采收作业		☆☆☆☆☆
采收管理		☆☆☆☆☆
采后处理		☆☆☆☆☆

补充阅读

新疆尉犁县棉花喜丰收　棉农机采好丰景

在棉花收获的季节，团结镇棉农抢抓有利时机，启动大型采棉机大面积机械化采收新棉，田间地头一片忙碌的丰收景象。

2023年10月26日，在团结镇的一处棉田里，棉桃满枝竞相绽放，大型采棉机来回穿梭，快速地将棉花从棉秆上脱离，并通过气流将棉花推送到储存车厢，自动化采收机械高效有序进行棉花采摘。"今年我种了500多亩的棉花，以前人工采摘棉花需要十几天的时间，现在机械化采收3天左右就采完了，极大地节省了时间和采棉费用，比往年人工采摘省事多了。"棉农看着打包成型、整齐摆放的"棉蛋"面露喜色。

随着棉花种植科学化、机械化水平的不断深入，进度快、成本低的"机采棉"种植模式成为众多棉农的首要选择，这有效解决了棉花种植户秋季雇工采摘难等问题，提高了农民的收入。

2023年，团结镇种植棉花约2.8万亩，实现了全程机械化，为棉花丰产丰收提供了有力支持。为确保新棉采收顺利进行，团结镇早谋划、早准备、早动手，合理安排好"三秋"工作,积极做好机械调运人员保障工作,确保棉花朵絮归仓,丰产丰收。

资料来源:中国新闻网.新疆尉犁县棉花喜丰收 棉农机采好丰景[EB/OL].(2023-10-30)[2024-02-19]. https://baijiahao.baidu.com/s?id=1781157075876422752&wfr=spider&for=pc.

【思考】
棉农采用机械化采收方式有哪些好处?

任务二　农产品分级

农产品分级是根据事先制定的质量标准,将果实依据一定规格和质量标准进行分类的过程,这是农产品采收后进入流通环节所必需的商品化处理措施,也是经营者进行质量比较和定价的基础。经分级后的农产品,大小一致,规格统一,优劣分开,从而提高了商品价值,减少了贮藏与运输过程中的损耗。

知识储备

一、整理与挑选

农产品采收后的整理和挑选处理,可使产品清洁、整齐、美观、方便包装,有利于销售和食用。

如何解决农产品分拣难题

(一)整理

农产品采收后,应剔除外观畸形等不符合商品要求的果实,以便改进产品的外观、改善产品形象,便于包装贮运,有利于销售和食用。

根据不同种类农产品的特点,及时将非食用部分和从田间采收时带来的残枝败叶、枯黄叶、须根及泥土等清除掉。例如,叶菜类的根和枯黄的外叶,根茎类菜的地上叶部分,花菜多余的短缩茎和外叶等。对于需要贮藏的果实,其整理更重要。通过整理,可将附着在外层残叶或黄叶上的病菌及孢子都清理掉,以减少贮藏中病害的传播源。

各类蔬菜修整后的感官要求见表3-2。

表3-2　蔬菜修整后的感官要求

种　类	主要蔬菜	修整后的感官要求
大白菜和甘蓝类	大白菜、娃娃菜、甘蓝、花椰菜、青花菜等	球体紧实;无抽薹;叶球无开裂、无烧心现象;花椰菜、青花、菜花球无散开、未发黄
茄果类	番茄、辣椒、茄子、甜椒等	果实有光泽;果体硬实无萎蔫;果面无斑点;番茄无裂果
瓜类	黄瓜、丝瓜、苦瓜、西葫芦等	果条硬实新鲜;果条匀称、无开裂;符合品种的典型形状,无过分膨大
根茎类	萝卜、胡萝卜、马铃薯等	果实硬实无萎蔫;无糠心;无开裂;萝卜、胡萝卜无抽薹;胡萝卜无青头;马铃薯无发芽、表面无变绿

续表

种 类	主要蔬菜	修整后的感官要求
绿叶菜类	油白菜、菜薹、西芹、莴笋、莜麦菜、生菜、菠菜等	新鲜无萎蔫；肉质鲜嫩形态好、无枯黄叶；无烧心焦边、无抽薹
葱蒜类	葱、洋葱、蒜头、蒜薹、蒜苗、韭菜、韭黄等	新鲜无萎蔫；葱、蒜头等可带少量须根；葱、蒜、韭菜不带老叶；可食部分质地鲜嫩
豆类	菜豆、豇豆、扁豆等	豆荚鲜绿、无褐斑；豆条均匀

（二）挑选

挑选是在整理的基础上，进一步剔除有病虫害、机械伤、发育欠佳的产品。挑选的目的是剔除病虫害果蔬、裂果，以及机械损伤、变色、腐烂的果实。对洁净果蔬，还要除去泥沙、黄叶、根、烂叶。

二、农产品分级

（一）分级的目的与意义

1．分级的目的

枇杷冷链流通技术规程之分级包装

通过分级，剔除病虫寄生和受机械损伤的果实，可以减少贮运期间的损失，并将这些伤残果及时销售或加工处理，以降低成本和减少浪费。分级可区分产品的质量，是果蔬定价的基础和依据，实现按级定价与按质论价。分级标准可为生产经营者、消费者提供贸易语言，是检验商品质量的准则，更是评价商品质量的客观依据。

2．分级的意义

分级是果蔬商品化的必要环节，它是果蔬生产、销售及消费之间互相促进、互相监督的纽带，是提高果实质量及经济效益的重要措施。分级能够以同一标准对不同市场上销售的产品质量进行比较，有利于掌握市场价格信息，还可促进果蔬栽培管理技术的提升，推动果蔬生产向优质高效的方向良性发展。

（二）分级标准

整理好的果蔬需要进行分选分级，按照果实个体尺寸（长度、直径等）、形状、重量、密度、成熟度、病虫害、机械伤、色泽、内在品质等进行分级。

一般来说，水果的分级根据其品质和外观特征进行划分，常见的分级标准如下。

（1）一级果。果实近圆球形、果型端正、平均果径横径大于5.5cm（或单粒重90g以上）、色泽鲜亮光滑、果粉丰富、无病虫斑、7～9成熟、农残含量检测符合食用农产品质量安全标准要求的果品。

（2）二级果。果实近圆球形、果型端正、平均果径横径5.0～5.49cm（或单粒重75～89g)、色泽鲜亮光滑、果粉丰富、无病虫斑、7～9成熟、农残含量检测符合食用农产品质量安全标准要求的果品。

（3）三级果。果实近圆球形、果型端正、平均果径横径4.5～4.95cm（或单粒果重

50～74.9g)、色泽鲜亮光滑、果粉丰富、无病虫斑、7～9成熟、农残含量检测符合食用农产品质量安全标准要求的果品。

(4) 残次果。对于不满足以上任何一项要求，将会被降低一个等级，甚至被列入残次果等级。

大小分级是根据果实的种类、品种及销售对象等制定的。果蔬的每一种类、品种应有不同的分级标准，实际分级标准可能会因水果地区而有所不同。例如，中国出口的红星苹果的横径65～90mm，每差5mm为一组，分为5组。广东省惠阳地区销往我国香港、澳门的蕉柑50～80mm，每差5mm为一组，共分7组；柑橘60～95mm，每差5mm为一组，共分7组；四川出口的柑橘分为大、中、小3个等级（甲、乙、丙）。

蔬菜通常根据坚实度、清洁度、大小、质量、颜色、形状、成熟度、新鲜度及病虫感染和机械损伤等方面进行分级。通常分为三个级别：特级、一级和二级。特级是最好的品质，具有本品种的类型形状和色泽，没有可能影响固有组织和风味的内部缺点，大小一致，并且包装排列整齐，允许有5%误差（数目和质量），如青椒的分级标准见表3-3。

表 3-3　青椒的分级标准

等级	要　　求
特级	同一品种,果实饱满,形态正常,色泽良好,果面清洁,新鲜,无皱缩、柔软现象；无灼伤、冷害、冻害,无疤痕和机械伤；同一包装内产品整齐
一级	同一品种,果实较饱满,形态正常,色泽良好,果面较清洁,新鲜,无皱缩、柔软现象；无明显灼伤、冷害、冻害,无疤痕和机械伤,无裂口和洞孔；同一包装内产品基本整齐
二级	同一品种或相似品种,果形、色泽尚好,果面较清洁,新鲜；允许有轻微的灼伤、冷害、冻害、疤痕、机械伤,基本无裂口和洞孔；同一包装内产品较整齐

（三）分级方法

果蔬分级方法主要有两种，即人工分级和机械分级。

农产品分拣作业

1. 人工分级

果蔬分级目前普遍采用人工分级。人工分级时应熟悉和掌握分级标准，一般借助于比色卡、分级板、秤等简单工具进行。人工分级有两种：一是单凭人的视觉判断，按果蔬颜色、大小将产品分为若干级，这种分级方法容易受心理因素影响，往往偏差较大；二是用选果板分级，选果板上有一系列直径大小不同的孔，根据果实横径和着色面积不同进行分级，通过这种方法分级的产品，同一级别的果实大小基本一致，偏差较小。

人工分级能最大限度地减轻果蔬的机械损伤，适用于各种果蔬，但工作效率低，误差比较大。例如，级别标准易受人的心理因素的影响，对于同样的产品，甲可能划分为一级，而乙则可能划分为二级。主观意识上的差别往往导致产品的级别标准出现较大的偏差。随着工业技术的发展，人工分级多用于形状不规则的果蔬和容易造成机械损伤的工序，如叶菜的分选。

2. 机械分级

机械分级不仅可消除人为的心理因素影响，更重要的是能提高工作效率。美国、日本等国除对容易受伤的果实和大部分蔬菜仍采用手工分级外,其余果蔬一般采用机械分级。

在果蔬生产基地建立包装厂,配备果蔬分级机械,或自动化分级、清洗、打蜡、干燥一体化设备,处理完毕后的果实大小基本一致,外观光洁,生产效率明显提高。

常规的分级机械按照果实的宽度、长度、电磁特性、光电特性、内部品质和其他性质分级,有圆筒分级机(适用于大多数球形果蔬)、辊轴分级机(外径分级)、回转带式分级机(直径分级)、重量分级机、光电分级机(果蔬表皮色泽与成熟度、糖分与维生素的关系进行品质分级)、图像处理分级机、近红外分选机、紫外分选机等。

目前常见的机械分选包括按果径大小、按重量大小。

(1)按果径大小。选果机根据果径大小,把小果实依次分开,最后把最大的果实留下来。根据旋转摇动的类别,选果机分为滚筒式、传动带式和链条传送带三种。果径大小分级机有构造简单、故障少及工作效率高等优点,缺点是精确度不够高。例如,由于果实纵径和横径大小不同,在运动过程中可能果实没有按照横径,而是按照纵径来分级。此外,由于分级机上摩擦的机会较多,因此果皮不太耐摩擦的果实不宜使用分级机进行分级。

(2)按重量大小。依据果蔬的重量进行分级,需要将被选果实的重量与预先设定的重量进行比较。重量分级装置有机械秤方式和电子秤方式。机械秤方式是将果实单个放入固定在传送带上可回转的托盘内,当其移动到固定秤时,如果秤上的果实重量达到固定秤设定的重量,托盘翻转,果实落下。这种分级方式适合于球形的果实,如苹果、番茄、甜瓜、马铃薯等,其缺点是产品较易损伤。电子秤方式分级的精度较高,可以使装置简易化。

基于机器视觉的果蔬自动分级。在不损伤果蔬前提下,自动分级设备能够从重量、色泽、大小、表面瑕疵和内部品质进行分析,实现对果蔬糖酸度、果肉损伤等生理指标进行智能无损分选,确保每一颗经过分选的果蔬色泽统一、表皮光滑、个头均匀、口感达到标准,如图3-1所示。

图3-1 基于机器视觉的果蔬自动分级

例如,果实表皮颜色与成熟度和内在品质有密切关系,颜色的分选主要代表了成熟度的分选。颜色分选装置利用彩色摄像机和计算机处理的红、绿两色型装置,可用于番茄、柑橘和柿子的分选,并可同时判别出果实的颜色、大小及表皮有无损伤等。

又如,由于受天气等因素影响,部分菠萝(凤梨)会出现水烂和黑心。自动化菠萝分选装置可通过近红外光技术分选,在不损伤菠萝的情况下直接检测出菠萝的糖度、黑心、水心等内部生理指标,确保菠萝的品质,如图3-2所示。经过分选后的菠萝,能形成大小、重量、糖度等指标的统一,从而提升菠萝的价值,增加果农的收入。

由于果蔬种类繁多,难以设计出通用的分级装置,目前很难实现全程自动化,通常是

图 3-2　分选出的水心(左一)、黑心(中间)、正常果

以人工和机械相结合进行分级。叶菜类蔬菜及草莓、蘑菇等形状不规则和易受伤害的种类多采用手工分级,番茄、洋葱、马铃薯等形状规则的种类除了可以通过人工操作进行分级,还可以使用机械进行分级。

任务实施

李导师:小王,农产品采收完成之后,它的下游业务就是农产品分级。根据你之前的预习,说一说农产品为什么需要分级。

小王:农产品分级有助于优质优价。一方面,农产品分级有助于农户对农产品进行定价,等级高的农产品价格更高;另一方面,农产品分级也有助于消费者根据自己的需求购买相应的农产品。

李导师:是的。农产品分级还有利于引导市场价格并激励种农户提高农产品质量。因此,对农产品进行分级,十分有必要。

李导师:下面以"荔枝分级操作指南"为例,进一步学习农产品分级相关的知识及实操技能。

荔枝分级操作指南

(1) 整理与挑选。选果时应剔除病虫果、褐变果、机械伤果、腐烂果、裂果、未熟果和过熟果。其中,采收时造成的果实机械伤,在高湿度的冷库内贮放过夜后即可鉴别。尤其注意识别蛀蒂虫果,在离果梗基部 0.5cm 范围内有针头大小的孔,并整理好果穗和果梗。

(2) 果实分级。分级应在低于 10℃ 的低温场所进行。根据果形、色泽、单果重、大小和果面缺陷等进行荔枝分级,目标是保证同一件包装内的果实有较为一致的品质、色泽、大小和外观。外观上总的要求是:无裂果、无虫叮、无果梗伤,八九成熟,无异味。

分级方法按照如下规定执行。

① 规格划分。以单果重为指标,荔枝分为大(L)、中(M)、小(S)三个规格。各规格划分应符合表 3-4 的规定。

表 3-4　荔枝规格　　　　　　　　　　　　单位:g

规　　格	大(L)	中(M)	小(S)
单果重	>25	15～25	<15
同一包装中最大和最小质量的差异	≤5	≤3	≤1.5

② 等级划分。根据对每个等级的规定和容许度,荔枝应符合下列基本要求:果实新鲜,发育完整,果形正常,其成熟度达到鲜销、正常运输和装卸的要求;果实完好,无腐烂或变质的果实,无严重缺陷果;果面洁净,无外来物;表面无异常水分,冷藏后取出形成的凝结水除外;无异味。在符合基本要求的前提下,荔枝分为特级、一级和二级。各等级划分应符合表3-5的规定。

表3-5 荔枝等级

等级	要 求
特级	具有该荔枝品种特有的形态特征和固有色泽,无变色,无褐斑;果实大小均匀;无裂果;无机械伤、病虫害症状等缺陷果及外物污染;无异品种果实
一级	具有该荔枝品种特有的形态特征和固有色泽,基本无变色,基本无褐斑;果实大小较均匀;基本无裂果;基本无机械伤、病虫害症状等缺陷果及外物污染;基本无异品种果实
二级	基本具有该荔枝品种特有的形态特征和固有色泽,少量变色,少量褐斑;果实大小基本均匀;少量裂果;少量机械伤、病虫害症状等缺陷果及外物污染;少量异品种果实

任务拓展

李导师:小王,农产品分级有哪两种方式?

小王:老师,农产品分级主要分为人工分级与机械分级。由于农产品的特点及分级设备技术等原因,目前普遍采用的是人工分级,但其作业效率比较低。

李导师:是的,由于等级判断、操作疲劳等方面的原因,人工分级容易出错。随着分级设备技术的发展,农产品分级由人工分级逐渐向机械分级转变。相信在未来,机械分级将是大部分农产品的分级方式。

李导师:经过本任务的相关理论及荔枝实例的学习,相信你对农产品分级有了较好的掌握。下面请你以黄秋葵为例,根据老师提供的资料及上网查询相关数据,编写"黄秋葵分级操作指南",操作指南至少含有如下问题的解决方案。

(1) 黄秋葵等级划分的基本要求是什么?

(2) 黄秋葵如何进行等级划分?

(3) 黄秋葵如何进行规格划分?

小王:好的,老师。我会认真完成的。

请你代替小王,编写"黄秋葵分级操作指南"。

任务评价

知识点与技能点	我的理解(填写关键词)	掌握程度
整理与挑选		☆☆☆☆☆
农产品分级		☆☆☆☆☆

补充阅读

桃子智能化分选线

桃子智能化分选线是为了解决桃子皮薄肉嫩易被碰伤的问题而设计的,它能够对桃子的糖度等内部情况进行检测和分选,全程实现无损操作,有效避免磕伤、碰伤。

1. 进料系统

滚筒上料机利用推力对胶框或推盘进行输送,让每个桃子单独固定在柔软果托上,从上料开始轻柔护果,全程无损分选,如图 3-3 所示。

桃子分级后进入包装出口台,在每组出口都配备了空杯回流皮带机,让空杯自动回流。自动回流循环系统可以节约时间,提高生产效率,如图 3-4 所示。

图 3-3　滚筒上料机

图 3-4　空杯回流皮带机

2. 精细化分选

采用视觉检测技术对桃子进行信息采集,通过该技术对桃子的颜色、大小进行检测分选。客户可以根据自身需求自行设置分选参数,维持桃子在外形上的匀称性和品质的稳定性,如图 3-5 所示。

3. 内部品质分选

糖度检测系统采用近红外线投射技术,能够检测桃子的糖度,如图 3-6 所示。这种技术无须切开水果,便可对桃子的内部品质进行多方位的智能无损分选,确保每一个分选过的桃子在口感上的一致性。

图 3-5　视觉检测系统

图 3-6　糖度检测系统

4. 个性化包装

桃子智能化分选线配有9组出口,每组出口对应两个规格的选择。桃子经过分选和包装后进入成品输送带,无须人工汇集,大幅提高了工作效率。此外,出口数量还能根据客户的需求进行增加或减少。

5. 产品可溯源

从桃子采摘到销售,对每一环节进行记录备案,以方便客户对产品进行追踪调查及数据整合。

资料来源:绿萌官网.绿萌苹果分选解决方案[EB/OL].(2023-04-19)[2024-02-19].https://www.reemoon.com/apple.html.

【思考】

如何在不切开桃子的情况下直接检测出桃子的糖度?

任务三 农产品预冷

采收后的果实,在贮运、加工前,迅速除去田间热,及时将其温度快速冷却到规定温度的过程称为预冷。通过预冷,可以防止因呼吸热造成的贮藏环境温度升高,从而减少采后损失,延长贮藏寿命和货架寿命,提高果实的商品价值。

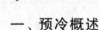

知识储备

一、预冷概述

(一)预冷的原理

果实在采收后,通过呼吸作用消化自身养分,蒸发水分,继续保持生长。然而,这一过程也让果实随着时间的推移逐渐成熟、老化,甚至变质。

呼吸变化主要受以下两个因素影响。

(1)果蔬种类。不同种类的果蔬,呼吸量也不同。例如,芦笋、甜玉米、西兰花等都是呼吸量较大的蔬菜。尤其是芦笋的嫩芽、西兰花的花蕾、甜玉米和菠菜的嫩叶等是呼吸量最大的部位。而根菜类,如胡萝卜、土豆等,由于生长在土壤中,利用根茎呼吸,因此呼吸量较低。

(2)温度。尤其是在夏季高温时期,果蔬自身也会成为一个发热体。一般温度每上升10℃,果蔬呼吸量就会扩大2~3倍。例如,芦笋,从0℃到26℃,呼吸量扩大10倍多。

温度越高,呼吸越快,代谢速度加快,品质劣化的速度也变快;反之,如果降低温度,控制呼吸和代谢,也可延缓变质速度。因此,低温管理技术是保证果实鲜度品质的最有效手段,不仅能减少其呼吸量,也可有效抑制微生物繁殖。

通过产地预冷,把采收后的果实迅速降温,一般要求在24小时之内冷却到果实生理活性显著减弱的程度(如0~10℃)。预冷不但可以降低果实生理活性,减少营养损失和水分损失,延缓果实变质和成熟过程(但要避免冷害),还能延长贮藏寿命,改善贮藏后的品质,减少贮藏病害,并节省运输或贮藏中的制冷费用。

(二)预冷的作用

(1) 预冷延长果实货架寿命。果实经低温预冷处理后,不仅可以迅速去除田间热,还可以减缓呼吸速率,延长贮藏寿命,使果实可长距离、长时间运输,有效连接产地和市场,以扩大销路。

农产品采摘预冷的重要性

(2) 预冷可提高果实保鲜质量,提升商品价值。预冷处理过的果实不仅外部新鲜,内部营养成分也得到保证。虽然未预冷的果实,在零售终端可通过"苏生"技术或保鲜处理,让其重返新鲜状态,但其内部营养成分已受到损失。因此,产地源头预冷保鲜能真正减少流通过程中的损耗,为消费者提供高品质的果实。

二、果蔬预冷

不同种类、不同品种的果实所需的预冷温度不同,适宜的预冷方法也不同。为了确保果实在采收后能及时预冷,最好在产地进行预冷处理。常见的预冷方法有自然降温预冷、冷库预冷、强制通风预冷、真空预冷、冷水预冷和接触冰预冷等。

(一)自然降温预冷

自然降温预冷又称空气冷却法,是指将采收后的果实置于阴凉通风的地方,避免受到阳光照射,使产品自然散热达到降温目的。这种方法简便易行,并且不需要任何设备。在条件简陋的地方,这是一种较为可行的方法。但是,这种预冷方法受外界温度的制约,不能达到产品所需的预冷温度,而且预冷时间较长,效果也较差。在北方,大白菜贮藏较多采用这种预冷方法。

供港蔬菜冷链物流操作规程之预冷前处理

(二)冷库预冷

冷库预冷又称冷风预冷,是指使用具有强大风力的风机,利用密闭贮藏室内的冷空气来降低果实温度。将装在包装箱中的果实堆放在冷库中,分散整齐堆放,在垛与垛之间留有空隙,并与冷库通风筒的出风口方向相同,以保证气流顺利通过时带走产品的热量。为了达到较好的预冷效果,库内空气流速应达到每秒 1~2m,但也不能过大,避免新鲜果实过分脱水。

供港蔬菜冷链物流操作规程之预冷

冷库预冷需注意以下几点。①尽可能使要预冷的果实有较低温度。因此,最好在清晨采收,并且收获后要尽快预冷。②分级和包装要到位,同一等级的果实放在一起预冷。③尽量采用透气塑料袋和竹筐等包装物,以有利于果实的迅速降温,且扎捆的果实不要太大,果蔬一般在 0.5kg 以下。④堆放要合理。要使产品迅速降温,箱体间距最小要保持 5cm 以上,堆码太密将影响库内冷风的对流。同时,可以先放入大件,后放入小件,或将不易预冷的放在较好位置,这些措施都可以使预冷产品获得较好的预冷效果。

冷库预冷是目前较普遍的预冷方式,适用于任何种类的果蔬。例如,香蕉一般按长 1m、宽 1m、高 2m 进行堆放,并在堆与堆之间留有通风道。预冷时,最适宜的温度为 13~15℃,最适宜的相对湿度为 90%~95%,预冷 24 小时为宜。但该方式也有缺点。①冷却速度慢。②冷却温度不均匀,只能使产品的热量从包装箱表面散发,容易导致果实表面冻伤,而果实内部温度很难降下来。③对果实的损伤率比较大,除降温外,没有其他作用。

(三) 强制通风预冷

强制通风包括压差预冷,是指在预冷库内安装风扇,通过冷气循环来降低果实温度的方法。压差预冷是强制通风预冷的一种。它以空气为冷却介质,通过机械加压,在装有果实的包装箱垛的两个侧面造成不同压力的气流,迫使冷空气强行穿过各个包装箱,增加冷空气与果实间的接触面积,并把果实的热量带走。这种方法冷却速度快、降温均匀、适用性强,特别适用于蔬菜、水果和鲜切花卉。

强制通风预冷的方法有多种。一种简易的强制通风预冷的具体方法是:将果实放在规格统一并有均匀通风孔的箱内,将箱码放成长方形的垛,在垛中心纵向留有空隙,在纵向的两端及垛顶部用帆布或塑料薄膜盖严封好,其中一端与风机连接向外排气,这样垛中心的空隙处就形成了降压区,迫使未盖帆布两侧的冷空气从包装箱的通风孔进入低压区,把果实中的热量带出了低压区,再由风机排放到垛处,从而达到预冷效果。

压差预冷的优势在于其成本比冷库预冷增加不多,但比冷库预冷的速度快4~10倍。这种预冷方法也适用于大部分果蔬。此外,移动式压差预冷设备可车载,适应性强,广泛用于田间产地预冷,降低果蔬采后损失,提高产品的鲜活度,延长货架期。

(四) 真空预冷

真空预冷是将果实放在密封容器内,通过迅速抽出容器中的空气,降低容器中的压力至一定真空度,使果实因表面水分的蒸发而冷却,从而达到快速降温的目的。在正常大气压下(一个标准大气压 101.325kPa),水在 100℃蒸发,而随着气体压力的减小,水分蒸发会加快,温度每下降5℃,就有约占果实重量1%的水被蒸发掉。真空冷却的失水一般为3%左右,这不会引起果实萎蔫、失去新鲜度。此外,为了不使果蔬失水过多,可在果实预冷前适量喷些水。

真空预冷除适合果蔬外,也适合其他所有需要降温的食品,如肉类、快餐、熟菜、面包等。真空预冷设备是一种冷却加工设备,而非冷藏设备。它的用途只是让果实迅速冷却到设定的温度,然后就从设备中将物品取出,进行直接运输,进行放入冷库。

1. 不同种类果蔬真空预冷效果差异很大

真空预冷适用于水分大、表面积大的叶菜类,如生菜、菠菜、西兰花、芹菜、韭菜、蘘荷等;或多孔带芯的玉米类,如表3-6所示。例如,纸箱包装的生菜,在30~35分钟内可以从35℃下降至2℃,包心不紧的生菜只需25分钟。另外,石刁柏、蘑菇、抱子甘蓝、荷兰豆等也可以采用真空预冷。但真空预冷不适用于一些表面积小、散热慢的产品,如水果、根茎类蔬菜、番茄等果菜及高温的叶菜类。

表3-6 生鲜果蔬真空预冷、气调包装和普通冷藏保质期对比

产品	货架期/天			适宜温度/℃	真空冷却时间/分钟
	室温保存	普通冷库	真空冷却		
芦笋	2	6~8	14~21	3~4	25
抱子甘蓝	5	10~12	21~35	2	25

续表

产品	货架期/天			适宜温度/℃	真空冷却时间/分钟
	室温保存	普通冷库	真空冷却		
花椰菜	10	15	20～30	2	30～35
芹菜	2	8～14	14～28	2	23
金针菜	—	27	35	2	20
上海青	3	—	14～28	2	20
莜麦菜	2	—	14～21	2	20
青豌豆	—	4～7	30	2	23
生菜	2	7～14	14～21	2	18
蘑菇	2～3	3～5	5～10	2	20
菠菜	2	6～7	14～21	2	18
草莓	2～3	5～7	9	2	25
荔枝	4	7～9	12	2	35
长豆角	4	—	12	2	30
空心菜	1.5	—	14～18	2	18

2. 真空预冷的优缺点

(1) 真空预冷的优点如下。

① 冷却速度快。真空预冷冷却速度快(约 30 分钟),且受冷均匀,适合大规模产地的高效出货。

② 预冷无须介质。真空预冷可以在没有任何介质加入的情况下迅速抽走热量,这对食品安全来说至关重要。

③ 真空状态无生物。真空预冷实际上也起到了一次有效的杀菌作用,而消除了菌类的侵蚀实际上也减少了果实腐化的发生。

④ 休眠作用。生命需要空气维持,果蔬也是一样。采摘后的果蔬还在继续生长老化,而真空预冷可以达到让果蔬延缓老化的效果。以番茄为例,采摘时七成熟的番茄经 3～4 天运输正好变红(这是传统做法,但口感并不理想)。如果七成熟的番茄采摘后经真空预冷就需要 10 天左右才能变红,这就是真空预冷让番茄延缓了生长的结果。因此,有了真空预冷机后,采摘的成熟度可以提高,对其他叶菜或是水果来说,经过真空预冷后能保持更久的鲜嫩期。

⑤ 修复机械伤口。果实在采收和加工时留下的机械伤口,所暴露的组织中含有丰富的微量元素。这些组织与空气接触后会让果实迅速变红,并促进菌类迅速繁衍。而经过真空预冷后,切口表面的水分随热量蒸发,切口表面的毛细孔缩小,从而在表面形成一层干爽的薄膜保护层,这能够最大限度地防止切口变色和腐烂问题的发生。

⑥ 多余水分蒸发。在长途运输中,果实表面的水分会产生细菌,进而造成损失。真空预冷机在抽取真空时,主要带走的是果实表面的水分,而不损害果实内部的水分,因此真空预冷后的果蔬可以达到干爽而不失鲜嫩。

(2) 真空预冷的缺点如下。

① 一次性投资大。在采购真空预冷机时,一定要根据实际情况选择大小适合的真空

预冷机,一般以半小时预冷一次算产量。目前国内主要将这种方法用于出口果蔬的预冷。

② 真空预冷机技术不成熟。真空预冷机起步晚,没有太多创新技术和专利技术。这类机器往往价格低,但是效果不理想,而且故障多、能耗大。

(五)冷水预冷

冷水预冷是以水为介质的一种冷却方式。由于水的热传递比空气快,水的热容量比空气大得多,以水作为热转移介质的冷水预冷方法,比通风预冷速度快,在缩短冷却时间上相对有效,且冷却水可以循环使用。

通过将冷却的水喷淋在果实上,或将果实浸入流动的冷水中,把果实携带的田间热降下来,以达到降温目的。冷水预冷需采用流动的水,最好用加冰(加冰要适量,水温不能太低,如对于香蕉不能低于12℃,否则会造成冷害)的低温冷水浸泡或喷淋。

冷水预冷法简单易行,不仅能使果实迅速冷却,而且具有冷却均匀、冷却时间短、冷却能力大、干净卫生等优点,还能够避免细菌、霉菌等微生物繁殖。但水流过强容易对果实造成损伤,使用循环水也容易发生微生物污染等风险。因此,必须对冷水消毒,在冷水中加入一些消毒剂,如次氯酸盐、次氯酸钠。另外,冷水预冷的设备是冷水机,在使用中也要经常用水清洗。

另外,冷水预冷方法可与果实采后的清洗、消毒等项工作结合进行。这种预冷方法多适用于果菜类和根菜类,但不适用于叶菜类。商业上适合冷水预冷的果蔬有柑橘、胡萝卜、芹菜、甜玉米、网纹甜瓜、菜豆等。

(六)接触冰预冷

接触冰预冷是其他预冷方法的补充。它通过冰的慢慢溶解释放出冷量,吸收果实表面的热量,从而达到降温的目的。接触冰预冷适用于与冰接触不易产生伤害或需要在田间立即进行预冷的果实,如抱子甘蓝、花椰菜、甜玉米、胡萝卜、芹菜、菠菜、葱等。该法操作简单,不需要特殊设备,成本低,不仅可以降低产品温度,也可以保证产品在运输中的新鲜度。

然而,接触冰预冷降低温度和保持果实品质的作用有限,其实它不是一种真正的预冷方式,只是运输途中的一种辅助冷却方式。例如,把细碎冰块或冰盐混合物放在包装容器或汽车、火车车厢内产品的顶部,可以降低果实的温度,还可以保证果实在运输中的新鲜度,同时能起到预冷作用。

三、畜禽肉预冷

(一)冷鲜肉概念

市场上销售的生鲜肉类主要有三种,分别是热鲜肉、冷冻肉和冷鲜肉。其中,热鲜肉是指清晨宰杀,清早上市,还保持一定温度的肉类;冷冻肉是指将肉置于-18℃的环境中冻结保存的肉;而冷鲜肉又叫冷却肉、冷却排酸肉。

冷鲜肉是指对屠宰后的畜禽胴体迅速进行冷却处理,使胴体温度在4小时内降为

0~4℃,并在后续的加工、流通和零售过程中始终保持在0~4℃范围内的鲜肉。所有畜禽类动物的肉,经过预冷排酸过程后都称为冷鲜肉,最常见的有冷鲜猪肉、冷鲜牛肉、冷鲜羊肉、冷鲜鸡肉等。

畜禽等动物在被屠宰后,肉要经过僵直期、解僵期和成熟期等过程。畜禽被宰杀后,刚开始时的肉柔软,称为热鲜肉。几小时后,肉会逐渐变得僵硬,即进入僵直期,并持续1~3天。这时候,由于强烈的肌肉收缩,肉的口感最差。因此,热鲜肉往往口感不好,味道不佳,肉质也较硬。如果把热鲜肉冻起来,就是冷冻肉,冷冻肉会发生更强烈的肌肉收缩,口感更粗硬。

然而,如果把屠宰后的肉放在0~4℃的环境中储存一段时间,肉就会慢慢地恢复柔软,这就是"排酸"过程。在一定的温度、湿度和风速下,将肉中的乳酸成分分解为二氧化碳、水和酒精,然后挥发掉。同时,细胞内的大分子三磷腺苷在酶的作用下分解为鲜味物质基苷IMP(味精的主要成分)。经过排酸后的肉的口感得到极大改善,味道鲜嫩,肉的酸碱度被改变,新陈代谢产物被最大限度地分解和排出,从而达到无害化,有利于人体的吸收和消化。

(二)预冷排酸处理

畜禽等动物屠宰后,往往需要通过预冷环节进行"排酸"处理,以此来保证产品后期加工及出厂的品质。

预冷排酸处理可采用"一段"或"两段"方式进行。

(1)一段预冷。经屠宰后的二分胴体直接进入0~4℃的冷却间内,经过20小时左右的冷却排酸过程,使二分胴体的中心温度不高于7℃。

(2)两段预冷。经屠宰后的二分胴体先进入-20℃的快速冷却间,经过1.5小时快速冷却后再转入0~4℃的平衡冷却间,经过18小时左右的冷却排酸过程,使二分胴体的中心温度不高于7℃。

在冷却温度控制下,酶的活性和大多数微生物的生长受到抑制,肉中毒杆菌和金黄色葡萄球菌等病原不分泌毒素,避免了肉质腐败,确保了冷鲜肉的安全卫生。一般热鲜肉的保质期只有1~2天,而冷鲜肉的保质期可达1周以上。

四、水产品预冷

水产品冷却保鲜,是将水产品的温度降到接近冰点但不冻结的保鲜方法,一般温度为0~4℃,是延长水产品贮藏时间广泛采用的方法。鱼类捕捞后采用冷却保鲜法可贮藏1周左右,冷却温度越低,保鲜期就越长。

水产品冰冷却保鲜方法主要有以下两种。

(1)撒冰法。撒冰法是将碎冰直接撒到鱼体表面的保鲜方法。当冰与鱼体接触时,固态的冰融化成液态的水,吸收大量热能,使鱼体温度迅速下降。同时,融化的冰水又可洗涤鱼体表面,除去细菌和黏液,失重小,还可以在冷却过程中使鱼体表面湿润,保持光泽,避免了使用其他方法常会出现的干耗现象。

具体操作如下:将鱼体清洗后整理鱼,撒冰装箱(撒冰要均匀,一层冰、一层鱼)。对于特种鱼或大型鱼,可去鳃剖腹除内脏后,腹内包冰,再撒冰装箱(容器底、壁及表面都要均匀撒冰)。容器底部开一小口便于融化时冰水流出。冰鲜鱼用冰量根据气温、隔热条件及制冷设备和冰鲜时间确定。一般鱼和冰的比例为1∶1,在气温高、无隔热条件时要加大冰的比例。

(2)水冰法。水冰法即先用冰把清水或清海水降温(清水0℃,海水−1℃),然后把水产品浸泡在冰水中,其优点是冷却速度快。水冰法主要应用于死后僵硬较快或捕获量大的鱼,如鲐鱼、沙丁鱼等。水冰法可以在短时间内迅速降温,待水产品冷却到0℃时取出,再改用撒冰法保藏。

任务实施

李导师:小王,农产品分级完成之后,它的下游业务就是农产品预冷。根据你之前的预习,阐述你对农产品预冷的认识。

小王:果实在采收后,一般具有较高的温度,此时如果不及时降温,则会加快果实的腐烂变质。

李导师:是的。果蔬等生鲜农产品是生命活体,在果实采收后会带有大量的田间热,这种热量会加速果实的生命活动,即呼吸作用。这一过程会迅速消耗果实本身的营养物质,不利于果实的保存。

小王:老师,温度高不仅会影响果实的呼吸作用,还会加速有害细菌的繁殖。

李导师:十分正确,有害细菌的快速繁殖会加速果实的腐败。农产品在采收后要尽快预冷,降低田间热。果实采收后经历的高温时间越长,货架寿命越短,品质越难保持。

李导师:下面以"荔枝预冷操作指南"为例,进一步学习农产品预冷相关的知识及实操技能。

荔枝预冷操作指南

荔枝暴露在空气中12~24小时即会变色,大幅缩短货架期。荔枝在采收第一天内的呼吸作用最大,代谢旺盛,加上气温高,果皮容易失水,从而加快果实的衰变。因此,尽早预冷降温是荔枝低温贮运成败的关键。

(1)预冷要求。荔枝采收以后应尽快进行预冷。要求采收后6小时内进行预冷,24小时内使果心温度降低到10℃以下。

(2)预冷方法。可根据当地实际情况,采用强制通风预冷、冷水预冷、冷库预冷等方法,尽快排除田间热,降低果实温度。①强制通风预冷。将果实按包装的通风孔对齐堆叠好,用强力抽风机让冷风经过果实货堆,在30~50分钟内让果心温度降低到10℃以下。②冰水预冷。将果实浸泡在0~2℃的冰水中10~15分钟,使果心温度降至10℃以下(包装需要使用塑料筐、竹箩等耐水材料)。③冷库预冷。将果实包装堆放于0~3℃的冷库中,堆垛高度不应超过5层,堆垛方向应顺着冷库冷风的流动方向,在24小时内使果心温度降至10℃以下。

任务拓展

李导师:小王,你知道农产品预冷在哪里进行吗?

小王：我认为农产品预冷应在农产品包装加工厂或收购站进行，这样在清洗、分级等完成后即可预冷。

李导师：我们经常说打通冷链物流"最先一公里"。这里的"最先一公里"指的就是预冷。可在果园就地用冰水预冷，再用塑料袋密封，再用冷藏车运回加工厂加工、包装。

李导师：经过本任务相关理论及荔枝实例学习，相信你对农产品预冷有了较好的掌握。下面请你以黄秋葵为例，根据老师提供的资料及上网查询相关数据，编写"黄秋葵预冷操作指南"，操作指南至少含有如下问题的解决方案。

(1) 黄秋葵的预冷温度与湿度是多少？
(2) 黄秋葵的预冷方式有哪些？
(3) 黄秋葵在预冷时的包装是什么？

小王：好的，老师。贮藏前预冷是防止黄秋葵荚果变质的有效方法。黄秋葵采摘后，应立即预冷，以除去田间热，降低荚果呼吸速率。我会认真思考黄秋葵如何预冷的。

请你代替小王，编写"黄秋葵预冷操作指南"。

任务评价

知识点与技能点	我的理解（填写关键词）	掌握程度
预冷概述		☆☆☆☆☆
果蔬预冷		☆☆☆☆☆
畜禽肉预冷		☆☆☆☆☆
水产品预冷		☆☆☆☆☆

补充阅读

熟食品真空冷却

随着人们生活水平的提高，冷却环节对于熟食品生产企业越来越重要。以前，国内熟食品生产加工行业多采用的是传统冷却方法，如摊凉式自然冷却法、强制通风冷却法、冷库冷却法等。这些传统冷却方法需要7～10小时，使食品长期处在高温细菌繁殖期，很容易繁殖细菌，且由于冷却时间长，还会延长运输、包装时间。因此，熟食品生产加工后温度很高，选用真空快速冷却，可保持原质原味，让大家享受"绿色食品"。

真空快速冷却机主要用于蒸煮熟食品、快餐等的冷却生产过程，为提高熟食品的质量保驾护航。通过真空快速冷却机，使熟食从100℃冷却到常温仅需5～10分钟，冷却到0℃仅需20分钟左右。其原理是：将含水熟食品置于真空箱内，在真空状态下通过食品水分快速蒸发吸热，从而达到快速冷却的效果，快速避开了30～60℃的细菌繁殖期。真空快速冷却适用于结构疏松的高温熟食品、快餐；而且熟食品冷却的整个过程都是在全封闭的真空环境内进行，从而达到无菌化冷却。在冷却过程中，食品从内部到外部的温度均匀下降，冷却后不会外冷内热。

真空快速冷主要应用于蒸煮熟食品，如卤制品（鸡、鸭等）、熟肉、贡丸、馒头、包子、豆制品等；快餐类，如各类炒菜（荤菜、素菜类）、米饭、各类调理菜等；各类蔬菜、食用菌、食品馅料、月饼馅、面包等。

熟食品真空快速冷却的优势有：①运作效率高，加工空间需求小，人工成本低；②没有食品污染风险，在真空无菌环境下快速通过30～60℃的细菌繁殖期；③无须添加防腐剂即可达到更长的保质期；④产品的口感和风味不仅不会受损，反而可以使产品中芳香物质的扩散更加均匀。

【思考】
真空快速冷却的优势有哪些？

任务四　农产品贮藏

由于农产品的生产和消费在时间上不一致，以及农产品的生产地与消费地在空间上存在一定距离，使得果实在采收后需要进行适当的贮藏，在较长时间内最大限度地保持农产品原有的品质和新鲜度，以满足人民日益增长的生鲜农产品需求。

知识储备

一、果蔬贮藏

果蔬属于易腐性食品，目前主要采用常温贮藏、低温贮藏、气调贮藏等方法。根据不同果蔬采收后的生理特性和其他具体条件，可以选择不同的贮藏方法，以最大限度地延缓果实的生命活动，达到保鲜目的。

（一）常温贮藏

1. 简易贮藏

简易贮藏是利用自然调温维持贮藏温度，使果实达到自发的贮藏目的。其特点是贮藏场所设备结构简单，可因地制宜进行建造。简易贮藏包括堆藏、沟藏、窖藏等基本形式，以及由此衍生的冻藏和假植贮藏。

供港蔬菜冷链物流操作规程之贮藏

（1）堆藏。堆藏是将果实直接堆码在田间地表或浅坑（20～25cm）中，或者堆放在院落、室内或荫棚下的贮藏方法。堆放场所要求地势高、平坦且排水良好。根据气温变化，在果实表面用秸秆、土壤等覆盖，以防受热、受冻和过度水分蒸发。堆的高度一般为1～2m，宽度为1.5～2m，以防中心温度过高引起腐烂。堆藏适宜大白菜、甘蓝、板栗等果蔬，但不适宜叶菜类。

（2）沟藏。沟藏是利用土壤的保温、保湿作用来维持果实适宜的温湿度，效果优于堆藏。沟藏结构简单，不需要特殊材料。沟藏时，在果实表面覆盖一定厚度的土壤、秸秆，这样做一方面可以使土壤温度变化比较缓慢，温度低而稳定；另一方面可积累一定量的二氧化碳，有利于降低果实呼吸作用，抑制微生物活动，增强耐藏性。

沟藏应选择地势平坦、土质较黏重坚实、交通方便、排水良好、地下水位较低的干燥处。寒冷地区沟藏应在冻土层以下，既能避免果实冻害，又能保持低温；而暖和地区沟藏宜浅,以免果蔬发热腐烂。沟长一般不超过50m,沟深度以0.7~1m为宜,沟宽度以1~1.5m为宜,过宽虽然容量增多,但散热面积相对减少,果实降温较慢,不易控制贮藏初期和后期的温度;过窄则沟内温度受外界气温的影响较大,易造成温度不均匀。

沟藏方法主要有以下几种。①堆积法,即在沟底铺一层干草或细砂,预先进行消毒处理,将果实散堆于沟内,再用土覆盖。②层积法,即每放一层果实,撒一层砂,积累到一定高度后,再用土覆盖。③混砂埋藏法,即将果实与砂混合后,堆放于沟内,再进行覆盖。④将果实装筐后入沟埋藏。沟藏适宜苹果、山楂、板栗、萝卜、洋葱、土豆、根菜等果蔬。

(3) 窖藏。窖藏与沟藏类似,窖内温度常年稳定在1~3℃,适宜多种蔬菜和含水量较少的水果。窖藏利用简单的通风设备来调节和控制窖内温湿度,果实可随时出入窖,管理人员可随时进出及时检查贮藏情况。

窖藏主要有棚窖和井窖两种形式。棚窖是一种临时性贮藏,适宜较耐贮藏的果蔬。棚窖根据入土深浅有地下式、半地下式和地上式三种类型。为加强窖内通风换气,可在墙两侧接近地面处,每隔2~3m设一个通风孔,并在顶部设置天窗。大型棚窖常在一侧或两端开设窖门,以便果蔬出入,兼有通风作用。这些门窗、通风孔要根据温度的变化开启或封闭,保证贮藏果实的安全。

井窖是一种封闭式、深入地下的土窖,适宜在地下水位较低、土质黏重坚实的地区建造。在建造时,先由地面垂直向下挖一个直径为1m的井筒,当深度达到3~4m后,再向周围开挖若干个高约1.5m、长3~4m、宽1~2m的窖洞,井口用土、石板或水泥板封盖,四周设排水沟,以防积水。在果实入窖前,要彻底进行消毒杀菌。消毒时将窖密封,两天后再打开,通风换气后才可使用。果实入窖时要防止碰撞、挤压,堆码时注意果实与果实、果实与窖壁、果实与窖顶之间留有一定的空隙,以便翻动果实和空气流动。

(4) 冻藏和假植贮藏。冻藏是利用自然低温使果蔬入沟后迅速冻结,并在贮藏期间始终保持轻微冻结状态的一种贮藏方式。入冬上冻时,将收获的果实放在背阴处的浅沟内,稍加覆盖。由于贮藏温度在0℃以下,可以有效地抑制果实的新陈代谢和微生物活动,同时果实仍能保持生机。在食用前,果实经过缓慢解冻,仍能恢复其新鲜状态,并保持品质。冻藏主要适用于耐寒性较强的菠菜、油菜、香菜等绿叶菜。

假植贮藏是把蔬菜密集假植在沟内或窖内,使蔬菜处于极其微弱的生长状态。实质上,假植贮藏是一种抑制生长贮藏法,适用于易脱水萎蔫的青菜、油菜、花椰菜、大葱、莴苣等绿叶菜和幼嫩蔬菜。

2. 通风库贮藏

(1) 通风库的特点。通风库是棚窖、井窖的进一步发展,有较完善的隔热、隔湿设施和通风设备,造价较高,但贮藏量大,操作方便,效果较好,是目前最主要的果蔬贮藏场所。通风库基本要求是绝热和通风。绝热就是使贮藏库的库顶、墙壁等建筑材料的热导性降到最低限度,使库温不受外界影响。良好的通风可有效地调节温度与湿度,以满足贮藏果实的需要。

(2) 通风库的种类。通风库按处在地表以上的多少,分为地上式、半地下式、地下式三种类型。华北地区普遍采用半地下式,一半库身建在地面以下,利用土壤作为隔热材料;另一半库身在地面以上,库温既受气温影响,又受土温影响,在大气温度-20℃条件下,库温仍不低于1℃。

(3) 通风库的设计要求。库址宜选择在地势高、通风良好、地下水位低、无空气污染、交通便利的地方,最高地下水位应距库底1m以上。

① 库形设计。库的平面通常为长方形,库顶大多为拱形或平形。一般宽度为9~12m,高度为3.5~4.5m(地面到天花板),长度为30~50m,库容量视贮藏量而定。

② 温度调节。库内温度调节一方面是利用空气对流进行自然调节,另一方面是依靠通风系统进行调节。同时,隔热结构也起到了维持温度稳定的作用。

③ 隔热设置。通风库的四周墙壁和屋顶都应有良好的隔热性能,以隔绝库外过高或过低温度的影响,保持库内温度的稳定。良好的隔热材料要求具有热导性能差、不易吸水霉烂、不易燃烧、无异味等特点。

(4) 通风库管理。

① 贮藏准备。果实贮藏前后,应对库内进行清扫、通风、设备检修和消毒。

② 入库。筐装和箱装的果实因受包装容器的保护,可以减少底层果实承受的压力,容器周围的空隙有利于通风。地面应铺垫枕木或隔板,注意平稳,要留间隙和通道,以利于通风和管理。

③ 常规检查。主要是定时测温、测湿、测呼吸强度及固形物含量,并做好记录,随时调整。

④ 温湿度管理。在库内设置温度计、湿度计,根据库内、外温度变化,灵活掌握通风换气的时间和通风量,以调节库内温湿度。库内相对湿度一般为80%~90%,当通风量大时,湿度下降,可在地面喷水、悬挂湿麻袋、放置潮湿锯末等来提高库内湿度。当湿度过大时,库内放置消石灰来吸收水分。

(二) 低温贮藏

低温贮藏就是利用机械制冷方式降低贮藏温度,通过低温控制微生物和酶的活性,从而延长果实贮藏期。

1. 机械冷库贮藏

利用建筑物良好的绝缘隔热设施,通过人工机械制冷系统作用,使库内满足果实贮藏温度、湿度和气体成分的要求,达到长期贮藏目的。机械冷库分为高温库(0℃左右)和低温库(低于-18℃)两类,用于贮藏果蔬的冷库为0℃左右的高温库。

冷藏冷冻食品物流贮藏作业要求

(1) 机械冷库的建造。常见冷藏库主要有生产性冷库、分配性冷库、零售性冷库。冷库应建在没有或少有阳光照射和频繁热风的阴凉地方,同时交通方便。冷库通常由制冷系统、控制装置、隔热库房、附属性建筑等组成。冷库墙壁、天花板、地坪等内侧面敷设有一定厚度的隔热保温材料,形成连续密合绝热层,以减少库外热量向库内传导。为防止水蒸气扩散和空气渗透,冷库必须具有良好的密封性能和防潮隔汽性能,且防潮层在隔热层外侧,一般涂抹一层水泥或其他保护材料。

(2) 机械冷库的使用和管理。一般果蔬贮藏的适宜温度在0℃左右,冷库温度管理主要是预先快速降温和维持冷库内均匀稳定的温度。首先在果实入库前三天冷却降温,使果实与冷库内的温差减小。其次是温度调节,根据不同品种的不同要求控制库温,保持库内温度分布均匀。

① 相对湿度。大多数果蔬适宜贮藏的相对湿度为80%~90%,这个相对湿度可防止果实失水和水分蒸腾。如果外界环境相对湿度过低,果实就会失水干缩,此时应提高环境相对湿度。必要时可通过淋湿、喷雾或直接洒水来调节湿度,也可安装自动湿度调节器。

② 通风换气。果蔬在贮藏时由于呼吸作用积累二氧化碳、乙烯、乙醇等气体,其浓度过高时会导致果蔬生理代谢失调,因此需要通风换气。在贮藏初期,一般10~15天通风换气1次。温度稳定后,每月1次。通风换气的方法是在早晨或夜间敞开库门,开动鼓风设备,放进一定量的新鲜空气。

③ 入贮及堆放。堆放的总体要求是"三离一隙"。"三离"是指离墙、离地、离天花板,"一隙"是指垛与垛之间及垛内要留有一定空隙。此外,还需注意果实堆垛大小适度,同一品种堆放在一起,果实进出库量每天应控制在10%左右。

④ 贮藏检查。对于不耐贮藏的新鲜果实,每隔3~5天检查一次;对于耐藏性好的果实可15天甚至更长时间检查一次。每个堆垛上放置温度计以观察记录库内的温度,发现问题及时处理。

2. 微型冷库贮藏

微型冷库是指库容积为90~120m³,贮藏量为10~40t的小型机械冷库。微型冷库的特点是造价低廉、经济适用、性能可靠、自动化程度高、操作简便。

(1) 微型冷库种类。

① 微型高温保鲜库,在一般房屋的基础上,增加一定厚度的保温层,配置一套制冷系统,并将门进行保温处理。库内采用悬挂式冷风机,可增加贮藏库容。制冷机组设在库外并采用间歇式工作方式,因此耗电少,深受用户欢迎。

② 微型气调保鲜库,在高温冷库的基础上,配置一套气调系统,通过降氧和控温使果实处于休眠状态,达到保鲜目的。通过气调方法,可将空气中的氧气浓度降到3%~5%,抑制果实病虫害发生,使果实的重量损失及病虫害发生频率减至最小。

(2) 微型冷库运行管理。微型冷库运行管理主要是调节控制库内温度、相对湿度并适时进行通风换气。

① 温度调控。果实入库时的温度与库温之差越小越好。制冷压缩机的制冷量应与冷库贮藏量相匹配。冷库在设计上应使每天入库量占总容积的15%左右。对于密封容器、带包装的果实,要注意留有足够的通风散热的空隙。

② 相对湿度控制。当湿度不足时,通过地面洒水和喷水方法弥补湿度的不足。另外,也可用塑料大帐、小包装或单果包装等增加果实微环境中的相对湿度。

库内果实堆码的主风道方向应和库内冷风机出风方向一致,果实距离墙面0.2m,距送风道底面0.5m,垛间距离为0.2~0.4m,根据情况留有一定宽度的主通道,通常为0.8~1.0m。如果采用货架,货架间距0.7m左右,地面垫木高度为0.12~0.15m。

③ 通风换气。果蔬在呼吸作用过程中释放的二氧化碳及其他多种有害气体,如果在库内积累至浓度过高时,会引起果实生理代谢失调,导致果实败坏变质,同时也会对进库操作人员的健康产生影响。因此,应进行通风换气。在通风换气时,要开启制冷机,以防止库内温度升高。

下面以鲜蘑菇为例说明冷库贮藏方法。

冷库温度应控制在(1±1)℃。食用菌的冰点因干物质含量的不同而有所差异。例如，当干物质为6.4%，冰点为－0.7℃；干物质为7.8%时，冰点为－0.9℃。短时间的冰结不会影响鲜菇直接食用，但若将其移入较高温度下，呼吸强度明显上升。为保持新鲜菇体膨胀状态，不出现萎缩，冷库相对湿度应控制在90%左右，可通过在冷库地面上洒水达到提高湿度的目的。冷库应经常通风，避免局部缺氧。通风还可使冷库内的温度保持均匀，并将二氧化碳的浓度控制在0.3%以下。如有必要，还可用氢氧化钠对空气进行洗涤，以吸附二氧化碳。在冷库内，蘑菇可保鲜7~14天。

(三) 气调贮藏

气调贮藏就是把果实放在一个相对密闭的贮藏环境中，调节贮藏环境中的氧气、二氧化碳和氮气等气体比例，并将其稳定在一定的浓度范围内。根据不同果蔬的要求，调控适宜温度、湿度及低氧和高二氧化碳气体环境，并排除乙烯等有害气体，抑制果实的呼吸作用和微生物活动，能够延迟后熟、衰老，保证果实新鲜。

农产品气调保鲜

1. 气调贮藏方式

(1) 气调冷藏库贮藏。气调冷藏库由库体结构、气调、制冷和加湿系统构成。气调冷藏库墙壁四周、库门及所有进出管线连接处必须有良好的气密性，以减少库内外气体交换，并在不同位置放置温度传感器探头以测量库温和果实温度。气调冷藏库的制冷系统与机械冷库相同，均采用活塞式单级压缩制冷系统，以氨或氟利昂-12作为制冷剂。气调设备主要包括制氮设备、二氧化碳、乙烯脱出设备和加湿设备。

(2) 塑料薄膜袋(帐)气调贮藏。塑料薄膜封闭贮藏，简称MA贮藏，其重要特点是具有一定透气性。果实呼吸作用会使塑料袋(帐)内维持一定的氧气和二氧化碳比例，加上人为调节措施，会形成有利于延长果实贮藏寿命的气体成分。一般每一帐可贮藏果实1000~2500kg。

帐内气调方式有三种。①人工快速降氧法，先抽出帐内空气，再充入氮气，反复数次，使帐内氧气降至适宜浓度。②配气充入，将预先人工配制好的适宜成分气体，输入已经抽出空气的密封帐中，以置换其中的全部空气。在整个贮藏期间，需要定期地排除内部气体和充入人工配制的气体。③自然降氧，封闭后利用果实自身的呼吸作用，使氧气逐渐下降并积累二氧化碳，当氧气浓度过低、二氧化碳过高时，利用上、下气口进行调节。一般要求帐内氧气含量降低到2%~4%，二氧化碳低于3%。

(3) 硅窗气调贮藏。硅窗是一种有机硅高分子聚合物，其透气性具有选择性，对氧气、二氧化碳和氮气的渗透比为1:6:0.5。硅窗袋贮藏法是将硅橡胶薄膜镶嵌在塑料薄膜袋上，利用硅橡胶具有的特殊透气性能，使袋内高浓度二氧化碳通过硅橡胶窗向外渗透，外部的氧向内渗，从而起到自动调节作用。

例如，鲜蘑菇贮藏，可将经过漂洗分级后的鲜菇沥干水分装入塑料袋内，通过气调设备调整袋内气体的组成，使氧气浓度降至2%，二氧化碳浓度保持在10%左右。在此情况下，蘑菇的新陈代谢受到抑制，生长极为缓慢，开伞率低，菇体洁白。此外，也可将蘑菇贮藏于有一定透气性的塑料袋内，利用其自身的呼吸作用来降低袋内的氧气浓度，提高二氧化碳浓度。这种方法简单易行，但效果不如前者。

2. 气调贮藏管理

（1）温度管理。果实在入库前应先预冷，以除去田间热。气调贮藏需要适宜低温，并减少温度波动和不同库位的温差。

为什么气调保鲜越来越受市场欢迎

（2）相对湿度管理。气调库中果实贮藏的相对湿度以85%～95%为宜，既可防止失水，又不利于微生物生长。

（3）气体成分管理。气体成分管理的重点是控制贮藏环境中的氧气和二氧化碳含量，当果实入库完成，库温基本稳定之后，即应迅速降低氧气浓度至5%以下，再利用果实自身的呼吸作用继续降低库内氧气浓度，同时提高二氧化碳浓度，达到适宜的氧气和二氧化碳比例，这一过程需要10天左右。在此之后，通过二氧化碳脱除器和补氧办法，使库内氧气和二氧化碳浓度稳定在适宜范围内，直至贮藏结束。

（4）入库品种数量管理。不同种类、品种的果蔬不能混放在同一贮藏室内。果实入库时要分批入库，每次入库量不应超过库容总量的20%，库温升高不应超过3℃。

（5）堆码管理。果实堆码方式非常重要，果实与墙壁、果实与地坪间需留出20～30cm的空气通道，果实与库顶的距离应在5cm以上，垛与垛之间要留20～30cm间距。堆码时应尽可能将库装满，减少库内气体的自由空间，缩短气调时间，使果实在尽可能短的时间内进入气调贮藏状态。

（四）贮藏新技术

果蔬产品贮藏新技术有保鲜剂贮藏、减压贮藏、辐射贮藏、电子保鲜、生物技术保鲜、遗传工程保鲜等，下面重点介绍前三种。

1. 保鲜剂贮藏

（1）乙烯脱除剂。乙烯脱除剂包括物理吸附剂、氧化分解剂、触媒型脱除剂等，能抑制呼吸作用，防止后熟老化。

（2）防腐保鲜剂。利用化学或天然抗菌剂，防止霉菌和其他污染菌滋生繁殖，起到防腐、防病、保鲜效果。

（3）涂被保鲜剂。涂被保鲜剂包括蜡膜涂被剂、虫胶涂被剂、油质膜涂被剂及其他涂被剂，能抑制呼吸作用，减少水分散发，防止微生物入侵。

（4）气体发生剂。①二氧化硫发生剂。适用于贮藏葡萄、芦笋、花椰菜等容易发生灰霉菌病的果蔬，使用量一般为0.5%～1.0%。②卤族气体发生剂。将碘化钾10g、活性白土10g、乳糖80g放在一起充分混合，用透气性材料如纸、布等包装使用。用量通常按每千克果实使用无机卤化物10～1000mg。③乙醇蒸气发生剂。将30g无水硅胶放在40mL无水乙醇中浸渍，令其充分吸附。吸附后除掉余液，装入耐湿且具有透气性的容器中，与10kg绿色香蕉一起装入聚乙烯薄膜袋内，密封后置于温度20℃左右的环境中保存，经3～6天即可成熟。

（5）气体调节剂。①二氧化碳发生剂。碳酸氢钠73g，苹果酸88g，活性炭5g放在一起混合均匀，即为能够释放二氧化碳气体的果蔬保鲜剂。为了便于使用和充分发挥保鲜作用，可将保鲜剂分装成5～10g的小袋，使用时将其与果蔬一起封入聚乙烯袋、瓦楞纸果品箱等容器即可。②脱氧剂。将铁粉60g、硫酸亚铁10g、氯化钠7g、大豆粉23g混合均匀，装入透气性小袋内，与保鲜果蔬一起装入容器内密封即可。一般1g脱氧剂可以脱除

1×10^3 mL 密闭空间的氧气。在果蔬保鲜贮藏过程中,使用脱氧剂时,必须与相应的透气性、透湿性包装材料,如低密度聚乙烯薄膜袋、聚丙烯薄膜袋等,配合使用,才能取得良好的保鲜效果。

(6) 生理活性调节剂。如用 0.1g 苄基腺嘌呤溶解于 5×10^3 mL 水中,配制成 0.002% 的溶液,用浸渍法处理叶菜类,能够抑制呼吸和代谢,有效地保持品质。这种保鲜剂适用于芹菜、莴苣、甘蓝、青花菜、大白菜等叶菜类和菜豆角、青椒、黄瓜等,使用浓度通常为 0.0005%～0.002%。

2. 减压贮藏

减压贮藏是在冷藏技术的基础上,将果实置于密闭室内,通过真空泵从密闭室中抽出部分空气,使内部气压降到一定程度,并在贮藏期间保持恒定低压。其原理是在真空条件下,空气中的各种气体组分的分压都相应地迅速下降,当气压降至正常气压的 1/10 时,空气中的氧气、二氧化碳、乙烯等的分压也都降至原来的 1/10。空气各组分的相对比例并未改变,但它们的绝对含量则降为原来的 1/10,氧气的含量只相当于正常气压下的 2.1%。果蔬组织内呼吸作用明显减弱,养分消耗减少,有利于保持原有的品质。

3. 辐射贮藏

随着贮藏技术和一些处理方法的不断改进和创新,目前国内外对辐射处理、电磁场处理及原子能在食品贮藏上的应用等方面开辟了新的领域和研究途径。

(1) 高频磁场处理。将果实放在或使之通过电磁线圈磁场,控制磁场的强度和果实的移动速度,使果实受到一定剂量的磁力线切割作用。

(2) 高压电场处理。一个电极悬空,另一个电极接地(或做成金属板极放在地面),两者之间便形成了一个不均匀的电场。将果实置于电场内,果实将接收到间接的或连续的电场处理。

(3) 辐射处理。辐射贮藏技术主要是利用钴-60 或铯-137 产生的 γ 射线,或由能量在 10MeV 以下的电子加速器产生的电子流。辐射处理就是利用电离辐射进行杀虫、杀菌、防霉、调节生理生化等,同时干扰果实的基础代谢,从而延缓其成熟与衰老。

(五) 贮藏温湿度控制

果蔬贮藏应做到防晒、防水、防挤压,温湿度均匀恒定。不同果蔬种类的贮藏条件见表 3-7。

表 3-7 果蔬贮藏温湿度明细

品 种	食 材 举 例	贮藏温度/℃	相对湿度/%
根茎类蔬菜	大蒜	−2～0	70～75
	芹菜、辣根	−1～0	95～98
	土豆	0～1	80～85
	芦笋、竹笋、萝卜、胡萝卜、芜菁		95～98
	洋葱	0～2	70～80
	山药	12～13	90～95
	甘薯	12～14	80～85
	生姜	13～14	90～95

续表

品　　种	食　材　举　例	贮藏温度/℃	相对湿度/%
叶菜类蔬菜	菠菜	−1～0	95～98
	韭菜、大白菜	0～1	90～95
	结球生菜、直立生菜、紫叶生菜、油菜、奶白菜、草蒿、小青葱、甘蓝、抱子甘蓝、乌塌菜、小白菜、芥蓝、菜心、羽衣甘蓝、欧芹、牛皮菜	0～1	95～98
	莴苣	0～2	95～98
瓜菜类蔬菜	佛手瓜	3～4	90～95
	矮生西葫芦	8～10	80～85
	丝瓜		85～90
	南瓜	10～13	65～70
	冬西葫芦(笋瓜)		80～85
	苦瓜	12～13	85～90
	黄瓜		90～95
	冬瓜	12～15	65～70
茄果类蔬菜	甜玉米	0～1	90～95
	红熟番茄	0～2	85～90
	青椒	9～10	90～95
	绿熟番茄	10～11	85～90
	茄子	10～12	
核果类	樱桃、李	−1～0	90～95
	冬枣	−1～1	
	杏	−0.5～1	
	桃	0～1	
	杨梅		
	催熟杧果	5～8	85～90
	生杧果	13～15	85～90
仁果类	西洋梨、秋子梨	−1～0.5	90～95
	苹果	−1～1	
	白梨、沙梨	−0.5～0.5	
	山楂	−1～0	
浆果类	葡萄	−1～0	90～95
	柿子		85～90
	猕猴桃	−0.5～0.5	90～95
	蓝莓		
	草莓		
	石榴	5～6	85～90
柑橘类	橙类	5～8	85～90
	柚类	5～10	
瓜类	荔枝	1～4	90～95
	龙眼		

续表

品　种	食材举例	贮藏温度/℃	相对湿度/%
瓜类	哈密瓜(中、晚熟)	3~5	75~80
	甜瓜、香瓜(中、晚熟)		
	椰子	5~8	80~85
	西瓜	8~10	80~85
	菠萝	10~13	85~90
	红毛丹		90~95
	木菠萝	11~13	85~90
	香蕉	13~15	90~95
	番荔枝	15~20	
坚果类	—	3~5	50~60

二、畜禽肉贮藏

低温是畜禽肉贮藏的最好方法之一，它不会引起肉的组织结构和性质发生根本变化，却能抑制微生物的生命活动，延缓由组织酶、氧气及热和光的作用所引起的生化过程，从而较长时间地保持肉的品质。

（一）畜禽肉冷却

畜禽肉冷却是指将畜禽肉置于一定温度条件下，使其温度迅速下降并保持在特定范围内，从而降低微生物在肉表面的生长繁殖速度至最低水平，并在肉表面形成一层皮膜，减弱酶活性，延缓肉的变质过程。

冷却方法有空气冷却、水冷却、冰冷却和真空冷却等，国内主要采用空气冷却法。在进肉之前，冷却间温度降至-4℃左右。在进行冷却时，把经过预冷的胴体沿轨道推入冷却间，胴体间距保持3~5cm，以利于空气循环和散热。当胴体最厚部位中心温度达到0~4℃时，冷却过程完成。一般情况下，牛半片胴体的冷却时间为48小时，猪半片胴体为24小时，羊胴体为18小时。

禽肉可采用液体冷却法，即以冷水或冷盐水为介质进行冷却。也可采取浸泡或喷洒方法进行冷却，冷却速度快，但必须进行包装，否则会损失肉中的可溶性物质。

冷却肉主要用于短时间存放的肉品，通常使肉中心温度降低到0~1℃。具体要求是，肉在放入冷库前，先将库温降到-4℃左右，肉入库后，温度保持在-1~0℃。猪肉冷却时间为24小时，可保存5~7天。经过冷却的肉，表面形成一层干膜，从而阻止细菌生长，并减缓水分蒸发，延长保存时间。

（二）畜禽肉冷冻

将肉品进行快速、深度冷冻，使肉中大部分水冻结成冰，这种肉称为冷冻肉。冷冻肉比冷却肉更耐贮藏。肉冻结以后，即转入冷库进行长期贮藏。国内冻结的肉制品分两种，一种是白条肉，另一种是分割冷冻肉。冻结的肉制品装入塑料袋中，可放置在纸箱内冷冻贮藏。

畜禽肉冷冻方法如下。

（1）静止空气冷冻法是家庭中用冰箱、冰柜进行肉的冷冻。肉的冻结速度很慢，冻结温度为－30～－10℃。

（2）板式冷冻是肉品装盘或直接与冷冻室中的金属板架接触的冷冻方法，适用于肉排、肉片、肉饼等的冷冻，冷冻速度比静止空气法稍快。

（3）冷风式速冻法是工业生产中最普遍采用的方法，是在冷冻室或隧道中装有风扇以供应快速流动的冷风进行急速冷冻，热转移媒介是流动的空气。在这种方法中，空气流速为760m/min，温度为－30℃。

（4）为提高冷冻肉的质量，使其在解冻后恢复原有的滋味和营养价值，目前多数冷库采用速冻法。即将肉放入－40℃的速冻间，使肉温很快降低到－18℃以下，然后移入冷藏库。

（5）商业上用来冷冻禽肉的普遍方法是流体浸渍和喷雾，供冷冻用的流体必须具有无毒性、成本低、冻结点低等特点，一般包括液氮、甘油、食盐水等。

肉的冷却和冷冻是在吊挂条件下进行的，所占库位较大。为了较长时间贮存，冷冻肉可移入冷藏库堆垛存放。冷藏库温度要求低于－18℃，肉的中心温度保持在－15℃以下。冷藏时，温度越低，贮藏时间越长。在－18℃条件下，猪肉可保存4个月；在－30℃条件下，可保存10个月以上。贮藏肉类的冷库应符合卫生要求，每批产品入库前都要进行清理、消毒。存放时，不同的肉类产品要隔离存放，防止串味而影响质量。

在一般情况下，肉类，如牛肉、羊肉、猪肉及其副产品等，在－18℃以下就能防止氧化，在－23℃以下就能成倍延长冷藏期，在－30℃以下的冷藏期会进一步得到延长。

（三）畜禽肉干燥

（1）干燥法也称脱水法，主要是使畜禽肉内的水分减少，阻碍微生物的生长发育，从而达到贮藏目的。各种微生物的生长繁殖，都需要最适宜的含水量。一般来说，至少需要40%～50%的水分。猪肉的水分含量一般在70%以上，因此应采取适当的方法，使其含水量降低到20%以下或降低水分活性，才能延长其贮藏期。

（2）自然风干法是指根据要求将肉切块，挂在通风处，进行自然干燥，使含水量降低。例如，风干肉、香肠、风鸡等产品都要经过晾晒风干过程。

（3）脱水干燥法是指在加工肉干、肉松等产品时，常利用烘烤方法，除去肉中的水分，使含水量降到20%以下，从而能够较长时间贮藏。

（4）添加溶质法，即在肉品中加入食盐、砂糖等溶质。例如，加工火腿、腌肉等产品时，需用食盐、砂糖等对肉进行腌制，其结果可以降低肉中的水分活性，从而抑制微生物的生长。

（四）畜禽肉盐腌

盐腌法贮藏主要是通过食盐提高肉品的渗透压，脱去部分水分，并使肉品中的含氧量减少，造成不利于细菌生长繁殖的环境条件。但有些细菌耐盐性较强，只用食盐腌制不能达到长期保存的目的。因此，在生产中用食盐腌制多在低温下进行，并常将盐腌法与干燻法结合使用,制作各种风味的肉制品。

(五)畜禽肉照射

用放射线照射食品可以杀死食品表面和内部的细菌,达到长期贮藏的目的。由于辐射贮藏是在温度不升高的情况下进行杀菌,因此有利于保持肉品的新鲜程度,而且免除冻结和解冻过程,是最先进的食品保藏方法。中国目前研究应用的辐射源主要是同位素钴-60和铯-137放射出来的γ射线。照射法贮藏需使用专门设备、在特定条件下进行。

(六)温湿度控制

畜禽肉贮藏温湿度明细详见表3-8。

表 3-8 畜禽肉贮藏温湿度明细

品种	食材举例	贮藏温度/℃	相对湿度/%
畜禽肉	冷冻畜禽肉	≤-18	—
	冷却畜禽肉	-1～4	85～90

三、水产品贮藏

鱼、贝类的特性是鲜度容易下降,腐败变质迅速。目前实际应用于水产品的保鲜技术已有低温保鲜、高压保鲜、辐照保鲜、气调保鲜、生物保鲜等。在这些保鲜方法中,以低温保鲜应用最广泛。根据低温保鲜的目的和温度的不同,又可分为冷藏保鲜和冷冻保鲜,一般也称为冷却和冷冻。

鲜活成虾冷链物流之贮藏

(一)水产品低温保鲜原理

水产品腐败变质的原因主要是其本身带有的或在贮运过程中污染的微生物在适宜条件下生长繁殖,分解鱼体蛋白质、氨基酸、脂肪等成分,产生异臭味和毒性物质,致使水产品变质。另外,水产品本身含有的酶,在一定环境条件下能促使水产品腐败变质。因此,水产品保鲜必须控制好这两个因素。

微生物的生长繁殖与环境的温度和湿度等有着紧密关系。温度是微生物生长繁殖的重要条件,各种微生物的适宜生长温度不同,超过其适宜的生长温度范围,就会使之停止生长或死亡。此外,水分是微生物生命活动必需的物质,是组成机体的基本成分。水产品中的水分越多,细菌越容易繁殖。一般认为,水分在50%以上,细菌才能生长繁殖;水分在30%以下,细菌繁殖开始受抑制;水分在12%以下时,细菌繁殖就很困难。

酶的作用与温度有密切关系。随着温度的升高,酶的分解能力会逐渐增强。在37℃左右,酶的分解能力最强,化学反应速度最快。当温度超过37℃时,酶开始被破坏。反之,当温度降低时,各种酶的活性也随温度下降而减弱,在-20℃左右时被显著抑制,-30℃以下时几乎停止。可以从这些角度延长水产品的鲜活期。但由于不同水产品的化学成分和肌肉结构存在差异,在低温下的保鲜效果也不完全相同。

引起鱼类等鲜水产品腐败变质的细菌主要是嗜冷性菌类,其生长的最低温度为-7～

−5℃,最适温度为15～20℃。如低于最适温度,微生物生长即被抑制;低于最低温度则停止生长。大多数细菌在0℃左右生长就延缓下来。在低温范围内,温度稍有下降即可显著抑制细菌生长。另外,在冻结温度下,鱼体水分活度降低,也抑制了微生物的生长。

因此,低温保鲜能有效抑制或减缓水产品酶类的活性和细菌生长,防止腐败变质,可以较好地保留水产品原有的风味、营养价值和外观质量,提高其经济效益。

(二)冰藏保鲜

冰藏保鲜是用冰把新鲜渔获物的温度降至接近冰点但不冻结的一种保鲜方法,通常称冰鲜。其保鲜原理是用冰把渔获物温度降至0～4℃,抑制其组织酶的活力和微生物的繁殖速度,从而在一定时间内保持渔获物的鲜度,是延长水产品贮藏的一种广泛采用的方法。鱼类捕捞后采用冰鲜法可保藏1周左右,冷却温度越低,保鲜时间越长。冷却鱼的质量和保藏期,取决于原料质量、冷却方法、冷却所延续的时间和保藏条件。因鱼体附着水中的低温细菌,在冷却贮藏温度下,低温细菌的繁殖和分解作用还在缓慢进行,因此,尽管此法保存时间长,也会发生鱼类的腐败。

1. 撒冰法

撒冰法的使用方法已在水产品预冷中详述,其保藏时间因水产品的种类和保藏条件而异,一般为1～2周。

2. 冰水保鲜法

冰水保鲜法是指先用碎冰把海水(或清水)降温至−1℃(清水至0℃),然后把鲜鱼浸泡在冰水中。使用冰水保鲜法保存3～5天能取得较好的保鲜效果。

冰水配制可按下式快速计算:

$$用冰量 = (水重 + 鱼重) \times 水的初温 \div 80$$

鱼与水的比例大致为2∶1。由于外界热量的传入和保藏期的延长,实际用冰量也要逐渐增大。

冰水冷却法注意事项:装载鱼舱要有保温和水密处理;鱼舱要注满水,防止摇晃擦伤鱼体;用冰要充分,水面要被冰覆盖,若无浮冰,应及时加冰;鱼洗净后才可放入,避免污染冰水;鱼体温度冷却到0℃左右,并在2～3天取出,改为撒冰法,则能取得较好的保鲜效果,其保藏期为10～20天;淡水鱼既可以用淡水加冰,也可以用海水加冰;海水鱼只能用海水加冰,主要是为防止色变。

3. 冷却海水保鲜法

冷却海水保鲜是将渔获物浸渍在−1～0℃的冷却海水中保鲜的一种方法。

冷海水保鲜装置通常由小型氟利昂制冷机组、蒸发器、海水循环管路、水泵及隔热、水密鱼舱等组成。冷海水保鲜冷却速度快,保鲜效果好,在短时间内可处理大量的鱼货。处理鱼货时的操作步骤:①在起网前预先开动制冷机制备−1℃左右的冷海水;②起网后,将鱼货用水冲洗干净放入鱼舱,并将鱼舱注满水,加盖水密舱盖,以减少摆动对鱼体的损伤;③开动制冷机和循环水泵,使水温继续保持在−1℃左右。

冷却海水保鲜的优点是冷却速度快,能迅速处理大宗鱼货,短期保鲜质量好。冷却海水保鲜的缺点也十分明显,因鱼体在冷海水中浸泡,鱼肉吸收水分和盐分,使鱼体膨胀并略带咸味。如果冷海水保鲜时间延长（超过3天），鱼体表面会褪色或稍有变色，在后续的流通环节中会提早腐烂，且船体的摇动会使鱼体损伤和脱鳞。另外，船上必须有冷海水冷却制冷系统设备和船舱隔热、水密处理。

4. 冷海水喷淋保鲜法

将海水通过制冷装置循环，使水温降至－1.5℃，再将冷海水通过管道用水泵送入鱼舱，喷淋在装于特制容器内的鱼体上，使鱼体温保持在－1℃左右。

冷海水喷淋保鲜的主要优点是能够用一股缓慢的水流不断洗涤鱼体，消除细菌。一般只用几百升循环水，压力循环率每小时可达数万升水，可以随时更换海水而不影响鱼体温度。由于输送到鱼舱各处的冷海水是稳定的，因此使用该系统能比冰藏更准确地控制鱼体温度。保鲜时间可达7～10天，并可克服冷却海水保鲜时发生鱼肉吸水膨胀的缺点。

（三）冷冻保鲜

1. 微冻保鲜

微冻保鲜是在－3～－2℃温度下冷却水产品，使鱼体水分处于部分冻结状态的保藏方法。微冻保鲜的优点是低温抑制细菌繁殖，减缓脂肪氧化，不仅延长了保鲜期，并且解冻时汁液流失少，鱼体表面色泽好，所需降温耗能少等。微冻保鲜的缺点是可造成鱼体褪色和鱼肉内盐分增高；同时，海水或盐水内混入了鱼的血液、黏液等污物后，容易产生泡沫和污染。

微冻保鲜较冰藏和冷却海水的保藏期长（可达20～30天），保鲜效果好，原因是温度较冰藏低，而且冷却的鱼体较坚实，有利于运输。

2. 冷冻保藏

冷冻保藏又称冻藏，是将鲜水产品先在冻结装置中冻结，再置于低温冷库或船舱贮藏。鲜水产品开始冻结的温度为－2～－0.5℃。从开始冻结到－5℃左右，肌内组织中约80%以上的水分冻结。鲜水产品的冻结一般采用速冻法，即冻结速度在2cm/小时以上，或者在30分钟内通过－5～0℃的最大冰晶生成带。冻结后的贮藏温度一般要求低于－18℃，也可采用－30℃甚至更低的贮藏温度。

水产品在冻结过程中，温度逐渐降低，当温度降至5℃以下时，致病菌的繁殖受到抑制；当降至－7℃时，嗜冷菌的繁殖受到抑制；当中心温度达－15℃以下时，微生物的作用被抑制。同时，冷冻使鱼体内液态水分大幅减少，微生物本身也产生了生理干燥，从而阻碍了微生物的生命活动。

与冷冻保藏鲜鱼质量有关的变化，包括冰晶大小、干耗及油脂氧化与蛋白质变性。

（1）冻结过程中鱼体内水分结成冰晶的大小会影响产品的质量。一般在缓慢冻结情况下，鱼体细胞内部的水分逐渐转移到细胞外部形成大的冰晶，从而使细胞中的蛋白质产生变性，鱼肉的持水力下降，时间长了就出现不可逆变化。即在鱼体解冻后不能再吸收原有的水分，以致产生析液排出，使水溶性的维生素、矿物质、呈味物质等随之流失。但在快速冻结即速冻的情况下，水分在细胞内外形成大量小的冰晶，在一定程度上可以减少细胞内蛋白质的变性和细胞组织的破坏，较好地保持解冻后的鱼肉质量。

（2）干耗是鱼体在冻结过程中因水分蒸发和冰晶升华而引起的脱水和失重。它是由于鱼体与冻结器表面的蒸汽压差造成的,可使鱼体水分不断地转移到冻结器表面结霜。干耗使肉质变硬、变色,鱼体表面发干。为防止干耗,通常在冻鱼外加包装,或在鱼体外镀冰衣,并使冷藏库温度均匀、恒定,鱼体周围的相对湿度保持在90%或以上。

(3) 油脂的氧化酸败可因冻结而延缓但不能防止。为此,可用抗氧化剂如异抗坏血酸、二丁基羟基甲苯(BHT)、叔丁基对羟基茴香脑(BHA)等溶液浸渍,或镀含有抗氧化剂的冰衣。

(四) 腌制保鲜

腌制保鲜又称腌制加工,是利用食盐使水产品组织脱水,以达到延长贮藏期的一种化学保鲜方法。在保存时,最好避开阳光直射,放在阴凉通风的环境中,以防止水产品内部发生氧化。如需放在冰箱里,应用塑料袋包扎密封后放在冷藏室内。

小龙虾冷冻制品冷链物流之贮藏

腌制保鲜原理是利用食盐使鱼体和污染鱼体的微生物菌体脱水,并在形成的卤水中,食盐透过细胞膜扩散渗入鱼体内,与残留的水分形成高渗透压溶液,从而抑制了大部分致病性或致腐性微生物的生长,使腌制品具备了良好的保鲜性能。

(五) 气调和气体保鲜

利用水产类动物的休眠特性,将活水产品放于溶解有二氧化碳的水中,使之快速休眠,再捞出移入充有二氧化碳的密封容器中,保存1周,鲜度较佳。

气调包装与低温结合可以明显延长水产品的货架期。草鱼在0~4℃贮藏条件下,二氧化碳、氧气与氮气的比例分别是60%:20%:20%的保鲜效果佳,其保质期高达20天。罗氏沼虾在6℃左右贮藏条件下,当三者比例为75%:5%:20%时,可以使罗氏沼虾的保质期达到9天。气调包装技术对于延长水产品保鲜期的效果主要取决于原材料特性、气体组成比例及贮藏温度等,其中贮藏温度是很重要的因素。

(六) 温湿度控制

水产品贮藏温湿度明细见表3-9。

表3-9 水产品贮藏温湿度明细

品种	食材举例	贮藏温度/℃	相对湿度/%
水产品	金枪鱼	−60~−55	—
	冷冻水产品	≤−18	
	冷鲜水产品	0~4	85~90

四、蛋类产品贮藏

禽蛋是易变质食品,需要采用适当技术措施延长其贮藏保鲜期。常见的贮藏方法主要有冷藏法、浸泡法、涂膜法等。

（一）冷藏法

冷藏法是利用低温来抑制蛋内酶活性和微生物的生长繁殖，延缓蛋内蛋白质的分解及其他生物化学变化，以较长时间保存鲜蛋的方法。冷藏法是目前应用较广且效果较好的方法。

需冷藏的鲜蛋要严格挑选，经过合理包装。冷库要先进行消毒，再进行预冷。鲜蛋冷藏最适宜温度为-2～-1℃，最低不能超过-3.5℃，否则易使鲜蛋冻裂。相对湿度为85%～90%，一旦超过90%，蛋就会发霉。库内温度和湿度要稳定，不能忽高忽低，温度在昼夜内的变化不能超过±0.5℃。同时，注意不要和其他物品如水果、蔬菜等同库贮藏。

（二）浸泡法

浸泡法就是选用适当的溶液，将蛋浸泡其中，使蛋与空气隔绝，阻止蛋内水分向外蒸发及二氧化碳逸出，并避免微生物污染。浸泡法所用溶液有石灰水、水玻璃（又叫泡花碱，是硅酸钠和硅酸钾的混合溶液）、混合液等。

下面以混合液浸泡法为例进行介绍。

1. 操作要点

混合液的组成是石灰、石膏、白矾（简称"二石一白"），也有人将其称为"三合一"保鲜剂。配制成的50kg左右的混合液体可贮藏鲜蛋50kg。该法贮藏鸭蛋可保鲜8～10个月。

配制三合一混合溶液的方法是，每50kg清水加生石灰1.5kg、石膏0.2kg、白矾0.15kg为混合液体。配制时，由于白矾、石膏质地较硬，不易溶解，应遵循以下步骤：①将它们碾成粉末，过筛后称量，混合均匀备用；②将石灰打碎去渣后溶入10～15kg水中，静置12小时左右确保其充分溶解；③用剩余的35～40kg水将已乳化的石灰水隔筛冲滤到准备好的缸（池）内，除去杂质，边搅拌边加入白矾和石膏的混合粉，直到粉末全部溶化为止（见水中旋涡冒出泡沫即止）；④15～20分钟后，混合溶液自然澄清，即可放蛋；⑤放蛋不可太满，应低于水面10～15cm，并在缸上加盖，防止灰尘杂质进入。也可先将选好的蛋放入缸中，再往里面灌入配制好的混合溶液。

2. 注意事项

（1）严格选蛋。用于贮藏的蛋必须新鲜、完整、清洁，对于市场上采购的蛋，要通过照验挑选后方可贮藏，并及时捞出水面上的杂质和上浮的蛋。

（2）冰状薄膜密封。放入蛋1～2天后，液面上慢慢形成一层冰状薄膜，其具有密封作用，隔绝外界空气和微生物侵入。若未形成薄膜，或薄膜凝结不牢、有小洞，并闻到明显的石灰气味，说明溶液有可能变质。处理措施是按每50kg液体补加2.5kg左右的石膏和白矾混合溶液。如仍不能改变上述状况，要及时把蛋捞出，重新配制混合溶液。

（3）贮藏期间，每个月将蛋翻动一次，防止蛋贴壳现象。翻蛋时手要干净，轻拿轻放。贮满蛋的容器要放在空气流通的室内，避免阳光照射。室内温度在10～15℃为宜。

（4）蛋出缸（池）时，应将蛋散开晾干。在容器底部带有沉淀石灰的蛋，可先利用缸内混合液体清洗干净，再取出晾干。晾干的蛋表面洁净光亮，即使暂不出售或加工，继续放置1个月左右仍没问题。

（三）涂膜法

涂膜法的原理是在鲜蛋表面均匀地涂上一层涂膜剂，以堵塞蛋壳表面的气孔，阻止微生物侵入，减少蛋内水分和二氧化碳的挥发，延缓蛋内生化反应速度，达到较长时间保持鲜蛋品质的目的。常用涂膜剂有水溶性涂料、乳化剂涂料、油溶性涂料等，一般多采用油质性涂膜剂，如液状石蜡、植物油、矿物油、凡士林、聚乙烯醇、聚苯乙烯、虫胶等。

1. 液状石蜡法

液状石蜡为无色半透明油状液体，毒性小，成膜效果较好。

（1）选蛋。必须选用新鲜、完整的蛋，经光照检验剔除次劣蛋。夏季最好是产后7天内的蛋，春秋季最好是产后10天内的蛋。

（2）涂膜。涂膜的方法有手搓涂膜和浸泡涂膜。手搓涂膜适用于小规模生产，先将少量液状石蜡放入碗或盆中，用右手蘸取少许于左手心中，双手相搓，粘满两手，然后把蛋放在手心中两手相搓，快速旋转，使液蜡均匀微量地涂满蛋壳。浸泡涂膜是把预先照验合格、经消毒或洗净晾干的鲜蛋浸入盛有液状石蜡的缸内数秒，取出沥干，然后移入塑料筐中入库保管。

（3）入库管理。把涂膜后的蛋放入蛋箱或蛋篓内，再转入通风良好的库房贮藏。库温控制在25℃以下，相对湿度70%~80%。库房的温度湿度要定期检查。如遇阴雨潮湿天气，可用塑料薄膜制成帐子覆盖，在最上面一层蛋箱上放置吸潮剂效果更好。

2. 蔗糖脂肪酸酯涂膜保鲜

蔗糖脂肪酸酯是一种新型的无毒无味食品保鲜剂，用其处理鲜蛋，能使蛋壳表面形成一层保护膜，减弱蛋内水分散失和呼吸作用，达到保鲜目的。

处理方法：先将鲜蛋装入篓（筐）内，再将盛蛋的篓（筐）置于1%蔗糖脂肪酸酯溶液内，浸泡2秒，然后取出晾干，置于库房内敞开贮藏，不必翻蛋，适当开窗通风。在室内温度25℃以下时，可贮藏6个月；在气温30℃以上时，可贮藏2个月。

（四）其他贮藏方法

1. 二氧化碳贮藏法

二氧化碳贮藏法是气调法中最常见的方法，就是把鲜蛋贮藏在一定浓度的二氧化碳气体中，使蛋内所含的二氧化碳不易散发，反而渗入蛋内，使蛋内二氧化碳增加，从而减缓鲜蛋内酶的活性，减弱代谢速度，保持蛋的新鲜。适宜的二氧化碳浓度为20%~30%，用聚乙烯塑料薄膜做成密闭帐子，罩住需贮藏的鲜蛋，先将塑料帐子抽成真空，再充入二氧化碳气体并达到相应浓度。每周测定一次二氧化碳气体浓度，根据情况及时补充。采用此法在0℃冷库内鲜蛋可贮藏半年，蛋新鲜度好，蛋白清晰，蛋黄指数高，气室小，无异味。

2. 巴氏杀菌法

将装有鲜蛋的耐热水容器置于沸水中浸泡6~7秒，随即取出晾干，然后置于室温贮藏，其贮藏期可达3~4个月。若将晾干的鲜蛋再结合浸泡法或涂膜法贮藏，则效果更佳。

3. 干藏法

干藏法属于民间简易贮藏法。对于少量禽蛋的贮藏，民间总结出了不少行之有效的好方法。例如,谷糠贮藏法、小米贮藏法、豆类贮藏法等。豆类贮藏法是将晒干的黄豆、绿豆、红豆、黑豆等豆类放入容器内,采取分层贮藏的方式。先在容器底层放一层豆类,然后放一层蛋,再放一层豆类,接着再放一层蛋,如此装满容器,最上面放一层豆类,加盖。此法可将鲜蛋贮藏半年。

(五)温湿度控制

蛋类贮藏温湿度明细见表 3-10。

表 3-10 蛋类贮藏温湿度明细

品种	食材举例	贮藏温度/℃	相对湿度/%
蛋	鲜蛋	$-2.5 \sim -1.5$	—
	冰蛋	-18	

五、乳制品贮藏

对挤出的生鲜乳,在 2 小时内冷却至 0~4℃。贮存期间,奶温不超过 4℃。

对于以生牛乳为原料,经巴氏杀菌等工艺而制成的鲜牛奶,贮藏要求如下。

① 玻璃瓶包装。产品在 2~6℃下贮藏,保质期为 3 天。

② 新鲜杯包装。产品在 2~6℃下贮藏,保质期为 5 天。

③ 屋型纸盒包装。产品在 2~6℃下贮藏,保质期为 7 天。

④ PET 塑料瓶包装。产品在 2~6℃下贮藏,保质期为 7 天。

乳制品仓储

对于超高温奶,一般用复合袋或利乐砖形包装。超高温奶在常温下至少可保存 1 个月,最多不超过 6 个月。

一些乳制品可以在常温下保存,如鲜牛奶等,但常温下保存时间不宜过长,一般不超过 24 小时。同时,产品应贮藏在阴凉、通风、干燥的成品库中,离地离墙存放。不得与有毒、有害、有异味、易挥发、易腐蚀的物品混存。

六、贮藏病害与预防

农产品贮藏病害也称贮运病害,是指在农产品贮运过程中发生、传播、蔓延的病害,包括田间已被侵染、在贮运期间发病或继续危害的病害。

(一)生理性病害及其预防

生理性病害是指果蔬在采前或采后,由于不适宜的环境条件或理化因素造成的生理障碍。生理性病害可分为低温伤害、气体伤害等,具体包含以下方面。

1. 冷害

冷害是指由冰点以上的低温引起果蔬细胞膜变性的生理病害,是由于贮藏的温度低于产品最适宜贮藏温度的下限所致。冷害伤害温度一般出现在 0~13℃。冷害可发生在田间或采后任何阶段,不同种类果蔬产品对冷害的敏感性不一样。一般说来,原产于热带的果蔬(如香蕉、菠萝等)对冷害比较敏感,亚热带地区的果蔬次之,温带果蔬较轻。

2. 冻害

冻害是果蔬处于冰点以下,因组织冻结而引起的一种生理病害。冻害对果蔬的主要伤害是原生质脱水和冰晶对细胞的机械损伤。果蔬组织在受到冻害后,细胞组织内有机酸和某些矿质离子的含量会增加,导致细胞原生质变性,出现汁液外流、萎蔫、变色和死亡,使果蔬失去新鲜状态。此外,果蔬受冻害造成的失水变性为不可逆,大部分果蔬在解冻后也不能恢复原有状态,从而失去商品和食用价值。

3. 低氧伤害

氧气可加速果蔬呼吸和衰老,降低贮藏环境中的氧气浓度,可抑制呼吸作用并推迟果蔬内部有机物的消耗,从而延长其保鲜寿命。但当贮藏环境氧气浓度低于$1\%\sim2\%$时,又会导致许多产品呼吸失常和无氧呼吸,无氧呼吸的中间产物如乙醛、乙醇等有毒物质在细胞组织内逐渐积累可造成中毒,引起代谢失调。发生低氧伤害的果蔬表面因失水而局部塌陷,组织褐变、软化,不能正常成熟,产生酒味和异味。氧气临界浓度随果蔬品种不同而有所差异,一般氧气浓度在$1\%\sim5\%$时,大部分果蔬会发生低氧伤害,造成酒精中毒。

4. 高二氧化碳伤害

提高环境中二氧化碳的浓度,呼吸作用也会受到抑制。多数果蔬适宜的二氧化碳浓度为$3\%\sim5\%$,如果浓度过高,一般超过10%时,会使一些代谢受阻,引起代谢失调,从而造成伤害。

5. 乙烯毒害

乙烯被用作果实(番茄、香蕉、柿子等)的催熟剂,如果外源乙烯使用不当或贮藏环境控制不善,会使果实过早衰变,也会出现中毒。乙烯毒害表现为果色变暗,失去光泽,出现块斑,并软化腐败。

6. 氨伤害

在机械制冷贮藏保鲜中,常采用氨作为冷库制冷剂,如果发生氨泄漏并与果蔬接触,会导致果实变色甚至引发中毒。氨伤害表现常为果品变色、水肿、凹陷等。

7. 二氧化硫毒害

二氧化硫常用于贮藏库消毒,如果处理不当,浓度过高,或消毒后通风不彻底,容易引起果实中毒。当环境干燥时,二氧化硫可通过果实气孔进入细胞,干扰细胞质与叶绿素的生理作用;当环境潮湿时,则形成亚硫酸,进一步氧化为硫酸,使果实灼伤,并产生褐斑。

(二)侵染性病害及其预防

侵染性病害是由病原微生物侵染引起的病害,是导致采后果实腐烂与品质下降的主要原因之一。果蔬在采后遭受侵染性病害的病原菌主要为真菌和细菌,极个别为线虫和病毒。

按侵染时间顺序,病原菌侵染过程可分为采前侵染(田间感染)、采收时侵染和采后侵染等。从侵染方式上,可分为伤口侵染、自然孔侵染和穿越果蔬表皮直接侵染等。

侵染性病害防治措施主要有以下几种。

1. 农业防治

农业防治是指在果蔬生产中,采用农业措施,创造有利于果蔬生长发育的环境,增强产品本身抗病能力。同时,创造不利于病原菌活动、繁殖和侵染的环境条件,减轻病害发生程度的防治方法。这是最经济、最基本的植物病害防治方法。常用措施有抗病害育种、无病害育苗、保持田园卫生、合理修剪、合理施肥与排灌、果实套袋、适时采收等。

2. 物理防治

物理防治是指采用控制环境中的温度、湿度、气体成分,通过热力处理、辐射处理等方法来防治果实贮运病害。常用的方法有低温贮运、气调贮藏、紫外线、γ射线处理等。

3. 化学防治

化学防治是指利用杀菌剂杀死或抑制病原菌,对尚未发病的果蔬进行保护或对已发病的果蔬进行治疗的方法。此外,还可利用植物生长调节剂和其他化学物质来增强果蔬的抗病能力,从而防止或减轻病害对果蔬造成的损害。

化学防治所用杀菌剂通常分为保护性杀菌剂和内吸性杀菌剂两类。保护性杀菌剂主要用于预防与保护,杀死或抑制果蔬表面的病原真菌和细菌,减少其数量,如次氯酸和次氯酸盐等。内吸性杀菌剂由果蔬吸入体内,抑制或杀死已侵入果蔬体内的病原真菌和细菌,具有预防和治疗的双重作用,如多菌灵、抗菌灵(托布律)、噻菌灵(特可多)等。化学防治处理方法通常有熏蒸和药液洗果。

4. 生物防治

生物防治是指利用有益生物及其代谢产物防治植物病害的方法。利用果蔬天然抗性和微生物生态平衡原理进行果蔬采后病害的生物防治,是值得推广方法之一。

5. 综合防治

综合防治是采前和采后相结合,物理方法和化学方法相结合,杀灭和保护相结合的防治方法。

任务实施

李导师: 小王,农产品预冷完成之后,它的下游业务就是农产品贮藏。根据你之前的预习,谈一谈低温如何影响农产品的贮藏。

小王: 低温可以降低果蔬的呼吸作用,还可以控制微生物和酶的活性。

李导师: 是的。温度是食品最重要的保鲜条件之一,也是抑制微生物生长繁殖的重要条件。例如,大多数细菌在0℃左右生长就延缓下来,当温度降至-10℃时,大多数微生物将不能存活。

小王: 老师,随着人们对食品安全和保鲜要求的不断提高,相信低温保鲜技术的应用会更加广泛。

李导师: 是的。希望开发更多实用的低温保鲜设备来保持食品的新鲜。下面以"荔枝贮藏操作指南"为例,进一步学习农产品贮藏相关的知识及实操技能。

荔枝贮藏操作指南

1. 贮前准备

(1) 入库前应对库房、包装容器和工具等进行消毒灭菌。可根据需求和处理条件,采用紫外线灯或17~20mg/m³的臭氧灭菌72小时,也可以采用40mL/m³的10%漂白粉溶液或5~10mL/m³的1.0%过氧乙酸溶液进行喷雾灭菌,消毒灭菌后应及时通风换气。

荔枝如何冷链储存保鲜?

(2) 应在入库前 2~3 天内将库温降到 1~3℃。

2. 堆码

荔枝不宜直接接触地面，宜采用托盘码垛、堆储或架储的方式。包装件应分批、分级码垛堆放。同时，应标明级别、入库日期、数量、重量，做好检查记录。堆码应整齐，便于通风散热。

3. 贮藏条件和贮藏寿命

(1) 荔枝果实主要依赖低温冷藏，宜在温度 2~5℃，相对湿度 90%~95% 的环境中贮藏，贮藏期间冷库温度应保持稳定，温度不宜过低，否则果实会受到冷害，表现为内果皮水渍状，移出室温后很快褐变。

(2) 不同品种的荔枝在耐藏性方面也不同，主要品种的预期贮藏寿命见表 3-11。

表 3-11 主要品种的预期贮藏寿命

品　种	预期贮藏寿命/天
妃子笑	30~35
三月红	15~20
白蜡	20~25
紫娘喜	20~25
黑叶	20~25
白糖罂	20~25
桂味	25~30
糯米糍	7~10
怀枝	25~30
井冈红糯	25~30

4. 贮藏管理

(1) 应建立包括品种、产地、质量、等级、出入库日期、库房温湿度等内容的库房管理档案。冷库管理应按照 GB/T 30134 的规定执行。

(2) 严禁与有毒、有害、有异味的物品一起贮藏，避免与其他农产品混合贮藏。

(3) 应定期检查褐变、腐烂情况和果实品质。

此外，销往海外的荔枝必须在 1.38℃ 以下连续处理 15 天以上，以杀死荔枝蒂蛀虫。但在这样的低温下，荔枝果皮会因冷害而变色。目前荔枝生产上大量应用了自发气调贮藏，采用厚度 0.02~0.03mm 聚乙烯薄膜袋包装，需结合低温和药物处理，才能取得较好效果。

任务拓展

李导师：小王，气调保鲜技术是农产品保鲜未来发展的一个重要方向，你的观点是什么？

小王：老师，气调保鲜就是通过调节气体成分来达到保鲜的目的，比如减少空气中的氧气成分，增加二氧化碳成分，从而抑制果实的呼吸作用。这是一个最近比较热门的保鲜技术。

李导师：是的。气调保鲜是在一定的封闭体系内,通过各种调节方式改变空气中各气体的组成成分,达到抑制导致食品腐败的生理生化过程及微生物的活动。例如,黄秋葵果实耐二氧化碳能力较强。低温条件下,通过调节气体成分,使氧气浓度为8%左右,二氧化碳浓度为10%左右,可延长黄秋葵的贮藏期。

小王：老师,随着人们对食品安全和保鲜要求的不断提高,相信气调包装技术的应用前景将更加广阔。

李导师：经过本任务的相关理论及荔枝实例的学习,相信你对农产品贮藏有了较好的掌握。下面请你以黄秋葵为例,根据老师提供的资料及上网查询相关数据,编写"黄秋葵贮藏操作指南",操作指南至少含有如下问题的解决方案。

(1) 黄秋葵贮藏前需要做哪些准备?
(2) 黄秋葵的贮藏条件是什么?
(3) 黄秋葵的贮藏方式有哪些?
(4) 黄秋葵贮藏时应注意什么?
(5) 黄秋葵的贮藏时间有多久?

小王：好的,老师。好的贮藏保鲜技术可以让更多的市民品尝到黄秋葵的美味。我会认真思考黄秋葵如何贮藏的。

请你代替小王,编写"黄秋葵贮藏操作指南"。

任务评价

知识点与技能点	我的理解(填写关键词)	掌握程度
果蔬贮藏		☆☆☆☆☆
畜禽肉贮藏		☆☆☆☆☆
水产品贮藏		☆☆☆☆☆
蛋类产品贮藏		☆☆☆☆☆
乳制品贮藏		☆☆☆☆☆
贮藏病害与预防		☆☆☆☆☆

补充阅读

香蕉贮藏条件

香蕉买回家后,很多人习惯将其放在袋子里,但很快就发现香蕉皮开始变黑,这是什么原因呢?

原来,让香蕉等水果成熟的是一种叫作乙烯的气体,它是导致香蕉皮变黑的"罪魁祸首"。香蕉逐渐成熟,其释放的乙烯越来越多。因此,控制香蕉周围的乙烯浓度,就可有效调节它的成熟速度。香蕉在采摘时越成熟、保存温度越高,乙烯产生的速度就越快。实验证明,13℃是香蕉的最佳储存温度。在这个温度下,香蕉的成熟速度会变缓慢。因此把香蕉挂起来,保持通风良好,可以让乙烯随风散发,从而延缓香蕉衰老。在一些超市里,就能看到专门用于挂香蕉的架子。

1. 温度条件

香蕉适宜贮藏温度为 11～13℃，温度越低，呼吸强度越低，果实贮藏期就越长。香蕉对温度非常敏感，在低于 10℃ 条件下贮藏会导致冷害，果面变黑，果心变硬，不能正常成熟；当温度高于 28℃，香蕉在成熟时无法正常转黄；当温度超过 35℃，就会引起高温烫伤，使果皮变黑，果肉糖化，失去商品价值。

2. 湿度条件

香蕉适宜贮藏湿度为 90%～95%，提高相对湿度，可有效地减少果实水分蒸发，避免由于果实萎蔫产生各种不良生理效应。但湿度过大会促进香蕉的呼吸作用，从而增加贮藏过程中的物质消耗，不利于延长果实的贮藏寿命。

3. 气体成分

香蕉贮藏较适宜的气体环境为氧气 2%～8%，二氧化碳 2%～5%。因此，为了维持果实的生命活动，在贮藏环境中需要有一定量的氧气。另外，香蕉是一种能耐受高二氧化碳浓度的果实，贮藏环境中较少的氧气和较高浓度的二氧化碳能降低香蕉本身的呼吸作用，从而使贮藏过程中的物质消耗减少，有利于延长果实的贮藏寿命。

在贮藏环境中，乙烯也是关键气体之一，少量的乙烯即可导致果实的成熟。因此，在香蕉贮藏的环境中需要除去乙烯气体。

【思考】

香蕉适宜的贮藏湿度是多少？什么样的温度不适宜香蕉贮藏？

任务五　农产品包装

农产品包装是对即将进入或已经进入流通领域的农产品或农产品加工品采用一定的容器或材料加以保护和装饰。农产品包装是农产品商品流通的重要条件。正确的、合格的包装是保证农产品在运输、贮藏、装卸、搬运过程中不被损坏或者损坏较小的基础。农产品包装是农产品商品流通的重要条件。

知识储备

一、农产品包装概述

（一）包装的作用

农产品含水量很高，表皮保护组织却很脆弱，在采收、贮藏和运输中容易受机械损伤和微生物侵染，从而丧失商品和食用价值。

包装不仅可以减少农产品在贮藏、运输和销售过程中产品间的摩擦、碰撞和挤压造成的损伤，使产品在流通中保持良好的稳定性，提高商品率，还可以缓冲过高或过低环境温度对产品的不良影响，防止产品受到尘土和微生物污染，减少病虫害蔓延和产品失水萎蔫。对农产品而言，包装具有防潮、避光、保鲜等特性，可以延长产品的保质期和提高产品的附加值。

此外，包装也是一种贸易与流通的辅助手段，可为市场交易提供标准化规格单位。包装标准化有利于仓储工作的机械操作，减轻劳动强度，设计合理的包装还有利于充分利用仓储空间。

总之，企业可以按照目标顾客的需求，根据包装原则，应用最新的包装技术进行包装，以保护农产品，保持农产品鲜度，减少农产品损耗，并方便运输，节省劳动力，提高仓储容量，便于消费者识别和选购，从而助推农产品出村进城并提升农产品的品牌效益。

（二）包装的要求

1. 合规化

供港蔬菜冷链物流操作规程之包装

《中华人民共和国农产品质量安全法》对于农产品包装和标识的规定主要有：农产品生产企业、农民专业合作社以及从事农产品收购的单位或者个人销售的农产品，按照规定应当包装或者附加承诺达标合格证等标识的，须经包装或者附加标识后方可销售。包装物或者标识上应当按照规定标明产品的品名、产地、生产者、生产日期、保质期、产品质量等级等内容；使用添加剂的，还应当按照规定标明添加剂的名称。农产品在包装、保鲜、储存、运输中所使用的保鲜剂、防腐剂、添加剂、包装材料等，应当符合国家有关强制性标准以及其他农产品质量安全规定。

属于农业转基因生物的农产品，应当按照农业转基因生物安全管理的有关规定进行标识。依法需要实施检疫的动植物及其产品，应当附具检疫标志、检疫证明。销售的农产品符合农产品质量安全标准的，生产者可以申请使用无公害农产品标识；农产品质量符合国家规定的有关优质农产品标准的，生产者可以申请使用相应的农产品质量标志。

2. 标准化

在有利于农产品生产、流通、安全和节约原则下，对农产品包装所用的材料、结构造型、规格、容量及农产品的盛放、衬垫、封装方法、名词术语、印刷标志和检验要求等加以统一规定，并且按照统一的技术标准对包装过程进行管理。制定"七个统一"，即统一材料、统一规格、统一容量、统一标记、统一结构、统一封装方法和统一捆扎方法，使同种同类产品的包装趋于一致。

农产品包装标准化有利于提高生产效率、合理利用资源、减少材料损耗、降低商品包装成本，便于装卸搬运、交换、堆码，提高劳动生产率，便于实行储运作业的机械化，降低物流费用，并便于识别和计量，保证农产品的质量安全。

3. 系列化

包装系列化是指对同一种或同一类商品包装，按一定的规律、技术和经济要求，合理安排不同的规格、尺寸、容量等，从而形成系列组合。

企业对用途相似、品质相近的农产品，使用相同包装，或者在所有包装上使用具有共同特征的标识，形成系列包装，便于消费者识别。系列产品和系列包装具有相同性和统一性，组成一套农产品的包装标准系列，能满足不同层次的需求，以促进销售。

4. "四要"原则

农产品包装应该遵循"四要"原则：一是要选优质果，万不可有坏果，否则会污染其他好果;二是装箱要充实,防止滚动和相互摩擦,一定不能晃动,以免磕碰伤果;三是要充分透气,可以用透气棉、设置透气孔等方式,并配有内衬,如发泡棉、发泡网套、气柱、网格等,可排去农产品田间热,以及迅速制冷和连续排除农产品的呼吸热;四是包装要结实,由于很多农产品质地脆嫩,包装应能承受堆叠并适合大规模操作。

二、包装策略分析

包装是整体产品的一个重要组成部分,绝大多数农产品都要经过包装才算完成生产。现代市场营销对商品包装的要求越来越高,已不再拘泥于保护商品、方便携带的功能。通过包装设计来激发消费者的购买欲望,提高农产品的市场竞争力,是农产品营销必须高度重视的问题。因此,包装设计的一项重要任务就是更好地符合消费者的生理与心理需要,通过更人性化的包装设计,给消费者带来全新的视觉体验。

(一)做到"四突出"

1. 突出农产品的商品形象

在包装上采用多种表现方式,以突出农产品的种类、功能、内部成分、结构等形象要素。这一策略着重于展示农产品的直观形象。随着在购买过程中消费者自主选择空间的不断增大,新产品不断涌现,企业很难将所有产品的全部信息都详细地向消费者呈现。通过在包装上再现农产品的品质、功能、色彩、美感等,有助于充分地展示商品自身信息,给消费者真实可信的直观印象,从而以农产品本身的魅力吸引消费者,缩短商品选择时间。

2. 突出农产品的用途和使用方法

通过包装的文字、图形及其组合,可以向消费者清晰地传达该农产品的特点、独特之处、营养价值、营养成分、最佳食用方式,以及使用后的效果。这种包装给人们简明易懂的启示,让人一看就懂,并有知识性和趣味性,比较受消费者的欢迎。

3. 突出企业的整体形象

企业形象对农产品营销具有"四两拨千斤"的作用。因此,很多企业从产品经营之初就注重企业形象展示与美誉度积淀。这些企业的文化积淀比较深厚,可深入挖掘企业文化,并与开发的农产品有机地融合起来,既能展示企业文化,宣传农产品,给消费者留下深刻印象,又有利于促销。

4. 突出农产品的特殊要素

任何一种农产品都有一定的特殊背景,如历史典故、地理环境、乡土文化、民风民俗、神话传说或自然景观等。在包装设计中如能恰如其分地运用这些特殊要素,能有效地区别同类产品,同时使消费者将产品与背景进行有效链接,迅速建立相关概念。这种包装策略如果运作得好,可以赋予农产品特殊的价值和新的内涵,从而促进农产品的销售。

(二)实现"七化"

1. 系统化

结合"科学性、实用性、经济性、审美性、创造性"设计原则,进行包装设计的整体格局(容量规格、材质类型、基本形态、结构方式、防护技术等)和整体风格(即文化品位)的明确定位,以此塑造商品的整体形象与结构,并以品牌主形象为核心,通过统一的视觉符号串联起整个包装系列。

2. 醒目化

让包装成为农产品的"代言人"。一个具有感染力的包装,关键在于要有感染力文案。通过搭配不同颜色和适应性的文案,即使只有简单的几个字也能打开消费者的想象空间,让他们感受到产品的与众不同,并产生体验和购买的欲望。

3. 特色化

品牌识别是消费的前提。每个包装都是一个广告,包装应能够完整地表达品牌与产品。具有强烈区域性定位的产品通常具有得天独厚的优势,从产地提炼特色元素,并将其融入包装设计中,以突出产品的核心卖点,同时借助区域品牌的品牌效应,会让农产品更具有辨识度。

4. 简洁化

产品包装设计中的"极简"风格通过简化色彩、图案、造型、材料来传递产品信息和品牌理念,这种设计风格多呈简约、健康、自然的表现形式,符合当下人们绿色低碳生活方式的发展趋势。在设计上,能用图就不用字,能用词就不用段,高度凝练,直击要点。如图 3-7 所示,大米包装上的设计画面质朴无华,简洁的文字排版、单一的色彩搭配,以及具有象征性的大米元素,都显得清爽醒目,很好地突出了产品的属性。

5. 故事化

农产品背后是深厚的中国传统文化,挖掘产品背后的故事,从而形成差异化优势。不同的客户群有不同的情感和文化诉求,有时候客户买的不仅是农产品,更是一种文化情感。包装设计也要面对不同的消费群、不同的消费场景,在包装上加入不同的情感,可以增强产品的销售力。这种设计能够让购买者产生共鸣,从而加深品牌印象,达到提升农产品吸引力的作用。如图 3-8 所示,褚橙的包装上讲述了褚时健的故事,使褚橙成为一个销量很大且极具知名度的品牌。

图 3-7 大米包装

图 3-8 褚橙包装

6. 美观化

美观与否,并不取决于企业主的标准,而是应当符合目标人群的审美。优秀的外观设计是产品包装吸引消费者的首要因素。好的外观设计应该注重细节,让观众感受到新颖、独特的美感和视觉冲击。色彩搭配是一门艺术,不同颜色的搭配可以产生很大的视觉差别。一款有感染力的包装,必须在色彩搭配上有冲击力,给消费者一种全新的、与众不同的心理满足感。

7. 实用化

农产品包装应满足物流、仓储的需要,符合工人高效流水线生产的需要。此外,包装盒设计的用途可以是多方面的,不仅是装入自身产品,更可以作为其他用途。例如,包装的手提袋可以长期使用,既方便消费者,又起到宣传和推广的作用。

总之,随着时代的变迁和经济的快速发展,农产品的包装设计越来越多样化。随着消费升级,农产品也进入了新的发展模式和消费模式。为了在众多农产品中脱颖而出,包装设计显得尤为重要。独特个性化的包装设计,不仅能在视觉上给消费者带来一定的审美情趣,也能促进销售,为经营者创造更高的经济价值。

三、包装材料的选择

(一)包装容器

1. 包装容器的要求

具有足够机械强度(保护产品)和一定通透性(散热和气体交换);具有一定防潮性(防止吸水变形,导致机械强度降低,产品受伤腐烂);美观、清洁、无异味、无有害化学物质、内壁光滑、卫生、重量轻、成本低、便于取材、易于回收及处理,可在包装外面注明商标、品名、等级、重量、产地、特定标志及包装日期等。

2. 包装容器材料

包装容器材料有竹箩、竹筐、木桶、藤筐、纸箱(见图3-9)、塑料箱、塑料筐(见图3-10)、泡沫箱(见图3-11)、木箱(见图3-12)、纸袋、背心袋、小网袋、小托盘、塑料袋、伸缩薄膜等。

图3-9 纸箱

图3-10 塑料筐

图 3-11 泡沫箱

图 3-12 木箱

(二)包装内辅助材料

(1) 包纸。材料为纸、聚乙烯膜,要求质地光滑、柔软、卫生、无异味、有韧性,可加入适当药剂。其作用是抑制采后失水,减少失重和萎蔫;减轻装卸过程中的机械损伤;阻止内外气体交换,抑制代谢;隔离病原菌的侵染,减少腐烂;避免果实间的摩擦和碰撞;具一定的隔热作用。主要用于柑橘、苹果、阳桃、番石榴等的包装。

(2) 衬垫物。材料为茅草、塑料薄膜、碎纸、锯末、泡沫、海绵纸,材料要求柔软清洁、卫生、干燥、无异味。其作用是减轻机械损伤、保湿、保温。主要用于柿子、苹果等的包装。

(3) 抗压托盘。利用凹坑固定产品,保护产品,可应用于苹果、梨、杧果、猕猴桃等,如图 3-13 所示。

(三)冰袋

冰袋不属于包装物,但它是农产品运输流通中重要的保鲜物品,如图 3-14 所示。常温下 400g 左右的冰袋暴露在空气中,4~6 小时完全融化,放在普通的泡沫箱里 20 小时左右融化。

图 3-13 抗压托盘

图 3-14 冰袋

将冰袋提前1~2天放入冰柜中冷冻成冰备用。使用时,将冰袋用发泡网套上后放到泡沫箱或塑料箱中,最后将包装箱密封。一般冰袋与果蔬的重量比为1∶3,可将包装箱内的果蔬温度降低5℃并维持20小时左右,也可根据降温幅度及所需维持时间的要求增加或减少冰袋用量。

使用发泡网套冰袋的作用有两方面:一方面可避免果蔬直接接触冰袋造成冻伤,特别是黄瓜、茄子、西红柿等不耐低温的果类果蔬,以及生菜、菜心等叶片组织比较幼嫩的叶类蔬菜;另一方面可避免包装箱内的温度急剧变化,并延长适宜低温时间。

四、包装类型设计

为保证农产品在运输搬运过程中受损率降到最低,应根据农产品不同类型的特点来进行包装。好的包装能减少农产品的损失,更好地展示农产品的优势和品牌,以此来吸引消费者。

外包装(田间包装、大包装)一般为木箱、塑料筐、纸箱。内包装(销售包装)则为塑料膜、网袋、小纸箱。农产品三种最常见的包装类型是水果类、鸡蛋类及腌制类。

(一)水果类包装

在农产品运输包装中,水果是最不耐贮藏和运输的农产品之一,特别是水分含量大、外皮比较薄的水果,如葡萄、草莓、樱桃等,稍微碰一下就可能破损。

从怕挤压这个特点出发,包装盒里必须装有类似泡沫板的防压内衬。由于运输时车体晃动是不可避免的,再加上装卸过程中的大动作,因此在包装时需放置泡沫板以够缓解外界对纸箱的压力。部分水果如草莓最怕不通风,所以在包装箱的外侧还会留出多个通风口,最后在顶层用保鲜纸进行覆盖。

1. 水果外包装

(1)瓦楞纸箱。纸盒包装适合各种大小和形状的农产品,如蔬菜、水果、蜂蜜等。它能够有效地防止农产品损坏和腐烂,还能够展示产品外观和品牌信息。瓦楞纸箱是目前使用最广泛的包装材料。瓦楞纸箱结构有2层、3层和5层之分。如果有特殊需要,还可有7层或更多层的高强瓦楞纸板,来满足不同水果的包装需求。瓦楞纸箱的优点是纸箱重量轻、缓冲性能好、造型结构可塑性强、无废弃污染;缺点是防水能力极差,它的抗压强度易受湿度影响。

(2)木箱。木箱比其他天然植物材料制成的容器好,优点是结实,可以制作成各种统一的规格,比其他材料防止物理损伤的能力要强,因此能够保护农产品不受到挤压;缺点是本身较重,操作和运输比较吃力。

(3)箩筐类。包括竹筐和塑料筐。

① 竹筐。用竹子、荆条等天然植物材料编的筐,是中国传统包装容器。优点是便宜、轻便,就地取材,几乎可以编成任意形状和大小的容器;缺点是形状不规则,往往不是很结实,形状通常是上大下小,虽然能减少下层果实承受的压力,但在运输和贮藏中难以堆码。

② 塑料筐。主要由较硬的高密度聚乙烯型、较软的低密度聚苯乙烯型两种材料制成,是装载库存水果和蔬菜的专用周转工具,可分为网眼可叠、网眼可套、封闭可套等。优点是结实,强度高,经受得起流通中在一般情况下所能遇到的各种压力,能堆码一定高度,

规格统一；缺点是强度和硬度不如金属材料高，耐热性和耐寒性比较差，材料容易老化。

（4）泡沫塑料箱。是以泡沫塑料（多孔塑料）为材料制成的箱式包装容器。优点是成本低、重量轻、防水防潮效果好，缓冲防震，其尺寸、规格、形状可根据不同水果的装运需求进行生产加工和设计。缺点是如果用过大的突发力，会使之破裂或压碎。

2．水果内包装

（1）塑料盒。塑料制成的盒装包装容器。优点是易于成型，包装效果好，塑料品种多，易于着色，防水，价格低廉，便于装箱，便于携带。

（2）泡沫网套。以低密度聚乙烯为主要原料挤压生成的高泡沫制品，可以减少和防止运输途中包装箱内果实的相互碰撞和挤压。优点是用网套包装后的水果，不仅美观，而且通气，能有效预防腐烂及磨损、减少碰压伤和防震等。

（3）气泡膜。气泡膜又称气垫膜、气珠膜、气泡布、气泡纸、泡泡膜，是最常见的物流防震产品。优点是成本低，包装简易，有一定抗震效果，有助于减少机械损伤。

（4）充气袋。充气袋又称气柱袋、气囊袋、葫芦袋。它由多个气柱组合而成，气柱之间用逆气阀阻断空气回流，充气时只需对充气袋唯一的入气口充气，即可把整个袋子的每个气柱都充满气。其优点是防震效果突出，适用于各种形状货品的包装、防湿、防潮、防水浸，可提升产品的美观度，解决传统包装拆箱后泡沫乱飞、气泡膜缠绕过多或油墨味报纸影响产品形象等问题。

（5）保鲜袋。与一般食品包装袋不同，水果保鲜包装袋是将防腐剂、乙烯脱除剂等填充到造纸原料中或者直接涂布在造好的纸张上，从而达到水果保鲜的目的。其优点是保鲜包装袋除了具有防止水果在储存、运输过程中受到机械损害，还能阻隔病原微生物，能够有效减少水果水分的流失，在葡萄、水蜜桃等水果的保鲜包装中效果尤其明显。

（6）罐装。罐装适用于各类农产品，如豆腐干、花生油、泡菜等。罐头能够有效地防止农产品被污染和感染细菌，能够有效保持农产品的品质和口感，减少农产品在运输、存储过程中的损失，如图3-15所示。

（二）鸡蛋类包装

鸡蛋外壳比较脆，如果用箱子直接包装很容易压碎，并且也不可能一车只装一层的鸡蛋，在叠加和重物的挤压下，必须保证鸡蛋不被挤碎。

鸡蛋包装一般采用硬质纸盒制成的蛋壳托，这种定型的包装确保鸡蛋放在里面不会晃动，同时让每个鸡蛋之间都留有固定的缝隙。有了这种特殊的鸡蛋外包装，运输过程中的破损率大幅降低，如图3-16所示。

图3-15　罐装

图3-16　鸡蛋包装

（三）腌制类包装

火腿、熏制腊肉等产品的包装基本采用了真空包装方式，如图 3-17 所示，这一方面是避免运输过程中肉质被其他细菌感染发生变质，另一方面是为了让腌制类产品方便运输卸载。同时，在所有包装类型中，真空塑料包装是成本最低的一种包装类型。

图 3-17 腌制类包装

任务实施

李导师：小王，农产品贮藏完成之后，它的下游业务就是农产品包装。根据你之前的预习，你能告诉我农产品包装的作用吗？

小王：老师，农产品包装的目的有方便运输，方便销售时向消费者展示，避免快速失水失色和长期高湿度导致的腐烂。

李导师：是的。农产品包装既为了保护农产品运输，又为了农产品保鲜。例如，荔枝可用具有一定透明度、厚度（0.02～0.03mm）的聚乙烯袋包装，规格为 2.5kg、5.0kg 或其他重量；当然，国内目前也较多地采用小竹筐、纸箱、塑料筐等包装，内衬塑料薄膜袋，包装大小视具体情况而定，可以是小包装，也可以是 10kg 的包装。

小王：老师，内衬的塑料薄膜袋是不是可以起到保湿作用？

李导师：是的。塑料薄膜袋在较长时间的低温贮运中，能起一定的保湿和保鲜作用。不同形式的包装能适应不同层次的市场需求。例如，目前荔枝包装有一种是采用扁形的透明硬塑小盒，内装 10～14 粒荔枝，上面用自黏性保鲜膜密封，外包装用纸板箱，适宜在超级市场的货架上陈列销售。

李导师：下面以"荔枝包装操作指南"为例，进一步学习农产品包装相关的知识及实操技能。

荔枝包装操作指南

（1）基本要求。同一包装内应为同一品种、同一批次、同一等级规格的果实，包装内无杂物和影响食品安全的其他物质。

（2）包装材料。包装材料应符合 GB/T 34344 的规定，包装容器和包装材料要求洁净、牢固、无毒、无异味。内包装可采用 0.02～0.03mm 的聚乙烯薄膜（袋）。外包装可选用塑料筐、纸箱、保温箱、竹篓等，允许在包装内铺垫或覆盖不超过果重 5% 的洁净、新鲜的荔枝叶。

（3）包装规格。纸箱、竹篓容量不宜超过 5kg,塑料筐和保温箱包装容量不宜超过 10kg,应根据需求和处理条件选择适宜的包装规格。

（4）包装标识。包装上应显示产品名称、品种、商标、产地、等级、净重、采收日期等信息。包装标识的使用方法应符合 GB/T 191 的有关规定。

任务拓展

李导师：小王,农产品包装是采用一定的容器或材料,对农产品或农产品加工品加以保护和装饰。农产品包装可以看作商品的一个重要组成部分。国家也对农产品包装制定了相关政策和要求,你能说出是哪个文件吗？

小王：老师,应该是中华人民共和国农业部令第 70 号《农产品包装和标识管理办法》。该办法主要是规范农产品的生产经营行为,加强农产品的包装和标识管理,建立健全农产品可追溯制度,保障农产品质量安全。

李导师：对,《农产品包装和标识管理办法》对农产品的包装和标识活动要求进行了详细说明,如包装物或者标识上应当按照规定标明产品的品名、产地、生产者、生产日期、保质期、产品质量等级等内容；以及对使用防腐剂和添加剂等材料的标明及要求。

李导师：经过本任务的相关理论及荔枝实例的学习,相信你对农产品包装有了较好的掌握。下面请你以黄秋葵为例,根据老师提供的资料及上网查询相关数据,编写"黄秋葵包装操作指南",操作指南至少含有如下问题的解决方案。

（1）黄秋葵包装场所的温度是多少？
（2）黄秋葵包装一致性方面有哪些要求？
（3）黄秋葵包装的材料有哪些？

小王：好的,老师。我会认真思考黄秋葵如何包装。

请你代替小王,编写"黄秋葵包装操作指南"。

任务评价

知识点与技能点	我的理解（填写关键词）	掌握程度
包装作用		☆☆☆☆☆
包装要求		☆☆☆☆☆
包装设计策略		☆☆☆☆☆
包装材料		☆☆☆☆☆
包装类型		☆☆☆☆☆

补充阅读

箱箱共用：一次性物流包装终结者

1. 可循环物流包装模式面临的挑战

基于成本、效率和环保等多方面考虑,用循环包装技术及模式代替一次性物流包装已成为业界共识。不过,在由传统模式向可循环物流包装模式转变过程中,也面临着三大挑战。

(1) 一次性投资压力。可循环包装的购买价格高于瓦楞纸箱等一次性包装物,随着时间推移和规模化应用,整体费用将明显降低。然而,企业必须在使用初期对包装箱进行大量投资,还需负担额外的运输成本,并建设相应的基础设施和控制系统。这种"甜蜜的负担"是许多企业不愿使用可循环物流包装的一大原因。

(2) 周转率低下。诸多原因导致周转效率低下。例如,由于上下游用户间的信息不透明,即使箱子已经腾空,但上下游用户都无法实时掌握空箱数据及位置信息,也无法采取任何收箱行动;部分下游用户在未经上游企业同意的情况下,擅自挪用空箱资源;下游用户始终没有优化周转率的动力,上游发箱者始终处于被动一方。这种低效租赁模式导致平均年度周转率都在5次以下。

(3) 存在数据盲区。在传统物流包装流转过程中,用户无法实时掌握包装物的位置信息,也无从知晓被使用或空闲的状态信息,这些数据盲区导致了每年高达20%的丢失率。为了掌握物流包装信息,一些企业使用人工盘点方式进行管理,收效甚微,且无形中增加了运营成本。

2. 箱箱共用:全面破解物流包装难题

种种因素制约着可循环物流包装模式和技术的发展,箱箱共用仅靠单一维度的努力难以解决这些问题,必须借助物联网、互联网、大数据、云计算等新技术实现数字化升级。

经过多年努力,箱箱共用不仅将有源RFID、低功耗蓝牙BLE、蜂窝通信M2M及NB-IoT等技术完美融入了RTP结构及工艺技术中,还融合了移动互联网、大数据、云计算等技术,向企业用户提供可循环智能包装租赁服务。利用覆盖全国的服务网点,通过技术平台实现空箱的就近收发,随租随还。可以说,箱箱共用开启了一个物流包装的智能化新时代。

3. 随心用:就近收发,随用随还

企业客户在箱箱共用App中下单,系统会自动推荐离客户最近的箱箱共用服务大仓网点获取物流包装物,然后按照占用的时间计费。客户下游企业用完箱子后,系统会实时报告空箱数据和位置,系统自动推荐一个离空箱位置最近的收箱大仓作为物流包装物归还的网点。同时,在运输过程中,箱子一旦偏离正常的运行路径或出现被盗情况,系统会及时向客户发出异常报告,以规避上述风险。

4. 慧循环:物流包装从此成为IT系统的关键角色

箱箱共用始终坚信智能化的物流包装是供应链流动过程中最佳的数据采集器。通过将货物ID和包装物进行绑定,采集卡车或司机的GPS信息,或者采集箱内温度传感器、加速度传感器、重力传感器等等信息,从而实现了对货物和运输安全的监控。

从RTP"场外"资源共享,到上游供应商"场内"箱货管理,到运输途中箱货监控,再到下游供应商"场内"箱货管理,整个供应链过程的四个环节的数据无缝衔接,不仅提供面向企业的物流包装物的共享服务,更是推动场内箱货的精细化及智能化管理。

5. 箱箱共用跨界创新,引领行业创新发展

箱箱共用的成功运转,不仅有赖于背后强大的服务团队,更是因为基于智能化物流包装的基因和独特的物联网、互联网思维。目前,箱箱共用不断跨界创新,正努力进化为物流包装领域的智能化专家,众多企业客户因此受益。

资料来源:物流技术与应用.箱箱共用:一次性物流包装终结者[EB/OL].(2023-03-06)[2024-02-19]. http://www.360doc.com/content/23/0306/07/1070641636_1070641636.shtml.

【思考】

箱箱共用可破解物流包装中的哪些难题?

任务六 农产品运输与配送

运输与配送是冷链物流中的一个重要环节。通过冷链物流运输与配送,可以将农产品从生产地快速、安全地运送到消费者手中,以确保产品的新鲜度和品质。这有助于提高农产品的市场竞争力,让更多人享受生鲜配送服务,足不出户即可享用来自全国乃至世界各地的优质生鲜农产品。

知识储备

一、农产品运输与配送概述

(一) 农产品运输与配送流程

1. 集货

集货是将分散的或小批量的农产品集中起来,以便进行运输与配送。它是配送的准备工作或基础工作,也是配送的重要环节。为了满足特定客户的配送要求,有时需要把从数家甚至数十家供应商处预订的农产品集中起来。

冷藏冷冻食品物流运输作业要求

2. 分拣

分拣是将农产品按品种、出入库先后顺序进行分门别类的堆放。分拣是配送的功能要素,它不仅是完善送货、支持送货的准备性工作,也是配送成败的一项重要支持性工作。同时,分拣是送货向高级形式发展的必然要求,对于不同配送企业来说,提升分拣效率是提高自身经济效益的必然途径。

3. 配货

配货是使用各种拣选设备和传输装置,将存放的农产品按客户要求分拣出来,配备齐全,装入容器并做好标识,再运到发货准备区,待装车后发送。配货作业基本上采用机械化设备,主要采用两种方式,即播种方式和摘果方式。前者适合于品种少的快递配货,后者适合于品种多的物流配货。发货是配送中心的最后一道环节。

4. 配装

配装也称配载,是指集中不同客户所需配送的农产品,并合理安排农产品的装卸,进行搭配装载以充分利用运能、运力。在操作过程中,把需要发送的农产品合理安全地装载到冷藏车上。例如,重上轻下,并保证农产品安全,以及车厢空间的最大利用,同时还要满足一条线路上各个到货点农产品卸车时的方便和安全。

5．配送运输

配送运输是较短距离、较小规模、成本较高的运输形式，一般使用汽车作为运输工具。如何采用科学合理的方法设计和优化配送路线以组合成最佳路线，如何使配装和路线有效搭配等，是配送运输的特点，也是难度较大的工作。

6．送达服务

送达服务是指圆满地实现农产品的移交，有效地、方便地处理相关手续并完成结算。

（二）农产品运输与配送模式

1．按配送主体分类

按配送主体进行分类，冷链物流配送模式可分为第三方（3PL）冷链物流模式、生产加工企业主导的自营冷链物流模式、大型连锁企业主导的自营冷链物流模式、依托大型冷冻批发市场的冷链物流模式。

（1）第三方冷链物流模式。第三方冷链物流是指由独立于生产企业和销售企业的专业物流公司提供的冷链物流配送服务。一般是生产商或零售商将冷链物流外包给第三方冷链物流的运作模式，这样能够获得第三方冷链物流的专业化服务，并使得生产商或零售商能够专注于自己的核心业务。但是这种模式由于冷链物流政策标准化没有统一，投入资本量大，回收期长，对于第三方冷链物流公司有着很高要求，因此中国第三方冷链物流公司的门槛非常高。夏晖物流是典型的第三方冷链物流企业。夏晖物流主要为麦当劳提供一站式综合冷链物流服务。根据麦当劳店面网络的分布情况，夏晖物流建立了配送中心和配送中心，拥有进口的制冷设备和5~10t温控车，可实现全程温控和自动化管理，主要处理仓储、运输、信息处理、食品质量安全控制等业务。

第三方冷链物流模式的优点如下。

① 专业性强。第三方冷链物流公司具有专业的运输设备和技术，可以提供全面的冷链物流配送服务，可以更好地保障农产品质量和安全性。

② 灵活性强。第三方冷链物流公司可提供针对性更强的冷链物流解决方案，可根据生产商或零售商的需求进行配送方案设计。

③ 成本控制。第三方冷链物流可降低生产商或零售商的运营风险和财务压力，避免生产商或零售商因进行冷链物流的建设和运营而带来的成本压力。

④ 服务优质。第三方冷链物流公司由于专业性强和面临的市场竞争，可提供更好的服务和更高的满意度，有助于增强生产商或零售商的信心并改善其口碑。

第三方冷链物流模式的缺点如下。

① 相对陌生。第三方冷链物流公司可能需要一段时间来了解和熟悉生产商或零售商的物流需求。

② 风险难以控制。由于第三方冷链物流公司不是生产商或零售商的一部分，生产商或零售商可能无法完全控制冷链物流过程中的风险。

③ 信息交流难。由于涉及多个企业和环节，信息交流可能会受到一些限制和干扰，导致物流流程不够流畅。

（2）生产加工企业主导的自营冷链物流模式。自营冷链物流模式一般是拥有自营物流的生产加工企业为了控制销售端而搭建的运作模式。以加工企业为首的自营冷链物流公司整合自身的物流资源，建设冷链物流配送中心，实现冷链物流向原料供应商延伸，形成"产供销一体化"的自营冷链物流模式。例如，光明冷链物流是光明集团以加工企业为主导构建的真正"产供销一体化"的冷链物流运作模式。为此，光明集团在全国建立了多个区域物流中心、物流转运中心和专业便利店，这些便利店使光明集团直接对接消费者，能够实现及时准确的信息反馈，减少信息失真，从而能够灵活应对市场变化。

在该模式中，农产品由种植基地直接打包快递给消费者，其优点是流转过程较少，能保证农产品的质量；缺点是如果生产加工企业不够强大，其品种可能不够丰富，偏远地区难以保证时效。

（3）大型连锁企业主导的自营冷链物流模式。在连锁餐饮物流服务领域，大多数物流公司仅能提供运输、冷库租赁等单一服务，缺乏能够提供一体化综合性服务的第三方物流公司，因此餐饮企业纷纷自建物流体系。以大型连锁企业为首的自营冷链物流企业，通过多批次、小批量、多品种配送，保证生鲜食品的质量安全，并形成了大型零售商专营配送的冷链物流模式。

在该模式中，零售商向冷链物流上游延伸，为了稳定的货源，和生产商建立了合作关系，打造了高效率、高品质的自营冷链物流，形成一种多批次、小批量、多品种的冷链物流运作模式，以便控制店铺超市的存货、保证生鲜食品的新鲜。例如，为提升品牌效应，海底捞、汉拿山、眉州东坡等较大型的连锁餐饮企业都开始自建冷链物流体系，称为"中央厨房"。这类"中央厨房"根据国内餐饮企业的经营需求和特点建设，具有很强的规划设计性，不仅具备食品加工功能，还具备集中采购、规模生产、统一配送等多种运营模式。

（4）依托大型冷冻批发市场的冷链物流模式。冷链物流企业和大型的批发市场达成合作关系，共建冷链物流体系，使得生鲜食品从生产者到消费者手中的采购、加工、运输、储存等过程一体化。该模式的代表企业有武汉白沙洲冷链食品公司。武汉白沙洲冷链食品有限公司是一家以批发市场为基础的冷链物流企业，与农产品市场相融合，形成产品生产、采购、加工、储运、配送、信息服务的一体化冷链物流运营模式。武汉白沙洲冷链食品有限公司建设20万吨冷库和冷冻食品、干鲜板栗、海鲜四大专业市场，其无论在市场交易量、市场规模、市场辐射范围，还是仓储能力、设施、管理等方面，都处于国内同类市场前列。

2. 按承接业务分类

按承接业务分类，国内冷链物流配送模式主要有配送型、电商型、仓储型、供应链型、综合型、运输型和平台型七种模式。

（1）配送型。在冷链物流中，最为普遍的就是配送型企业，主要服务于超市的供应商、商超的配送基地或配送中心、统一食材的连锁餐饮配送中心或餐饮连锁加盟物流配送中心、生鲜电商四类顾客。配送型的特点是在同城或某一固定区域的门店提供相应的冷链物流配送服务。在"互联网+"时代，配送型企业充分利用信息管理系统实现运单状态、库存批次、库存数量、货品温度的全程可视化。

（2）电商型。由于生鲜电商的推动，电商型冷链物流发展十分强劲。在冷链物流配送模式中，电商型冷链物流配送是一种自2012年生鲜电商元年启幕的新兴模式，主要是生鲜电商企业自主建设的冷链物流平台。生鲜电商企业除自用之外，还可以为电商平台上的客户提供冷链物流服务,其突出代表有顺丰冷运和菜鸟冷链。

顺丰冷运是在整合顺丰现有的电商、物流、门店等资源基础上,为生鲜食品行业客户提供冷运仓储、冷运干线、冷运宅配、生鲜食品销售、供应链金融等一站式解决方案。菜鸟冷链已经在北京、上海、广州、武汉、成都建了冷链物流分仓,保证 36 个城市 24 小时必达,并专门为生鲜行业出台了一套解决方案,以保障服务质量。菜鸟冷链通过搭建全国冷链物流分仓体系,缩短了配送路径,减少了中转环节,提升了配送时效;末端通过落地配网络实现冷链物流配送。此外,根据商家的实际业务需求,菜鸟冷链也可提供上门揽收的生鲜配送服务。

(3) 仓储型。作为冷链物流配送的仓储环节,其主要基础设施即为冷链物流设施中常见的冷库。仓储型冷链物流配送主要提供低温温控仓储及冷链物流配送服务。发达国家先进的冷库均采用世界领先的仓库设计、制冷工程技术、仓储运营管理和仓储系统,为客户带来最佳的信息技术体验。国内冷库的经营规模还没有实现专业化、产业化、系统化的全面发展,存在着行业集中度低等问题。这种运营分散现状使得企业各自为政,冷库资源未实现优化配置,无法形成规模效应,以致拖累了冷链物流的整体盈利水平。

(4) 供应链型。供应链型冷链物流配送模式是紧紧围绕核心企业,将供应商、生产商、物流商和分销商连接成一个整体的配送网链结构,并集成信息流、物流、现金流等信息,从生产到销售全过程开展超低温运输、生产加工、仓储、物流配送等服务,经过分销网络把生鲜食品送至消费者手中。

供应链型模式对企业资本和服务能力有着很大考验,是国内近两年才兴起的新型物流模式。例如,中冷集团依托其强大的国际贸易背景及网络化温控仓储、冷链物流配送,以供应链金融、信息技术为核心优势,围绕供应链优化,开展国内外贸易、网络营销、展示交易、流通加工、温控仓储、干线运输、城市配送、终端连锁等,为客户提供温控供应链服务。

(5) 综合型。和单一的冷链物流企业不一样,综合型冷链物流企业业务面广,对接货主较多,涉及仓储、运输和配送等各个方面,以从事超低温仓储、干线运输及城市配送等综合性业务流程为主。此类企业一般在国内主要城市都拥有自营冷库、自有冷藏车辆,同时整合管理外协冷藏车队,运输网络覆盖国内的主要地区。与配送型最本质的区别是,综合型冷链物流配送通常涉及仓储和配送等诸多方面,一般需要有储藏能力,代表企业有招商美冷、上海广德、北京中冷等。

北京中冷成立于 2007 年,主营业务为冷链物流的整体解决方案及综合服务。目前,北京中冷在华北、华南、华东三个区域共设立了八个运营网点,在每个区域城市均可实现运输、仓储、配送等多功能服务。北京中冷新推出了极客猫冷链宅配、同城鲜到、冷链快运、冷链云四大平台,可为生鲜农产品、食品制造、连锁餐饮、连锁商超、生物医药、生鲜电商、O2O 等客户提供从原产地源头到消费终端的冷链全服务链物流解决方案及冷库存储、冷藏运输、B2B 配送运输、B2C 终端配送、质检包装分拣等综合一体化低温物流服务。

(6) 运输型。运输型主要以从事货物低温运输业务为主,包括干线运输、区域配送及城市配送。随着企业规模的不断扩大,之前的物流部门逐渐演变成了物流企业。运输型企业起始阶段主要是为了满足企业内部的配送需求,其主要功能是发挥自身网络优势,为客户提供门到门、点到点的运输、分销和配送服务,经过积极拓展外部物流服务业务和内部升级,逐步形成由企业物流向第三方物流企业的转变,代表企业有双汇物流、荣庆物流、众荣物流等。

（7）平台型。该模式是指借助于互联网大数据、物联网、IT 技术,融合物流金融、商业保险等个性化服务,搭建"互联网技术＋冷链"的冷链物流配送资源交易平台,匹配货主和物流主,从而实现相关冷链物流配送资源的整合,如冷链马甲、码上配等企业。平台型冷链物流配送主要为经销商、批发商、物流商等商贸流通企业,提供本地化的完整、高效的超市、餐厅等冷链物流配送服务。平台型冷链物流配送建立的是一套门到门的智能冷链物流体系。它通过大数据挖掘餐厅、超市、全国社区门店的信息,建立订单池,并将其开放给当地冷链物流配送合作方,为冷链物流零担和门店提供一套服务体系,以提升客户体验。由于平台对零散的冷链物流资源进行了集约和优化,因此此类平台的成本相对低廉。

货主和物流企业都很喜欢平台型冷链物流配送。平台型冷链物流真正实现了信息共享,由系统算法代替人工成本,如司机找货更方便,货主匹配到车更便捷,减少了双方交易成本,还可以提供数据支持、监控服务和更多的安全保障。

3. 按冷源分类

按照冷源供给方式,目前冷链物流配送模式可分为有源型（冷藏车）与无源蓄能型。无源蓄能型按照载冷剂的不同,又细分为干冰载冷型和相变蓄冷材料载冷型两种。

（1）有源型冷链物流配送方式就是自带制冷单元的冷藏箱,常见的是利用压缩机进行制冷工作的冷藏车。在冷藏车的组成中,冷冻机组是最为重要的部分。从冷冻机组的动力来源可分为独立机组与非独立机组两种,独立机组拥有单独的动力源,使用机组本身所独立的柴油发动机作为其动力源;而非独立式机组的动力输出则是来源于汽车底盘的发动机。冷藏车制冷的优点是能保持较长时间的低温,主要适用于对于温度保鲜要求高的大批量生鲜食品的长途配送。通过统一规划与设计,合理配送,无疑降低了生鲜食品的运输成本,也保障了食材的新鲜度。但由于大多数的冷藏车厢容积较大,其昂贵的成本不利于保鲜要求高、小批量的生鲜食品的配送。

此外,在采用冷藏车进行冷链物流配送过程中要消耗大量的能源（燃油）,其每百公里油耗能够达到 2～4L,对环境造成巨大污染,汽车尾气排放增加 30% 以上。因此,在油价不断上涨的今天,这种配送模式无疑会受到越来越多的质疑和挑战。

（2）干冰载冷型,即以干冰作为冷源的低温配送模式。干冰是固态的二氧化碳,它通过在高压下将二氧化碳液化成无色的液体,再在低温下迅速凝固得到。干冰是一种很好的制冷和保温介质,因为干冰温度很低,约为 $-78.5℃$,且无毒无味,无水分挥发,不会污染自身,因此得到了大多数行业的认可。由于干冰独特的制冷效果,其在冷链物流配送中扮演着重要角色。干冰经常被应用于温度要求在零度以下的食品、水产品等生鲜食品,现已经广泛应用于生物试剂、疫苗标本、冰淇淋、水果和蔬菜的冷链物流配送中。

然而,采用干冰制冷方式,其经济性、安全性又成了突出问题。一是由于干冰在使用过程中会产生 800 倍于自己体积的二氧化碳气体,存在较大的安全隐患,容易引起爆炸;二是大量二氧化碳气体的排放对环境会造成较大污染,致使温室效应不断加剧;三是干冰不方便采购与储存,采购回来在短时间内必须使用,这制约了干冰在生鲜食品冷链物流配送中的应用。因此,以上这些特性影响了干冰作为货运制冷剂在冷链物流配送中的应用和推广。

（3）相变蓄冷材料载冷型,即以相变蓄冷材料作为冷源的低温配送模式。以蓄冷材料作为冷源的低温配送模式是利用蓄冷材料在相变过程中释放的冷量来维持农产品的低温。蓄冷材料在业内也称为干冰型冰袋。干冰型冰袋存在多个温度区域可供选择，如 －55℃、－33℃、－18℃、－12℃、－6℃、2～8℃的系列干冰型冰袋，在最大限度上满足了生鲜食品对温度的不同要求。例如，持续120小时长时间超低温（－55～－18℃）的保温性能，能确保生物制剂与食品的配送安全。作为一种全新的低温物流配送制冷方式，采用相变蓄冷材料的低温配送模式成本较低，无须额外的能源，使用方便。该模式非常适用于少量多次的小批量食品低温配送。采用新型的相变蓄冷材料作为冷源的制冷模式已经成为冷链物流行业的主要方式，其经济性、安全性和使用的方便性决定了其必将成为冷链物流配送领域的最佳选择。

干冰型冰袋的主要优点如下。

① 干冰型冰袋的显著特点就是节能环保。干冰型冰袋是通过储存冰箱中的冷量，并在运输过程中把这些冷量释放出来的制冷模式，其能耗成本只是冷藏车制冷机组的1.5%，干冰的1%。同时，由于其不会排放对环境有害的气体，可以说是一种节能环保的绿色制冷方式。

② 干冰型冰袋蓄冷量高，用量少，可反复使用，性价比优于干冰与冷藏车制冷。由于干冰型冰袋蓄冷量足，不会像干冰那样在配送过程中释放出气体带走冷量，因此在相同条件下，其实际使用量要比干冰少，其整体性价比优于干冰。此外，干冰型冰袋可以反复使用，实际使用成本远远低于干冰或者冷藏车制冷方式。

③ 干冰型冰袋储存和使用十分方便，无损耗无浪费。干冰型低温冰袋可以像常见的普通冰袋一样储存，使用十分方便。客户只需要在使用之前放入低温冰箱中充分冻结，在使用时取出与农产品同时放入保温箱内并密封箱口，就可以保持低温在120小时以上，且不会出现干冰那样买回来必须马上使用的情况。

④ 干冰型冰袋的使用不受航空限制，使用更加安全可靠。干冰型冰袋在制冷过程中不会产生气体，本身是无毒的，对环境友善。目前该产品已经通过航空安全认证和国际GSG无毒认证，保证该成品的安全可靠。

由于干冰型冰袋可反复多次使用，只要有冰箱的地方即可使用，且能在飞机等航空运输中使用等明显优势，使得其在使用成本、安全性及方便性等多个方面都超越了干冰，解决了航空低温冷链物流配送过程中既禁止使用干冰，又不得不使用干冰的尴尬问题，是农产品冷链运输与配送的革命性科研成果。干冰型冰袋成为冷链物流配送模式当中的新星，相变蓄冷材料低温配送模式将成为更加普遍的冷链物流配送方式。

二、果蔬运输与配送

果蔬保鲜是果蔬运输中的一个难题。在果蔬运输与配送过程中，存在产品损耗大、果品品质下降快等问题。

（一）运输与配送方法

1. 冷藏车

任何水果或蔬菜都有严格的温度要求。如果温度过高，会加速果实老化，降低质量。

温度过低,容易使果实发生冷损或冻损。此外,运输过程中温度波动频繁或过大也不利于保持果实质量。由于果蔬的生物学特性,水果和蔬菜的长途运输建议使用冷藏车。例如,绝大部分根茎、叶菜为喜凉果蔬(原产于温带、寒带),其适宜存放温度为 0~2℃,不能低于 0℃。这类果蔬需要用保鲜型冷藏车来运输,温度控制在 2~8℃。

供港蔬菜冷链物流操作规程之运输

2. 加冰保温车

加冰冷藏车是以冰或冰盐作为冷源,利用冰或冰盐混合物的溶解热使车内温度降低,使冷藏车内获得 0℃ 及以下的低温。由于冰的溶解温度为 0℃,因此用纯冰作冷源的加冰保温车只能运送储运温度在 0℃ 以上的食品,如水果、蔬菜、鲜蛋之类。然而,当采用冰盐混合物作冷源时,在冰内适当加盐后,将使加冰冷藏车内获得 -8~-4℃ 或更低的温度。此时,可以符合鱼、肉、家禽肉等的冷藏运输条件。

加冰保温车结构简单,冷源价廉易购,新车造价费用低,在铁路冷藏运输中占有重要地位。但是这类保温车车内温度波动较大,适用温度范围又有一定的局限性;在运输过程中要定期加冰、加盐,影响列车的运行速度;由于盐水不断溢流、排放,会造成车体结构、车下走行部分,甚至铁路轨道、桥梁等锈蚀腐烂。因此,近年来这类保温车已逐步被机械式等新型冷藏车替代。

3. 防寒车

防寒运输是在冬季北方运输水果时采用的一种方式。当外界气温在 -5℃ 以上,可以使用棚车进行防寒运输。车底垫 2~3cm 厚的谷糠,车壁钉挂草帘,农产品需用草帘加盖,以防止冻伤。如果外界气温不低于 -15℃,运送时间在 7 天以内,可以用有防寒装置的冷藏车。在这种情况下,可以用稻草堵塞排水管,在地板上铺设稻草,因为车角处冻坏的危险性大,所以稻草应铺得厚些。在装车时,应在车墙与货物之间衬垫一层稻草。装车完毕,货物的上层也要加盖稻草,车门应用棉被盖严。

4. 敞车加冰

由于加冰保温车和机械冷藏车可能不够用,可以在敞车内放置冰堆、打冰墙,或在内侧夹冰,然后在车底和四周用草包、棉被等衬垫覆盖,以保证运输过程中的低温环境。

在目前国内水果运输的四种方式中,加冰保温车、防寒车及敞车加冰的运输方式都存在一定的限制,而冷藏车在运输中可以实现自动化,更加方便,速度更快,因此冷藏车将会是未来国内水果运输的最佳方式。

(二)运输与配送注意事项

1. 货物堆码方式

冷藏车在装载货物时,由于果蔬的无规则性,以及其本身的属性因素,导致此类生鲜产品在进行堆垛时需要考虑气流流通、货物之间挤压问题,其堆积高度以不超过限载线为宜,货物之间应留有空隙,以利于冷气循环。此外,在装载货物时还要关闭制冷机组。

2. 运输车辆温度

在装货前,必须将货物和厢体预冷到适宜运输的温度,然后装车。在运输中,尽量减少开门次数,以减少冷量损失,并控制车辆内的温度变化,以降低果蔬产品的损耗率。

3. 空气调节与薄膜包装

适量浓度的二氧化碳可延长瓜果蔬菜的保脆、保鲜期,大幅提高贮藏质量。一般来说,韭菜、菠菜、甜菜可忍耐15%以上的二氧化碳。此外,在温度较低的条件下,也可选用不同厚度的聚乙烯薄膜袋。通过瓜果蔬菜在聚乙烯薄膜袋内的呼吸作用,降低氧含量,升高二氧化碳含量,以达到调节气体的作用。

4. 保持水分

由于果蔬的呼吸代谢要消耗部分水分,再加上果蔬的蒸腾作用而造成的水分蒸发,果蔬在采后的运输期间发生失水现象是不可避免的。

控制运输中果实失水的主要方法如下。

(1) 运输中减少空气在果实周围流动。空气在产品周围的流动是影响失水速率的一个重要因素,空气在果实表面流动得越快,果实失水速率就越大。然而,上述现象与加强空气流动以防止聚热的要求相冲突,这就需要根据各种果实萎蔫的难易程度来折中安排。

(2) 选择合适的包装,以防止果实失水过多。包装的蒸汽渗透性及封装的密集度决定了包装降低失水速率的程度。聚乙烯薄膜等材料与纸板和纤维板比较,前者允许水蒸气通过的比率比较低。然而,即使是纸箱或纸袋包装,同无包装的散装商品比较,也能大幅减少失水量。因此,对于长途运输的商品,一定要有合适的包装,以防止失水。

(3) 可以适当地加强运输中果蔬湿度的控制。特别是在炎热天气的情况下,为保证果蔬在运输中处于适宜温度下的湿度,可以向果蔬上洒水。

(三) 温湿度管理

鲜蔬类、鲜果类运输与配送存储温度明细见表3-12和表3-13。

表3-12 鲜蔬类运输与配送存储温度明细

序号	品种	食材举例	运输温度/℃	参考湿度带/%
1	叶菜类	苋菜、茴香、甜菜、菊苣、青菜、油菜、抱子甘蓝、结球甘蓝(圆白菜、包菜)、芹菜、白菜、蓟菜、芥蓝、羽衣甘蓝、莴苣、欧芹、菠菜、牛皮菜、结球莴苣、莴笋、茼蒿	0~4	70~85
2	花菜类	花椰菜、青菜花		95~98
3	葱蒜类	大蒜、韭菜、洋葱、鸭葱、青葱、细香葱、大葱、蒜薹		45~60
4	多年生菜类	香椿、芦笋、牛蒡、竹笋、秋葵、刺嫩芽、鲜百合		90~95
5	根茎类	胡萝卜、芹菜、辣根、洋姜、大头菜、芜菁甘蓝、木薯、萝卜、芦笋、芋头、土豆(马铃薯)、土豆(油炸加工用)、甘薯(红薯)、凉薯、姜	5~15	85~90
6	瓜菜类	黄瓜、佛手瓜、西葫芦、冬瓜、苦瓜、丝瓜、笋瓜、南瓜	7~13	70~95
7	茄果类	番茄、辣椒、甜椒、茄子	8~12	90~95
8	菜用豆类	豌豆、荷兰豆、蚕豆、甜荚豌豆、菜豆、豇豆、芸豆、扁豆(四季豆)、四棱豆	4~7	80~95

表 3-13　鲜果类运输存储温度明细

序号	品　种	食材举例	运输温度/℃	参考湿度带/%
1	香蕉类	香蕉、大蕉	13～14	90～95
2	荔枝类	荔枝、龙眼	1～5	70～85
3	柑果类	甜橙、红江橙、血橙、锦橙、宽皮柑橘类、柚类、柠檬	3～9	85～95
4	聚复果类	菠萝、番石榴、木菠萝（波罗蜜）、杧果	10～13	85～90
5	仁果类	苹果、梨、山楂	0～4	90～95
6	核果类	杏、樱桃、李、梅、枣、桃	0～4	90～95
7	浆果类	葡萄、柿子、无花果、猕猴桃、石榴	1～4	90～95
8	西甜瓜类	西瓜、哈密瓜、白兰瓜、甜瓜	4～10	90～95
9	坚果类	板栗	0～4	70～85

三、畜禽肉运输与配送

（一）运输与配送要求

1. 装卸载

（1）装卸载设备要求。应根据实际需求配备电瓶叉车、货架、托盘等装卸载设备。宜统一使用 1200mm×1000mm 规格的托盘。装卸载设备应保持清洁卫生，并定期消毒。宜配备封闭式站台进行装卸载活动。

（2）畜禽肉装车摆放要求。同一运输车厢内不得摆放不同温度要求的畜禽肉或其他产品。包装好的畜禽肉应摆放整齐有序。清真畜禽肉产品应专车运输。冷却畜肉胴体应吊挂运输。冷却肉进入车厢内应采取一定装置和措施防止过度挤压。

（3）作业管理要求。企业应制定装卸载监管制度，做到票物相符，做好相关记录并存档。装载前应查验检疫证明、检疫证章是否齐全，片胴体是否加盖检疫合格验讫印章，并核对数量是否一致。在卸载前应检查产品色泽是否新鲜，包装是否完整，生产日期是否清晰并确保畜禽肉在保质期范围内。同时，应保证冷却畜禽肉脱离冷链物流时间不超过30分钟，冷冻畜禽肉脱离冷链物流时间不超过15分钟。

2. 运输前准备

应检查畜禽肉温度是否符合规定要求，冷却畜禽肉中心温度应在 0～4℃，冷冻畜禽肉中心温度应低于 -18℃；运输冷却畜禽肉时，车厢温度应低于 7℃；运输冷冻畜禽肉时，车厢温度应低于 -15℃。检查车厢温度，如果高于产品温度，应提前制冷，将温度降低到适宜的温度。

3. 运输工具要求

应采用冷藏车、保温车、冷藏集装箱、冷藏船、冷藏火车（专列）和附带保温箱的运输设备。保温集装箱应符合 GB/T 7392 规定，运输车辆应符合 QC/T 450 规定。运输工具应配备温湿度传感器和温湿度自动记录仪，实时监测和记录温湿度。所有运输装置都应处于良好技术状态，如顶部通风孔要处于工作状态，车厢排水应良好，并设有确保空气循环的货垫等。

4. 运输管理

运输生鲜畜禽肉的厢体在装货后1小时之内降到4℃以下,全程保持0~4℃。在出库或到达接收方时,应在30分钟以内装卸完毕。在装卸过程中,生鲜畜禽肉不应落地。运输人员在运输过程中,要及时查看温度记录装置,做好记录,作为交接凭证。

在运输冷冻畜禽肉时,如发现有发软、色暗褐或有霉斑、气味杂腥等现象的冻肉,一定要及时清理,否则极易污染健康冻肉而影响经济价值;对于干线运输,全程温度保持在-25~-18℃;对于短途配送,时长在5小时以内,全程温度保持在-12℃以下。

(二)生猪肉品统一冷链物流运输与配送

(1)生猪肉品运输环节中"二次污染"尤其突出。由于缺乏有效监管,生猪肉品在运送过程中,被注水、受污染、掺杂的情况时有发生,出现猪肉未在车内悬挂、人货混运、温度控制不到位等问题,严重影响生猪肉品质量安全,生猪肉品急需一种安全的运输方式。为此,中国很多地方都已推行了生猪肉品统一冷链物流配送模式,实现肉品从屠宰场所到流通领域无缝对接,防止不合格肉品流入市场,从而保证肉类商场供应,满足居民"菜篮子"需求。统一冷链物流配送在运输全过程中,包括装卸搬运、变更运输方式、更换包装设备等环节,都使所运生猪肉始终保持一定低温环境,并能够在配送环节遏制注水肉、瘦肉精肉、病害肉、私宰肉等流入市场,解决了运输生猪肉品"二次污染"问题,保障居民的餐桌食品安全。

(2)生猪屠宰。按照《生猪屠宰操作规程》《生猪屠宰肉品品质检验规程》及《中华人民共和国农业农村部公告第119号》规定实施屠宰、检验,确保产品质量,并对车辆装载前按规定进行消毒。

(3)产品追溯。将生猪来源和生猪产品去向相关信息,完整、如实地录入产品可追溯平台,确保产品可追溯。

(4)检验检疫。每头生猪的屠宰过程都要进行宰前、宰中、宰后的严格检验检疫。企业进行肉品品质检验,政府相关部门派兽医常驻屠宰场进行官方检验,只有两个检验都符合规定,猪肉才能投入市场。

(5)执行"三按三专"配送计划。生猪产品冷链物流运输必须严格执行"三按三专"(按时、按质、按量,专人、专车、专线)热鲜肉配送计划。企业用冷链物流运输专用车辆运输生猪肉品。冷链物流运输车辆车厢上喷涂有关字样及标准,并安装车辆GPS系统,监管部门可通过监控平台抽查配送车辆配送路线的轨迹和停放地点。每次运输前后需对车厢进行清洗消毒,以此保证生猪肉品质量安全。

依法实行生猪定点屠宰肉产品统一配送,解决了运送途中的污染,以及肉品运送过程中可能夹带不合格猪肉等问题,是执行相关法律法规和相关政策的需要,也是减少人畜接触、有效防止重大动物疫病传播、强化疫病防控、保障公共卫生安全、加强生猪肉产品市场准入管理,确保人民群众吃上"放心肉"的需要。

(三)羊肉运输与配送

1. 鲜羊肉运输

鲜羊肉在装运前应使其中心温度降到18℃以下或市场销售所需求的温

羊肉作业流程之运输

度。装货前应检查冷藏车厢体内温度与肉温,箱体内温度不宜超过肉温 3℃;如果箱体内温度超过肉温,应采取措施降温至肉温。在常温条件下,运输时间不应超过 2 小时;运输过程中鲜肉的升温不宜超过 3℃;4℃以下运输时间不应超过 6 小时。运输时,箱体内要预留通风循环的空隙。

2. 冷却羊肉运输

冷却羊肉装运前其中心温度应为 0~4℃,运输中应将肉温保持在 0~4℃。装货前,应将冷藏车箱内温度降至 7℃以下。运输途中,冷藏车厢体内温度不得高于 4℃。运输途中最多允许有 2℃的肉温变化。冷却肉的最长运输时间不应超过 24 小时。

3. 冷冻羊肉运输

冷冻羊肉在装运前其中心温度应在 -15℃以下。运输时间少于 8 小时,可采用保温车(船)运输,但应采取加盖保温被等措施;运输时间在 8 小时以上,应采用有制冷设备的运输工具。装货前,应将箱体内温度降低至 7℃以下。运输途中,箱体内温度应保持在 -15℃以下。

此外,羊肉在出库前应确认包装是否完好,装卸过程中注意不要损坏外包装。在进行羊肉冷链物流运输时,冷藏车作为控温运输工具,车辆使用前应进行清洗消毒,保持清洁卫生。车辆应配备相应的温度监测记录工具,运输过程中车辆温度记录时间间隔每次不得超过 30 分钟,并能自动输出温度记录。冷藏车在放置货物时,必须考虑有利于冷空气循环。货物可以堆放在双面托盘上,且车厢顶部和货物之间留出距离。

最后,要做好交接查验记录,记录内容包括产品出入库时间、种类、动物检疫证明、数量、产品温度、运输温度、生产日期、保质期、贮藏条件、产品内外包装及车厢卫生状况。要保留交接过程中所有涉及的追溯记录,追溯信息应符合 GB/T 28843(食品冷链物流追溯管理要求)的规定。

羊肉作业流程之配送

(四)温湿度管理

畜禽肉运输与配送存储温湿度明细见表 3-14。

表 3-14 畜禽肉运输与配送存储温湿度明细

序号	品种	食材举例	运输温度/℃	参考湿度带/%
1	冻肉类	猪肉、牛肉、羊肉、兔肉、禽肉	≤-18	60~70
2	冷鲜类	羊排、带皮五花肉、鸡腿块、老鸭块、全羊、生猪蹄	0~3	90~95
3	熟肉	火腿、腌肉、熏肉、腊肉、熏蒸火腿、火肠腿、香肠(腊肠)等熟肉制品	0~4	60~70

四、水产品运输与配送

(一)低温运输

低温运输可以降低水产品的活动能力、新陈代谢和氧气消耗,以提高运输成活率。由于部分鱼类死亡的临界温度较高或不能忍受低温,因此不能采用大幅度降

水产品冷链运输

低水温方法进行运输。因此,低温运输方法最适宜于广温性的品种,如鱼、虾、蟹、贝等,使它们处于半休眠或完全休眠状态,以降低新陈代谢,保证其在运输过程中的存活率。

鲜活鱼运输,包括鳗鱼、桂花鱼、叉尾鱼等名优特鱼类的活体运输,可以采用以下方法:①把起捕上市的鱼类,高密度暂养在网箱或水泥池内,用高压水枪冲洗1~2小时,以排除体内粪便,再剔除老弱病伤残者;②在包装起运前的2~3个小时,先在10~14℃的低温冰水中浸泡10~15分钟,使其停止或减弱新陈代谢,减缓呼吸和活动;③捞起过磅后装入塑料袋内,每袋装七成鱼,三成冰水,经充氧后用橡皮筋紧扎;④放入纸箱内,用细尼龙线"十"字捆紧后即可起运;⑤到达目的地后,把鱼放入清水中,只需几分钟鱼便会清醒,活动正常。

这种低温麻醉运输方法,起捕、低温浸泡、装箱、充气、装卸、起运要连续作业,越快越好,不能脱节。一般经15~20个小时到达目的地,成活率可达98%以上。此外,由于夏秋季天热气温高,应在纸箱四周和中间放一个冰袋,使箱内温度降到适宜温度,同时严防塑料袋、冰袋漏水而造成破箱死鱼事故。

活对虾低温运输。对虾是中国最具商业价值的水产养殖品种之一。高蛋白、低脂肪和丰富的氨基酸含量是对虾受到消费者欢迎原因,但也导致新鲜虾极易腐烂。可以先将活对虾捕捞起来,经挑选后,放入预先准备好的冷却池中,使池水水温缓慢地降到12~14℃(罗氏沼虾对低温适应力较差,当水温低于14℃或高于39℃时,会出现死亡),使之只能勉强活动,待体色呈现微红后,剔除病伤残虾和软壳虾后,再捞起对虾过磅装袋装箱(方法同上)。采用此法,海水虾可存活2~3天,淡水虾存活1~2天,成活率为90%左右。

鲜活成虾冷链物流之运输

(二)无水运输

无水运输又称干运,是将水冷却到使鱼暂停生命活动的温度,然后脱水运输,到达目的地后,再将鱼放入水中,鱼会重新苏醒过来。鱼在这种脱水状态下,生命可维持24小时以上。

鲜活成虾冷链物流之配送

这种运输法不仅使鱼的鲜活率大幅提高,且可节省75%的运费,如日本对虾、梭子蟹用木屑纸箱运输。在采取无水运输时,应始终保持水产品体表一定湿度,满足水产品对水分的最低需求,同时尽量在低温条件下运输。

(三)塑料袋充氧运输

在塑料袋中装入1/4的水,再将鱼、虾装入,并挤掉袋中空气,并灌入适量氧气,使袋中水与氧气的比例为1:3,用橡皮圈扎紧袋口,然后将塑料袋装入泡沫箱中,每箱可装1~2袋。夏天气温高,可在箱内放1袋冰块降温。如果是空运,则在泡沫箱外再套上航空专用的硬纸板箱。被运送的品种一旦被包装成箱后,就可以像其他货物一样进行海、陆、空运输。使用此法进行活体运输,可获得较高成活率,现已在世界各地被广泛采用。

(四)淋水运输

部分特种水产品,短期抗缺水能力较强,在运输时常采用淋水运输,如鳖、乌龟、甲鱼(水鱼)、蟹等的运输。

对于在一天内到达的短途运输,可用竹篓装运,篓底垫以水草或蒲包,再把活鱼平铺装满,上层用水草垫一层后,可再装一层活鱼,再用蒲包或水草填满压实后,用盖子盖好,使其不能动弹,以免相互撕咬,影响成活率。每篓以装 10~15kg 为宜,不能多装,以免压死底层活鱼。

对于 3~5 天到达的长途运输,应用穿孔的木桶或塑料桶加盖装运,桶内也是一层水草一层活鱼铺装,使活鱼密集在桶内,不能动弹,以 3 层为限,冬天添加稻草保暖,同时每隔 5~7 小时用喷雾器喷水 1 次,保持桶内湿润。停车时不能在日光下暴晒,提高活鱼的成活率。

(五)帆布桶运输

帆布桶运输适用于对虾苗、亲虾、亲鱼等的运输。用粗帆布缝制成帆布桶,用铁架支撑,桶内装水约为容积的 2/3 即可。装运的鱼、虾数量可根据鱼、虾个体大小、水温高低、运输时间长短等条件而定,一般每立方米水可装成鱼 100kg 左右。用火车、汽车、拖拉机、马车或船运输均可。途中采取换水的方法以补充氧气,一般运程可达 6 天。如果经常给桶内充气或充氧,运程可更长。这种方法安全性好,但设备等成本略高。

(六)活螃蟹运输

在剔除老弱病伤残者后,一般短途运输可用湿透水的蒲包或竹篓装运,蟹与蟹之间要密实,包口捆紧,使其不能动弹,避免吐沫而使体内干燥死亡。在运输途中,蒲包或竹篓不能受压或暴晒。对于长途运输的蟹,要一只只用水草捆住螯足,摆平叠放,再加盖。如果在蟹群中放些吸水海绵,把水吸掉,效果更好。一般采用这种方法可使蟹成活 4~5 天。

(七)温湿度管理

水产品类运输与配送存储温度明细见表 3-15。

表 3-15　水产品类运输与配送存储温度明细

序号	品　种	食材举例	运输温度/℃
1	活鱼	片口鱼、大舌头鱼、鲷鱼、花鱼、牙片鱼、黄鱼、黑鱼、刀鱼、老板鱼、花边爪、青鱼、安康鱼、小杂鱼、大菱鲆、鳜鱼、嘎牙鱼	10~15
2	活虾	爬虾、车虾	13~16
3	活蟹	飞蟹、梭子蟹	8~12
4	活贝	花蛤、夏日贝、牛眼蛤	8~10
5	海产品鲜鱼	大牙片鱼、大花鱼	≤-15
6	海产品鲜虾	爬虾、车虾鱼杂	≤-15
7	海产品冻鱼类	针鱼、加吉鱼片	≤-18
		金枪鱼	-60~-55

五、蛋类产品运输与配送

(一)运输与配送要求

蛋类运输主要有鲜蛋运输和冷却蛋运输两种。

冷却蛋运输可以比照冻肉类处理。在运输与配送新鲜蛋类时,首先应确定其质量是否适于运输。鲜蛋应用有缝隙的木条箱、有气孔的纸箱或竹筐包装。包装内应用软质材料作为垫衬。垫料一般应使用特制的蛋托,也可用木屑、碎纸等松软的材料。不管是包装还是垫衬材料,都要保证干燥、清洁、无异味。鲜蛋和冷却蛋在温热季节中都应该使用冷藏车运输,鲜蛋运输温度为5~12℃,冷却蛋本身温度为0~5℃,运输温度为0~8℃,车内温度必须保持均匀、稳定,切忌忽高忽低,以免引起车内形成冷凝水而使产品造成湿损。鲜蛋在初春及秋末也可不用冷藏车运输。在用棚车运送鲜蛋时,应注意选择便于通风的车辆,同时车体应为木制或内壁板为木制的,不宜使用全金属结构的车辆。

在装车方法上,鲜蛋与冷却蛋堆码都应保证车内空气流动顺畅,一般用竹筐包装的鲜蛋,筐形本身能保证这一要求,用纸箱包装的鲜蛋则应特别注意这一要求。同时,装载必须牢固,防止倒坍。在装卸作业中,特别应强调轻拿轻放。实践证明,鲜蛋的破损事故绝大部分是在装卸作业中造成的。

(二)温湿度管理

蛋类运输与配送存储温湿度明细见表3-16。

表3-16 蛋类运输与配送存储温湿度明细

序号	品种	食材举例	运输温度/℃	参考湿度带/%
1	鲜蛋	鸡蛋、鸭蛋、鹌鹑蛋	4~7	80~85
2	冰蛋品	冰蛋(浆)	≤-18	70~85
3	腌制蛋	松花蛋、咸鸭蛋	2~5	70~85

六、乳制品运输与配送

对于生鲜乳,运输必须使用密闭、洁净、消毒的保温奶罐车或奶桶,且需每日对奶车进行蒸汽清洗或碱清洗,每周进行一次酸碱清洗。

蒸汽清洗流程:清水冲洗(温度30~40℃,5~8分钟)→蒸汽清洗(5t以下的,5~8分钟;5~10t的,10~15分钟;10t及以上的,15~18分钟)。

酸碱清洗流程:清水冲洗(温度30~40℃,5~8分钟)→碱液清洗(浓度1.5%~2.5%,温度75~85℃,5~10分钟)→清水冲洗(30~40℃,5~8分钟)→酸液清洗(浓度0.8%~1.5%,温度35~65℃,5~10分钟)→清水冲洗(温度30~40℃,10~15分钟)。

在奶车清洗后,清洗工用pH试纸对奶罐尾部出口滴流的残留液进行检测,呈现近中性(即pH6.5~7.5)则视为合格,否则需继续用清水冲洗直至中性,清洗合格后加铅封。

对于生鲜乳制成的成品,运输与配送车辆应用制冷车或保温车,配送途中的产品温度控制在0~6℃;产品在市区内配送过程中,车厢温度为0~6℃;产品在移库或出省市的运输,车厢温度为0~4℃;卸货产品温度为0~6℃。此外,乳制品运输工具、车辆应清洁、卫生,备有防雨、防晒设施,不得与有毒、有害、有异味或影响产品品质的物品混运。同时,装车前车辆提前

乳制品运输、装卸与配送

预冷,装车或卸货尽量保持车门随开随关。

任务实施

李导师：小王,农产品包装完成之后,它的下游业务就是农产品运输与配送。根据你之前的预习,农产品运输与配送主要有哪两种运输方式?

小王：老师,农产品可以采用冷链物流运输,也可以采用常温运输。

李导师：是的。具体采用哪种运输方式视具体情况而定。例如,荔枝长途运输,则需要冷链物流运输,即使用冷藏车、冷藏集装箱在低温条件下进行。如果是短途运输,可采用常温运输,同时为了保鲜效果,最好是采用泡沫箱加冰的方式进行包装。

小王：老师,我觉得泡沫箱加冰的常温运输更经济,对吗?

李导师：对于短距离运输,泡沫箱加冰的常温运输不仅可节约运输成本,在果实品质方面也不错。例如,企业一般采用泡沫箱包装荔枝,箱内放冰块或用已经冻结的瓶装矿泉水,然后在常温条件下运输。一般情况下,泡沫箱内果冰比例为2:1,在车厢四周围使用泡沫板、棉胎或稻草等隔热材料,基本可满足约3天内的运输要求。如果在装泡沫箱前先将果实预冷,再结合使用泡沫箱加冰的方式,效果会更好。

小王：老师,能告诉我泡沫箱包装荔枝的具体做法吗?

李导师：具体做法是,泡沫箱规格为60cm×40cm×50cm,泡沫板厚1cm,每箱约可装荔枝10~15kg。荔枝果实和冰块分别用塑料袋包装,在泡沫箱中相间装入。此外,冰块还可用专用冰袋或饮料瓶盛装,也可用一层荔枝与一层碎冰块的方式直接装箱。一般加冰量占果实重量的1/3~1/2。盖好泡沫箱盖,采用封箱胶对泡沫箱进行密封,且泡沫箱在车厢内要码放紧实,以延长保冷时间。

小王：采用泡沫箱包装荔枝进行常温运输的方式挺好的,经济又实惠。

李导师：采用泡沫箱加冰的常温运输方式虽然使用方便,但由于预冷不够,而且在常温条件下运输,泡沫箱内的冰块不足以降低箱内荔枝的温度,箱内冰融化后,箱内温度上升很快,因此风险很大且货架寿命很短。如果是长途运输,建议采用冷链物流运输。

李导师：下面以"荔枝运输与配送操作指南"为例,进一步学习农产品运输与配送相关的知识及实操技能。

荔枝运输与配送操作指南

常温运输适合1~2天内的运输,如果采用泡沫箱加冰的方式,运输时间可延长到3~4天,而控温运输(即冷链物流运输)适合20天之内的运输。

1. 控温运输

(1) 运输工具。应符合GB/T 28577的要求,采用具有控温功能的运输工具,运输前应检查设备完好。运输工具应保持清洁,严禁与有毒、有害、有异味的物品混运;运输工具应配备连续温度记录仪并定期检查和校准,应设置温度异常警报系统、配备不间断电源或应急供电系统。

(2) 温度管理。应建立冷链物流实时温度测量与监控制度,在车厢前部、中部和后部放置连续温度记录仪。在装箱前和运输途中,运输工具内部平均温度应控制在1~5℃。

(3) 装卸。装载应适量,宜采用托盘式装卸,应轻装轻卸,快装快运,并且在3小时内完成装卸。控温运输工具与冷藏库或预冷库之间应无缝对接,避免温度波动。

2. 保温运输

短途运输也可利用空运等快速运输,果实预冷后可采用保温运输;或采用保温箱及保温箱加蓄冷剂包装,在常温条件下运输,根据运输时长选择添加重量为果实总重量20%～40%的蓄冷剂。

任务拓展

李导师:小王,为了让其他国家能吃上中国的特色农产品,同时让中国居民能品尝到全世界的生鲜美味,中国开通了农产品冷链物流国际班列。

小王:老师,农产品冷链物流国际班列是跨国的生鲜农产品运输与配送吗?

李导师:对,2023年6月,"中老泰"铁路上,一列满载着28个铁路冷箱的"洪九泰好吃"榴梿专列从老挝万象南站缓缓驶出。此次班列紧跟"一带一路"倡议下的货运新格局,对提升西部陆海新通道冷链物流效率,助力中国、老挝、泰国三国水果行业高质量发展,服务成渝经济圈品质生活具有重大意义和深远影响。

小王:太好了,以后坐在家里也可以吃到来自全世界的优质水果。

李导师:是的。在"一带一路"倡议下,此次专列是在高质量践行西部陆海新通道、助力三国水果冷链物流运输高质量发展。好好学习,说不定未来你会成为冷链物流国际班列业务人员中的一员。

小王:我一定认真学习,通过冷链物流国际班列实现农产品"买全球、卖全国"。

李导师:经过本任务相关理论及荔枝实例的学习,相信你对农产品运输与配送有了较好的掌握。下面请你以黄秋葵为例,根据老师提供的资料及上网查询相关数据,编写"黄秋葵运输与配送操作指南",操作指南至少含有如下问题的解决方案。

(1)黄秋葵的运输要求是什么?

(2)黄秋葵的堆码有什么要求?

(3)黄秋葵冷链物流运输的温度是多少?

小王:好的,老师。我会认真思考黄秋葵如何开展运输与配送业务。

请你代替小王,编写"黄秋葵运输与配送操作指南"。

任务评价

知识点与技能点	我的理解(填写关键词)	掌握程度
农产品运输与配送概述		☆☆☆☆☆
果蔬运输与配送		☆☆☆☆☆
畜禽肉运输与配送		☆☆☆☆☆
水产品运输与配送		☆☆☆☆☆
蛋类产品运输与配送		☆☆☆☆☆
乳制品运输与配送		☆☆☆☆☆

关于规范冷鲜猪肉社区直接配送操作流程的工作指引

为进一步规范冷鲜猪肉社区直接配送操作流程,现就有关工作指引如下。

(1)冷鲜猪肉配送企业出厂包装应含保温袋(或保温箱)并内置冰袋。冷鲜猪肉产品内包装为真空包装或气调包装。如内包装标识中没有联系方式,应另外放置企业联系人、联系电话,便于消费者第一时间联系获取售后服务。

(2)运输途中车厢温度应保持在0~4℃,车辆应有GPS定位,可随时跟踪。司机应避免接触交接货物,驾驶途中不得使用微信进行交谈与拍摄照片等。

(3)临时存放点冷库温度应保持在0~4℃,提前安排好接货人员等车,减少冷鲜猪肉暴露在常温下的时间,并尽快转运。建议放置时间不超过2小时。

(4)配送至社区,从冷鲜猪肉到达社区,应于1小时内配送到居民手中。相关区应指导街镇、居委做好应急预案,街镇、居委提前做好接货社区志愿者动员。建议分片区快速配送至各楼道,由楼组长通知分发签收,再汇总签收单据。

资料来源:上海市商务委员会.关于规范冷鲜猪肉社区直配操作流程的工作指引[EB/OL].(2022-05-05)[2024-02-19]. https://sww.sh.gov.cn/swdt/20220505/a26659c58a66470faf9543a19f8f7e29.html.

【思考】
冷鲜猪肉社区如何进行直接配送操作?

任务七　农产品销售

农产品销售是指为了满足人们的需求而实现农产品潜在交换的活动过程。农产品销售使农户将农产品转化为商品,联通了产销两地,使消费者能在适当的地方及时买到适合的农产品,促进了农户增收与消费升级。

知识储备

一、农产品销售渠道概述

(一)农产品批发市场(集贸市场)

商超冷链运作流程

农产品批发市场又称集贸市场,是农产品批发的主要渠道之一。现在全国各地建设了许多大型农产品批发市场,农产品由产地流转到集散地,再到农贸市场、餐饮店,最后到消费者的手中。该渠道以大宗农产品为主,如白菜、大蒜、茄子、西瓜、苹果等,交易具有显著的季节性,所供应产品一般以当季蔬菜、水果为主。农产品批发市场现在仍然是农产品销售的一个主渠道和基础渠道。

批发市场的模式分两种:一种是由农产品批发商在产地采购农产品,运到批发市场上,然后销售给农产品零售商,或者农户自己将农产品直接拉到批发市场,批发给摊位小贩；另一种是农户在批发市场租个摊位，批发出售自己基地的农产品。

（二）农产品超市

随着城市化进程的不断推进，农产品超市也成为农产品销售的一种重要途径。农产品超市通常售卖各种农产品，如肉类、水果、蔬菜等。农产品超市具有规模化、连锁化、集约化特征，有标准化的经营管理，通常质量更为可靠，但价格相对更高。此外，农产品超市分布在各个城市社区附近，更接近终端消费者，其盈利能力较强。

"互联网＋"下的农超对接

（三）农产品电商

数字经济已经渗透进人们的生活方式和市场的各个领域，电商平台已经成为农产品销售的重要渠道。农户可以在电商平台上直接销售自己的农产品，也可通过电商平台的仓储和物流服务将农产品发送到全国各地进行销售。通过电商平台，农产品从种植基地直接发货，省去了批发商和零售商的渠道费用，同时确保了农产品的新鲜程度，因此非常受消费者的喜爱。

生鲜电商未来发展模式

相比于传统批发市场和生鲜超市，电商平台可以跨越地理限制，实现资源共享和抢占市场，但也存在着管理及售后服务难度较大的问题。

（四）农产品自媒体

随着互联网的普及和发展，自媒体成为一种非常有效的营销方式。自媒体营销是指利用互联网技术，以微信、微博、网络电台、网络直播等新兴传播媒介为载体而开展的一系列营销活动，尤其以利用微信公众号、微博、知乎、抖音、快手自媒体平台为主进行营销。不同的平台适合不同的营销方式和目标受众。例如，微信公众号适合长期稳定的内容输出，微博适合短期爆发式的营销，知乎适合专业知识分享，抖音和快手适合短视频营销。因此，需要根据自己的产品特点和目标用户群体选择合适的自媒体平台。

微博、微信作为比较灵活且用户庞大的社交软件，其社交属性可以互动，可以引流到电商平台，进而产生经济效益转化。近年来，直播带货也成为一种新兴的农产品销售渠道。通过直播形式，农户可以展示他们的农产品，并亲自向观众介绍产品的种植过程和特点，可以吸引更多关注和流量，提高自己的品牌影响力。

自媒体营销是一种低成本、高效率的营销方式。通过选择适合的自媒体平台，建立自媒体账号和内容创作，增加粉丝和营销推广等方式，可以提高品牌知名度和美誉度，吸引更多的潜在客户。

二、农产品营销策略分析

（一）开发绿色农产品

绿色食品是遵循可持续发展原则，按照特定的生产方式生产，经专门机构认证，许可使用绿色食品标志的无污染、安全、优质、营养类食品。

(1)增强消费者对绿色食品的认知。对绿色农产品了解得越多,越有助于激发消费者内心对安全和健康的需要,进而提高对绿色农产品的消费。除了将绿色食品标志印在包装上,还要经常对消费者进行有效宣传,增强消费者对农产品安全问题的认识和对绿色食品标志的辨识。

(2)合理定价。要充分考虑生产成本、认证成本、目标市场消费群体的接受程度。例如,日本有机食品的价格比普通农产品高出10%以上,欧洲有机食品的价格也比一般农产品高出20%～50%,而中国消费者通常愿意接受的绿色农产品价格比普通农产品高出15%～25%。

(3)选择合适目标人群。消费者的年龄、经济状况、对健康和安全的忧虑意识,以及家庭中是否有未成年人,都会影响其对绿色农产品的消费,绿色食品的消费群体主要有机关事业单位集团消费,以高级知识分子为主的白领阶层,年轻人和部分老年人、孕妇、产妇、婴幼儿。

(二)开发休闲农产品

休闲农产品是指人们在闲暇、休息时消费的食用、观赏性农产品,其主要功能为愉悦消费者心情。例如,波力海苔为休闲食品、多肉植物为观赏植物。这类农产品的主要消费群体是中青年、妇女、学生、儿童、外来游客和经常出差人员。

(1)吸引消费者的味蕾和眼球,推出美味、新颖的产品。让消费者难以抗拒产品美味、亮丽的诱惑。

(2)体现健康消费理念。休闲农产品要确保无毒无害,特别是要保证质量和风味,以低热量、低脂肪、低糖为产品开发的主流。

(3)借助文化娱乐元素。借助文化娱乐元素表达温馨、健康、具有纪念意义的信息,以引起消费者对品牌的共鸣,如"吉祥三宝""田妈妈"等。

(4)包装玲珑方便购买。休闲农产品往往是旅途消费品或礼品,体积小、包装美、携带方便,可以低成本让更多亲朋好友享用休闲农产品。

(三)开展"旅游观光+采摘"营销

近年来,为了缓解快速的生活节奏带来的工作生活压力,越来越多的人开始选择农业观光旅游。观光农业园是以生产农作物、园艺作物、花卉、茶等为主营项目,让城市游客参与生产、管理及收获等活动,享受田园乐趣,并可开展欣赏、品尝、购买等活动。

这种新型旅游模式就地取材,建设周期短,建设费用小,不仅可以让消费者享受田园乐趣,让游客动手采摘、制作、加工等,而且可以提高农户收入。观光农业旅游项目能够迅速产生经济效益。开展农业"旅游观光+采摘"项目,可以借助电视、报纸、互联网、微信等媒体媒介,宣传推广农业观光旅游项目信息,扩大影响力。

(四)开展数字化营销

数字化营销是以计算机网络技术为基础,通过电子商务来实现的市场营销。它具有时间上的全天候特性、空间上的跨区域特性、结算的便捷性、物流的快捷性优势。

农产品+网络直播+电商平台

（1）目标市场定位。目标人群定位是农产品电商平台的首要考虑问题，如果目标人群定位于基本不会上网的老年人或消费能力低下的人群，显然该定位值得商榷。

农产品+微商

（2）选择品牌物流。由于农产品的特殊性，配送需要有冷藏冷冻能力的配送车辆，以及冷藏周转箱及恒温设备，因此物流配送及其成本将成为考验农产品电商平台的最大问题。

（3）提高农产品品质和标准化程度。同一批次的农产品外在规格、内在品质力求基本一致。

（4）注重网络宣传。电商平台既是一个交易平台，也是一个宣传窗口，要及时通过新闻播报、看图片说故事等形式，对消费者群体展开宣传，从而抓住消费者的心。

三、农产品商品质量控制

（一）农产品质量安全要求

农产品生产及经营企业应当自行或者委托检测机构对农产品质量安全状况进行检测。有下列情形之一的农产品，不得上架销售。

（1）农药等化学物质残留和硝酸盐、重金属、联苯多氯等污染物残留不符合农产品质量安全标准的。

（2）含有的致病性寄生虫、微生物病原菌或者生物毒素不符合农产品质量安全标准的。

（3）使用的保鲜剂、防腐剂、添加剂等材料不符合国家有关强制性技术规范的。

（4）其他不符合农产品质量安全标准的。

（二）农产品验收

各类食品入库验收内容及方法应按表3-17规定，并检查定量包装食品的标识。

表3-17 各类食品入库验收内容及方法

种 类	验 收 内 容	检 查 方 法
果蔬类	新鲜、无腐烂、霉斑点，大小均匀；宜选用新鲜、成熟的无公害食品，不宜选用反季节水果	查看农残检验报告，表面是否新鲜，货品是否完整，大小是否均匀
畜禽肉类	本地养殖场出具的动物检疫合格证明的复印件和分销凭证，外地调入的家禽类和其他肉食，应提供畜牧部门出具的报验单的复印件和分销凭证	查看是否随货带检疫检验证，有无注水现象，气味颜色是否异常
水产类	新鲜，大小均匀，无死鱼死虾	查看是否新鲜活跃，有无伤痕，有无入境检疫检验合格证明
鲜蛋类	提供养殖基地有效证件	查看破损率是否控制在3%以内，大小形状是否均匀
预包装食品	新鲜、不变质、无掺杂充假、无蛀虫	查看包装是否干燥完整，是否在保质期内，食品检测报告是否符合要求

续表

种类	验收内容	检查方法
进口生鲜	具备产品合格证和动物检验检疫合格证	查看批次入境检疫检验合格证明,包装是否完整,是否在保质期内,查看是否为国家明令禁止的疫区产品

(三)农产品快速检测

快速检测是农产品质量监管人员在日常监管过程中,除感官检测外,采用现场快速检测方法,及时发现可疑问题,迅速采取相应措施的检测方法。这对提高监管效率和力度,保障食品安全有着重要意义。

2023年1月18日,《市场监管总局关于规范食品快速检测使用的意见》(国市监食检规〔2023〕1号)发布,明确提出,市场监管部门在日常监管、专项整治、活动保障等现场检查工作中,依法使用国家规定的食品快检方法开展抽查检测。食品快检抽查检测结果表明可能不符合食品安全标准的,被抽查食品经营者应暂停销售相关产品;属地市场监管部门应及时跟进监督检查或委托符合法律规定的食品检验机构进行检验,及时防控食品安全风险。抽查检测结果确定有关食品不符合食品安全标准的,可以作为行政处罚的依据。

采用快速检测,不仅可以使食品安全预警前移,也可以扩大食品安全控制范围。对有问题的样品,必要时可以送至实验室进一步检测,这既提高了监督检测效率,又提出了有针对性的检测项目,实现现场检测与实验室检测的有益互补。

应按表3-18规定执行快速检测,快检数据应与当地行业主管部门快检系统联网,实现快检数据实时共享。

表3-18 快速检测的内容

种类	验收内容	检查方法
甲醛	水发食品、酒类饮料、水产品、禽类、豆制品、干果等	参见WS/T 458规定,制定具体检测方案,用快检仪器进行分光光度法检测
亚硝酸盐	肉类、肉类罐头、熏肉、香肠、泡菜、腌制蔬菜、水质等	
二氧化硫	竹笋、蜜饯凉果、饼干、粉丝、白糖、淀粉、黄花菜、果脯、巧克力、葡萄酒、啤酒及麦芽饮料等	
吊白块	腐竹、粉丝、面粉、竹笋、水发食品、水产品、禽类、豆制品、干果等	
硼砂	面条、腐竹、米粉、粽子、肉丸、凉皮、肉制品等	
过氧化氢	海产干品、冻品,如果仁、虾米、鱼翅和鱿鱼等;水发食品,如牛百叶、海蜇、海米粉、鱼皮、水发鱿鱼等;各种肉制品,如新鲜或冷冻的禽类,以及白斩鸡、牛筋、牛肚、鸭、鹅掌、花肠、猪皮和猪蹄筋等;面制品,如饺子皮;干果制品,如开心豆、果仁、果脯等	
农残	叶菜、藤菜、花椰菜、根茎类、水果等	
克伦特罗(瘦肉精)	猪肉、牛肉、羊肉等动物肌肉组织	
过氧化值	食用油	按GB 5009.227的规定执行

（四）超市生鲜管理

1. 商品保鲜方法

细菌滋长是导致生鲜商品鲜度下降的原因之一，因此抑制细菌活动是保持鲜度的第一步，而抑制细菌滋长最有效的方法就是将生鲜商品保持在低温状态下。

(1) 温度与湿度管理：防止果蔬的散热作用及抑制呼吸量最有效的方法。

(2) 冰冷水处理：利用冰冷水及碎冰覆盖于生鲜产品上面的方法，如冰鲜鱼、葱、蒜保鲜等。

(3) 冰盐水处理：盐水浓度为3.5%，加上碎冰，使水温降至0℃环境。此方法可保持生鲜商品养分不易流失、保持新鲜，如水产品的鱼保鲜。

(4) 强风预冷设备：利用强风预冷，使其呼吸未达到高度时就迅速下降，因而保持叶面翠绿，常用于刚采摘的叶菜类。

(5) 冷藏苏生（回生技术）：将鲜度开始减退的生鲜商品再次提高鲜度的方法，其苏生库房的环境在3～5℃低温及90%～95%湿度条件下，方可执行。

(6) 保鲜膜包装：抑制水分蒸发，防止失水、皱缩，以达到保鲜目的；抑制呼吸作用，防止呼吸热的无谓消耗，以达到保鲜目的。

(7) 冷藏库冷藏：将生鲜商品保持在0～5℃的低温条件下保鲜。

(8) 冷冻库冷冻：将生鲜商品保持在－40～－18℃的冷冻条件下冷冻。

(9) 清洁、卫生条件：作业场地、设备、切割刀具清洁，作业人员个人卫生好、服装干净。

(10) 冷藏、冷冻的运输设备：防止长时间的运送而产生的鲜度减退问题，是鲜度管理重要的环节。

2. 果蔬鲜度保持办法

针对大部分果蔬需要低温来保鲜，超市一般采用以下几种方法。

(1) 保鲜袋包装：防止水分蒸发，并有孔洞使其散热。

(2) 预冷降温：①刚进货的果蔬应尽早降温，尽快入冷藏库保鲜，不需要入冷藏库的要打开包装散热，适用于香蕉、菠萝、哈密瓜等；②水槽盛满0℃冰水，将产生热量较大的果蔬（如玉米、毛豆）全部浸入，使其降温到7～8℃，然后沥干水分入冷藏库保存。

(3) 复活处理法：将失水叶菜放入常温水槽中，吸收水分，根部也要浸入，使其复活。

(4) 已陈列的果蔬经常喷水，增加湿度：在陈列架上的果蔬，特别是叶菜、花果类，在室温下会加快变质、枯萎，需要经常喷冷水降温及保持湿度。

3. 果蔬鲜度检查及处理

生鲜商品鲜度不佳会招致消费者的抱怨，影响销售，因此做好鲜度检查是一项重要工作。

(1) 上货补货时全数检查质量。进货时一般是抽验，上架时则要全数检查，将不良品挑拣出来。营业前也要检查前一天剩余果蔬的品质状况，检查当日上货的果蔬质量。

(2) 每日果蔬商品务必推陈出新。消费者对商品进行挑拣、捏压都会影响鲜度，商品也会因陈列时间加长而使品质劣化，应随时进行陈列整理和挑选。如果湿度不够，则要经常喷水。被拣出的不良品应及时处理：①进行加工再售，如制作果盘或复活处理；②特价售卖；③无法售卖的商品报损丢弃。

4. 肉类鲜度管理

(1) 避免肉类商品长时间置于高温中。为了维持肉类鲜度,应尽量避免将肉类长时间暴露于常温中,肉类在常温中 20 分钟,其温度即可上升 2℃,细菌也会随着温度的上升而繁殖。在 37℃下,5 小时可以使 1 个细菌增生 10 亿个细菌,肉类在停止加工后要立即送回冷库保鲜。

(2) 冷盐水保鲜。这是肉类保鲜常用的方法,是以 0.9% 左右的冷盐水,水温在 0℃左右,浸泡原料肉约 15 分钟,鸡肉 5~10 分钟,内脏 10 分钟,以达到保鲜效果。该处理方法可以在肉类分切过程中,使逐渐上升的肉温急速下降,以防止细菌增殖。另外,0℃左右的低温对肉类有良好的保存效果,可使脂肪在低温下变得较为坚硬,并不易变质。

(3) 冷藏、冷冻储存。低温可以抑制细菌繁殖,维持肉类商品鲜度。肉类在加工处理前,要预冷 10~15 分钟。冷冻肉类应在 -18℃以下的冷冻库储存,冷藏肉类应在 -1~1℃的冷藏库储存。冷库内贮藏的肉类不要堆积过高,且须离墙面 5cm 以维持冷风正常循环。冷库内肉类商品应存放在货架上,要用塑胶布盖上或保鲜膜包装后再储存,否则肉类商品表面长时间受冷气吹袭,水分很容易流失,而产生褐色肉,损害口感。

(4) 低温环境加工及陈列。在 10~15℃的低温下加工处理是维护肉类商品鲜度的良好方法,低温可以抑制细菌繁殖,使肉类商品不易变质。此外,冷冻柜温度应控制在 -18℃以下,冷藏柜温度控制在 0~5℃。

(5) 日进日出。肉类必要时要降价清空,做到日进日出,以良好的商品流转保证肉类天天新鲜。

5. 水产品鲜度管理

水产品由于捕捞时的挤压和挣扎,其体内或体外都极易受伤,即使将水产品进行低温保存,水中细菌仍然会侵入肌肉使水产品的品质变坏,特别是其内脏及鱼鳃等比较容易腐败变质。同时,水产品本身的肌肉组织、成分、特性都比陆上动物脆弱,容易受伤,鱼鳞易脱落,细菌极易从受伤部位入侵。另外,由于水产品的体表普遍都带有黏液,水产品的肌肉在死后因为本身具有的各种酶素作用比陆上动物更明显,使水产品的肉质容易变坏,更加容易促进细菌的繁殖,因此必须迅速加以适当处理才能确保水产品的鲜度。

水产品鲜度管理的有效方法是"低温管理",因为低温可缓和鲜鱼的酶素作用并抑制细菌繁殖。

(1) 敷冰。以碎冰(或片冰)覆盖于鱼体,温度保持在 5℃以下。供应商每天送来的水产品经运输过程,原覆盖的碎冰多已化解,使水产品体温回升。为避免影响鲜度,验收完货后,应立即将水产品进行敷冰处理。同时,应经常注意冰台上陈列的水产品是否有足够的覆冰,并且随时添加碎冰及喷洒足量冰盐水,以保持水产品鲜度。此外,每晚应将没有卖出的水产品装入塑料袋内再放入泡沫周转箱,泡沫周转箱的上下均应覆盖冰块来维持低温,再送入冷藏库。

(2) 冷藏冷冻。以冷藏库来低温保存冷鲜水产品,冷藏库正常温度为 -2~2℃。以冷冻库来低温保存冷冻水产品,冷冻库正常温度为 -25~-18℃。如果检查到有鲜度不良或有异味的水产品,应立即从冷冻(藏)库(柜)中剔除,避免发生交叉、连锁污染。

(3) 低温运送。水产品由产地、批发地运送到卖场的过程中,低温管理要注意不要产生冷却中断现象,使温度发生局部变化。忽冷忽热的温度容易破坏水产品的肌肉组织,从而影响其鲜度及品质。

(4)解冻与加工。冷冻品解冻时需要在低温下进行,缓慢解冻才能确保品质。即在加工前一天,将冷冻水产品移至冷藏库中,使其温度升高到0℃左右,再进行处理,但是任何水产品都不可以二次冷冻。冷冻水产品最佳加工时间为鱼体尚未完全解冻前,加工间的温度应该控制在15℃以下。

任务实施

李导师:小王,农产品运输与配送完成之后,它的下游业务就是农产品销售。根据你之前的预习,农产品在超市上货时应如何保鲜?

小王:老师,可以利用冰冷水或碎冰覆盖于生鲜农产品上面的方法来保鲜,也可以采用保鲜膜包装的方式来抑制水分的蒸发,以达到保鲜目的。

李导师:上货时还要注意,由于农产品对保鲜要求很高,需要上货区与后仓作业区之间的作业相互配合。例如,荔枝来货是泡沫箱,里面有块状冰和水保鲜。为了加快速度,最好的上货操作方法是在后仓准备果蔬周转筐,一般4箱可装一筐,把里面的冰块和杂质去掉,后仓员工及时倒筐整理荔枝,前面员工上货。双方操作协调,从而加快荔枝的上货效率,保证荔枝的鲜度。

小王:明白,很多作用都需要大家齐心协力,上下游业务协同运作才能达成目标。

李导师:是的,下面以"荔枝销售操作指南"为例,进一步学习农产品销售相关的知识及实操技能。

荔枝销售操作指南

荔枝贮藏运输后的主要问题是货架寿命。

(1)经过保鲜处理和1个月的贮藏后,一般货架期为24～36小时,冷藏期越长,货架期越短。采用低温冷柜销售,可适当延长货架时间。

(2)销售场所应配备冷库、冷柜、冷藏货架等设备,温度宜控制在1～10℃。

(3)销售场所应干净卫生,不得与其他有毒、有害有异味的物品混放。

此外,如图3-18所示,荔枝陈列方式也很重要。陈列时采用端头或堆头陈列,陈列道具多选用冰台覆冰或者是钢架货架,但底部要有漏水孔,冰融化后可及时渗出。荔枝大量上市,主推堆头陈列,货量要丰满,早上单堆,下午就要双堆,加大陈列的宽度。

图3-18 荔枝陈列方式

任务拓展

李导师：小王，农产品的质量安全关系人民群众的身体健康和生命安全。你对农产品质量安全有何理解？

小王：老师，农药等化学物质残留和硝酸盐、重金属、联苯多氯等污染物残留不符合农产品质量安全标准的，不得上市销售。

李导师：是的，2023年1月1日，新修订的《中华人民共和国农产品质量安全法》正式施行。含有国家禁止使用的农药、兽药或者其他化合物；使用的保鲜剂、防腐剂、添加剂、包装材料等不符合国家有关强制性标准及其他质量安全规定的农产品不得销售。

小王：是的，老师，我们应全力确保农产品质量安全，牢牢守住农产品质量安全底线，保障人民群众舌尖上的安全。

李导师：好。经过本任务的相关理论及荔枝实例的学习，相信你对农产品销售有了较好的掌握。下面请你以黄秋葵为例，根据老师提供的资料及上网查询相关数据，编写"黄秋葵销售操作指南"，操作指南至少包括如下问题的解决方案。

(1) 黄秋葵销售场所有什么要求？
(2) 黄秋葵批发环节对冷链物流设施及温度控制有哪些要求？
(3) 黄秋葵零售环节对冷链物流设施及温度控制有哪些要求？

小王：好的，老师。我会认真思考黄秋葵如何销售。

请你代替小王，编写"黄秋葵销售操作指南"。

任务评价

知识点与技能点	我的理解（填写关键词）	掌握程度
农产品销售渠道概述		☆☆☆☆☆
农产品营销策略分析		☆☆☆☆☆
农产品商品质量控制		☆☆☆☆☆

补充阅读

预制菜行业正迎来全新发展机遇

预制菜又称预制调理食品，是指以各类农、畜、禽、水产品为原辅料，配以调味料等辅料，经预选、调制等工艺加工而成的半成品或成品。通常预制菜需要在冷链物流条件下贮藏或运输，以便消费者或餐饮环节加工企业简单加热或烹饪后食用。

根据中国烹饪协会联合多家单位共同参与起草的《预制菜》团体标准，预制菜是"以一种或多种农产品为主要原料，运用标准化流水作业，经预加工（如分切、搅拌、腌制、滚揉、成型、调味等）和/或预烹调（如炒、炸、烤、煮、蒸等）制成，并进行预包装的成品或半成品菜肴"。依据该定义，预制菜分为四大类：即食（如八宝粥、即食罐头）、即热（如速冻汤圆、自热火锅）、即烹（须加热烹饪的半成品菜肴）、即配（如免洗免切的净菜）。

预制菜,一头连着田间地头,一头连着千家万户的餐桌,是推进一、二、三产业融合发展、满足消费升级、关系居民饮食健康的重要产业。2023年中央一号文件中明确提出"提升净菜、中央厨房等产业标准化和规范化水平,培育发展预制菜产业"。2023年7月31日,国务院办公厅转发国家发展改革委《关于恢复和扩大消费的措施》,专门提出支持餐饮服务消费,培育"种养殖基地＋中央厨房＋冷链物流＋餐饮门店"模式,挖掘预制菜市场潜力,加快推进预制菜基地建设。

目前,在国家和地方对预制菜的政策支持下,在行政审批部门对企业全生命周期扶持服务下,预制菜行业正迎来全新发展机遇。根据艾媒咨询数据,2022年中国预制菜市场规模达4196亿元,同比增长21.3%,预计2026年预制菜市场规模将达10 720亿元。但目前中国预制菜市场的渗透率较低,尚有较大提升空间。

【思考】

为什么说预制菜行业正迎来全新发展机遇?

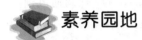

素养园地

严于其责,让一线作业人员从行动上提高生产战斗力

任职于广州长运冷链服务有限公司(简称长运冷链)运营管理中心副总监刘顺源是大家公认的"拼命三郎"。2017年他入职长运冷链,肩负着冷库制冷、信息化、基建工程、采购招标等多方面技术重任,多年连续被企业评为"星耀国企"五星党员、"优秀共产党员"。

"跟着刘副总监干活的感觉就像行军打仗一样,讲的是铁一般的纪律,要的是'立竿见影'的效率!"长运冷链运营管理中心总监助理谈到直管领导时,表情是一脸的佩服,认为他对所辖范围的业务管理和队伍管理能做到"战必有所获"的效果。

2022年,长运冷链搭建速冻物流仓配一体化网络,在区域上实现以广州天源总仓为核心,与粤东梅州仓、华北前置仓等多个区域分仓联动,构建协同运作、多点辐射的冷链物流仓配一体化网络,为客户提供从生产端到销售端"全流程""全链条"的冷链物流仓配服务全覆盖。

在这个突破中,刘顺源坚持按原则办事,用心致力扭转一线岗位人员的工作作风,将"随便干"转变到"按章办"。针对一宗长期合作的客户对客单记录质疑的投诉,服务部第一次倒查的时候,没发现异常情况。得知这个信息后,刘顺源高度重视该个案,亲自带着服务部查看现场操作视频,经过反复放慢镜头找细节,刘顺源发现操作员的拣货动作存在争议。于是,他到现场"蹲查",终于"破案"。原来货架上下两层的货物标注的型号非常接近,现场操作员大意地将A7的货物当作A1的货物发出去,但是客单写的还是A1。

"真相"大白后,刘顺源做了三件事:一是亲自给老客户去电表示歉意并得到客户原谅;二是召开专题整改会议,重点加强对收货、上架、补货、拣货、复核、发货等关键环节的精细化管理;三是对每日发货情况进行收集汇总,特别是在B库各装卸月台设置《发货异常情况登记表》,要求发货员对正常发货订单进行复核并签字确认,对异常发货订单进行填表汇总并及时反馈至现场管理人员,并就提高发货时效及准确性提出有效的优化解决措施。这一套"组合拳"成功地激活了一线岗位工作人员的能动性,将"出问题由单位扛"

变成"守土有责、守土负责、守土尽责",切实提高了一线作业人员的生产战斗力。

资料来源:中国交通报."拼命三郎"刘顺源——一名冷链物流运营管理者[EB/OL].(2023-04-20)[2024-02-19].https://www.zgjtb.com/2023/04/20/content_351572.html.

习　　题

一、单选题

1. 由于受天气等因素影响,部分菠萝(凤梨)会出现水烂和黑心,需要采用(　　)将此类次品进行挑选出来。
 A. 颜色分选　　　　　　　　　　B. 重量分选
 C. 近红外光技术分选　　　　　　D. 彩色摄像分选

2. 冷库预冷,又称(　　)。
 A. 冷风预冷　　B. 冷水预冷　　C. 真空预冷　　D. 强制通风预冷

3. 对严格执行检疫制度屠宰后的畜禽胴体迅速进行冷却处理,使胴体温度在 4 小时内降为 0～4℃ 的是(　　)。
 A. 冷鲜肉　　　B. 冷冻肉　　　C. 热鲜肉　　　D. 冰鲜肉

4. 冷却速度快(约 30 分钟),且受冷均匀,适合大规模产地的高效出货,是(　　)。
 A. 冷风预冷　　B. 冷水预冷　　C. 真空预冷　　D. 强制通风预冷

5. 根据不同果蔬的要求,调控适宜的温度、湿度及低氧和高二氧化碳气体环境,并排除乙烯等有害气体,抑制果蔬的呼吸作用和微生物的活动是(　　)。
 A. 通风库贮藏　B. 气调贮藏　　C. 简易贮藏　　D. 低温贮藏

6. 引起鱼类等鲜水产品腐败变质的细菌主要是嗜冷性菌类,其生长的最适温度为(　　)℃。
 A. 5～10　　　B. -7～-5　　C. 0～4　　　D. 15～20

7. 以低密度聚乙烯为主要原料挤压生成的高泡沫制品,可以减少和防止运输途中包装箱内果实的相互碰撞和挤压的是(　　)。
 A. 塑料盒　　　B. 气泡膜　　　C. 泡沫网套　　D. 充气袋

8. 运输冷却畜禽肉时车厢温度应低于(　　)℃。
 A. -18　　　　B. -15　　　　C. 4　　　　　D. 7

9. 将鲜度开始减退的生鲜商品再次提高鲜度的方法叫作(　　)。
 A. 冷藏苏生　　B. 冷盐水苏生　C. 冰冷水处理　D. 冷冻苏生

10. 冷盐水保鲜是在水温在 0℃ 左右,浸泡原料肉约 15 分钟,冷盐水溶度是(　　)左右。
 A. 0.5%　　　B. 0.9%　　　C. 1.0%　　　D. 1.9%

二、多选题

1. 农产品确定采收期的依据是(　　)。
 A. 采后用途　　B. 果蔬生理动态　C. 市场行情　　D. 市场需求

2. 农产品分级的方法主要有两种,分别是(　　)。
 A. 人工分级　　B. 重量分级　　C. 颜色分级　　D. 机械分级

3. 简易贮藏包括（　　）。
   A. 堆藏　　　　B. 沟藏　　　　C. 窖藏　　　　D. 冻藏
4. 冰藏保鲜即用冰把新鲜渔获物的温度降至接近冰点但不冻结的一种保鲜方法，其包括（　　）。
   A. 撒冰法　　　　　　　　　　B. 微冻保鲜
   C. 冰水保鲜法　　　　　　　　D. 冷却海水保鲜法

三、简答题
1. 人工采收的优缺点是什么？
2. 呼吸作用对农产品贮藏的影响是什么？
3. 活对虾如何进行低温运输？

医药冷链物流运营

 学习目标

知识目标

1. 掌握医药冷链物流的适用范围。
2. 熟悉与医药冷链物流相关的政策法规、标准规范。
3. 了解医药冷链物流的一般流程。
4. 掌握医药冷链物流的操作要求。
5. 掌握疫苗储存、运输管理规定。

能力目标

1. 能够分析药品的贮藏条件。
2. 能够查找、归纳医药冷链物流贮藏与运输要求。
3. 能够分析医药冷链物流运营模式。
4. 能够分析疫苗存储温度及要求。

素养目标

1. 引导学生关注医药冷链物流领域的发展,增强其社会责任感。
2. 培养学生绿色低碳环保意识和行为。
3. 培养学生树立标准化、规范化意识。
4. 培养学生精益求精的工匠精神。

 学习内容

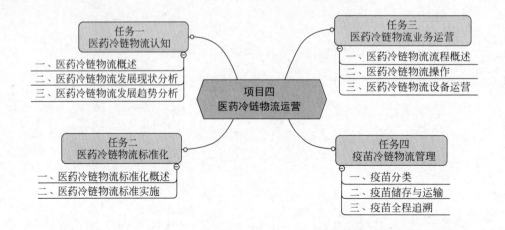

项目四 医药冷链物流运营

任务布置

李导师向小王介绍了公司的医药冷链物流运营情况,并逐一介绍了接下来需要轮岗实习的4个任务:①医药冷链物流认知;②医药冷链物流标准化;③医药冷链物流业务运营;④疫苗冷链物流管理。

李导师给小王说明了岗位实习中的任务与要求。

(1) 各岗位实践中,导师会分别以"三种生物制品贮藏条件""《药品经营质量管理规范》储存、运输相关规定""医药冷链物流运输自营和外包优劣势对比""吸附百白破联合疫苗存储温度"为例,通过"任务实施"方式,完成每一岗位实操的培训。

(2) 为了强化及检验实习生对该岗位的实操掌握情况,实习生需依次完成相应岗位的"中药制品贮藏方法""冷藏药品在储存、运输中的相关规定""中国医药冷链物流运输企业20强""一类疫苗存储温度"等实训拓展任务的实操考核。

任务一 医药冷链物流认知

医药产品在常温下容易变质,如变色、变味、发霉等。近年来,随着医药品临床应用范围不断扩大,冷藏药品市场销售呈稳定上升趋势,冷藏药品占中国医药流通企业药品总销售额的7%~8%。医药冷链物流特指为满足人们疾病预防、诊断和治疗目的,使医药产品从生产者到使用者之间始终处于低温状态的一项系统工程。

知识储备

一、医药冷链物流概述

(一) 医药冷链物流概念

随着人们对自身健康关注度不断提升,中国医药产品(以下简称药品)需求迅速增长,给医药冷链物流行业提供了巨大发展空间。随着中国医药流通规模的不断增大,原本作为药品流通供应链补充的医药冷链物流的发展更加引人注意。2021年全球医药冷链物流市场规模超过4000亿美元,预计2030年达到8000亿美元,全球医药冷链物流市场规模迅速扩张。作为全球第二大医药消费市场,2022年中国医药冷链物流市场销售总额接近5500亿元,年均增长超过20%。

医药冷链物流是指冷藏冷冻类、易腐类医药产品在生产、加工、储藏、运输、配送、销售,一直到消费的各个环节中始终处于特定的温度范围,以保证医药品质量,同时降低储运损耗、控制时间、节约成本的一项复杂的系统工程。

《药品冷链物流运作规范》(GB/T 28842—2021)对"药品冷链物流"的定义为:药品冷链物流(medicinal product cold chain logistics),是指采用专用设备,按照已批准的注册证以及说明书和标签标示的温度控制要求,保证药品从生产到使用的过程中温度始终控制在规定范围内的物流过程。

需要冷藏冷冻的药品,如医院使用量较大的血液制品、各种胰岛素、抗生素等,绝大多数冷链药品对贮存和运输的过程都需要在严格限制的指标和保证药品有效期和药效不受损失的情况下进行,其中最重要的就是不间断地保持低温、恒温状态,使冷链药品在出厂、转运、交接期间的物流过程,以及在使用单位符合规定的冷藏要求而不"断链"。

医药冷链物流作为物流业的一个分支,以保证药品的安全和药效功能,达到人们疾病预防、诊断和治疗的目的,同时降低储运损耗、控制时间、节约成本的一种独特的物流方式。

(二)药品贮存与保管基本要求

对温度变化比较敏感的药品,根据《药品说明书和标签管理规定》,药品说明书必须标注贮藏条件或方法说明。一般需要在 2~8℃储存和运输,也有一些药品需要在特定的冷藏或冷冻条件下运输。

根据《中国药典(2020 年版)》,药品常温储存是指在 10~30℃储存和保管药品,而药品的冷藏储存是指在 2~10℃储存和保管药品,阴凉处储存是指不超过 20℃储存和保管药品。

结合《中国药典(2020 年版)》贮藏项下的规定,为避免药品污染和降解,对药品贮存与保管提出了基本要求,具体如表 4-1 所示。

表 4-1 药品贮存与保管基本要求

项 目	具 体 要 求
遮光	用不透光的容器包装,如棕色容器或适宜黑色材料包裹的无色透明、半透明容器
避光	避免日光直射
密闭	将容器密闭,以防止尘土及异物进入
密封	将容器密封以防止风化、吸潮、挥发或异物进入
熔封或严封	将容器熔封或用适宜的材料严封,以防止空气与水分的侵入并防止污染
阴凉处	温度符合 0~20℃的贮藏和运输条件
凉暗处	避光,并且温度符合 0~20℃的贮藏和运输条件
冷处	温度符合 2~10℃的贮藏和运输条件
冷冻	温度符合 -25~-10℃的贮藏和运输条件
常温(室温)	温度符合 10~30℃的贮藏和运输条件

注:除另有规定外,贮藏项下未规定贮藏温度的一般系指常温。

温度对药品质量有很大的影响,过高或过低都能使药品变质失效而造成损失。尤其是生物制品、血液制品、胰岛素类、疫苗及大部分靶向制剂和单克隆抗体,只能储存在合适的规定温度范围内,以尽可能把温度对药品质量的影响减到最小。温度过低,会出现药品被冻结而产生药品冻融(冻融是指因温度降到零度以下和升至零度以上而产生冻结和融化的一种物理作用和现象),导致部分药品性状发生变化,进而有可能使药品变性或者失效。

(三)医药冷链物流适用范围

冷链药品涵盖范围广泛,如对存储温度有特定要求的疫苗类制品、生物制品、血液制品、诊断试剂等。这些品类都需要在低温条件下进行储运,都属于医药冷链物流的范畴。

根据《中国药典(2020 年版)》对药品贮藏项下的规定,需要冷藏的药品如下。

(1) 生物制品。疫苗、抗毒素及抗血清、血液制品、细胞因子、生长因子、酶、按药品管理的体内及体外诊断制品,以及其他生物活性制剂,如毒素、抗原、变态反应原、单克隆抗体、抗原抗体复合物、免疫调节剂及微生态制剂等。除另有规定外,生物制品的贮藏温度为 2～8℃。

(2) 其他贮藏项下标明需冷藏的药品。

科学的药品贮藏是保证药品质量的基础。储存药品时,温度过高会导致药品组分发生氧化、水解反应的速度加快,也可以导致沸点低的组分挥发。

一方面,一些特殊剂型的药物(如栓剂)在高温环境下,剂型会发生变化,药效降低,药品变质,并可能伴随着毒副产物的产生。需要低温冷藏的药品主要类别见表 4-2。

表 4-2 需要低温冷藏的药品

分 类	变质原因或注意事项
外用药品(如眼药水、喷鼻剂、滴耳液等)	放置在阴凉处或冰柜中,防止药物发生变质
中成药(如中药膏、中药丸、中药散等)	糖浆剂为常见剂型,若高温放置可引发持续发酵而变质,应该放置阴凉处或冰箱冷藏储存
胶囊或者胶丸	维生素 E 胶丸或鱼肝油等药物高温放置会发生软化、裂开、漏油等,还可能出现异味,应放置阴凉处或冰箱冷藏储存
糖衣片	含糖量高的糖衣片药物和冲剂,易吸收空气中的水而发生潮解,或凝结成块,出现药物变质(如板蓝根冲剂等可因受潮而结块)
栓剂	高温导致栓剂变软而无法使用,还易导致药物出现酸败、水油分离等变质情况,严重时发臭
针剂	很多抗生素类药物针剂呈干粉状态,干粉针剂需要非常严格的低温和干燥环境,高温环境下药物易变质
搽剂	搽剂药品中一般含有挥发性溶媒(如乙醇),使用搽剂后应将盖拧紧,而后放置阴凉处或冰箱冷藏储存
生物制品(如人血白蛋白、各类疫苗、胰岛素等)	室温下失效加快,应冷藏储存。冷藏储存时需要关注冰箱温度,防止降至 2℃ 以下,导致液体冷冻而失效

另一方面,一些药品不宜存放在温度过低的环境,温度过低的冷冻环境可能会导致一些生物制品的蛋白失活、承载药品的容器冻裂、药物溶解度发生变化而析出、药品结晶、药品沉淀等,进而导致药品质量下降,如表 4-3 所示。

表 4-3 不宜冷冻药品

分 类	变质原因或注意事项
乳剂	低温导致乳剂冻结而破坏其乳化能力,即使温度上升后乳化功能也无法恢复
蛋白肽类药品	冷冻过度后效价降低,无法达到预期治疗效果
疫苗	被冷冻过度的疫苗会失活,还可能产生有毒物质,威胁用药安全
活菌制剂	如口服双歧杆菌活菌制剂、三联活菌散剂等活菌制剂可在冷处储存,但需要关注冰箱温度,防止降至 2℃ 以下,导致液体冷冻而失效
糖浆类药品	在过低的温度下,药物或糖分会析出,导致浓度不准确

药品储存除了要注意温度、湿度,还要注意是否需要避光。这是因为光线中的紫外线可以激活药物外周的电子群,从而加速氧化还原反应的发生。如带羟基、巯基或多烯基的药物常因光照影响被氧化,进而导致药物变质。需要避光的药物根据其对光的敏感性分为特级、一级、二级和三级避光药物。现以特级避光药品为例进行说明,见表4-4。

表 4-4 特级避光药品

药品名称	避光原因	注意事项
硝普钠	硝普钠经光线照射后生成激发态的硝普钠,进而分解成水合铁氰化钾,水合铁氰化钾进一步分解可产生有毒的氢氰酸和普鲁士蓝	①对光敏感,溶液稳定性差,滴注溶液应新鲜配制且注意避光;②若溶液变为蓝色、暗棕色或橙色时,禁用;③溶液的保存和运用不超过24h

二、医药冷链物流发展现状分析

(一)国外医药冷链物流情况

1. 美国医药冷链物流情况

美国医药冷链物流以大型制药企业和药品批发企业为中转枢纽,药品集中到批发企业的物流中心。各医院和医药零售连锁店直接向批发企业提出配送要求,并由物流中心为各销售终端进行最终配送。同时批发企业还为客户提供"库房到库房"配送和"直接配送"服务。这种模式下,批发企业的配送中心负责为药品生产和销售企业提供经济合理的冷链物流运输,降低了流通企业的管理成本和运营成本,长期有利于提高冷链物流市场集中度。

美国药品冷链物流运输中,应用RFID(射频识别)、GPS(全球定位系统)配备温度控制系统两种最新的技术,对各环节进行实时温度监测。此外,部分企业购置有世界上最先进的自动控温与监控的"三段式"冷藏运输车,利用专门的温度记录仪全程记录温度。UPS(美国联合包裹运送服务公司)在北美有超过22家保健配送中心,中心内配备有自动分拣机、制冷机、温度监视器等基本设备。

2. 日本医药冷链物流情况

日本医药冷链物流运输市场具有较强的区域性,药品批发企业几乎没有一家可以在全国范围运营,药品制造商和零售商所面对的是一种多渠道的商业流通模式。日本冷藏药品市场有独特的流通体系和准入制度,成熟的供应链管理思想促使大部分药品的进货直接面向制造商,收发货周期的可控性强。

(二)中国医药冷链物流情况

1. 医药冷链物流市场规模

中国冷链物流行业发展较晚,2008年北京奥运会供应标准带动中国冷链物流企业业务能力大幅提升,加上自贸区试点扩大带来美冷、太古等外资冷链物流公司入局,中国冷链物流产业链开始真正形成,多方开始涉足冷链物流市场。2018年开始医药和生鲜电商等领域对冷链物流需求和相关标准持续提升,整体冷链物流进入快速发展阶段。

由于行政监管标准和市场需求的不断提高,全社会对医药冷链物流质量安全"零容忍"的态度,促使冷链物流设备、技术等快速应用于医药冷链物流领域,推进医药冷链物流向信息化、智能化迈进。

未来10年,将是医药冷链物流行业蓬勃发展的重要机遇期。伴随着国家陆续发布利好政策、人们对医药安全的重视、医药产品需求的增加,中国医药冷链物流快速发展。中国医药冷链物流费用从2016年的108.5亿元增长至2021年的201.42亿元,2022年国内医药需求增长带动中国医药冷链物流费用增长至244亿元,预计2030年医药冷链物流费用总额将突破600亿元,年平均增速12%以上。

同时,中国医药冷链物流行业快速发展,带动医药冷链物流市场规模稳步提升。2022年中国医药冷链物流市场销售额达5458.62亿元,同比增长约18.93%;中国医药冷链物流市场规模占全球比重进一步提升到19%,市场增速领跑药品整体市场,陆续上市的创新药成为推动医药冷链物流市场规模扩张的重要动力。

2. 医药冷链物流细分产品市场结构

在中国医疗支付能力逐渐提升,人口老龄化日趋明显和先进生物技术不断突破等多重因素作用下,中国冷链物流药品市场需求在未来将拥有广阔的成长空间,将为疫苗、血液制品、重组蛋白(含胰岛素)等行业的发展提供强劲动力。

从2022年医药冷链物流市场细分产品来看,疫苗类市场销售额约为700亿元,占比12.82%;血液制品类市场销售额约为638亿元,占比11.69%;其他生物制品类市场销售额约为2321亿元,占比42.51%;IVD(体外诊断试剂)类市场销售额约为1500亿元,占比27.48%;医疗器械(IVD除外)类市场销售额约为300亿元,占比5.5%。

从医药冷链物流市场细分产品发展趋势看,国内疫苗市场规模"十四五"末期预计突破1000亿元;参照发达国家平均使用水平,中国血液制品行业将拥有1倍以上的增长空间;未来5年,包含胰岛素、干扰素、生产激素等产品在内的重组蛋白市场规模将进一步扩大,有望达到900亿元。

(三)中国医药冷链物流存在问题

1. 未形成规范的医药冷链现代物流体系

目前,中国医药冷链物流行业处于发展初期,行业仍呈现规模小、散、乱的现象。医药冷链物流行业不规范,企业缺乏上下游的整体规划和整合,冷链物流企业未能与药品生产企业及经销企业建立稳固的关系。

2. 冷链物流设备不能满足市场发展需求

近年来,医药冷链物流冷藏车数量、冷库容积、医药保温箱等设备规模大幅度提高,但仍存在冷链物流运输普遍缺乏全程、透明的运输监控管理体系,缺乏先进的冷链物流运输全程温度控制技术标准,缺乏先进的、系列的冷链物流运输设备。

3. 运营效率和管理水平不高

中国医药冷链物流运输的运营模式共分为三类,即自营管理、自营+外包、外包,其中外包就是外包给第三方公司进行医药运输。

目前很多医药公司为了确保冷链药品不"断链",往往是医药公司自己组织冷链物流运输,但是自营冷链物流存在着资金投入不足,运输能力不够,运力难以优化,运输货源难以整合等现象,还会出现冷藏车容积利用率低下,返程难以配货等问题,严重浪费资源。

随着医药冷链物流市场规模的不断扩大,为中国第三方医药冷链物流企业的发展提供了有利市场环境。然而,目前第三方医药冷链物流发展滞后,具备药品冷链物流业务能力的企业较少,专业化和规模化缺乏,管理技术、硬件和软件水平跟不上医药冷链物流业务的快速发展。

4. 信息共享机制不健全

行业的服务网络和信息系统不够健全,缺乏兼具准确性和及时性的信息共享机制,供应链上下游企业之间的信息互不相通,难以形成高效的冷链物流配送,冷链物流成本和药品损耗也难以有效降低。

三、医药冷链物流发展趋势分析

近年来,中国政府非常重视医药冷链物流市场的发展,相继颁布多个文件鼓励医药冷链物流市场健康发展。"十四五"规划提出,将把保障人民健康放在优先发展的战略位置,坚持预防为主方针,深入实施健康中国行动,完善国民健康促进政策,"织牢"国家公共卫生防护网,为人民提供全方位全生命期健康服务。国务院《"十四五"冷链物流发展规划》提出,完善医药产品冷链物流设施网络,提升医药产品冷链物流应急保障水平;纳入国家应急物资保障平台,冷链物流资源整合,建立应急联动服务统一调度机制。商务部《关于"十四五"时期促进药品流通行业高质量发展的指导意见》,完善城乡药品流通功能,发展现代医药物流,发展现代绿色智慧供应链,发展数字化药品流通,推进"互联网+药品流通",优化流通行业结构,促进对外交流合作。国家医保局《"十四五"全民医疗保障规划》提出,健全标准化体系,协同建设高效的医药服务供给体系,提高医药产品供应和安全保障能力,强化协商共治机制。

1. 精细化

医药产品的多样性和独特性使得其对储存和运输的温度要求各不相同,而且要求更为严格。对于医药冷链物流企业来说,这无疑增加了其运营的复杂性和成本。此外,随着医药冷链物流行业集中度逐渐提高,企业将会更加注重对医药冷链物流的精细化管理,实现降本增效、提高竞争力的目的。

2. 一体化

医药冷链物流体系逐步完善,将为客户提供一站式、整体优化的物流服务,建立物流企业与生产企业、流通企业与医疗机构、连锁药店等之间的经营战略联盟。

3. 智慧化

随着科学技术的快速发展,以及国家政策的持续利好,促使企业积极寻找提高物流效率的方法,"互联网+物流"的智慧化应用被广泛应用。智慧化带来的新技术的深度应用,将更大提升冷链药品的全程可追溯能力。医药冷链物流平台化、智能化、透明化程度会进一步提高,数字化基础设施建设会进一步加强。

4. 标准化

完善医药冷链物流相关标准，为行业规范发展提供重要的保障；制定医药冷链物流交接验收、设备验证、疫苗储运、信息追溯等环节的标准，为监管工作提供依据。

5. 绿色化

企业积极践行ESG（环境、社会、治理）发展理念，探索零碳物流园，开展绿色运输管理，推动医药保温箱循环使用。行业将持续优化用能结构，加强绿色节能设备、技术工艺研发和推广应用，助力构建全球绿色低碳行动共同体。

任务实施

李导师：小王，根据你之前预习，你知道《中国药典》是什么吗？

小王：《中国药典》是《中华人民共和国药典》的简称，是药学工具书，亦是国家药品标准的重要组成部分。

李导师：对的，《中国药典》不仅是国家药品标准的重要组成部分，还是药品研制、生产（进口）、经营、使用和监督管理等相关单位均应遵循的法定技术标准。《中华人民共和国药典（2020年版）》由一部、二部、三部和四部构成，收载品种共计5911种。一部中药收载2711种，二部化学药收载2712种，三部生物制品收载153种，四部收载通用技术要求361个，其中制剂通则38个、检测方法及其他通则281个、指导原则42个、药用辅料335种。

小王：《中国药典》内容丰富，对保障公众用药安全有效，推进医药产业升级和产品提质具有重大意义。

李导师：是的，《中国药典》也是医药冷链物流重要的工具书。下面以线上查询《中国药典（2020年版）》三部中的"破伤风抗毒素、结核菌素纯蛋白衍生物、人类免疫缺陷病毒抗原抗体诊断试剂盒三种生物制品的贮藏条件"为例，进一步学习医药冷链物流相关的知识及实操技能（表4-5）。

表4-5 三种生物制品的贮藏条件

药品名称	贮藏条件
破伤风抗毒素	于2～8℃避光保存和运输，自生产之日起，有效期为36个月
结核菌素纯蛋白衍生物	于2～8℃避光保存和运输，自生产之日起，有效期为12个月
人类免疫缺陷病毒抗原抗体诊断试剂盒（酶联免疫法）	于2～8℃避光保存，自包装之日起，按批准的有效期执行

任务拓展

李导师：小王，经过本任务的相关理论及生物制品实例的学习，相信你较好地掌握了医药冷链物流贮藏与保管的相关知识及技能。下面请你根据老师提供的资料及上网查询相关数据，编写"中药制品贮藏方法"。

李导师：需要通过线上《中国药典（2020年版）》，查询中药制品的贮藏方法，至少满足以下要求。

（1）查阅三种中药制品：丁香、人参、干姜。

(2) 填写表 4-6。

小王：好的，老师。我会认真完成的。

请你代替小王，编写表 4-6"中药制品贮藏条件"。

表 4-6　中药制品贮藏条件

药品名称	贮藏条件

任务评价

知识点与技能点	我的理解（填写关键词）	掌握程度
医药冷链物流概述		☆☆☆☆☆
医药冷链物流发展现状分析		☆☆☆☆☆
医药冷链物流发展趋势分析		☆☆☆☆☆

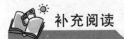

补充阅读

向外探索·向内生长

2023 年 7 月，由中国物流与采购联合会主办，上药控股有限公司、江苏省精创电气股份有限公司联合主办，中物联医药物流分会、中物联航空物流分会、上海医药物流中心有限公司承办的药品冷链物流国际会议在徐州成功举办。

作为现代物流的重要细分领域，医药冷链物流对保障医药产品储存、运输、配送全过程的安全做出了巨大贡献。《"十四五"冷链物流发展规划》的发布，加快了中国现代医药冷链物流体系建设进程，医药产品冷链物流网络逐步建立。"十四五"新阶段，医药冷链物流行业在全球医药冷链物流市场中将处于重要战略机遇期，需要健全医药冷链物流标准体系，提高运营效率和管理水平，加速推进国际化战略布局，全面推动医药冷链物流高质量发展。医药冷链物流呈现以下新特点：一是行业规模持续扩大；二是智能装备全面部署；三是前沿技术广泛应用；四是服务模式创新发展。

在政策和市场的双轮驱动下，全球医药冷链物流行业前景广阔，但仍面临诸多困境。医药冷链物流国际运输通道不畅，部分国家冷链物流基础设施落后，追溯信息共享机制不健全等诸多问题依然突出。在全球医药供应链重塑，现代医药冷链物流高质量发展的新阶段，行业将呈现以下新趋势：一是设施网络建设进程加快；二是行业监管体系规范健全；三是绿色低碳步伐稳步迈进；四是技术创新水平持续提升。

资料来源：新浪网.向外探索·向内生长|第十二届药品冷链物流国际会议在徐州落幕[EB/OL].(2023-07-24)[2024-02-19].https://news.sina.com.cn/sx/2023-07-24/detail-imzcupzv5428840.shtml.

【思考】

医药冷链物流未来发展的机遇与挑战是什么？

任务二 医药冷链物流标准化

医药冷链物流配送的难点在于经历多个物流环节,不同环节使用不同的运输资源和信息系统,要实现药品流通信息共享和全程温控,势必需要有统一标准和执行标准的能力。当前,中国在政策法规、标准规范等方面相继出台的各类管理办法或标准。随着相关标准增加,医药冷链物流及其设备等在内的医药冷链物流标准化体系将日益完善。

知识储备

一、医药冷链物流标准化概述

长期以来,中国医药冷链物流水平落后,冷链物流规范标准缺失是很重要的一个原因,随着医药冷链物流方面标准出台,药品流通这个"散、小、乱、弱"的市场将重新洗牌。

医药冷链物流标准化体系是国家政府、相关行业及其企业组织为促进医药冷链物流产业健康发展,借助标准化手段规范医药冷链物流行业运作的政策性文件,是对医药产品在生产、加工、储藏、运输、配送、销售等环节操作管理的规范,也是政府有关监管部门对医药冷链物流活动及相关企业监管的依据。

医药冷链物流涉及医药监管部门、医药制造企业、经营企业、第三方物流等多个领域,需要多方协调合作。完善的法律法规和标准是医药冷链物流各方明确分工及密切合作的前提,可以为医药冷链物流的有序发展提供有力保障。

全国物流标准化技术委员会医药物流标准化工作组(简称"医药物流工作组")成立于2015年,由全国物流标准化技术委员会批准成立,负责开展医药物流相关国家标准、行业标准的制修订及推广工作,秘书处设在中国物流与采购联合会医药物流分会。截至2022年12月,中物联医药物流分会在医药工作组的指导下已牵头制修订13项标准,涉及设备验证、药品物流、冷链物流、医药冷藏车、阴凉箱、保温箱、承运商审计、冷藏车认证、医药物流人才等方面。

二、医药冷链物流标准实施

从国外经验来看,医药冷链物流运输发展依赖于法律规定的保障,政府立"法"管理,行业立"章"规范,企业立"秩"自律。目前部分国际组织和国家相继制订了有关标准和指南。世界卫生组织(WHO)血液安全和临床技术部于2002年发布了《血液冷链》(*The Blood Cold Chain*);加拿大卫生部健康安全和食品分部于2005年颁布了《温控药品储存运输指南(0067号)》;美国冷链协会在2008年发布了《冷链质量指标》等,充分说明国际组织和国家在推动医药冷链物流市场发展中做了很多实质性工作。

为规范和指导医药冷链物流管理,促进医药生产、流通和物流企业管理水平的提高,保障药品质量安全,我国和地方政府出台了一系列的规章制度和操作规范。中国医药冷链物流行业的蓬勃发展离不开国家政策的大力支持。一方面,近年来受益于国家出台的一系列鼓励政策,医药冷链物流行业发展趋势较好;另一方面,医药冷链物流规范新政密集出台,监管规范化程度提升,为医药冷链物流的健康规范发展保驾护航。

(一)政策法规

中国发布的政策法规主要包括:

(1)《中华人民共和国药品管理法》(2019年8月26日第二次修订版);

(2)《中华人民共和国药品管理法实施条例》(2019年3月2日第2次修订版);

(3)《中华人民共和国疫苗管理法》(2019年6月29日);

(4)《疫苗流通和预防接种管理条例》(中华人民共和国国务院令第668号 2016年4月23日,已废止);

(5)《药品经营质量管理规范》(2016年7月13日修正版);

(6)国家药监局关于发布《药品经营质量管理规范》冷藏、冷冻药品的储存与运输管理等5个附录的公告(已修正);

(7)《关于进一步加强疫苗流通和预防接种管理工作的意见》(国办发〔2017〕5号);

(8)《国家药监局综合司国家卫生健康委办公厅关于做好疫苗信息化追溯体系建设工作的通知》(药监综药管〔2019〕103号);

(9)《国家药监局关于药品信息化追溯体系建设的指导意见》(国药监药管〔2018〕35号);

(10)《食品药品监管总局关于推动食品药品生产经营者完善追溯体系的意见》(食药监科〔2016〕122号);

(11)《药品经营和使用质量监督管理办法》(国家市场监督管理总局令第84号);

(12)国家药监局关于发布《药品经营质量管理规范 附录6:药品零售配送质量管理》的公告(2022年第113号);

(13)《药品流通监督管理办法》(2006年国家食品药品监督管理总局令第26号,已失效);

(14)国家药监局关于发布《疫苗生产流通管理规定》的公告(2022年第55号);

(15)国家卫生健康委员会 食品药品监管总局关于印发疫苗储存和运输管理规范(2017年版)的通知。

(二)标准规范

近几年,中国加快推动医药冷链物流标准的制定和修订工作,取得明显进展,有力支撑和促进了医药冷链物流业务发展。但现行标准体系以部门为主,行业标准多,推荐标准多,仍然存在行业管理执行标准不一的问题。

现行标准主要包括国家标准、行业标准、地方标准,分别如表4-7~表4-9所示。

表 4-7 医药冷链物流国家标准

标准号	标准名称	标准内容	发布单位	发布年月
GB/T 30335—2023	药品物流服务规范	本标准规定药品物流服务的基本要求,以及人员与培训、设备、信息系统、仓储、运输与配送、装卸与搬运、货物交接、增值服务、信息管理、风险管理、投诉处理以及服务评价与改进的要求。 本标准适用于药品物流服务与管理活动	国家市场监督管理总局、国家标准化管理委员会	2023 年 9 月
GB/T 42186—2022	医学检验生物样本冷链物流运作规范	本标准规定医学检验生物样本冷链物流运作过程中的组织要求、人员与培训、设备管理、物流作业、风险控制、评审与改进。 本标准适用于医学检验生物样本冷链物流企业的服务与管理	国家市场监督管理总局、国家标准化管理委员会	2022 年 12 月
GB/T 28842—2021	药品冷链物流运作规范	本标准规定了药品冷链物流过程中的总体要求,人员与培训、设备与验证管理、温度监测与控制、物流作业、应急管理以及内审与改进等方面的要求。 本标准适用于药品冷链物流服务与管理	国家市场监督管理总局、国家标准化管理委员会	2021 年 11 月
GB/T 36088—2018	冷链物流信息管理要求	本标准规定了冷链物流信息管理原则、信息内容和信息管理要求。 本标准适用于冷链物流各环节信息的记录与应用	国家质量监督检验检疫总局、国家标准化管理委员会	2018 年 3 月
GB/T 34399—2017	医药产品冷链物流温控设备验证性能确认技术规范	本标准规定了医药产品冷链物流涉及的温控仓库、温控车辆、冷藏箱、保温箱及温度监测系统性能确认的内容、要求和操作要点。 本标准适用于医药产品储存运输过程中涉及的温控仓库、温控车辆、冷藏箱、保温箱及温度监测系统的性能确认等活动	国家质量监督检验检疫总局、国家标准化管理委员会	2017 年 10 月
GB/T 37864—2019	生物样本库质量和能力通用要求	本标准等同采用 ISO 国际标准:ISO 20387:2018。 采标中文名称:生物技术 生物样本保藏 生物样本库通用要求	国家市场监督管理总局、国家标准化管理委员会	2019 年 8 月

中国应继续完善医药冷链物流运输相关标准,规范冷链物流运输作业规范与温度控制标准,并利用信息系统对冷链物流运输过程的温湿度进行全流程的监管,实现数据的动态实时上传。同时,制定冷链物流运输资格认证标准,规定只有获得认证的冷链物流运输企业,才有可能从事药品冷链物流运输与配送业。

表 4-8　医药冷链物流行业标准

标准号	标准名称	标准内容	发布单位	发布年月
WB/T 1104—2020	道路运输医药产品冷藏车功能配置要求	本标准规定了医药产品冷藏车的分类、功能配置要求。本标准适用于道路运输医药产品冷藏车的选型	国家发展和改革委员会	2020年5月
WB/T 1097—2018	药品冷链保温箱通用规范	本标准规定了药品冷链保温箱的技术要求、试验方法、检验规则和标志。本标准适用于冷藏药品运输暂存和流通加工中所使用的冷链保温箱	国家发展和改革委员会	2018年7月
WB/T 1062—2016	药品阴凉箱技术要求和试验方法	本标准规定了药品阴凉箱（以下简称阴凉箱）的术语和定义、技术要求和试验方法。本标准适用于箱内温度范围为8～20℃、相对湿度范围为35%～75%的电机驱动压缩式全封闭型制冷系统的立式阴凉箱	国家发展和改革委员会	2016年10月
SB/T 11036—2013	药品物流设施与设备技术要求	本标准适用于药品批发企业和药品零售连锁企业的现代医药物流中心	商务部	2013年12月
WS/T 400—2023	血液运输标准	本标准规定了供临床输注的血液运输要求。本标准适用于血站和医疗机构之间、血站之间、医疗机构之间的血液运输。本标准不适用于造血干细胞等特殊血液成分的运输	国家卫生健康委员会	2023年9月

表 4-9　医药冷链物流地方标准

标准号	标准名称	标准内容	发布单位	发布年月
DB22/T 2226—2014	冷链物流企业运作规范	本标准规定了冷链物流企业在运作过程中的基本要求、人员要求、设备要求、运作流程等方面的具体内容。本标准适用于冷链物流企业以及生产、流通企业的冷链物流部门	吉林省质量技术监督局	2014年12月
DB31/T 1206—2020	疫苗冷链物流运作规范	本标准规定了疫苗冷链物流运作中的基本要求、冷链物流设备要求、人员和管理要求以及运作要求。本标准适用于上海市行政区域内疫苗上市许可持有人、疫苗储运企业、疾病预防控制机构和接种单位的疫苗冷链过程管理	上海市市场监督管理局	2020年1月

续表

标准号	标准名称	标准内容	发布单位	发布年月
DB14/T 2283—2021	药品经营企业药品冷链储运设备性能验证规范	本标准规定了药品经营企业药品冷链储运设备性能验证的术语和定义、总体要求、验证管理、技术要求、验证结果应用等内容。 本标准适用于对药品经营企业药品冷链储运设备的性能验证	山西省市场监督管理局	2021年5月

任务实施

李导师：小王，根据你之前的预习，你知道中国目前的标准体系包括哪些吗？

小王：中国目前的标准体系包括国家标准、行业标准、地方标准和团体标准、企业标准。

李导师：对的，国家标准为强制性标准、推荐性标准，而行业标准、地方标准则是推荐性标准。

小王：明白，我们应该认真学习各相关标准，特别是国家及行业标准。

李导师：是的。下面以"《药品经营质量管理规范》储存、运输相关规定"为例，通过查询《药品经营质量管理规范》政策法规，摘抄有关对冷藏药品储存、运输相关规定要求，学习医药冷链物流标准化相关的知识及实操技能（表4-10）。

表4-10 《药品经营质量管理规范》储存、运输相关规定

法规/标准名称	冷藏药品在储存、运输中的相关规定
《药品经营质量管理规范》附录1 冷藏、冷冻药品的储存与运输管理	第五条 储存、运输过程中，冷藏、冷冻药品的码放应当符合以下要求： （一）冷库内药品的堆垛间距，药品与地面、墙壁、库顶部的间距符合《规范》的要求；冷库内制冷机组出风口100cm范围内，以及高于冷风机出风口的位置，不得码放药品； （二）冷藏车厢内，药品与厢内前板距离不小于10cm，与后板、侧板、底板间距不小于5cm，药品码放高度不得超过制冷机组出风口下沿，确保气流正常循环和温度均匀分布

任务拓展

李导师：小王，经过本任务相关理论及《药品经营质量管理规范》实例的学习，相信你较好地掌握了医药冷链物流标准化的相关知识及技能。为了让你们更好地掌握医药冷链物流的相关法规、标准及其内容，下面请根据老师提供的资料及上网查询相关数据，编写其对应的"冷藏药品在储存、运输中的相关规定"。

至少满足以下要求：

（1）至少查询2个与医药冷链物流相关的法规、标准；

（2）填写表4-11。

小王：好的，老师。我会认真完成的。

请你代替小王，编写"冷藏药品在储存、运输中的相关规定"。

并填写表4-11（表格可自行增加行数）。

表4-11　冷藏药品在储存、运输中的相关规定

法规/标准名称	冷藏药品在储存、运输中的相关规定

任务评价

知识点与技能点	我的理解（填写关键词）	掌握程度
医药冷链物流标准化概述		☆☆☆☆☆
医药冷链物流标准实施		☆☆☆☆☆

医药产品冷链物流温控设施国标正式实施

标准化工作主要指制定标准、组织实施标准和对标准的实施进行监督检查。随着标准化改革工作的不断深化，标准化工作已经成为国家战略层面的重要工作之一。

医药物流的标准化中，冷链物流设备是最重要的设备，一方面标准不一，全程冷链物流效果难以保证。另一方面，冷链物流设备企业标准不一，在其相互合作时，需要重复认证，不仅影响整个流通效率，也增加了企业的成本。

医药物流市场竞争日益激烈，"互联网＋"加速产业深化变革，对医药物流标准化工作提出新要求。由中国物流与采购联合会医药物流分会、北京科园信海医药经营有限公司等14家单位起草的《医药产品冷链物流温控设备验证性能确认技术规范》国家标准正式实施。

上述标准具体规定了医药产品冷链物流涉及的温控仓库、温控车辆、冷藏箱、保温箱及温度检测系统验证性能确认的内容、要求和操作要点。该标准填补了国家医药冷链物流储运的空白，提高了相关法规的执行力度，针对相关法律条款中模糊地带制定标准，提升标准的一致性，对医药冷链物流的成本、效率、控制成本方面都有深远的意义。

目前中国稳步增长的医药市场，中国医药物流标准化将持续加快，与国际标准接轨趋势逐渐凸显。中国的医药冷链物流标准化的工作会持续受到重视，医药标准的统一度会继续提高。

【思考】

医药冷链物流标准可带来什么好处？

任务三　医药冷链物流业务运营

随着中国医药流通规模不断增大,国家加大对药品安全关注力度,老百姓对药品安全需求增加,作为医药冷链物流的关键环节——医药冷链物流运营更加引人注意。医药冷链物流运营是在低温冷藏条件下,医药产品经过生产、运输、储存、使用等一系列环节不变质,延长保质期。

知识储备

一、医药冷链物流流程概述

医药冷链物流主要涉及医药供应企业、医药物流企业和医药消费终端。在医药物流产业链中,上游环节主要包括医药生产及商贸企业;中游环节为医药产品的流通环节,主要包括医药物流企业,可以分为附属于医药集团的内部子公司和第三方物流企业;医药消费终端主要包括全国各级医院、基层医疗机构、零售药店等。

医药冷链物流从制药商开始,经过预冷和加工、贮藏及运输配送等环节,最后经零售发放到医药消费者手中。在整个医药冷链物流过程中,需要确保药品在各个链条环节的冷藏效果。医药冷链物流的一般流程如图4-1所示。

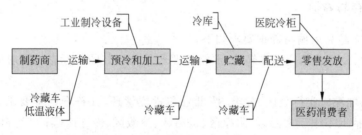

图 4-1　医药冷链物流的一般流程

二、医药冷链物流操作

部分医药产品对温度敏感,在生产、存储、运输过程中具有冷藏或冷冻的温度要求,温度偏差对冷链医药产品质量的影响是永久且不可逆转。因此,冷链医药产品与普通医药产品不同,其生产、贮存、运输和使用的全过程都必须保持规定的保温条件,才能保证其质量和疗效。与普通的物流系统相比,医药冷链物流的要求更高,也更加复杂。

企业经营冷藏、冷冻药品,要按照《药品物流服务规范》《药品冷链物流运作规范》及《药品经营质量管理规范》要求,在收货、验收、储存、养护、出库、运输等环节,根据药品包装标示的贮藏要求,采用经过验证确认的设备、技术方法和操作规程,对冷藏、冷冻药品储存过程中温湿度状况、运输过程中温度状况,进行实时自动监测和控制,保证药品的储运环境温湿度控制在规定范围内。

（一）收货与验收

冷藏、冷冻药品收货与验收要求如下。

（1）收货区的温度应当符合药品说明书和标签标示的温度范围，冷链物流收货作业应当在收货区内或者经评估不会对药品质量产生不利影响的缓冲区内完成。

（2）药品从冷藏车转移至冷库的作业过程中，应根据验证结果，采取防护保温措施，不应直接暴露于外界自然温度条件的环境中。

（3）收货时，收发货双方应同时查验运输设备显示的温度及环境温度，对温度数据及运输时间等质量状况进行重点检查、记录，签字确认，并根据以下要求进行收货处理：①资料齐全、符合冷链物流运输温度要求的，收货方可接收；②资料不齐全但符合冷链物流运输温度要求的药品，收货方可于符合说明书要求的环境中暂存该药品，待资料齐全后办理收货手续；③温度不符合要求的药品，应将其隔离存放于符合说明书要求的环境中，通报本企业质量管理部门处理，并且立即与药品生产企业联系，依据各方意见进行评估，确定收货或者拒收；④不能提供本次运输过程温度记录的药品，应当拒收。

（4）验收时，应对运输方式及运输过程的温度记录、在途时间、到货温度等质量状况进行再次检查与核对，并在药品说明书规定的储存温度环境内完成验收。

（5）对销售后退回的药品，应同时查验退货方提供的温度控制说明文件和售出期间温度控制的相关数据，根据本企业质量管理部门的评估意见完成作业。

（二）储存与养护

冷藏、冷冻药品运输与养护要求如下。

（1）搬运、装卸药品应轻拿轻放，严格按照药品外包装图示标志的要求码放和采取防护措施。

（2）药品堆垛应实行分区、分类、按批号和货位管理，并符合以下要求：①应实行分温区存放，包括但不限于常温区、阴凉区、恒温区、冷藏区、冷冻区等；②药品与非药品、外用药与其他药品应分开存放，拆除外包装的零货药品应集中存放；③不同批号的药品不应堆放在同一托盘上；④托盘堆码应设置高度限制，不应超出托盘的长度和宽度。

（3）药品应按规定的温湿度条件存储。应按药品外包装标示的温度要求储存药品，外包装上没有标示具体温度的，应按照《中华人民共和国药典》或药品说明书规定的贮藏要求进行储存。储存药品相对湿度为 $35\%\sim75\%$。

（4）储存药品应当按照要求采取避光、遮光、通风、防潮、防虫、防鼠等措施。

（5）应根据库房条件、外部环境、药品质量特性等对药品进行养护并记录；建立重点品种的养护制度；对药品采取近效期预警及超过有效期自动锁定等措施，防止过期药品出库。

（6）应定期检查在库品种的储存条件和质量。对养护中发现的质量问题进行分析，制定改进措施。

（7）药品丢失或损坏时，应及时查找原因、分清责任，制定预防措施，并及时处理赔偿等事项。

(8) 对质量异常的品种,应先行隔离,暂停发货,在计算机系统中锁定和记录,通报质量管理部门,根据其评估意见处理。

(9) 对于超过有效期和其他原因造成的不合格药品,处理过程应有完整的手续和记录。应按相关要求统一销毁,销毁记录应保存 5 年以上。

(10) 药品储存期间出现液体、气体、粉末泄漏时,应迅速采取安全处理措施。

(三) 运输与配送

医药冷链物流运输是指为满足人们疾病预防、诊断和治疗目的而进行的冷藏药品的运输,是医药冷链物流的一个重要环节。

1. 冷藏、冷冻药品运输、配送要求

(1) 应根据药品数量、运输距离和时间、温控要求、环境温度等情况选择合适的运输方案。

(2) 冷藏车、冷藏箱或保温箱应提前预冷或预热至符合药品储存运输的温度范围。

(3) 采用冷藏车运输时,应根据验证结果制定操作程序,严格按照操作程序进行运作,操作程序内容应当满足以下要求:①应进行出车前检查,确保设备运转正常,并根据验证结果进行药品装卸、异常处置等工作;②宜采取措施防止冷链药品发生位移。

(4) 采用冷藏箱、保温箱运输时,应符合以下要求:①应根据验证结果进行配套蓄冷剂的预冷、释冷、装箱等工作;②应确保温度区间与所运输的药品储存温度区间一致,并在其外包装箱上注明特殊运输警示等内容。

(5) 运输过程中温度超过预警温度时,相关人员应及时采取有效措施进行调控,并查明原因。

(6) 采用航空运输时,各操作环节应实施快速装卸作业。

(7) 委托其他单位运输和配送药品的,应对被委托方运输与配送药品的资质、能力进行首次合作前,以及合作后定期的审查和评估。提货时被委托方应提供提货委托书,其内容包括但不限于承运商信息、提货人信息、有效期等。

2. 冷藏、冷冻药品运输管理要点

企业应当按照《药品经营质量管理规范》的要求,配备相应的冷藏、冷冻储运设备及温湿度自动监测系统,并对设备进行维护管理。

(1) 企业运输冷藏、冷冻药品应当依据药品数量、运输距离、运输时间、温度要求、外部环境温度等情况,选择适宜的运输工具和温控方式,确保运输过程中温度控制符合要求。冷藏车具有自动调控温度的功能,其配置符合国家相关标准要求;冷藏车厢具有防水、密闭、耐腐蚀等性能,车厢内部留有保证气流充分循环的空间。

(2) 冷藏箱、保温箱具有良好的保温性能;冷藏箱具有自动调控温度的功能,保温箱配备蓄冷剂,以及与药品隔离的装置。

(3) 冷藏、冷冻药品的储存、运输设备配置温湿度自动监测系统,可实时采集、显示、记录、传送储存过程中的温湿度数据和运输过程中的温度数据,并具有远程及就地实时报警功能,可通过计算机读取和存储所记录的监测数据。

(4) 冷藏车厢内,药品与厢内前板距离不小于 10cm,与后板、侧板、底板间距不小于

5cm，药品码放高度不得超过制冷机组出风口下沿，确保气流正常循环和温度均匀分布。

（5）企业应当制定冷藏、冷冻药品运输过程中温度控制的应急预案，对运输过程中出现的异常气候、设备故障、交通事故等意外或紧急情况，能够及时采取有效的应对措施，防止因异常情况造成的温度失控。

3. 不同运输工具运输药品规定

（1）用冷藏箱、保温箱运送冷藏药品的规定：①装箱前将冷藏箱、保温箱预热或预冷至符合药品包装标示的温度范围内；②按照验证确定的条件，在保温箱内合理配备与温度控制及运输时限相适应的蓄冷剂，低温蓄冷剂与药品之间进行隔离；③药品装箱后，冷藏箱启动动力电源和温度监测设备，保温箱启动温度监测设备，检查设备运行正常后，将箱体密闭。

（2）使用冷藏车运送冷藏、冷冻药品的规定：①提前打开温度调控和监测设备，将车厢内预热或预冷至规定的温度；②开始装车时关闭温度调控设备，并尽快完成药品装车；③药品装车完毕，及时关闭车厢厢门，检查厢门密闭情况，并上锁；④启动温度调控设备，检查温度调控和监测设备运行状况，运行正常方可启运。

随着第三方物流企业进入医药冷链物流市场，冷链物流服务专业化程度在进一步提高。新条例实施后，以国药控股、华润医药、上海医药等为代表的大型医药生产企业、集中规模经营农产品的医药物流企业已经实施了全面的冷链物流质量管理，具备在国内实施全面冷链物流保证和监测管理的资质和经验。

三、医药冷链物流设备运营

医药冷链物流关键是要实现全程温度控制，确保降低医药品损耗，最大限度保证品质，以满足消费者需求。从目前需要冷藏的药品来看，医药冷链物流最容易断链的环节就是医药冷链物流运输环节。

医药冷链物流运输系统是一个庞大的物流系统，涉及多个环节，为保证药品从生产企业到接收单位的运转全过程均处于冷链物流环境中，需要在冷链物流储存、搬运、分拣、配送等各个环节确保药品一直处在一定的温度区间内，需要冷链物流的各类技术装备、存储设施、货运装备的支撑。

医药冷链物流一般会涉及三大类技术。

（1）移动制冷技术。医药冷链物流每个环节均需要冷藏，也需要冷链物流运输，需要制冷剂、制冷系统、温控系统等冷藏设施与设备。具体而言，需要冷藏车、疫苗运输工具、移动冰箱、冷藏箱、冷藏包、冰排等。

（2）保温技术。包括冷藏集装箱、保温箱、保温袋、冷藏箱及各类保温包装手段及密封措施等。

（3）智能监控技术。主要用于对冷链物流储存、运输过程进行监控与管理，包括温湿度传感器、RFID、GPS及软件管理系统。

另外，医药冷链物流运输的核心不完全是"冷"，而是恒温，将温度控制在一定的区间内（包括深冷、冷冻、冷藏、恒温、常温等不同温区），而不同的产品需要不同保存温度。

当前国际上医药冷链物流运输与配送的领军企业如 World Courier、Nagel、FedEx、

UPS、DHL、Allergan 等,都建有综合性的药品冷库,并提供诸如药品封装、温度电子监控、物流咨询、全球分销仓储网络、冷藏箱配置等业内领先的物流服务。医药冷链物流在发达国家的快速发展也正得益于龙头企业的带动作用。从国外药品冷链物流的发展来看,运输、仓储、配送、搬运等环节的高效运作及冷藏链之间的有效衔接都需要完善的设备支撑。

因此,中国应首先采用先进医药冷链物流运输设备和技术,尤其是要发展移动制冷、冷藏箱保温与监控、医药冷藏包装、专用冷藏介质、单元化冷藏箱或移动冰箱等技术,大力发展先进冷藏车技术、监控温度控制技术等。同时,为了满足市场需要,还应引入物联网技术,通过引进先进 RFID 技术、温度传感器技术、GPS 技术、无线通信技术,对医药冷藏品等运输与配送质量进行实时监控、透明化管理和全程追溯。此外,还需不断改进冷藏车、冷藏集装箱及冷藏单元器具,在冷链物流运输装备方面加大科技开发和投入,在冷冻冷藏方式和技术上要不断进行革新,尽快普及各种冷藏保鲜新技术。

任务实施

李导师:小王,根据你之前的预习,目前中国医药冷链物流运营模式有哪些?

小王:老师,中国医药冷链物流运营模式共分为三类,即自营、自营+外包、外包。

李导师:很好,自营比较好理解。医药企业委托专业第三方物流企业运输,俗称外包,即外包给第三方公司进行医药运输。自营与外包都有各自的优势及需改进之处。当然,一些医药企业会将自营和外包相结合,以充分利用各自的优点,此为"自营+外包"模式。

小王:明白,医药冷链物流应根据自身特点选择满足自身发展的运营模式。

李导师:是的。医药运输对物流网络和设备设施要求较高,尤其是冷链物流运输对设备、温控要求更加严格,因此,医药企业会根据产品类型、业务范围、运营成本等进行综合考虑,选择合适运营模式。

李导师:下面以"医药冷链物流自营和外包优劣势对比"为例,通过对比分析自营与外包两种模式,了解各自的优劣势,进一步学习医药冷链物流业务运营相关的知识及实操技能(表 4-12)。

表 4-12 医药冷链物流运输自营和外包优劣势对比

运营模式	自营	外包
优势	质量控制	车辆等物流资源比较灵活
	效率高	不用考虑回程车费用问题
	作业规范	成本低
	产品质量风险好管控	管理简单
	标准统一	有效规避运输风险
	操作灵活、沟通顺畅	运输能力强
劣势	要求车辆规模体量够大	服务响应不及时
	成本较高	沟通成本高
	管理难度高	具有不确定性
	配送网络覆盖有局限	过程难以控制

任务拓展

李导师：小王,经过本任务相关理论及"医药冷链物流运输自营和外包优劣势对比"实例的学习,相信你较好地掌握了医药冷链物流业务运营的相关知识及技能。为了让你们更好地了解中国目前较好的医药冷链物流运输企业有哪些,下面请根据老师提供的资料及上网查询相关数据,编写"中国医药冷链物流运输企业20强"。

至少满足以下要求。

(1) "20强"应是近3年的排名,排名数据越新越好。

(2) 需要有医药冷链物流运输企业相关简介(50~150字)。

(3) 需要有数据佐证来源。

小王：好的,老师。我会认真完成的。

请你代替小王,编写"中国医药冷链物流运输企业20强"。

任务评价

知识点与技能点	我的理解(填写关键词)	掌握程度
医药冷链物流概述		☆☆☆☆☆
医药冷链物流操作		☆☆☆☆☆
医药冷链物流设备运营		☆☆☆☆☆

补充阅读

医药冷链物流对温度控制和药品安全有着非常苛刻的要求

如果说运载着快递、生鲜、货物的物流是一座城市发达的毛细血管,那么医药冷链物流就是其中最不可或缺的一节纽带,联结着健康板块的方方面面。

和普通物流不同,医药冷链物流由于其业务特殊性,通常是B2B模式,服务对象包括医院、血站、科研院校、检测机构、跨国药企、医药企业,还有传统医药商业流通公司等。

医药冷链物流对于温度监测可谓苛刻。例如,医药冷链物流储藏箱都会配备温度记录仪,一种是装在箱体外进行温度监控,用户可以设置成每隔一段时间上传一次实时温度,如一分钟一次,通过云端监控温度变化,超温会立刻预警;还有一种温度记录仪是放在箱体内,同样实时监控,只不过是在最后到达目的地后核查所有数据,有些要求比较高的医药冷链物流企业都会配备两种温度记录仪。除温度外,湿度也是影响存储环境的一个因素,更好一点的温控设备是能进行温湿度双向监控。

不同医药产品对于医药冷链物流温度要求也不同。疫苗、诊断试剂、医疗器械,以及大部分药物运输温度通常在2~8℃;血浆和血小板,一些生物制剂运输温度通常在 −30~−18℃,而冷冻红细胞和一些特殊药物则需要在−80℃以下,一些病毒、人体器官组织、冷冻的精子等,则需要更低深冷温度控制。

以细胞治疗冷链物流服务为例，CAR-T细胞治疗在回输阶段的运输需保持全程温度-150℃以下，同时对冷链物流装备清洁消毒安全、患者的回输准时性都有着严苛标准，这无疑对医药冷链物流风险管控和质量规范提出了极高要求。

尽管不同品类产品会有一个大概温区要求，但具体实施需要根据客户要求定制特定的VIP冷链物流服务，例如，具体到某个产品需要什么样的温度、湿度、运输时间，都以客户要求为准，有时对同一产品，不同客户的要求也会不同。

一位医药冷链物流从业者解释，例如，对于一些温度高敏感型药品，有些医院就会要求在15～20℃范围内运输保存，而另一些医院则不会要求这么严格，这与各家医院的质量管理规范有关。

医药冷链物流的"冷"不仅在于温度变化，更重要的是恒温。医药冷链物流中不同产品对温度要求不同，除了时效性外，其实更看重温度均匀性和安全性，追求的是无限接近设定温度。例如，有些药品按照国家质量管理规范应当在2～4℃，但冷藏箱内温度其实保持在4℃的±1℃范围内。这不仅是对温控技术的考验，还是对承运商时间的把控，以及对第三方物流调配的要求。

医药冷链物流行业对温度控制和产品安全有着非常高的要求，技术和设备是最基本的门槛，因此企业需要有先进冷链物流设备，包括冷藏车辆、冷藏箱、冷库等。这些设备需要能够精确控制温度、保持稳定的环境条件，以确保医药产品的质量和安全性。冷链物流的建设显而易见是一个重资产、重规模的规划，因此，这一行业有一大部分企业都是集成式发展，只聚焦于行业链条中自己擅长的领域，其他部分则采取外包或采购的形式。

服务这片市场的有九州通、华润这样的传统商业流通公司，其扎根更早，布局也更广泛。近年来，无论是京东物流、菜鸟"电商系"互联网行业巨头，还是顺丰等传统"快递系"物流企业都纷纷涌入这一领域。

这个行业可以简单地划分成三方，上游包括移动冷藏车、冷库等大件设备提供商，温度监控设备和数据分析提供商、小件的保温箱；中游是物流承运商，包括顺丰、京东物流，以及一些第三方物流企业等；下游是医药冷链物流的"甲方客户"，还包括一些医药流通商、零售药房等。

资料来源：华夏时报."沉"在水下的医药冷链江湖：家电、物流和传统医药流通企业"三国杀"中小企业各守江山[EB/OL].(2023-07-19)[2024-02-19]. https://finance.eastmoney.com/a/202307192785488612.html.

【思考】
为何说医药冷链物流对温度控制和药品安全有着非常苛刻的要求？

任务四　疫苗冷链物流管理

中国已成为世界疫苗生产量最大的国家，也是世界最大的原料药生产国。疫苗是特殊药品，在运输、储存等环节有严格冷藏保温要求。疫苗安全直接关系着民生和社会稳定，对中国物流供应链，特别是冷链物流提出了更高要求。

知识储备

一、疫苗分类

疫苗是以病原微生物或其组成成分、代谢产物为起始材料,采用生物技术制备而成,用于预防、治疗人类相应疾病的生物制品。疫苗接种人体后可刺激免疫系统产生特异性体液免疫和(或)细胞免疫应答,使人体获得对相应病原微生物的免疫力。

疫苗包括免疫规划疫苗和非免疫规划疫苗。免疫规划疫苗(一类疫苗),是指政府免费向公民提供,公民应当依照政府规定而受种的疫苗,包括国家免疫规划确定的疫苗,省、自治区、直辖市人民政府在执行国家免疫规划时增加的疫苗,以及县级以上人民政府或者其卫生主管部门组织的应急接种或者群体性预防接种所使用的疫苗;非免疫规划疫苗(二类疫苗),是指由公民自费,并且自愿受种的其他疫苗。

疫苗是预防和战胜疫情的有力武器。作为一种特殊的生物制品,疫苗具有对温度高敏感的生物特性,为保障其安全性和有效性,需要建立从疫苗生产到疫苗使用的全程冷链物流系统。无论是在疫苗生产工厂、中转冷库,还是在医院、接种站等医疗机构,以及中间的运输配送环节,都需要避光、避暴晒和避高温。在储存和运输过程中,任何一次不当操作和失误都将给疫苗使用效力带来不可逆的降低。根据WHO统计,全球每年约有50%的疫苗被浪费,其中绝大部分是在运输过程中由于温度不达标而损耗。2016年3月,山东警方破获了一起涉案金额高达5.7亿元的非法疫苗案,不法商贩将未按冷链物流规定存储运输的25种儿童、成人用二类疫苗销往25个省市,严重危害人民群众健康,引发政府和社会大众对医药冷链物流的关注。

二、疫苗储存与运输

国家卫生健康委员会和国家食品药品监督管理总局印发的《疫苗储藏和运输管理规范》中,有对疫苗的储存与运输管理、运输温度监测、运输设备等的相关规定。

(一)疫苗储存与运输管理

疫苗的运输、储存和使用要严格按照有关温度要求进行。按照疫苗的品种、批号分类整齐码放,疫苗纸箱之间、与柜壁之间均应留有冷气循环通道,分发使用疫苗按照先短效期、后长效期和同批疫苗按先入库、先出库的原则,存放要整齐,包装标志要明显。

1. 疫苗贮藏管理要求

(1)制品的贮藏条件(包括温、湿度,是否需避光)应经验证,并符合相关要求,除另有规定外,贮藏温度为2~8℃。

(2)配备专用的冷藏设备或设施用于制品贮藏,按照中国现行《药品生产质量管理规范》的要求划分区域,并分门别类有序存放,具体要求包括:①仓储区的设计和建造应合理,仓储区应当有足够空间,确保有序贮藏成品;②仓储区的贮存条件应符合制品规定条件(如温度、湿度,是否避光)和安全要求,应配备用于冷藏设备或设施的温度监控系统;③应对冷库,储运温、湿度监测系统,以及冷藏运输的设施或设备进行使用前验证,使用期间的定期验证及停用时间超过规定时限的验证;④应对贮存、运输设备进行定期检查、清洁和维护,并建立记录和档案。

(3) 制定制品出入库记录台账,建立成品销售、出库复核、退回、运输、不合格制品处理等相关记录,记录应真实、完整、准确、有效和可追溯。

2. 疫苗运输管理要求

(1) 疫苗中所含活性成分对温度敏感,运输方式及路径应经过验证。

(2) 除另有规定外,应采用冷链物流运输。运输全过程,包括装卸搬运、转换运输方式、外包装箱组装与拆除等环节,使制品始终保持在一定温度下。疫苗冷链物流运输应符合国家相关规定。

医药冷藏车及其管理规定

(3) 采用冷链物流运输时,应对其设施或设备进行验证,并定期进行再验证;应由专人负责对冷链物流运输设备进行定期检查、清洁和维护,并建立记录和档案。

(4) 疫苗运输温度应符合要求,温度范围应依据制品的稳定性试验的验证结果确定。

(5) 运输时应避免运输过程中震动对制品质量的影响。

(6) 疫苗运输过程中可能存在难以避免的短暂脱冷链物流时间,应依据脱冷链物流时间和温度对制品质量影响的相关研究,确定可允许的脱冷链物流时间和可接受的温度限度。

3. 疫苗储存与运输管理规定

(1) 疫苗生产企业、疫苗配送企业、疾病预防控制机构在供应或分发疫苗时,应当向收货方提供疫苗运输的设备类型、起运和到达时间、本次运输过程的疫苗运输温度记录、发货单和签收单等资料。

疫苗储存、运输中的管理

(2) 疾病预防控制机构、接种单位在接收或者购进疫苗时,应当索取和检查疫苗生产企业或疫苗配送企业提供的《生物制品批签发合格证》复印件,进口疫苗还应当提供《进口药品通关单》复印件。收货时应当核实疫苗运输的设备类型、本次运输过程的疫苗运输温度记录,对疫苗运输工具、疫苗冷藏方式、疫苗名称、生产企业、规格、批号、有效期、数量、用途、启运和到达时间、启运和到达时的疫苗储存温度和环境温度等内容进行核实并做好记录。具体要求如下:①资料齐全、符合冷链物流运输温度要求的疫苗,方可接收;②对资料不全、符合冷链物流运输温度要求的疫苗,接收单位可暂存该疫苗,待补充资料符合第一款要求后,办理接收入库手续;③对不能提供本次运输过程的疫苗运输温度记录或不符合冷链物流运输温度要求的疫苗,不得接收或购进。

(3) 疾病预防控制机构、接种单位对验收合格的疫苗,应当按照规定的温度要求储存,按疫苗品种、批号分类码放。

(4) 疾病预防控制机构、接种单位应当按照有效期或进货顺序供应、分发和使用疫苗。

(5) 疫苗生产企业、疫苗配送企业、疫苗仓储企业应当定期对储存的疫苗进行检查并记录。对超过有效期或储存温度不符合要求的疫苗,应当采取隔离存放、暂停发货等措施。

(6) 疾病预防控制机构、接种单位应当定期对储存的疫苗进行检查并记录,对包装无法识别、超过有效期、不符合储存温度要求的疫苗,应当定期逐级上报,其中第一类疫苗上报至省级疾病预防控制机构,第二类疫苗上报至县级疾病预防控制机构。

对于需报废的疫苗,应当在当地食品药品监督管理部门和卫生计生行政部门的监督下,按照相关规定统一销毁。接种单位需报废的疫苗,应当统一回收至县级疾病预防控制机构统一销毁。疾病预防控制机构、接种单位应当如实记录销毁、回收情况,销毁记录保存5年以上。

(7) 疫苗的收货、验收、在库检查等记录应当保存至超过疫苗有效期2年备查。

(二) 疫苗储存与运输温度监测

疫苗储存与运输温度监测很重要,比如疫苗运输就要求全程低温冷链物流,一旦运输途中出现温度异常,就会产生不可逆的后果。

疫苗储存、运输的温度监测

(1) 疾病预防控制机构、接种单位、疫苗生产企业、疫苗配送企业、疫苗仓储企业必须按照疫苗使用说明书、《预防接种工作规范》等有关疫苗储存、运输的温度要求储存和运输疫苗。

(2) 疾病预防控制机构、接种单位应按以下要求对疫苗的储存温度进行监测和记录。

① 采用自动温度监测器材或设备对冷库进行温度监测,须同时每天上午和下午至少各进行一次人工温度记录(间隔不少于6小时),填写"冷链物流设备温度记录表"。

② 采用温度计对冰箱(包括普通冰箱、低温冰箱)进行温度监测,须每天上午和下午各进行一次温度记录(间隔不少于6小时),填写"冷链物流设备温度记录表"。温度计应当分别放置在普通冰箱冷藏室及冷冻室的中间位置,低温冰箱的中间位置。每次应当测量冰箱内存放疫苗的各室温度,冰箱冷藏室温度应当控制在2~8℃,冷冻室温度应当控制在-15℃以下。有条件的地区或单位可以应用自动温度监测器材或设备对冰箱进行温度监测记录。

③ 可采用温度计对冷藏箱(包)进行温度监测,有条件的地区或单位可以使用具有外部显示温度功能的冷藏箱(包)。

(3) 疫苗配送企业、疾病预防控制机构、接种单位应当对疫苗运输过程进行温度监测,并填写"疫苗运输温度记录表"。记录内容包括疫苗运输工具、疫苗冷藏方式、疫苗名称、生产企业、规格、批号、有效期、数量、用途、启运和到达时间、启运和到达时的疫苗储存温度和环境温度、启运至到达行驶里程、送/收疫苗单位、送/收疫苗人签名。运输时间超过6小时,须记录途中温度。途中温度记录时间间隔不超过6小时。

(4) 对于冷链物流运输时间长、需要配送至偏远地区的疫苗,省级疾病预防控制机构应当对疫苗生产企业提出加贴温度控制标签的要求,并在招标文件中提出。疫苗生产企业应当根据疫苗的稳定性选用合适规格的温度控制标签。

(5) 疫苗储存、运输过程中的温度记录可以为纸质或可识读的电子格式,温度记录要求保存至超过疫苗有效期2年备查。

(三) 疫苗储存与运输设备

1. 疫苗储存与运输设备

疫苗冷链物流设备是指为保证疫苗从疫苗生产企业到接种单位运转过程中的质量而装备的储存、运输冷藏设施与设备。

《药品经营质量管理规范》明确规定:经营疫苗或生物制品的企业,应有与经营规模和经营品种相适应的冷藏(冻)储存、运输设备;在运输过程中,对有温度要求的药品,应采取相应的保温或冷藏措施;疫苗运输采用的冷藏车辆及冷藏(冻)箱,应能自动调控和显示温度状况;药品运输应在规定的时间内完成,不得将运输车辆作为药品的储存场所。

计划免疫所用疫苗从生产、贮存、运输、分发到使用的整个过程,应有完好的冷藏设备,使疫苗始终置于规定的温度环境中,保证疫苗的功效不受影响。冷链物流的配套设备包括贮存疫苗的低温冷库、普通冷库、疫苗运输车、冰箱、冷藏箱、冷藏背包及监控系统。

常见疫苗冷藏设备如下。

(1) 一次性低温冷藏冰袋。一次性低温冷藏冰袋一面是高密度塑料,另一面是无纺布。其主要是用于对易腐产品、生物制剂及所有需要冷藏运输的产品。如果运输时冰袋随产品一起运走,不能回收重复使用,建议用一次性低温冷藏冰袋。

(2) 重复使用低温冷藏冰袋。重复使用低温冷藏冰袋在所有冰产品中保温时间最长,可以重复使用,节省成本。其冷热双用,最低可以被冷冻到-190℃,最高可以被加热到200℃。重复使用低温冷藏冰袋可以任意的切割尺寸,可以与食品直接接触,装有食品级的科技冰,这种冰安全无毒环保节能,取代了凝胶包、袋装冰、块冰和干冰。

(3) 疫苗冷藏运输箱。疫苗冷藏运输箱采用食品级的环保 LLDPE(线型低密度聚乙烯)材料,经过旋转模压工艺一次成型精制而成,配有海洋不锈钢锁扣,底部配有橡胶防滑垫,无毒无味、抗紫外线、不易变色,表面光滑,容易清洗,保温效果好,不怕摔碰,可终身使用。其持续冷藏保温时间可达数天,可适用于医用采样、取样,生物制剂冷藏低温运输、血液运输等。

2. 疫苗储存与运输设备管理规定

(1) 疾病预防控制机构、接种单位、疫苗生产企业、疫苗配送企业、疫苗仓储企业应当装备保障疫苗质量的冷链物流储存与运输设备:①省级疾病预防控制机构、疫苗生产企业、疫苗配送企业、疫苗仓储企业应当根据疫苗储存、运输的需要,配备普通冷库、低温冷库、冷藏车和自动温度监测器材或设备等;②设区的市级、县级疾病预防控制机构应当配备普通冷库、冷藏车或疫苗运输车、低温冰箱、普通冰箱、冷藏箱(包)、冰排和温度监测器材或设备等;③接种单位应当配备普通冰箱、冷藏箱(包)、冰排和温度监测器材或设备等。

(2) 疾病预防控制机构、接种单位的疫苗储存、运输设备管理和维护要求:①用于疫苗储存的冷库容积应当与储存需求相适应,应当配有自动监测、调控、显示、记录温度状况,以及报警的设备,备用制冷机组、备用发电机组或安装双路电路;②冷藏车能自动调控、显示和记录温度状况;③冰箱的补充、更新应当选用具备医疗器械注册证的医用冰箱;④冷藏车、冰箱、冷藏箱(包)在储存、运输疫苗前应当达到相应的温度要求;⑤自动温度监测设备,温度测量精度要求在±0.5℃范围内;冰箱监测用温度计,温度测量精度要求在±1℃范围内。

(3) 有条件的地区或单位应当建立自动温度监测系统。自动温度监测系统的测量范围、精度、误差等技术参数能够满足疫苗储存、运输管理需要,具有不间断监测、连续记录、数据存储、显示及报警功能。

(4)疾病预防控制机构、接种单位、疫苗生产企业、疫苗配送企业、疫苗仓储企业应当建立健全冷链物流设备档案,并对疫苗储存、运输设备运行状况进行记录。

三、疫苗全程追溯

《中华人民共和国疫苗管理法》明确规定,国家实行疫苗全程电子追溯制度。

国务院药品监督管理部门会同国务院卫生健康主管部门制定统一的疫苗追溯标准和规范,建立全国疫苗电子追溯协同平台,整合疫苗生产、流通和预防接种全过程追溯信息,实现疫苗可追溯。

疫苗生产企业、疾病预防控制机构和接种单位应当按照国家有关药品追溯体系建设的要求,积极运用信息技术建立疫苗追溯体系,如实记录疫苗销售、储存、运输、使用信息,实现最小包装单位从生产到使用的全过程可追溯。配送疫苗的企业应当按生产企业的要求如实记录储存、运输环节信息。在疫苗全程追溯信息化体系建成运行前,可使用现有的记录方式达到追溯要求。

各疫苗生产企业、配送企业、区域仓储企业、疾病预防控制机构、接种单位应当建立疫苗生产、储存、运输、使用全过程追溯体系。在交接疫苗过程中,双方均应登记疫苗的名称、规格、生产批号、数量、有效期、生产企业、配送企业、运输车牌号、起运和到达时间、运输温度记录等信息,送货人员和收货验收人员应当签字确认。以此逐步实现疫苗最小包装单位生产、储存、运输、使用全过程可追溯。

接种单位在提供预防接种时,应当在预防接种证、卡(簿)上记录接种疫苗品种、规格、疫苗批号、接种时间、接种单位、接种人员等信息。

任务实施

李导师:小王,根据你之前的预习,谈谈你对疫苗保存与运输的认识?

小王:疫苗具有对温度高敏感的生物特性,都需要避光、避暴晒和避高温。

李导师:是,疫苗对温度等有着苛刻要求。

李导师:下面以"吸附百白破联合疫苗存储温度"为例,通过线上查询《中国药典(2020年版)》,了解疫苗冷链物流管理相关的知识及实操技能(表4-13)。

表4-13 吸附百白破联合疫苗存储温度

疫 苗	储 存 温 度
吸附百白破联合疫苗	于2~8℃避光保存和运输。自生产之日起,有效期为18个月;百日咳疫苗原液保存时间超过18个月的,自原液采集之日起,疫苗总有效期不得超过36个月

任务拓展

李导师:小王,经过本任务的相关理论及疫苗实例的学习,相信你较好地掌握了疫苗冷链物流相关知识及技能。下面请你根据老师提供的资料及上网查询相关数据,编写"一类疫苗存储温度",即通过线上查询《中国药典(2020年版)》,收集一类疫苗的存储温度。

项目四 医药冷链物流运营

至少满足以下要求：至少查阅 3 种一类疫苗，了解一类疫苗对应的储存温度并填表 4-14。

小王：好的，老师。我会认真完成的。

请你代替小王，编写"一类疫苗存储温度"。

表 4-14 一类疫苗存储温度

一类疫苗名称	储 存 温 度

任务评价

知识点与技能点	我的理解（填写关键词）	掌握程度
疫苗分类		☆☆☆☆☆
疫苗储存与运输		☆☆☆☆☆
疫苗全程追溯		☆☆☆☆☆

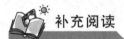补充阅读

加强多环节质控，助力疫苗管理

《中华人民共和国疫苗管理法》的实施，为保障疫苗安全使用提供了有力的法律保障。山东省疾病预防控制中心对疫苗实行严格的管理制度，坚持安全第一、全程管控、科学监管、社会共治。作为区级疾控机构，青岛市城阳区疾控中心设置了专门的生物制品管理科，在疫苗与冷链管理方面落实多项措施，加强疫苗管理，保证疫苗质量和供应。

1. 建立疫苗接种管理工作机制

疾病预防控制中心制定了《疫苗管理工作制度》《疫苗购入验收管理制度》《疫苗出库管理制度》《疫苗质量管理制度》等多项制度；依法如实记录疫苗流通、预防接种等情况，确保疫苗接收、购进、储存、配送、供应记录的真实、准确、完整，并将记录保存至疫苗有效期满后不少于 5 年，以备查找。

2. 严格执行疫苗领发手续

疾病预防控制中心建立采购、入库、发放登记制度，做到账物相符；严格执行疫苗扫码出入库，并按照规定向全国疫苗电子追溯协同平台提供追溯信息。

3. 对临近效期的疫苗进行预警

疾病预防控制中心的疫苗储存严格按照说明书要求执行，并通过颜色标识分类管理。例如，冷库内有效期在 3 个月内的疫苗挂红色标识牌，生物制品管理系统中有效期在 3 个月内的疫苗显示黄色警示。中心每月集中配送疫苗一次，用时 4～5 天，提前规划配送路线，按照进库先后、效期长短有计划地分发。疫苗储存于专用冷库时，在实时监测温度的

同时，每天还会有专人实地查看温度至少2次；疫苗在冷链储存、运输中，运输人员会对温度进行定时监测、记录。

4. 加强疫苗管理能力及预防接种能力建设

疾病预防控制中心定期开展与预防接种相关的培训、技术指导、监测、评价等工作，培训实行月例会、一苗一训等制度，坚持综合培训与专题培训相结合、理论培训与实践带教相结合的原则，充分发挥预防接种示范教学基地的作用。

5. 推进预防接种门诊智慧化建设

目前，城阳区设有儿童智慧接种门诊21处、儿童智慧预防接种站3处、成人预防接种门诊7处。全区预防接种工作实现了全过程智慧化管理。在此基础上，配备了预防接种信息咨询服务机器人，依托智能语音，提高电话接通率；启用医生端人脸识别系统，保证信息录入的唯一性、安全性、准确性。

资料来源：健康报.加强多环节质控,助力疫苗管理[EB/OL].(2023-04-18)[2024-04-11].https://m.thepaper.cn/baijiahao_22752994.

【思考】
怎样有效进行疫苗管理？

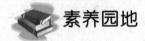
素养园地

以精益理念提升医药冷链物流水平

与可在常温下存储运输的普通药物不同，许多药物、生物制品、诊断试剂等具有非常严格的温度控制要求，为保证其质量、疗效和安全性，需要在收货、验收、储存、运输等环节始终处于低温冷链物流环境；稍有疏漏都会造成温度失控，甚至产生严重的质量问题。因此，有必要引入精益化管理的理念，通过必要且先进的设备及技术、严谨且科学的验证、严格且苛刻的标准、制度及操作规范进行管理。

医药冷链物流特殊性，体现在相关法规细则上的专门要求。以新版GSP为例，其中对冷链药品的物流过程做出了具体规定,对冷链药品的设备配置、人员条件、制度建设、质量追溯提出具体的工作要求，并且明确冷库、冷藏车及冷藏箱的技术标准，细化操作流程，强调人员培训，是药品经营企业开展冷链药品存储、运输管理的基本准则和操作标准。

相比普通药物的物流运作，医药冷链物流对硬件和软件的投入要求更高，不仅需要有冷库、冷藏车、冷包、冰排、温度计等设备，而且必须配备相应的温湿度自动监测系统，还需要进行验证管理，验证这些设备和监测系统能否达到规定的设计标准和要求，各种冷链物流设备在不同季节的气候条件下性能是否都有保证，设备使用一定年限后是否会性能不稳定等等，这些都需要通过科学严谨的验证来确认。

因此，医药冷链物流对操作的标准化和严谨性要求就比较高，需要企业对员工进行专业技能方面的培训。

精益的理念是精益求精，就是能简单、快速、持续地提高效率、品质，缩短交货期，减少浪费。医药冷链物流也需要精益化管理。医药冷链物流本身是一个投入很大的行业，无论是资金和人员投入，还是要达到相关法规设定标准，方方面面都需要付出比较高的成本。而在市场竞争加剧的背景下,需要利用精益管理对成本和效益进行平衡。

通过提升精益化管理水平,实现降本增效,具体体现在,一方面,企业应利用自身物流运作的专业性,保证温度控制的平稳,避免出现"失温"等偏差,从而在客户面前展现出专业性和可靠性;另一方面,对加强企业的日常管理投入,例如,提高冷链物流设备的可靠性和平稳性,增加软件系统的控制手段等,避免造成浪费。

习　　题

一、单选题

1. 生物制品一般在(　　)℃的条件下冷藏储藏。
   A. 0以下　　　　　　B. 2~8　　　　　　C. 2~10　　　　　　D. 0~10
2. 冷藏车厢内部应有(　　)的空间,以确保保温性能。
   A. 保证气流充分循环　　　　　　　　B. 保证人员操作
   C. 足够多的存放药品　　　　　　　　D. 保证包装物存放
3. 疫苗运输过程中的温度记录要求保存至超过疫苗有效期(　　)年备查。
   A. 1　　　　　　　　B. 2　　　　　　　　C. 3　　　　　　　　D. 5
4. 根据《中国药典(2020年版)》,储存药品的常温(室温)是(　　)℃。
   A. -25~-10　　　　B. 2~10　　　　　　C. 0~20　　　　　　D. 10~30
5. 根据《中国药典(2020年版)》,储存药品的冷处是(　　)℃。
   A. -25~-10　　　　B. 2~10　　　　　　C. 0~20　　　　　　D. 10~30
6. 对于超过有效期和其他原因造成的不合格药品,应按相关要求统一销毁,销毁记录应保存(　　)年以上。
   A. 1　　　　　　　　B. 2　　　　　　　　C. 5　　　　　　　　D. 10
7. 冷藏车厢内,药品与后板、侧板、底板间距不小于(　　)cm。
   A. 5　　　　　　　　B. 8　　　　　　　　C. 10　　　　　　　D. 15
8. 疫苗冷冻室温度应当控制在(　　)℃以下。
   A. 8　　　　　　　　B. 2　　　　　　　　C. -7　　　　　　　D. -15
9. 疫苗运输途中温度记录时间间隔不超过(　　)小时。
   A. 2　　　　　　　　B. 4　　　　　　　　C. 6　　　　　　　　D. 8
10. 不同批号的药品不应堆放在同一(　　)。
    A. 托盘　　　　　　B. 仓库　　　　　　C. 货位　　　　　　D. 库区

二、多选题

1. 根据《中国药典(2020年版)》,储存药品的密封是(　　)。
   A. 防止风化　　　　　　　　　　　　B. 防止吸潮、挥发或异物进入
   C. 防止挥发或异物进入　　　　　　　D. 防止异物进入
2. 药品装车完毕,应及时(　　)。
   A. 预热或预冷　　　　　　　　　　　B. 关闭车厢厢门
   C. 检查厢门密闭情况　　　　　　　　D. 并上锁

3. 医药冷链物流一般会涉及的技术是（　　）。
   A. 移动制冷技术　　　　　　　　B. 保温技术
   C. 冷藏集装箱技术　　　　　　　D. 智能监控技术
4. 医药冷链物流运营模式共分为三类，即（　　）。
   A. 自营　　　　B. 自营＋外包　　　C. 外包　　　　D. 城市配送
5. 医药冷链物流运营模式共分为三类，即（　　）。
   A. 自营　　　　B. 自营＋外包　　　C. 外包　　　　D. 城市配送

三、简答题

1. 什么是药品冷链物流？
2. 使用冷藏箱、保温箱运送冷藏药品的，启运前应当按照哪些标准进行操作？
3. 药品堆垛应实行分区、分类、按批号和货位管理，并符合哪些要求？

冷链物流数智化运营

 学习目标

知识目标
1. 了解冷链物流数智化的概念和特征。
2. 熟悉冷链物流数智化的发展模式及历程。
3. 熟悉冷链物流数智化技术构成及应用场景。
4. 掌握冷链物流数智化设备的选型原则。
5. 掌握冷链物流数智化运营的关键要素。

能力目标
1. 能够分析冷链物流数智化技术体系构成。
2. 能够分析冷链物流数智化设备的场景适用及遵循原则。
3. 能够搭建冷链物流数智化运营的基本框架。

素养目标
1. 提升学生对冷链物流新科技带来的民族自豪感。
2. 培养学生"双碳"发展理念和走"绿色之路"的担当。
3. 培养学生系统化思维能力和全局意识。

学习内容

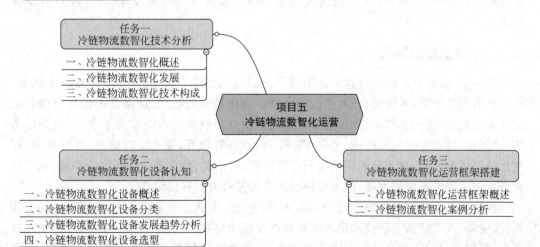

任务布置

李导师向小王介绍了公司冷链物流数智化运营情况,并逐一介绍了接下来需要轮岗实习的3个任务:①冷链物流数智化认知及技术分析;②冷链物流数智化设施设备认知;③冷链物流数智化运营框架搭建。

李导师给小王布置了岗位实习中的任务与要求。

(1) 各岗位实践中,导师会分别以"京东冷链物流数智化技术体系构成分析""自动化立体仓场景适用及遵循原则""盒马鲜生、京东冷链物流数智化运营框架搭建"为例,通过"任务实施"方式,完成每一岗位实操的培训。

(2) 为了强化及检验实习生对该岗位的实操掌握情况,实习生需依次完成相应岗位的"顺丰冷链物流数智化技术体系构成分析""'货到人'不同方案的场景适用及遵循原则""蒙牛、大闸蟹冷链物流数智化运营框架搭建"等实训拓展任务的实操考核。

任务一 冷链物流数智化技术分析

随着大数据、云计算、人工智能、物联网等技术的发展,将5G(第5代移动通信技术)、物联网等先进技术与设备运用到冷链物流行业,构建数字智能化冷链物流管理平台,以促进冷链物流系统高效率、高质量、低成本运作,助力冷链物流产业高质量发展。

知识储备

一、冷链物流数智化概述

生活中,随着居民收入水平逐步提高,其对农产品新鲜程度要求越来越高,以盒马鲜生等为代表的O2O生鲜门店走红,推动了国内生鲜电商市场的快速成长,也掀起了冷链物流市场走向数智化的革新浪潮。冷链物流数字化水平是农产品质量的重要保障,对于冷链物流诸多环节(采收、加工、贮藏、包装、装卸、运输、配送、销售等)的管理具有重要作用。

(一) 智慧冷链物流

近年来,国家对冷链物流越来越重视。2021年11月,国务院办公厅印发《"十四五"冷链物流发展规划》明确提出,要推动冷链物流高质量发展,更好地满足人民日益增长的美好生活需要,进一步具体指出,要加快建设全国性冷链物流追溯监管平台,完善全链条监管机制。针对冷链物流环境、主要作业环节、设备管理等,规范实时监测、及时处置、评估反馈等监管过程,逐步分类实现全程可视可控、可溯源、可追查。创新监管手段,加大现代信息技术和设备应用力度,强化现场和非现场监管方式有机结合。

科技创新力量正在推动冷链物流摆脱传统运行方式。当前,5G技术、大数据、云计算、区块链、人工智能等新技术正在深刻地改变着冷链物流行业,传统冷链物流正在向数字化、智能化、科技化、自动化方向转型升级,冷链物流全链条进一步实现科技赋能,将强力推动冷链物流行业驶入高质量发展快车道。各大冷链物流企业结合实际，纷纷布局智慧冷链物流，中国冷链智慧物流进入了百舸争流的发展态势。

智慧冷链物流是一种新型的供应链管理方式，是冷链物流业态模式的创新和行业治理能力现代化的体现，旨在为企业提供实时、精确和快速的服务。随着移动互联网技术的飞速发展，与传统物流业相比，重点体现"智慧"新特征。

智慧冷链物流是利用物联网、云计算、大数据等技术，将冷链物流运输和储存过程中的温度、湿度、位置等关键数据进行实时监控和追溯，以提高冷链物流效率、品质和安全性的集成化系统。具体来说，在冷链物流系统中采用先进技术，使整个冷链物流系统运作如同在人的大脑指挥下实时收集并处理信息，做出最优决策、实现最优布局，冷链物流系统中各组成单元能实现高质量、高效率、低成本的分工、协同。

智慧冷链物流应用主要体现在三个方面：一是通过对冷藏车、集装箱和铁路等运输车辆的管理，实现车辆调度和监控；二是利用物联网技术，为客户提供实时监控功能；三是将自动化技术与智能交通系统结合起来，使冷库管理系统能够自动调整农产品装卸程序和线路。

此外，智慧冷链物流技术的应用可以使物流企业和用户更好地掌握整个冷链物流的过程，减少信息延误和操作失误，从而提高物流过程的效率和安全性。同时，智慧冷链物流技术还可以通过大数据分析和人工智能算法，精准优化冷链物流过程，提高整体运输效益，起到降本增效作用。

总之，智慧冷链物流发展在冷链物流行业发挥了巨大能量，表现在提升了冷链物流企业的决策能力、简化了冷链物流过程、提高了服务质量、有助于实现冷链物流信息一体化管理，并在冷链物流营销中的应用也带来了个性化、品质化的新营销方式和经营理念。智慧冷链物流是一项高科技、高效率、高质量的物流管理方式，对于保证冷链物流食品安全质量和提升物流行业的水平都具有重要意义。

（二）冷链物流数智化

智慧冷链物流是冷链物流领域发展的新形态、新结果，而冷链物流数智化是实现智慧冷链物流的重要过程，主要表现在数字化和智能化技术及智能设备在冷链物流全过程中的使用。

冷链物流数智化是智慧冷链物流的实现过程，通过大数据、云计算、人工智能、物联网等新一代信息技术，对冷链物流全过程实施信息的实时采集、传输、交换和处理，动态优化配送路径，动态监测温湿度变化，智能检测故障并发出预警，以便对农产品的采收与分级、预冷、贮藏、包装、运输与配送、销售等方面进行更加精准的管理，确保生鲜食品从田间到餐桌的安全可控、可追溯，为满足消费者对优质农产品的需求，提高冷链物流效率，以及实现绿色、智能冷链物流提供保障。

为此，冷链物流数智化过程有以下五个方面内涵。

（1）监控和追踪。采用物联网技术，通过传感器和设备对温度、湿度、气压等冷链物流环节进行实时监测和追踪，确保农产品运输过程中的物流链可追溯和可控。

（2）数据采集和分析。利用大数据技术，对采集的数据进行分析，构建决策支持系统,实现对冷链物流运作过程的数据化管理和监控。

(3) 风险预警和预测。利用智能算法和人工智能技术,对冷链物流运作中出现的风险进行预警和预测,及时采取措施,减少风险对农产品质量的影响。

(4) 智能调度和优化。结合供应链管理理念,对冷链物流中的调度和运输进行智能化、数字化管理,降低成本、提高效率和可靠性。

(5) 提高用户体验。通过提供多样化、贴心化的服务,特别是为有特殊保障需求的客户提供个性化、定制化的服务,提升用户体验,并增强用户忠诚度。

此外,规范冷链物流企业基础建设是确保冷链物流数智化的基础。第一,加强冷链物流企业的基础资源整合力度,通过竞争与合作的方式扩大企业运输规模,实现冷链物流的集聚化、产业化;第二,通过现代互联网系统的应用,建立冷链物流信息平台,实现物流集散、运输的经济化、现代化;第三,对冷链物流企业的基础运输设施进行规范,例如,升级冷库制冷设施、提高冷库贮藏和服务功能,保证运输车辆环保节能等。

温度信息
采集

(三) 智慧冷链物流模式

根据目前中国智慧冷链物流发展特征,进一步总结出智慧冷链物流发展模式,包括供应链一体化模式、"互联网+"下的众包模式及智慧冷链物流园区模式等。

1. 供应链一体化物流模式

传统物流无法满足市场发展需求,而互联网和物联网为智慧物流发展奠定了基础。该模式是基于打造智慧冷链物流信息共享平台,围绕价值链,切实打通供应链各主体和环节之间的数据链接,实现智能标准化操作和业务监测。例如,为完善"产地到餐桌"农产品流通链条,农产品冷链物流及农产品电商可与现代农业产业园加强合作,打造"生产基地+智慧冷链物流信息共享平台+智慧冷链物流港+用户"模式,即农产品智慧冷链物流供应链一体化模式。该模式便于现代农业产业园、物流企业及政府强化对农产品的品控管理,保证农产品质量安全,提升农产品竞争力和价值增值空间。

2. "互联网+"下的众包物流模式

众包物流服务模式是充分利用互联网、移动互联网、大数据等技术,使参与者能够通过网络上的手机应用软件或电子商务平台上的信息宣传,把不同的物流任务和行动上的需求实时派送给参与者,让用户根据自己的时间状态和人物能力,可以随时取消和接受任务。当客户把物流任务发送到众包物流系统中,系统就会根据派送者的身份、路程时间、行程复杂程度等参数来将任务分配到性价比最高的配送者,完成任务。

众包物流配送模式是自 2015 年以后生鲜电商探索出的一种新配送模式。这种模式和国内的滴滴打车比较类似,其核心理念就是充分利用有空闲时间的人,去完成"最后一公里"的生鲜配送任务。例如,京东商城在各个配送点发展了多个兼职配送员,按照就近原则将商品分配给这些配送人员,及时送到消费者手中。

此种模式优点是基于信息技术,充分挖掘和利用社会资源,能够有效地整合资源,成本低,配送速度快,有利于解决农产品配送难的问题。但这种模式也有其不足,例如,用户货品的安全性无法保证、配送的专业性不够、服务的质量参差不齐等。

3. 智慧冷链物流园区模式

智慧冷链物流园区模式是一种基于现代化农产品冷链技术和物流管理技术的综合服务平台,旨在提高农产品的质量、保鲜期和流通效率,促进农产品流通和营销。该园区可以集成冷库、配送中心、商品展示中心、物流信息管理系统、加工厂和培训中心等多种功能,并通过物联网和云计算技术实现冷链管理的数字化、智能化和可视化。

智慧冷链物流园区综合服务平台是智能化、数字化的冷链物流管理和监控系统。它将传感器技术、互联网技术和人工智能技术有机结合,实现对整个冷链物流过程的精准监控和管理,包括冷藏、运输、配送、库存等各个环节。通过对温度、湿度、氧气、二氧化碳等参数进行实时监测和控制,确保货物始终在适宜的环境中运输和储存,避免货物损失和食品安全问题。同时,智慧型冷链园区综合服务平台还可以通过数据分析和预测,优化整个冷链物流运作流程,提高运输效率和准确性。

智慧型冷链园区模式能够为入驻园区的企业提供农产品展示和展销服务,架起了生产和消费之间的桥梁,具有运输集散、仓储、配送、流通加工、报关、检验检疫等多种功能。通过依托物流园区的物流基础设施,把农产品从供给方送达到需求方。

(四)冷链物流数智化特征

1. 先进技术基础

大数据、物联网、云计算、智能机器人等新技术及设备是实现冷链物流智慧化的技术基础,作为智慧冷链物流的根基,广泛应用于冷链物流产业,在整个智慧冷链物流体系中起到关键的支撑作用,是冷链物流数智化的显著特征。

智慧冷链物流技术包括感知层、网络传输层、数据存储层和应用服务层的应用,其关键技术包括仓内技术、干线技术、"最后一公里"技术、末端技术、智慧数据底盘等。具体而言,智慧冷链物流的发展需要从智能分级与分拣、智能仓储、智能运输、智能配送、智能包装、智能销售、智能信息处理等七个方面展开智能技术的研发,从而为智慧冷链物流保驾护航。

2. 数据实时生成

冷链物流数字化、智能化的实现,关键要素资源是数据,表现在大数据的实时获取或监测。在冷链物流过程中,各项传感器的建设及数据库与数据库之间数据接口的联通,使得冷链物流的各个环节都能够通过数据形式实时展现出来,数据的实时生成已经成为冷链物流数字化、智能化的基础性环节。在这个过程中,通过冷链物流系统的移动化、标签化和多功能化,实现不同情景状态下的数据采集。

(1)移动化。移动化即无线化,主要是利用配备的定位技术和智能温湿度控制技术的移动式装置,实现对冷链物流系统的多点监控管理。例如,通过北斗导航或 GPS 模块和 GIS 技术,监控中心可以对冷藏车进行地理位置定位和调度;利用智能温湿度控制技术,实现对生鲜农产品的温度监控。

(2)标签化。从生鲜农产品的生产、采收、贮藏、运输,到销售,在冷链物流各个流通环节中要有标签跟随,标签中所含信息全面,包括产品代码、产地管理、农户编码及流通环节管理等,这样就可以追溯到整个农产品生命周期的运作情况。

(3)多功能化。设置预警系统,如果温湿度变化超出一个预先设定的范围,系统将自动给出预警。如果曲线中间有一段记录明显低于所要求的温度,那么可以从系统中时间点查询相应的地点和外在环境,以便探究温湿度变化原因。除了智能温湿度控制外,通过软硬件还可以实现对环境温度的智能化控制。例如,冷机打冷智能化,即后台实时分析环境温度情况,在需要打冷时,自动通过监控系统远程控制冷机打冷,并应用于门店和运输车辆。

3. 数据深度分析

通过硬件采集和业务沉淀而来的"大数据",进一步进行数据的挖掘,即可实现数据业务化、过程可视化,从而为冷链物流操作提供科学决策依据。通过实时采集数据,可开展大数据分析与处理,一是基于算法与数学建模,如路径优化、智能调度与配载等;二是基于数理统计与数据挖掘,如用户画像、数据征信与物流互联网金融、供应链需求预测,以及公路货运与交通的宏观分析等。

4. 数据治理赋能增效

数据治理是在数据深度挖掘之后的场景应用和决策治理,是数据价值的最终实现环节,也是冷链物流数智化的关键目标,能够促进智慧冷链物流的发展。

智慧冷链仓储物流集成"仓储管理系统+智能装备+货架系统+自动识别技术及辅助配件"等,可帮助企业建立深度感知,通过数据治理,充分发挥数据要素的乘数效应,实现生鲜产品冷库存取与管理的全程智能化,提高冷库仓储作业效率和精益化仓储管理水平。

例如,冷库内部署 WMS(仓库管理系统)、WCS(仓储控制系统)、三维可视化中央控制系统及 HMS(人机交互系统)等仓储智能管理软件,通过软硬件有机结合,经过大数据治理,实现仓储作业自动化、信息化、智能化、无人化,同时出入库的所有信息通过 RFID 自动识别技术实时记录,便于农产品全程追溯管理与监管,确保冷链物流不"断链"。另外,数字孪生技术的应用可真实还原项目场景,增强虚拟仿真,虚实结合下,实现冷库全面数据化运营,提高企业精益化管理水平。

二、冷链物流数智化发展

(一)冷链物流数智化的发展阶段

中国冷链物流数智化仍处于初步发展阶段。消费端变化、流通渠道迭代、全渠道多场景营销的加速,以及农产品销售的波动性,使得订单碎片化趋势越发明显,这种情况出现更是给传统供应链管理方式带来了巨大挑战。

对于中国冷链物流数智化的发展阶段,可以从技术发展、规范化建设、数智化过程等视角进行划分和理解。

1. 技术发展

(1)信息化技术时代下的冷链物流。信息技术时代是冷链物流业务线上化阶段,是各大信息系统、数据库建设兴起阶段。信息化时代下的冷链物流迎来了第一轮快速发展,通过使用计算机信息系统,实现单证创建等业务线上化。RFID 等技术手段对货品数据进行快速获取,并将数据上传至云端服务器进行存储,在保证农产品质量安全等仓储作业管理方面取得了显著成效。

(2)"互联网+"技术时代下的冷链物流。移动互联网普及率不断提高,"互联网+"

成为社会热门话题。在此背景下,"互联网+"也给传统行业带来了新机遇。对于冷链物流而言,"互联网+"带来更多元化、更智能化、更高效率的服务模式。该阶段下,出现一系列新业态、新模式,表现在冷链物流电商平台的出现、智能化手机的普及、O2O等新商业模式的创新、社交互动等,为冷链物流带来了新发展,是冷链物流网络化、平台化、社交化阶段。

(3)数字化技术时代下的冷链物流。数字化时代下,数字技术与传统行业深度融合,是产业数字化和数字化产业的兴起阶段。一系列新兴技术的出现,在逐步向产业和行业下沉,这些技术在冷链物流全过程运用中,实现了数字技术驱动下的冷链物流业务的应用场景化、过程可视化、绿色生态化。

① 应用场景化。数字化技术可以被广泛应用于各个冷链物流领域。例如,在生鲜电商领域中,通过数字化技术可以实现订单管理、库存管理、配送管理等功能;在医药行业中,可以通过数字化技术实现药品追溯和质量监管;在国际贸易领域,可以通过数字化技术实现跨境电商和进出口业务。

② 过程可视化。通过智能设备收集数据,使用大数据分析等技术手段对冷链物流各环节进行优化调整,对每个节点都进行记录,并上传至云端进行存储,能够实现对整个供应链系统优化资源配置管理和实时监控预警,实现快速响应市场需求及数据追溯,进一步降低运营风险。

③ 绿色生态化。数字化还能够带来环境保护方面的好处。首先,在传统方式下由于无法有效监测货车是否超载或空载而造成资源浪费及污染;其次,在冷藏车停留期间仍需开启引擎维持低温状态也是造成空气污染以及油耗增加的原因;最后,在整个业务过程中若无法及时处理异常情形还会导致更多资源浪费及污染产生。采用了数字化手段后,可获得货车信息并规划路线,避免空载或超载情形,减少油耗和污染;在冷藏车停留期间关闭引擎,不仅省油节能,还可减少废气排放,提升效率,以实际行动助推绿色低碳高质量发展。

2. 规范化建设

(1)冷链物流数字化1.0时代。冷链物流行业数字化可以追溯到1992年,国际仪器仪表展览会在北京举行,宝洁公司等分别展示了全新理念的无纸温度记录仪,成为冷链物流温控数字化的开端。2000年以后,随着互联网和移动通信技术的发展,消费领域的数字化发展迅速,但产业领域的数字化发展还相对缓慢。冷链物流行业数字化,首先得益于2007年广东省率先推行货车安装卫星定位行车记录仪,货车联网正式起步。深圳市易流科技股份有限公司也是在2007年进行技术创新,将无纸化的温度记录仪和卫星定位行车记录仪集成在一起,实现了中国第一辆冷藏车的实时温度在线监控,这在冷链物流行业的数字化进程中迈出了关键一步。

随着行业不断发展、科技不断进步,冷链物流数字化服务企业在10余年中陆续实现了对冷库、冷藏车、冷柜、冷箱等冷链物流全场景的温度在线监控,打通了冷链物流全链条温度数据的拼接、追溯。

1.0时代,冷链物流数字化应用着力解决了单一环节打冷的诚信规范问题,实现在单一环节上防止"冷链变冷端",具体如图5-1所示。

(2)冷链物流数字化2.0时代。冷链物流数字化2.0时代,是指冷链物流数字化的应用,主要围绕"冷链物流流通全链追溯"和"冷链物流安全公共监管"这两个问题展开。

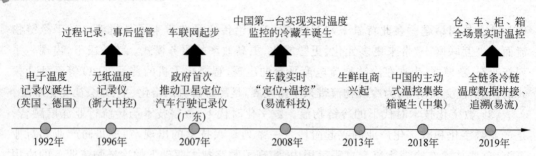

图 5-1 冷链物流数字化 1.0 时代

(图片来源：食易安科技)

特别是政策驱动,对冷链物流数字化发展有着积极促进作用,如图 5-2 所示。

自 2020 年以来,冷链物流安全、食品安全得到了社会各界的关注与重视,无论是国务院联防联控办公室、市场监管总局、交通部,还是各地方省市都下决心做好冷链物流安全强力监管,并着手部署和建设相关监管平台。

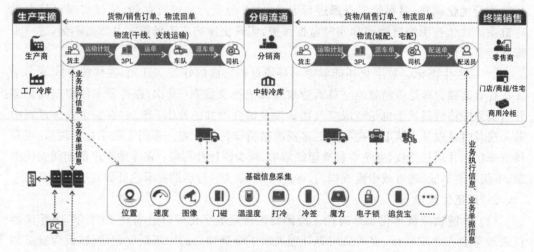

图 5-2 冷链物流数字化 2.0 时代

(图片来源：食易安科技)

从相关政策来看,冷链物流数字化 2.0 规范化发展主要呈以下五大特点。

① 政府层面强力监管,闭环管控。目前政府严抓进口冷链食品,通过在海关严格检测、设立监管总仓进行暂存消杀、对运输过程进行监控、对市场流通进行赋码追溯等手段实施强力监管和闭环管理。

② 从生产环节到流通、消费环节全过程追溯。目前部分有条件的品牌商已经着手研究和探索构建农产品冷链物流全链条的数字化追溯。从工厂到卖场、从农田到餐桌的农产品流通全过程的追溯,不再是仅仅停留在理念或概念上。

③ 冷链物流追溯,从进口冷链食品、疫苗等敏感领域开始,逐渐向各个细分领域展开。冷链物流全链条追溯,需要解决两大问题,一是要能够掌控所有环节数据;二是要在投入产出上划算。进口冷链食品、疫苗等,有政府强力监管,可以做到暂时不计成本地投入,容易掌控所有环节数据;有条件的大型品牌商会为品牌增值,战略性地构建冷链物流

全链条追溯体系。

④ 冷链物流环节的数字化,成为企业基本能力要求。无论是政府,还是品牌商货主,都要求流通环节能够进行数字化追溯。无论是贮藏、运输,还是终端零售,一定要有冷链物流全过程的数据。冷链物流环节数字化,将是企业的基本能力和"入行门槛"。

⑤ 基于冷链物流过程数字化的应用创新、营销创新将逐渐丰富,并改变相关行业领域格局。通过冷链物流全链条的数字化,开辟冷链物流行业细分领域的新赛道(如生鲜新零售、冻品供应链金融等)。

3. 数智化过程

(1) 冷链物流信息共享化与可视化阶段。冷链物流信息闭塞、不透明是制约中国冷链物流发展的一大"痛点",是导致冷链物流基础设施资源分配不合理、冷链物流成本过高,以及增加冷链物流流通周期时间的主要问题之一。实现冷链物流上下游信息共享是改善冷链物流效率,确保生鲜农产品质量与安全,防止发生生鲜农产品冷链物流"断链"问题,以及提高消费满意度的关键,同时也是打通冷链物流体系,形成相对完善的冷链物流产业链条的关键性解决措施之一。

冷链物流信息共享不仅包括冷链物流各环节环境参数、食品质量安全情况、操控参数等相关信息的实时可视化,也包括生产企业、供应商、销售商及消费者之间的信息共享,对发展生鲜农产品冷链物流产供销一体化流通模式,最大化冷链物流资源利用率,以及实现冷链物流智能化、自动化操控具有至关重要的推动作用。

(2) 冷链物流操控智能化与自动化阶段。随着中国冷链物流基础设施建设的不断完善,冷链物流信息化程度不断提高。互联网、物联网与区块链技术的不断成熟,以及大数据挖掘分析、云计算技术在整个冷链物流产业链上的广泛应用,生鲜农产品冷链物流智能化、自动化操控成为未来冷链物流发展的必然趋势与需求。一方面,实现冷链物流操控智能化是生鲜农产品温湿度自动控制的存储需求;另一方面,实现冷链物流各环节环境参数的自动化、智能化操作、监测与控制,也可显著降低冷链物流各环节人力、物力成本投入,提高冷链物流运行管理效率,实现食品质量与安全可追溯、可监控,以及订单信息与位置可跟踪。此外,实现生鲜产品冷链物流各环节智能化、自动化操控管理,还可减少人为主观因素对改善冷链物流企业运营效率的影响,并对冷链物流各个环节相关行业或国家标准的制定与实施,推动冷链物流各环节操作向精细化、专业化发展,以及实现绿色冷链物流具有重要的促进与铺垫意义。

(3) 冷链物流运营精细化与专业化阶段。随着冷链物流信息化、智能化、自动化的不断发展,针对生鲜农产品在冷链物流流通中的每个环节都可实现农产品质量与安全的实时监控,通过客观的大数据统计与挖掘分析,冷链物流每个操控环节存在的不足或隐患都可被及时获知,并对其进行针对性的处理与优化,这可极大地促进与推动中国冷链物流向精细化、专业化管理运营方向发展。精细化、专业化的冷链物流管理运营模式不仅可确保新鲜农产品在冷链物流每个流通环节都处于合理适宜的低温环境,使每个流通环节冷链物流业务分工明确、细致,以便出现质量与安全问题时落实责任;同时,对提高冷链物流各个环节的运营效率、降低全链条运营成本投入,以及提升中国冷链物流行业全球化市场竞争力具有至关重要的意义。

(二)冷链物流数智化发展趋势

2023—2025年是"十四五"规划的后半程,冷链物流高质量发展将加速实施,冷链物流数智化将呈现出新的趋势特点。

1. 政策环境筑强基础

《"十四五"冷链物流发展规划》作为冷链物流行业的首个五年规划,从2021年年底发布至今已全面落地实施,掀起了中国冷链物流高质量发展的新高潮。加之中央各部门及各级地方政府纷纷出台鼓励扶持冷链物流发展的政策举措,行业顶层设计日趋完善。此外,构建全国统一大市场,实施乡村振兴战略,发布稳经济大盘一揽子政策,出台扩大内需战略规划,实施质量强国战略等,为冷链物流数智化发展营造了绝佳的政策环境。

2. 冷链物流市场多元共生

根据天眼查最新数据,中国目前有超过67 000家企业从事冷链物流相关业务。在多业态、多模式、多元化的需求下,冷链物流企业也在形成与之对应的多种服务类型共存的行业生态。冷链物流需求市场也呈现出多样化特征。传统连锁餐饮商超冷链物流需求稳中有进,食品生产加工、中央厨房后劲充足,已经形成更为成熟的冷链物流市场。生鲜电商虽有降温,但距离成功模式却越来越近;新兴预制菜、直播带货潜力巨大,未来有可能培育出新的增长点。

3. 冷链物流技术创新应用

随着大数据、物联网、人工智能等新兴科技的发展,相关技术在冷链物流的应用落地越来越频繁。自动搬运、无人设备、远程监控、智慧管理都取得了可喜的成果。但中国冷链物流行业数字化、智能化之路仍比较漫长,信息壁垒、数据孤岛、数据价值成为制约行业向数智化发展的"绊脚石"。未来还需要建立更加科学有效的机制,促进数据共建、信息共享,打通数据链,创造更大价值。

4. 绿色冷链物流转型升级

党的二十大报告提出,"统筹产业结构调整、污染治理、生态保护、应对气候变化,协同推进降碳、减污、扩绿、增长,推进生态优先、节约集约、绿色低碳发展。"这为今后做好应对气候变化和碳达峰碳中和工作指明了方向,也为冷链物流加快推进发展方式绿色低碳转型提供了动力。

在绿色发展理念下,冷链物流行业将加快淘汰高排放冷藏车,鼓励新增或更新的冷藏车采用新能源车型,鼓励企业对冷库及低温加工装备设施开展节能改造,逐步淘汰老旧高能耗冷库和制冷设备,新建冷库等设施要严格执行国家节能标准要求,鼓励使用绿色低碳高效制冷剂和保温耗材。此外,绿色设备、绿色材料、绿色包装、绿色管理都成为行业值得关注的方向,未来冷链物流行业绿色发展还有很多道路需要探索。

5. 物流平台网络化

冷链物流园区的发展必将依靠信息化、网络化平台。基于大数据、云计算的智慧物流网络平台,能够实现园区之间的互联互通,帮助园区更好地实现管理和运营。同时,网络化的冷链物流园区,也能更好地发挥物流交易、电子结算、仓单质押、融资担保等多方面的服务功能。

6. 设施与设备智能化

设备的智能化、自动化将会被广泛应用到冷链物流全链条中。通过采用先进的装卸设备、堆码设备、分拣设备、包装设备,以及条码、射频等信息技术,实现冷链物流的机械化、自动化、信息化,并满足现代物流快速、准确、分散、灵活的要求。这将为物流技术和设备的推广应用开辟更大空间。另外,节能环保也将成为冷链物流设备发展的一个重要方向,这不仅响应了国家"双碳经济"的号召,还能为企业节省能耗成本。

三、冷链物流数智化技术构成

大数据、物联网、云计算、人工智能等新技术作为冷链智慧物流的根基,可以广泛应用于冷链物流产业,其在整个智慧冷链物流体系中起到关键的支撑作用。当前,冷链物流数智化技术的应用需要结合于采收、贮藏、运输、配送等各个冷链物流环节场景,其关键技术包括仓内技术、干线技术、"最后一公里"技术、末端技术、智慧数据底盘技术等。

(一)仓内技术

目前机器人与自动化分拣技术已相当成熟,并得到广泛应用,主要有智能仓储机器人技术、智能仓储管理系统技术、增强现实/数字孪生技术、自动分拣系统技术四类技术,可应用于仓内搬运、上架、分拣等操作。国外领先企业应用较早,并且已经开始商业化,如亚马逊、DHL Express;部分国内企业如京东、菜鸟、申通等也已经开始布局。

1. 智能仓储机器人技术

智能仓储机器人技术是指应用在仓储环节,可通过接受指令或系统预先设置的程序自动执行物品转移、搬运等操作的机器装置,是人工智能技术的重要实现。在自动化立体仓或无人仓中,各种类型、功能的机器人将取代人工成为主角,如AGV(自动导引车)自动搬运机器人、码垛机器人、拣选机器人、包装机器人等。智能仓储机器人性能更加良好,支持更多种先进的导航方式,能以最高的效率昼夜不歇地在仓内作业,完成农产品搬运、拣选、包装等工作。

2. 智能仓储管理系统技术

智能仓储管理系统技术是一种旨在管理温度敏感货物的软件系统技术,也是整个智慧冷链物流仓储的核心"大脑"。它是专门为冷链物流仓库设计的一种仓储管理系统,可以保证农产品在运输过程中的温度稳定,从而确保农产品的质量和安全。冷链物流仓储管理系统的主要功能包括库存管理、货物追踪、温度监控和报警、订单管理等。

在冷链物流行业中,智能仓储管理系统发挥着至关重要的作用。具体来说,冷链物流智能仓储管理系统可以实现如下功能。

(1)提高冷链存储空间效率。冷库的产品存储环境相对较为严苛,需要保持一定的温度和湿度。采用冷链物流智能仓储管理系统可以充分利用冷库空间,避免农产品的交叉污染,节省存储成本。

(2)提高整个冷链物流过程的可控性。冷链物流智能仓储管理系统可以对农产品的温度、湿度等因素进行实时监控和报警,并通过数据分析和模型预测等手段对整个冷链物流过程进行优化和改进,从而提高冷链物流的稳定性和安全性。

(3) 提高客户满意度。冷链物流智能仓储管理系统可以对订单进行跟踪,提高物流信息透明度,缩短客户等待时间,提高客户满意度。

当前,智能仓储管理系统可以分为智能化仓储管理系统(WMS)、智能化仓库控制系统(WCS)。

(1) 智能化仓储管理系统(WMS)。WMS信息管理系统是全自动化立体仓库系统的核心,可以与其他系统(如ERP系统,即企业资源计划系统等)联网或集成。

冷库WMS具有如下一些特点。

① 可作为温度监控系统。通过安装温度传感器和电子监控设备,实现对冷库温度的实时监控和报警。一旦温度超出预设范围,系统将自动发出警报并触发相应的补救措施,确保农产品在恒定的低温环境下存储。

② 库存管理优化。冷库WMS通过条码/RFID技术实现农产品信息的准确采集和记录,实时更新库存状态。借助系统的自动拣货和盘点功能,有效提高库存管理的准确性和效率,降低人力成本和错误率。

③ 智能物流跟踪。冷库WMS通过物联网技术实现对冷链物流的全程跟踪。在农产品进入冷库之前,系统对其进行追踪编码,并通过传感器记录农产品的温度、湿度等信息。通过终端设备,客户可以实时监控农产品的流向和状态,提前做好接收准备,提高物流运营的透明度和客户满意度。

④ 货物分区管理。冷库WMS根据农产品的特性和温度要求,将仓库划分为不同的温区和湿区,并且设定相应的仓储规则和操作流程。在农产品存储和分拣过程中,通过系统的指导和控制,确保不同种类的农产品按照要求进行存储,避免混装和遗失。

随着物流数字化、智能化和高效化发展,冷链物流行业WMS系统也将朝着更加高效、智能和自动化方向发展,未来的WMS系统将更加注重数据的分析和挖掘,通过大数据和人工智能技术来预测市场需求、优化运作流程、提升客户服务体验,促进智慧冷链物流的可持续发展。

(2) 智能化仓库控制系统(WCS)。WCS自动控制系统是驱动自动化立体仓库系统各设备的自动控制系统,主要承接WMS系统指令,并反馈控制协调设备信息。其以采用现场总线方式为控制模式为主,是仓库信息化的基础,实现了对各种设备系统接口的集成,对各设备系统进行统一调度、管理、协调。例如,通过WCS控制和协调输送线、堆垛机、穿梭车,以及机器人、自动导引小车等物流设备之间的运行,完成仓库的出入库任务,并通过实时收集设备层反馈,做到对设备的实时监控及对任务执行状况的实时跟踪。

3. 增强现实/数字孪生技术

(1) 增强现实(Augmented Reality,AR)技术。增强现实就是通过为真实环境增加一层计算机生成的信息,从而对物理现实进行信息的扩展。随着科技不断进步和市场环境变化,仓库设计及活动都需要持续地做一些规划改进,以满足商业需要。过去,工程师习惯用CAD等软件设计平面仓库,但其效率低,而且有时设计的东西在仓库里会摆放不下。而在AR技术帮助下,AR工程师带着相关设备在仓库里面直接进行布局的调整,调整结束后可以直接形成三维立体仓库模拟图纸或模型,仓库设计效率更高。包括仓储作业的拣选、复核活动,都可以通过AR实现,如图5-3所示。

图 5-3　AR 拣选

（2）数字孪生技术。数字孪生是充分利用物理模型、传感器更新、运行历史等数据，集成多学科、多物理量、多尺度、多概率的仿真过程，在虚拟空间中完成映射，从而反映相对应的实体装备的全生命周期过程。数字孪生是一种超越现实的概念，可以被视为一个或多个重要的、彼此依赖的装备系统的数字映射系统。

在仓储各个业务作业流程管理改进中，虚拟仿真技术、数字孪生技术是一种新近出现的技术，它可以将实体世界通过数字场景方式进行建模和再现，从而实现对现实世界的模拟和管理。数字孪生技术可以帮助管理者提高决策的精度和效率，进而推动冷链物流仓储整体的效率提升。通过数字孪生技术搭建冷链物流仓储三维可视化管理系统，可以帮助管理人员更好地掌握整个仓储的运行情况，提高管理效率，具体如图 5-4 所示。

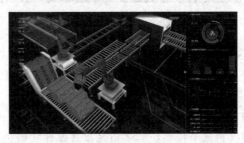

图 5-4　仓储数字孪生技术

4. 自动分拣系统技术

自动分拣系统技术是仓库物料搬运系统的一个重要分支，广泛应用于各个行业的生产物流系统或物流配送中心。自动分拣系统技术是对物品进行自动分类的关键技术之一。

自动分拣系统一般由控制装置、分类装置、输送装置及分拣道口等构成。其中，控制装置的作用是识别、接收和处理分拣信号。根据分拣信号的要求，指示分类装置按商品品种、商品送达地点或货主类别对商品进行自动分类。这些分拣需求可以通过不同方式，如条码扫描、色码扫描、键盘输入、重量检测、语音识别、高度检测及形状识别等，输入分拣控制系统中，根据对这些分拣信号的判断来决定某种商品该进入哪个分拣道口。

分类装置的作用是根据控制装置发出的指示分拣，当具有相同分拣信号的商品经过该装置时，使其改变在输送装置上的运行方向，从而进入其他输送机或进入分拣道口。分类装置的种类有很多，一般有推出式、浮出式、倾斜式和分支式等。不同装置对分拣商品的包装材料、包装重量、包装物底面的平滑程度等有不同的要求，如图 5-5 所示。

图 5-5　智能分拣机器人(a)和智能分拣机械臂(b)

输送装置的主要组成部分是传送带或输送机,其主要作用是使待分拣商品通过控制装置、分类装置,输送到输送装置的两侧,一般要连接若干分拣道口,使分好类的商品滑下主输送机以便进行后续作业,如图 5-6 所示。

图 5-6　自动输送机

分拣道口是已分拣商品脱离主输送机进入集货区域的通道,一般由钢带、皮带、滚筒等组成滑道,使商品从主输送装置滑向集货站台,由工作人员将该道口的所有商品集中后,或入库储存,或组配装车并进行配送作业。

在市场应用方面,随着冷链物流行业的快速发展,特别是电商、快递等行业的业务爆发,以及人力成本的不断上升,自动分拣系统装备市场呈现爆炸式增长,用自动化快速分拣技术取代大量的人工分拣,这不仅降低了人力成本,同时大幅提高了分拣作业的效率与准确率。除了电商、快递领域,自动分拣系统应用的主要领域还包括烟草、医药、流通、食品、汽车等。

(二) 干线技术

干线技术主要包括无人驾驶卡车技术。无人驾驶卡车将改变干线物流现有格局,目前虽尚处于研发阶段,但已取得阶段性成果,正在进行商用化前测试。

中国冷链物流配套设施不够完善,使得大多数生鲜农产品在运输中得不到规范的保温、保湿、冷藏,增加了流通损耗,增加了从农户到终端消费的成本,品质也有待提升,主要表现为冷藏车等配套设施保有量少、冷藏运输率低、"断链"无法监控、信息化支撑弱、品控管理难等问题无法有效解决。

通过物联网平台与冷藏车进行对接,实时监测车厢内部真实温度、湿度等传感数据,实现冷链物流农产品在途温度可视、可控,从而保障农产品品质。车辆调度系统通过路径优化算法技术,对车辆配送路径进行优化,对运输资源进行智能化管理,优化平台、人、车、货各要素连接,实现全运输过程品控点动态监测,实现信息流程优化,提高配送效率,保障交货期,降低物流成本,如图 5-7 所示。

图 5-7　智能运输技术应用示意

在互联网平台中控调度下,通过无人驾驶集装箱运输车,能够实现港口、冷链物流园区等特定环境物资接驳作业现场的无人化、智能化。

(三)"最后一公里"技术

"最后一公里技术"主要包括无人机技术与 3D 打印技术两大类。无人机技术相对成熟,目前包括京东、顺丰、DHL Express 等国内外多家物流企业已经开始进行商业测试。3D 技术尚处于研发阶段,目前仅有亚马逊、UPS 等企业针对其进行技术储备。

(四)末端技术

末端新技术主要涉及智能快递柜,是各大企业布局的重点。生鲜冷链快递柜就是一个能够保鲜的快递柜,生鲜冷链快递柜比其他快递柜多了冷藏冷冻等功能,能够解决居民想要在网络上订购生鲜食品,但是又怕腐坏的问题。

生鲜冷链快递柜可以保证农产品在一定时间内保持新鲜程度,例如,在对生鲜农产品进行配送时,如果将农产品放在生鲜冷链快递柜,消费者在家收到的快递就是新鲜食品。例如,上海九曳供应链管理有限公司向来追求完善的冷链物流,所以生鲜冷链快递柜也成为冷链物流中的重要组成部分,完成了"最后一站"送货到家。生鲜冷链快递柜对于打造完善的智慧冷链物流系统具有重要意义,如图 5-8 所示。

图 5-8　生鲜冷链快递柜

（五）智慧数据底盘技术

数据底盘技术主要涉及物联网、大数据及人工智能三大领域。物联网技术与大数据技术互为依托，前者为后者提供部分分析数据来源，后者将前者数据业务化，而人工智能技术则是大数据技术的升级。大数据技术能够对商流、物流等数据进行收集和分析，主要应用于需求预测、仓储网络、路由优化、设备维修预警等方面。三者都是未来智慧物流发展的重要方向，也是智慧物流能否进一步升级迭代的关键。

具体而言，要从智能采收、智能分级、智能包装、智能仓储、智能装卸、智能运输与配送、智能销售、智能信息处理等方面展开基础设备的研发，为冷链智慧物流保驾护航。

任务实施

李导师：小王，根据你之前的预习，聊聊你对冷链物流数智化的认识？

小王：冷链物流数智化是智慧冷链物流的实现过程，在开展冷链物流活动中使用大数据、云计算、人工智能、物联网等新一代信息技术，对生鲜农产品在整个冷链物流过程中进行信息采集、传输、交换和处理，使配送路径动态优化、温湿度监测自动化，能够实现信息共享与同步，故障智能检测与预警，确保生鲜农产品从生产端到消费端的安全可控、可追溯。

李导师：是的。冷链物流数智化主要表现在数智化技术及智能设备在冷链物流全过程中的使用。智慧冷链物流是在冷链物流数智化技术体系驱动发展下的结果及模式。冷链物流避免了传统物流的农产品质量问题及难以追溯的"断链"情况，很大程度上得益于完善的冷链物流数智化技术体系。

李导师：小王，你知道我们冷链物流数智化技术体系都包含哪些关键技术吗？

小王：技术真的太重要了！老师，我们冷链物流数智化技术体系的关键技术主要包括仓内技术、干线技术、"最后一公里"技术、末端技术、智慧数据底盘技术等。

李导师：没错，冷链物流数智化技术涉及冷链物流全过程的应用。当然，不同冷链物流数智化模式体系下，某些技术会有所差别。我们可以通过企业实践案例来认识。

小王：太好了，可以学以致用了。

李导师：下面以"京东冷链物流数智化技术体系构成分析"为例，进一步学习冷链物流数智化认识及技术分析的知识及实操技能。

京东冷链物流数智化技术体系构成分析

京东冷链物流专注于生鲜食品、医药物流。依托冷链物流仓储网、冷链物流运输网、冷链物流配送网"三位一体"的综合冷链物流服务能力，以产品为基础，以科技为核心，通过构建社会化冷链物流协同网络，打造全流程、全场景的 F2B2C 一站式冷链物流服务平台，实现对商家与消费终端的交付，如表5-1所示。

表 5-1　京东冷链物流及其关键技术特征

冷链物流发展模式		F2B2C 一站式冷链物流服务平台
特　　点		一体化、智能化、网络化、个性化
技术体系	仓内技术	食品安全检测监测技术、天狼货到人系统、地狼搬运系统、自动化分拣系统、WES 系统、WCS 系统、RFID、PDA、智能温控箱等
	干线技术	京东冷藏车、冷链卡班、冷链城配以及冷链整车等
	"最后一公里"技术	智能快递车、室内配送机器人、京东快递宝等
	末端技术	前置仓、无人配送车、合作社区商超等
	智慧数据底盘技术	京东物控（物联网系统、视频监控系统、数字孪生系统、机器人控制系统）、5G、智能温控平台、大数据系统、视觉导航、定位系统等

　　京东物流深入布局生鲜运输设备，在全国建立了 11 个生鲜冷库，这些冷库的独特之处就在于拥有深冻、冷冻、冷藏和温控四个温区，能够保障不同食品冷藏需求。不仅是冷冻，京东冷藏车同样拥有四大温层，在最大程度上实现生鲜农产品从产地、干线、仓储、配送全程冷链物流无缝连接。

　　使用先进、精细的冷链物流运输设备，让京东在这个领域成为佼佼者。京东物流在数字智能时代背景下，借助互联网新技术，在精细化冷库中设立了快检实验室和分选加工设备，全力保障优质农产品的生鲜。作为京东物流五大举措之一的全程质量监控，利用智能化技术实现了 24 小时温湿度监控，把控农产品新鲜品质。

　　资料来源：搜狐网.生鲜电商冷链模式分析[EB/OL].[2023-07-15].https://news.sohu.com/a/700244544_121123865.

任务拓展

李导师：小王，相信你对顺丰肯定不陌生。

小王：是的，老师，顺丰快递是我们经常接触的快递服务。

李导师：经过对本任务的相关理论及京东冷链物流模式的技术分析的学习，相信你较好地掌握了冷链物流数智化认识及技术分析的相关知识和技能。下面请你根据老师提供的案例资料及上网查询的相关信息，分析"顺丰冷链物流数智化技术体系的构成"。

小王：好的，老师。我会认真完成的。

请你代替小王，完成"顺丰冷链物流数智化技术体系构成分析"。

任务评价

知识点与技能点	我的理解（填写关键词）	掌握程度
冷链物流数智化概述		☆☆☆☆☆
冷链物流数智化发展		☆☆☆☆☆
冷链物流数智化技术构成		☆☆☆☆☆

补充阅读

构建智慧冷链物流体系，助力肉类和冷链物流行业转型升级

2023年4月18—22日，以"构建新格局迎接新挑战"为主题的华凌牛业——中国国际肉类产业周（以下简称"产业周"）在山东青岛举行。

肉类产业转型将成为推动消费升级和培育的新增长点，深入实施扩大内需战略和促进形成强大国内市场的重要途径。冷链物流行业面对不断变换的国内外市场环境，要立足新发展阶段，完整、准确、全面贯彻新发展理念，以推动高质量发展为主题，以深化供给侧结构性改革为主线，以改革创新为根本动力，提高冷链物流服务质量，为构建以国内大循环为主体、国内国际双循环相互促进的新发展格局提供有力支撑。

冷链物流分会将全面贯彻落实国务院办公厅的《"十四五"现代物流发展规划》方针政策，以《"十四五"冷链物流发展规划》为指导，持续加强冷链物流基础设施建设，并促进其向数字化、网络化、智能化转型，充分发挥行业在产业资源配置中的作用，将行业能力服务于实体经济，推动实体经济数字化转型升级，切实提升冷链物流信息化、智能化水平，构建"智慧冷链物流"体系，与国家物流网络实现协同建设、融合发展。这些措施旨在提高冷链物流行业的服务质量和效率，促进行业的可持续发展。

面对新一轮科技浪潮的到来，行业分会应该贯彻落实新发展要求，聚焦制约冷链物流发展的突出瓶颈和痛点难点，补齐基础设施短板，加快建立畅通高效、安全绿色、智慧便捷的现代冷链物流体系。冷链物流分会将充分发挥行业在产业资源配置中的作用，推动实体经济数字化转型升级，切实提升冷链物流信息化、智能化水平，构建"智慧冷链物流"体系，与国家物流网络实现协同建设、融合发展。

此外，在冷链物流领域，物流企业需要加强协同合作，打造绿色、智能、安全的物流体系。冷链物流企业在面对市场竞争时，需要以协同合作为主要发展方向，以创新为动力，以信息技术为支撑，以提升服务品质为目标，不断提高自身附加值和核心竞争力，以提高冷链物流行业的整体水平和竞争力。

针对当前冷链物流行业面临的挑战，冷链物流企业需要通过加强合作、提高物流效率、降低物流成本、提升服务质量，为肉类产业的发展提供更好的支撑。此外，行业分会还应加强人才培养和技术创新，提升技术水平和创新能力，为行业的可持续发展提供有力支撑。

资料来源：构建"智慧冷链"体系 助力肉类和冷链物流行业转型升级[N].现代物流报,2023-04-26(007).

【思考】

中国冷链物流行业将如何利用新一代信息技术开展数字化、智能化转型工作？

任务二　冷链物流数智化设备认知

冷链物流已经成为中国物流发展的新形态之一。其中，物流设备是冷链物流系统的重要内容，先进的冷链物流数智化设备是冷链物流实现全过程智能高效、优质、低成本运

行的保证。

知识储备

一、冷链物流数智化设备概述

（一）冷链物流数智化设备概念

冷链物流数智化设备是进行各项智慧冷链物流活动和作业所需要的设施与设备的总称。它贯穿于整个智慧冷链物流系统，深入每个作业环节，是实现冷链物流各项作业与功能的物质基础，也是冷链物流服务水平的关键体现。

冷链物流数智化设备包括各种装卸自动化设备、冷链物流运输工具，也包括自动化立体冷库等基础设施。冷链物流数智化设备是随着冷链物流的产生和现代科技的应用蓬勃发展起来的，高度发达的冷链物流数智化设备是现代智慧物流的特征之一。

（二）冷链物流数智化设备的地位和作用

正确理解冷链物流数智化设备在冷链物流系统中的地位与作用，掌握数智化设备的概念、分类、特点及用途，合理选择与配置数智化设备，合理使用和科学管理数智化设备，是对"数智化"背景下每一个从事物流管理的专业技术人员的基本要求。

数智化物流设备在冷链物流系统中的地位和作用可以概括为以下几个方面。

1. 智慧冷链物流活动的物质技术基础

冷链物流数智化设备是进行物流活动的物质技术基础，是实现冷链物流功能的技术保证，更是实现冷链物流智能化、科学化、自动化的重要手段。

2. 智慧冷链物流系统的重要资产

冷链物流数智化设备是冷链物流系统的主要组成部分，也是冷链物流企业服务能力的主要体现。物流设备资产在物流系统中占据较大的比重，一般为60%～70%，特别是大型、重型、高精度、全自动成套的设备，技术含量和价值更高。

3. 智慧冷链物流各环节作业效率提升的关键因素

冷链物流数智化设备贯穿于冷链物流系统的全过程，深入每个作业环节，包括智能采收、智能分级、智能流通加工、智能包装、智能储存、智能装卸、智能运输、智能配送等。冷链物流数智化设备布局、选择与配置是否合理直接影响着冷链物流功能的实现，影响着各个环节的作业效益。

4. 智慧冷链物流技术水平的重要标志

冷链物流数智化设备是智慧冷链物流技术水平的重要标志，数智化设备的普及程度直接反映着一个国家的现代化程度和技术水平情况。一个高效的智慧冷链物流系统离不开先进的物流技术和先进的冷链物流数智化设备。

二、冷链物流数智化设备分类

(一)冷链物流数智化基础设施

1. 智慧交通基础设施

"智慧交通"源于 IBM 公司 2008 年提出的"智慧地球"概念。2010 年"智慧城市"愿景将"智慧交通"视为智慧城市核心体系之一。同时,智慧交通基础设施建设也是智慧冷链物流体系构建的关键一环。

智慧交通就是以智能交通系统为基础,整合物联网、大数据、云计算和人工智能等高新技术,对人、车、路和环境四个要素进行综合感知,协同互联和高效服务,具有一定判断能力、创新能力和自组织能力,是智慧型综合交通运输系统。

2020 年至今,交通运输部出台多项政策继续大力推进智慧交通发展。2021 年 9 月,交通部发布《交通运输领域新型基础设施建设行动方案(2021—2025 年)》,提出"要在 2025 年前建成若干交通新基建重点项目,形成若干可复制、可推广的应用场景和制修订若干技术标准规范,推动交通基础设施网和运输服务网、信息网、能源网一体化建设"。2021 年 11 月,交通部发布《数字交通"十四五"发展规划》,提出到 2025 年,"交通设施数字化感知、信息网络大范围覆盖、运输服务方便快捷智能化、行业治理线上线下协同、技术应用主动创新、网络安全保障强有力"的数字交通体系深入推进。智慧交通建设将对智慧冷链物流的快速发展产生巨大推动作用。

2. 智慧型冷链物流产业园基础设施

智慧型冷链物流产业园是一种基于现代化农产品冷链物流技术和物流管理技术的综合服务平台,旨在提高农产品质量、保鲜期和流通效率,促进农产品流通和营销。该产业园可以集成冷库、配送中心、商品展示中心、物流信息管理系统、加工厂和培训中心等多种功能,并通过物联网和云计算技术实现冷链物流管理的数字化、智能化和可视化。

其中,冷链物流园区管理系统以数字化物业管理、智慧停车、冷链物流仓储与物流一体化平台、大数据信息中心、综合园区服务等为核心,构建起"物联网+云计算+大数据"一体化的智能产业生态链。该系统通过信息化手段,提升冷链物流园区的管理效率、服务质量,为冷链物流产业发展提供强有力的基础支撑。

(1) 数字化管理是冷链物流园区管理系统的重要组成部分。通过应用数字化技术,园区管理人员可以实时监测和管理园区内的设备运行情况,包括温度、湿度、气体浓度等关键环境指标。这有助于提前发现和解决潜在问题,确保冷链物流设施运行稳定、安全可靠。此外,数字化管理还可以提供在线报修、设备维护等便捷的服务,提高冷链物流园区管理效率。

(2) 智慧停车是重要功能模块。冷链物流园区通常需要处理大量货车和运输车辆,停车管理是一项关键任务。通过智慧停车系统,园区管理人员可以实时掌握停车场的空闲情况、车辆进出记录等信息。这不仅可以提高停车场利用率、减少车辆拥堵,还可以优化车辆调度,提高运输效率。

(3) 冷链物流仓储与物流一体化平台是冷链物流园区管理系统的核心功能之一。该平台通过整合园区内的仓储和物流资源,实现冷链物流各环节的无缝衔接。通过物联网技术,园区内仓库、货车、冷藏设备等关键节点可以实现信息互通共享,从而提高仓储和物流的效率和准确性。同时,通过大数据分析和智能优化算法,可以实现冷链物流资源合理调度,减少运输成本,提高运输效率。

(4) 大数据信息中心是冷链物流园区管理系统的核心枢纽。通过收集、存储和分析园区各个环节产生的数据,大数据信息中心可以为园区管理人员提供全面的数据支持和决策参考。例如,通过对实时温度、湿度等环境参数监测和分析,园区管理人员可以及时掌握冷链物流设施运行情况,做出相应调整和优化。此外,大数据信息中心还可以提供业务分析报告、市场需求预测等价值服务,为冷链物流产业决策提供科学依据。

(5) 综合服务是冷链物流园区管理系统的终极目标。通过整合各种资源和服务,园区管理人员可以为企业提供全方位、一站式园区服务。例如,通过智能综合服务平台,企业可以随时了解供应商、物流企业、仓储服务商等信息,高效建立合作关系。同时,综合服务还可以提供金融、法律事务、人力资源等专业服务,帮助企业解决问题,降低经营成本,提升核心竞争力。

综上所述,冷链物流园区管理系统通过数字化管理、智慧停车、冷链物流仓储与物流一体化平台、大数据信息中心、综合服务等多个功能模块,打造了"物联网+云计算+大数据"一体化智能产业生态链。该系统应用不仅能提升冷链物流园区的管理水平和服务质量,还将为冷链物流产业可持续发展提供有力支撑,推动冷链物流行业迈向更高水平。

3. 智能网络通信基站

5G基站是5G网络核心设备,可以提供无线覆盖,实现有线通信网络与无线终端之间无线信号传输。基站架构、形态直接影响5G网络如何部署。由于频率越高,信号传播过程中衰减也越大,5G网络基站密度将更高。截至2022年5月,中国已建成5G基站近160万个,成为全球首个基于独立组网模式规模建设5G网络的国家。2022年,中国5G基站新增88.7万个,5G基站已达到231.2万个,世界占比超过60%。

(二) 冷链物流数智化设备

1. 仓储数智化设备

(1) 冷链物流自动化立体仓库。冷链物流自动化立体仓库是一种应用于冷链物流行业的先进仓储设备,它的主要特点是能够保持库内恒温、恒湿的环境,使得存放在其中的农产品保持良好品质和新鲜度,如图5-9所示。该仓库常用于存储、保管和管理冷冻、冷藏、保鲜等各类食品、药品、化妆品等易变质商品,以及各种需要恒温、恒湿环境的特殊物品。

冷链物流自动化立体仓库主要由冷库、输送设备、自动化货架、智能控制系统等组成。冷库是整个仓库的核心,它需要保证库内温度、湿度等指标符合农产品贮存要求。输送设备和自动化货架可以完成农产品存放、取货、运输和管理等操作,从而提高仓库运行效率和准确性。智能控制系统负责整个仓库自动化运行和监控管理,可以随时监测库内环境和农产品状态,并根据需求对农产品进行分类、存储和管理。

相对于传统仓库,冷链物流自动化立体仓库有以下几个优点。

① 提高仓库利用率。通过垂直式仓储,提高空间利用率,节省存储空间。每个货架

图 5-9 冷链物流自动化立体仓库

都可承载多个货箱,最大化农产品存储量。

② 降低能耗。采用先进制冷设备和节能技术,能有效降低能源消耗。同时,通过自动检测农产品数量和仓库温度,能够在需求低点时自动降低能耗。

③ 提高物流效率。采用自动化立体仓储技术,做到农产品存储、取出、打包、分类、堆垛等全部自动化作业,提高仓储效率。同时,内置有自动化管理系统,实时监控农产品状态,减少操作错误和损坏,提高物流效率和农产品安全。

④ 提高准确性。通过自动化仓储管理,能够条码识别、标记、查询每个货箱的物品内容、数量等信息,智能化管理农产品。在操作过程中还能够自动化反馈实时数据,提高数据准确性和农产品安全性。

⑤ 提高安全性。仓库内置有消防系统,使用透明、不易燃材料,安装防护设施等安全措施,保障工作人员和农产品安全并能有效避免农产品被盗掠、被损坏等情况。

⑥ 避免人为损失。可以通过智能控制系统,实现对农产品的精准控制和管理,避免人为操作误差带来的损失。

冷链物流自动化立体仓库已经被广泛应用于食品、医药、化妆品等领域的仓储管理中。随着人们对食品、药品等产品质量要求越来越高,其应用前景也越来越广阔,能够帮助企业优化物流链、提高工作效率,提供更加高效、安全、可靠的仓储物流服务。

(2)"货到人"设备。在仓储物流领域,"人到货"与"货到人"是两种不同的拣选方式。"人到货"即传统人工推车拣选货品,这种方式下,不仅拣选人员工作强度大,而且大量空走降低了人员工作效率。"货到人"则是指通过自主移动机器人实现自动化拣选,由自主移动机器人背负着货架或拣选货箱运送至固定拣选工作台,员工在固定工作台进行拣选工作,具有拣选效率高、劳动强度低的优点。

"货到人"系统凭借其提高拣选效率、降低劳动强度、减少用工数量等方面的显著优势,逐渐成为行业关注的焦点。随着人力成本、用地成本的不断提高,市场对省人力、高效率仓储系统的需求日益增加,"货到人"系统得到越来越多的应用。

当前,实现"货到人"设备主要有以下三种。

① 多层料箱式 AGV"货到人"。一款适用于高层料箱货架中自动存取的自动化设备。通过 AGV 实现料箱的升降、存取、搬运。搬运拣选效率显著提高,一次可以存取、搬运多个料箱;可实现最优路径规划和多机器人任务调度,如图 5-10 所示。

② 穿梭车式"货到人"。一种多层密集型立体仓库存储系统。通过密集型立体货架

大幅提升仓容利用率。提升机、工作站、穿梭车协同工作，形成上架拣货任务的高自动化，拣货人员只需在工作站按计算机指示工作即可，如图5-11所示。

图5-10 多层料箱式AGV

图5-11 穿梭车式"货到人"拣货区

穿梭车式"货到人"系统以能耗低、效率高、作业灵活等突出优势成为拆零拣选的最佳方式，近几年得到快速发展和应用。穿梭车关键技术主要体现在运动控制和设备可靠性两方面，即如何使穿梭车跑得快、跑得稳，兼顾效率与可靠性，这是评价穿梭车系统性能的两大重要指标。

③ 潜伏式AGV"货到人"。将货架顶升并搬运至工作站，减少拣货人员的行走路程，降低劳动强度，提升拣货效率，并实现多车协同、搬运路径与次序最优化等，如图5-12所示。

（3）无人叉车。无人叉车也叫自动导引小车，是目前国内外流行的智能搬运小车，如图5-13所示。基于反光板的激光导引AGV，无人叉车利用安装在车体顶部的高精度激光导航仪，扫描当前环境进行自身定位，通过智能调度系统，在接收搬运任务后，以最优路径到达农产品位置，自动完成搬运动作，全程无须人工参与。无人叉车在仓储物流、制造工厂中应用非常广泛。

图5-12 潜伏式AGV"货到人"

图5-13 无人叉车

无人叉车主要包括车体配备安全雷达、声光提醒、防撞胶条等防护模块，能够自动避障，有效杜绝安全事故；其货叉可搬运双面托盘，用于仓储和生产线上的物料自动搬运和堆垛，可解决长距离、密集、柔性化搬运等难题。相对于传统人工搬运，使用AGV无人叉车不仅可以降低人工成本，还提升了生产效率和管理水平。

2. 智能冷藏运输设备

（1）无人驾驶冷藏车。2018年5月，苏宁物流在上海奉贤园区测试了一辆名为"行龙一号"的无人驾驶重型卡车,这也是国内电商首次对无人重型卡车的实景测试。未来,随着无人驾驶技术及智慧物流的不断发展,进一步发展智能无人驾驶冷藏车将提上日程。无人驾驶冷藏车是指用来维持冷冻或保鲜农产品温度的封闭式厢式无人驾驶运输车,搭配智能温湿度控制装置,能够实时调节温湿度,实现农产品运输保鲜。无人驾驶冷藏车常用于运输冷冻食品、奶制品、蔬菜水果、疫苗药品等,是智慧冷链物流的重要设备之一。

(2) 快递无人机。无人驾驶飞机简称"无人机",如图 5-14 所示。它利用无线电遥控设备和自备的程序控制装置,操控无人驾驶的低空飞行器运载包裹,自动送达目的地。快递无人机优点主要在于解决偏远地区的配送问题,提高配送效率,同时减少人力成本;缺点主要在于恶劣天气下无人机可能会无法送货,且无法避免飞行过程中的人为破坏等。

(3) 智能配送机器人。作为整个物流系统中末端配送最后一环,智能配送机器人所具备的高负荷、全天候工作、智能化等优点,将为物流行业"最后一公里"带来全新解决方案。例如,京东研发的智能配送机器人(图 5-15),其感知系统十分发达,除装有激光雷达、GPS 定位系统外,还配备了全景视觉监控系统、前后防撞系统及超声波感应系统,以便配送机器人能准确感触周边环境变化,预防交通安全事故的发生。它拥有基于认知的智能决策规划技术。当遇到障碍物或人时,能判断障碍物或人的位置,并判断出障碍物或人的运动方向与速度,通过不断深度学习与运算,做出智能行为决策。该配送机器人具有以下能力:能安全通过路口,包括有红绿灯路口和没有红绿灯的路口,能自主规划安全借道行驶,能向来车和行人避让,能礼让横穿马路行人,安全避道行驶,精准停车。

图 5-14 顺丰无人机快递

图 5-15 京东智能配送机器人

(4) 智能生鲜柜。传统零售受制于人工和场地等因素,让消费者体验感极差,诸如排队时间长、结账慢、距离远等问题。而智能生鲜柜作为零售业新设备,简单方便,能够有效解决消费者痛点问题,带来全新购物体验,受到了广大消费者的欢迎。

面对正在爆发的新零售市场,智能生鲜柜不仅在智能支付、冷链物流技术方面取得了成就,还在无人零售方面拥有前瞻性技术。智能生鲜柜应用场景广泛,除了商场、办公场所外,还能在住宅社区、机场车站等场景进行投放。智能生鲜柜占地面积小,无须人力看管,通过智能平台即可实现无人售卖并掌握售卖情况,还能进行科学分析,根据消费者喜好及时做出调整,在省去了大量房租和人力成本基础上,大大提高运营效率。

三、冷链物流数智化设备发展趋势分析

(一)冷链物流设备发展现状

1. 冷链物流基础设施不足,物流损耗高

中国冷链物流市场发展潜力巨大,但是起步较晚,随着生鲜电商的兴起,冷链物流才进入发展的快车道。产业在线发布的《2022中国冷库行业年度研究报告》数据显示,2022年中国冷库持续扩容,同比增长7.3%,库容总量突破6000万t。然而,与发达国家相比,中国的冷链物流硬件设施依然缺乏,设备分布不均。冷链物流基础设施主要集中在沿海地带和一线发达城市,而承担了全国大部分生鲜农产品批发交易的中西部地区却冷链物流资源匮乏,发展相对滞后。城市人均冷库容量偏小,低于发达国家水平。国际冷藏仓库协会(IARW)数据显示,荷兰人均库容达到 $0.96m^3$/人,美国为 $0.49m^3$/人,中国仅有 $0.13m^3$/人,人均冷库容量只占美国的1/4。冷藏车及各类冷库的基础设备不足,也是中国与发达国家相比农产品运输过程中货损较高的原因之一。

2. 冷链物流设备需求快速增长

随着电子商务的发展,生鲜电商规模也在不断扩大,服务更加实惠便捷,人们需求逐渐多样化,对果蔬、水产品等需要冷链物流运输的产品品质要求更高,从而促进生鲜电商冷库、冷藏车等冷链物流设备的需求增长。

3. 冷链物流基础设备落后

冷链物流整体在中国发展时间尚短,行业标准化程度不高,相应制度和政策待完善,造成冷链物流行业发展过程缺乏科学的规划和指导,难以适应当今和未来行业高速发展的脚步。例如,冷库制冷能力达不到规定要求;运输冷藏车在运输中制冷能力常常发生故障,温度控制不能在运输全过程中得到保障,造成农产品在运输过程中的腐败、损耗,增加成本,导致收益降低。

4. 冷链物流设备区域分布差异化显著

受经济发展地域性特点和区域气候的影响,我国冷库主要集中在华东地区。华东地区的冷库容量占到中国总容量的38%,西南、华北、西北的冷库容量较小,占比均未达到10%;冷藏车遵循同样分布规律,华东地区的冷藏车占中国冷藏车的35%,西南、华北、西北的冷库容量较小,占比均未达到10%。由此可见,中国目前冷链物流的冷库、冷柜和冷藏车等基础设备分布不均衡,经济欠发达地区占比相对较低,冷链物流基础设备的结构性失衡最终导致冷链物流成本高,严重制约冷链物流行业的高效发展。

(二)冷链物流数智化设备发展趋势

1. 实用化和柔性化

物流设备是现代化、自动化物流的重要物质技术基础。未来,冷链物流智能化设备要求使用方便,容易维护与操作,具有优异耐久性、无故障性和良好的经济性,以及较高安全性、可靠性。因此,今后会更加注重开发使用性能好、成本低、可靠性高、柔性化的冷链物流设备。

2. 自动化和智能化

将先进微电子技术、电力电子技术、光缆技术、液压技术、模糊控制技术隐蔽功能应用到机械的驱动和控制系统,实现冷链物流设备的自动化和智能化,将是今后的发展方向。例如,大型高效起重机的新一代电气控制装置将发展为全自动数字化控制系统,可使起重机具有更高柔性。自动化仓库中的送取货小车、智能式搬运车、公路运输智能交通系统(ITS)的开发和应用已引起多国的广泛重视。此外,卫星通信技术及计算机网络等多项高新技术结合起来的物流车辆管理技术正在逐渐得到应用。

3. 专用化和通用化

随着物流多样化发展,物流设备品种越来越多,且不断更新。物流活动的系统性、一致性、经济性、机动性、快速化,要求一些设备向专用化方向发展,另一些设备向通用化、标准化方向发展。通用化主要以集装箱运输为代表,大型集装箱拖车可运载海运、空运、铁运所有尺寸的集装箱。通用化设备实现物流作业的快速转换,极大地提高了物流作业效率。

4. 成套化和系统化

只有当组成物流系统的设备成套、匹配时,物流系统才能发挥最佳经济效益。在物流设备单机自动化基础上,通过计算机把各种物流设备组成一个集成系统,通过中央控制室控制,与物流系统协调配合,形成不同机种的最佳匹配和组合,以发挥最佳效用。为此,成套化和系统化物流设备具有广阔发展前景,特别是重点发展工厂生产搬运自动化系统、农产品配送集散系统、集装箱装卸搬运系统、农产品自动分拣与搬运系统等。

5. 绿色化

"生态环境保护"一直以来都是中国政府高度重视的问题,推进节能减排、可持续发展是关乎国计民生的大事。目前中国整个物流行业存量有超过2000万辆燃油物流车,新能源物流车当前市场渗透率只有2%,新能源物流车替代燃油物流车拥有巨大的市场容量。有业内人士预计,从市场发展规模和投入的资源比例来看,新能源物流车潜在的市场空间可达300万辆。

四、冷链物流数智化设备选型

冷链物流数智化设备选型需要遵循以下原则。

1. 系统性原则

冷链物流数智化是一项庞大的系统化工程,需要从宏观系统视角进行认识。因此,按系统性原则配置与选择冷链物流数智化设备,就是在配置、选择过程中根据系统观点和方法,对冷链物流设备运用所涉及的各环节进行系统分析,根据冷链物流系统总目标要求,把冷链物流设备与作业任务等有机地结合起来,改善各个环节技能,使其配置、选择最佳,使冷链物流数智化设备发挥最大效能,并且使冷链物流系统的整体效益最优。

2. 适用性原则

冷链物流数智化适用性是指物流设备在配置与选择时,应充分注意到与冷链物流作业的实际需要和发展规划相适应,应符合农产品特性,适应货运量需要,适应不同工作条件和多种作业性能要求,操作使用灵活方便。

3. 技术先进性原则

技术先进性是指配置与选择的物流设备能够反映当前科学技术的先进成果,在主要技术性能、自动化程度、结构优化、环境保护、操作条件、新技术应用等方面具有技术上的先进性。

4. 低成本原则

冷链物流设备成本主要有原始费用和运营维护费用两大部分。原始费用是购置设备发生的一切费用,包括设备购置费、运输费、安装调试费、备品备件购置费、人员培训费等;运营维护费用是维持设备正常运转所发生的费用,包括间接或直接劳动费用、服务与保养费用、能源消耗费用、维修费用等。冷链物流数智化设备因其先进性及大型化等特征,需要花费较高成本。因此,在配置和选择设备时,只有同时考虑这两部分费用,才能对经济效益有较准确的预估。

5. 可靠性与安全性原则

随着冷链物流作业现代化水平的提高,可靠性和安全性日益成为衡量设备质量的重要因素。在配置与选择数智化设备时,应充分考虑可靠性和安全性,以提高数智化冷链物流设备利用率,防止人身事故,保证物流作业顺利进行。

6. 节能环保原则

世界各国都在尽力把绿色物流推广作为物流业发展重点,积极开展绿色环保物流的专项技术研究。例如,在物流系统和物流活动的规划与决策中尽量采用对环境污染小的方案,企业在选用物流设备时,应优先选择对环境友好的绿色、节能产品。

任务实施

李导师:小王,根据你之前的预习,说说你对冷链物流数智化设备的认识?

小王:冷链物流数智化设备贯穿于整个智慧冷链物流系统,深入每个作业环节,是实现冷链物流各项作业与功能的物质基础,也是冷链物流服务水平的关键体现。

李导师:对,数智化设备在冷链物流智能化、自动化中起到了关键性作用。

小王:老师,设备那么重要,对于冷链物流企业运行来说,是使用越先进的设备越好吗?

李导师:冷链物流数智化设备运用于冷链物流各个方面。但并不是说使用越新或设备越多就越好,需要遵循一定原则。

小王:明白了。

李导师:下面以"自动化立体仓场景适用及遵循原则"为例,进一步学习冷链物流数智化设备相关的知识及实操技能。

自动化立体仓场景适用及遵循原则

自动化立体库是现代物流系统中的重要组成部分。它是一种用于存放货物的多层高架仓库系统,实现了仓库高层合理化、存取自动化、操作简便化,通常由立体货架、堆垛机、输送机、智能化搬运设备、托盘、智能化管理信息系统及其他外围设备构成。

一、应用场景

(1)电子商务。电子商务快速发展,对仓储需求也日益增加。立体仓库在满足大规模、高速度、高效率的仓储需求方面具有显著优势。

(2) 制造业。立体仓库在制造业的应用可以提高生产效率，缩短生产周期，降低库存成本。特别是对于一些具有较高附加值和易损性产品，如电子元器件、精密机械设备等，立体仓库可以提供安全、稳定的存储环境，降低损耗。

(3) 医药行业。医药行业对仓储要求较高，不仅需要保证药品安全存储，还需要满足严格监管要求。立体仓库可以实现药品的高效管理、严密监控，有助于提高医药行业整体效率。

(4) 食品行业。食品安全一直是社会关注焦点。立体仓库可以为食品提供干净、整洁、恒温的存储环境，同时可以实现快速、准确的库存管理，有助于确保食品质量和安全。

(5) 冷链物流企业。立体仓库可以实现对冷藏、冷冻产品的高效存储和管理。采用先进制冷技术和智能管理系统，立体仓库在冷链物流领域具有广阔应用前景。

二、遵循原则

自动化立体仓库由于具有节约占地、提高储存效率、提高仓库管理及时性和准确性等诸多优点，因此得到越来越多的应用。好的自动化立体仓库系统一般都遵循以下几个原则。

(1) 系统性原则。自动化立体仓库是一个完整系统，设计时不仅要考虑到其自身完整性，而且要对立体仓库系统平面布局、装卸工艺、设备选型、生产管理策略，以及长远发展进行统一考虑，还要将它作为供应链中一个环节，考虑与其他物流环节相互衔接和配合问题，对立体仓库系统中物流、信息流及资金流进行综合分析，确定系统设计整体框架。

(2) 先进性原则。自动化立体仓库属于一次性固定投资，投资规模和风险较大，且改造费用不菲。因此，在自动化立体仓库规划设计中，要结合企业实际情况，有一定前瞻性，尽量采用比较先进的物流设施设备。

(3) 经济性原则。自动化立体仓库设计在满足其主要功能前提下，尽量减少投入成本，减少工程量，选用性价比较高设备，减少不必要项目开支。

(4) 最优距离原则。尽量避免返回、侧绕和转向，减少设备和人员冗余移动，保证最少消耗能源，提高作业效率。

(5) 设备协调原则。立体仓库系统中包含有许多设备，这就要求在设备选型中尽量考虑设备之间的相互协调性及匹配程度，并尽量保持统一标准。因为设备标准化可以提高立体仓库系统内部各环节的货物处理衔接能力。

(6) 高利用率原则。系统自动化程度越高，其固定成本越高。因此要降低仓储设备设施的闲置率，追求最少故障时间和最大运行时间。

(7) 最少人工处理原则。人工处理成本高，易出错，应尽量减少。

(8) 安全性原则。设计系统应能保护人、产品和设备不受损伤。必须考虑防撞、防掉落、防火措施。保证工作环境良好，安全工程设施齐全能有效地保证人身安全。

(9) 空间利用最大化原则。由于自动化立体仓库需要大量土地和各种基础设施，因此要充分利用空间，避免浪费。

任务拓展

李导师：小王，"货到人"是冷链物流仓内重要组成设备，但不同"货到人"方案有不同适用场景，需要我们结合实际去探索。

小王：明白，老师，"货到人"可以降低劳动强度，改善作业环境，大幅减少行走距离，减少拣货人员作业量等特点，目前在很多场景中都有应用。

李导师：是的，经过本任务的相关理论及自动化立体仓的学习，相信你较好地掌握了冷链物流数智化设备的相关知识及技能。下面请你根据老师提供的资料及上网查询的相关数据，编写"'货到人'不同方案的场景适用及遵循原则"。

至少含有如下内容：

（1）描述"货到人"不同的方案内容；

（2）阐述"货到人"方案的场景适用；

（3）实施"货到人"方案应该遵循的原则。

小王：好的，老师。我会认真完成的。

请你代替小王，编写"'货到人'不同方案的场景适用及遵循原则"。

任务评价

知识点与技能点	我的理解（填写关键词）	掌握程度
冷链物流数智化设备概述		☆☆☆☆☆
冷链物流数智化设备分类		☆☆☆☆☆
冷链物流数智化设备发展趋势分析		☆☆☆☆☆
冷链物流数智化设备选型		☆☆☆☆☆

自动化物流技术在新华制药转型升级中的应用

医药产业是国家重点培育发展的战略性产业，在"智能制造"大背景下，医药企业的生产流通安全性和对外服务质量显得尤为重要。为适应发展趋势，越来越多企业依托新兴物流技术与装备，推动内部物流智能化改造升级，满足生产运营的合规性（GMP）、安全、高效、高质量、节能环保等要求。

山东新华制药股份有限公司（以下简称"新华制药"）是亚洲领先的解热镇痛药生产和出口基地，是国内重要的抗感染类药物、心脑血管类药物、中枢神经类药物等药物的生产企业，也是国内主要骨干企业、国家高新技术企业，拥有国家级技术开发中心。

一、项目概况

面对劳动力成本的上涨、制造业竞争日益激烈，以及自动化技术发展应用日渐广泛的大趋势，新华制药大力推进"机器换人"工程，以自动化、智能化技术装备促进企业转型升级。自2015年开始，新华制药启动现代医药国际合作中心建设项目，包括新建物流中心、现代医药国际合作中心和现代医药固体制剂中心。该项目是新华制药实现制剂国际化、新产品产业化的重要依托,是公司实现产业结构升级的重要项目,也是山东省重点建设项目。

二、项目实施

新华制药与凯乐士科技子公司湖北凯乐仕通达科技有限公司(以下简称"湖北凯乐仕")开展合作,规划设计物流中心。凭借湖北凯乐仕专业优势,实现信息化和智能化水平提升的总体目标,使物流中心的生产运营管理具有"分析"能力;以高配置的人力及智能装备确保生产安全平稳、管理可视化,提升物流中心运营效率,实现物流中心从传统生产到智能制造的升级,增强企业竞争力。

新建物流中心位于淄博市的新华制药总部,占地面积为 11 500 m^2,整体建筑包括 25m 高自动化立体仓库及 4 层楼库,其中自动化立体仓库面积为 6890 m^2,4 层楼库面积合计为 9960 m^2,使用面积为 16 850 m^2。

物流中心完全按照国际最先进的 cGMP(动态药品生产管理规范)标准建设,存储能力达 27 万件,支持年销售额 30 亿元人民币;采用从生产制造、成品存储及销售出库等流程的全自动化管理,可实现对单件商品从生产到销售全过程的自动化跟踪管理;引入 WMS,实现生产到销售的信息无缝对接,通过入库、出库、仓库调拨和库存调拨等功能,结合批次管理、物料对应、库存盘点、质检管理和即时库存管理等功能的综合运用,有效控制并跟踪仓库业务的物流和成本管理全过程,实现完善的企业仓储信息化管理。

(1)自动化立体库

自动化立体库由计算机通过 WMS 系统进行控制和管理,无须人工搬运,实现自动收发货作业。采用 11 层立体式存储货架,合计 17 160 个托盘位,预计存储能力达 20 多万件;共设计 13 个巷道,采用双立柱型堆垛机进行出入库作业,具有空间利用率高、人力成本低、作业效率高及管理信息化等优点。自动化仓储系统能充分利用存储空间,通过计算机可实现设备的联机控制,以先入先出为原则,迅速准确地处理物品,合理进行库存管理及数据处理;可持续检查过期或查找库存商品,防止不良库存,提高管理水平。

(2)楼库

楼库一层为收、发货作业区及原辅料存储区,物流中心无线网络全覆盖,使收货作业可通过无线射频(RF)智能无线收货台车对商品进行收货入库作业,具有灵活便捷及操作准确等优点。对于尺寸较大、不宜入立体库的原辅料采用压入式高位货架的存储模式,共设计 270 个托盘位,可存储原辅料 2500 件。楼库二层为与生产车间相连的箱式输送及自动码垛区,可将生产车间成品通过输送线送至自动码垛区,进行自动码垛入库。自动码垛机可按照要求的编组方式和层数,完成对料袋、胶块、箱体等各种产品的码垛,通过最优化的设计使得垛形紧密、整齐。自动码垛机采用"PLC+触摸屏"控制,实现智能化操作管理,简便、易掌握,可大大减少劳动力数量和降低劳动强度。楼库三层为专管库房(冷库、麻精药品库),共设计托盘位 461 个,存储能力为 7000 件。楼库四层为整件堆垛区,共设计 558 个托盘位,存储能力为 8400 件。出入库作业均采用手持 RF 无线终端设备,通过信息化系统管理,实现流程化、无纸化作业。

三、项目建设挑战及成果

在物流中心功能设置方面,根据药品种类多、包装规格多的特点,采用 KUKA 全自动码垛机将车间产线与物流中心连接,打破了成品搬运入库动线长、人工码垛费时费力的瓶颈;根据 GMP 的要求,定制开发了货位状态监控系统,可实时监控商品在库状态。在仓储系统方面,严格按照 GMP 对仓库的管理要求进行设计,参考医药行业法规中对药品生产企业物流系统的要求,结合企业的实际情况,实现了既满足企业的业务需求,又符合药品监管机构要求的自动化仓储系统。

四、实施效果

新华制药物流中心项目建成后,其工厂的物流管理水平得到了明显提升,具体表现在以下两个方面。首先,大幅度提高了新华制药的仓储能力和自动化作业水平。仓储能力可达 26.8 万件;全自动化的作业模式可实现对单件商品的全程自动化跟踪;WMS 的引入,充分发挥入库业务、出库业务、仓库调拨、库存调拨和虚仓管理等功能,并结合批次管理、物料对应、库存盘点、质检管理、虚仓管理和即时库存管理等功能的综合运用,有效实现控制并跟踪仓库业务的物流和成本管理全过程,实现完善的企业仓储信息管理。其次,在运行能力方面,仓储管理从原来的人工操作、手工账目过渡到全部自动化、电子化管理,这不仅降低了人力资源成本和仓储成本,提高了自动化水平,而且提高了企业供应链的运行效率,在山东省药品生产厂家的仓储管理中也属于领先水平。未来,该物流中心还将应用更多的自动化设备,实现从车间生产的自动包装到仓储作业的完全自动化。

资料来源:仓储与配送协会.典型案例:凯乐士:自动化物流技术在新华制药转型升级中的应用[EB/OL].(2022-11-17)[2024-02-19].https://baijiahao.baidu.com/s?id=1749723438840845105.

【思考】
(1) 在新华制药的物流中心布局中,自动化立体仓库起到了哪些作用?
(2) 四个楼层的规划布局分别是什么,遵循了设备使用的哪些原则?

任务三　冷链物流数智化运营框架搭建

随着科技的发展和物流行业的不断升级,智慧冷链物流运营已经成为冷链物流行业的一个重要发展方向。冷链物流数智化运营框架的搭建,不仅可以提高整个冷链物流过程效率和安全性,还可以降低冷链物流成本和环境污染。

◆ 知识储备

一、冷链物流数智化运营框架概述

结合冷链物流数智化概念、内涵特征、发展模式及技术和设备构成,可以把冷链物流数智化运营框架分为四个层面,分别为功能目标层面、应用领域层面、底层架构层面以及流通环节层面,并以此来构建一个冷链物流数智化运营框架,如图 5-16 所示。

(一) 功能目标

功能目标是冷链物流数智化实现的结果,是技术驱动下数据要素的应用治理和战略价值体现。表现在多源信息感知、智能分析与决策优化、异常预警与修正、可视化与精细

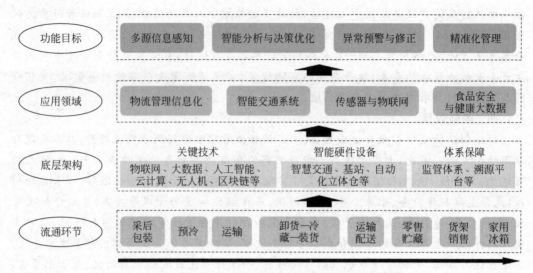

图 5-16 冷链物流数智化运营框架

化管理。

（二）应用领域

冷链物流数智化运营框架还需要建立与完善应用场景，表现在数智化物流系统的集成。该系统应当包括供应链管理系统、库存管理系统、智能交通系统、传感器与物联网、食品安全与健康大数据分析系统。通过冷链物流数智化系统建设，可以实现物流链的数字化、智能化和可视化，有利于加强对冷链物流过程的管控，提高效率和准确度，并进一步实现功能目标。

（三）底层架构

1. 数智化关键技术

冷链物流数智化运营需要以数智化技术为驱动因素。在冷链物流数智化运营框架中，可以采用互联网、物联网、传感器网络等技术手段，实现互联互通，从而实现全链路数据的实时监控和管理，确保温度、湿度、气压等关键指标在整个冷链物流过程中处于稳定状态。例如，区块链技术是一种以分布式数据为核心的新型信息技术，可以实现去中心化的数据储存和数据交换，从而实现数据共享和溯源。通过将物流数据上链，可以建立一个安全可靠的溯源系统，在整个物流过程中追溯产品的来源和去向，从而避免因信息不对称而产生的产品安全问题。

2. 智能化冷链物流设备

智能化冷链物流设备是智慧冷链物流的重要支撑，影响智慧冷链物流发展的效率和效果。在冷链物流运输过程中，需要用到一些冷藏设备，如无人机、无人叉车、AGV"货到人"、自动化立体冷库等。使用智能化的冷链物流设备，可以实现冷链物流全过程自动化、智能化运转，能够减少冷链物流环节，仅靠人力无法实现的高效率和高安全性，有助于冷链物流更好发展。

3. 体系化运行保障

（1）冷链食品溯源平台。实施食品安全和溯源是冷链物流发展的重要方向。冷链物流数智化运营框架中，需要搭建一个食品溯源平台，实现生鲜农产品的全程追溯和信息公开，从而提高消费者对农产品的信任度和满意度，促进冷链物流数智化运营的健康发展。食品溯源平台除了可以显示农产品运输的温度、湿度信息外，还可以通过大数据、区块链技术的支持，确保信息的不可篡改性，排除恶意行为，保障消费者合法权益。

（2）建立监管制度体系。冷链物流数智化运营框架搭建过程中，需要建立监管制度体系，压实企业自主监管责任，实现全面监管和有效管理。监管制度体系主要包括合理的法律制度、完善的监督体系等。通过建立监管制度体系，可以规范整个物流行业，促进行业规范发展。

（四）流通环节

1. 运输智慧化

冷链物流对运输与配送设备等的温度控制要求非常苛刻。因此，可通过集成各种运输方式，包括应用车辆识别技术、定位技术、信息技术、移动通信与网络技术等高新技术，实现交通管理、车辆控制、营运货车管理、电子收费、紧急救援等功能，降低农产品运输成本，缩短农产品送达时间，保障农产品质量。

2. 仓储智慧化

在仓储管理作业环节中，需要进行货品的数量、位置等信息的实时自动采集，并通过信息交互，在操作现场实现快速农产品入库、准确出库、库存盘点、库区转移、数量调整、实时信息显示、温度检测与报警等业务处理。智慧仓储中需要的智能技术包括仓内机器人、仓库选址、需求预测等，其中仓内机器人包括自动导引运输车、无人叉车、货架穿梭车、分拣机器人等，主要用于仓库中的搬运、上架、分拣等环节。例如，自动导引运输车可以利用电脑来控制其行进路线及行为，分拣机器人利用传感器、物镜和电子光学系统可以进行快速分拣。

在智慧物流场景下，可以利用积累的物流数据，判断不同区域物流量大小，结合人工智能相关规划技术，由计算机自动地进行优化学习，从而给出最优选址模式。此外，通过采集用户消费特征、商家历史消费等大数据，利用大数据算法提前预测需求，科学规划农产品库存与运输调度。

3. 配送智慧化

集成北斗卫星、全球定位系统（GPS）、配送路径优化模型、多目标决策等技术，把配送订单分配给可用车辆，实现配送订单信息的电子化、配送决策的智能化、配送路线的实时显示、配送车辆的导航跟踪和空间配送信息的查询显示，协同仓库部门一起完成配送任务。

配送中需要的智能技术包括无人机配送、无人车配送、众包配送、智能快递柜等，利用无人机、无人车，可解决商品"最后一公里"短距离智慧化配送问题，减少人力使用。另外，冷链物流运输还需要结合物联网技术，在配送车内安装温控装置，实时监测车内的温度状况，用户下单后也可通过手机实时观测车内的状况。

4. 包装智慧化

借助大数据分析优势，包装智慧化一方面，能够精准了解消费者对农产品包装设计的需求，设计出符合农产品特色且具有创意的包装，能够有效吸引和引导消费者；另一方面，可以发挥媒介作用，增加数字化视觉设计元素，有序增加图形、文化、色彩等元素，通过包装更加直观、立体地向消费者传递农产品品牌信息和文化，引发消费者对农产品的情感互动，从而建立良好的品牌认同，提升消费者对农产品质量的认可，增强农产品的市场知名度，树立优质的品牌形象。此外，还在包装设计中应用人工智能技术，例如，在农产品包装上增加二维码设计，以二维码为智能工具全面记录和输出农产品的各种信息，方便消费者了解农产品。

5. 装卸智慧化

装卸智慧化包括装卸、传送移动、分拣、堆垛、出入库等作业活动的立体化、动态化过程。可在一定区域内借助无人搬运车（AGV）、传送设备、智能穿梭车、通信设备、监控系统和计算机控制系统等技术，实现农产品空间位置和存放状态的改变，完成智慧装卸过程。

6. 数据处理智慧化

数据处理智慧化包括信息感知、信息传输、信息存储和信息处理等，能快速、准确地进行海量数据的自动采集和输入，实现冷链物流信息集成和整合。通过数据库的整理、加工和分析，为冷链物流作业的运作、相关决策的制定提供数据支撑，保障冷链物流作业合理和高效运作。

二、冷链物流数智化案例分析

（一）盒马鲜生冷链物流数智化

1. 基本情况介绍

盒马鲜生产业基地位于上海浦东新区航头镇，不仅是盒马在上海的"新基石"与发展的"加速器"，还是全自动立库、自动存储输送、分拣加工集聚一体的加工配送中心。历时3年，盒马上海供应链运营中心于2023年7月全面投产，是集农产品加工、成品食材研发、半成品冷冻储藏、中央厨房、冷链物流配送为一体的综合性供应中心。

盒马鲜生产业基地是盒马第一个全自动化园区，含全自动冷链物流生鲜加工中心，以及一系列物流自动化装备，同时融合了5G、物联网（IoT）及区块链等技术，实现了全链路的自动化与数字化，是盒马迄今为止面积最大、科技含量最高、投资金额最大的单体项目。

基地占地面积约78 000m²，总建筑面积约10万 m³，主体建筑层高24m，综合运用5G、物联网、大数据、云计算、区块链等技术，建设全球领先水平的生鲜商品加工中心、半成品及成品食材研发中心、无人自动化冷链物流中心。

该中心作为盒马新零售供应链升级的基石，将以数据驱动，推动盒马仓储运营管理全自动化，同时还将建设盒马特色中央厨房，大幅提升盒马供应链的效率、降低运营成本，并帮助提升各类农产品的商品化能力。作为盒马在上海的生鲜供应枢纽，其不仅服务上海区域的上百家不同业态的门店，还会辐射南京、苏州、杭州、合肥等整个华东区域。

2. 功能目标

盒马鲜生是阿里巴巴集团对线下超市完全重构的新零售业态。盒马鲜生不仅是超市、餐饮店，还是菜市场。消费者可以到店线下购买，也可使用盒马 App 线上下单。盒马鲜生最具竞争力的一点就是快速配送，即门店附近 3km 范围内，30 分钟就能送货上门。

(1) 中央厨房工厂。中央厨房工厂是盒马自建供应链中心的一大特色。生鲜原料汇集于此，通过盒马中央厨房进行深度再加工，做成以预制菜为主的鲜食产品。"鸭子进来，变成上海人爱吃的酱鸭；大豆进来，变成日日鲜豆腐；面粉进来，变成各种面制品运出去。"中央厨房工厂负责人说。盒马自建中央厨房工厂，让自有品牌预制菜的研发、生产、运输链路更为完善。从农产品的原料到生产、运输到店，每一个环节都可追溯，既保障了食品安全，同时也使得自研食品的上新、推广效率得到了大幅提升，为盒马大力发展预制菜助力。

(2) 物流供应链网络。自成立之初，盒马便在生鲜物流供应链上重仓布局，打造全国物流体系骨干网络。随着西北、西南、华中、华东等地的 7 个供应链中心陆续投产，盒马鲜生物流体系可能成为国内零售企业中规模最大的生鲜全温层物流体系，也让盒马进一步夯实、提升自身能力，更好地服务广大消费者。

(3) 食品溯源与安全。盒马鲜生在创立之初就成立了买手团队（眼光准，了解市场、消费者的人被称为"买手"），让有经验的买手来进行选品，坚持高质量、高标准。正是通过这样的方式，盒马鲜生很好地满足了消费者对健康、绿色食品的需求，实现了农产品的标准化和规模化，从而建立了自己的品牌优势。此外，盒马鲜生还利用互联网技术实现了对产品的有效溯源，从而能对问题产品进行针对性处理。

(4) 农业 IP(intellectual property)建设。21 世纪，各行各业都在建立自己的品牌，从饮食到服装，再到房地产，每个行业都在打造自己的品牌。"做 IP"、讲故事、传递理念，当代的消费者已经不仅仅是在为产品本身买单，更是为产品背后的故事买单。但受到销售方式、产业化程度低等各方面的影响，农产品在品牌建设方面相对来说比较落后。盒马鲜生借助自己的产业优势，建设发展了特色农业 IP 旅游产业，打造农业旅游生态品牌，在数字农业发展的机遇期积极探索乡村振兴和共同富裕之路。

3. 应用领域

(1) 物流架构模式。盒马鲜生耗资百亿元人民币，建设了一个高效的集约化冷链物流网络，打造以基地直采为核心、以高效冷链物流网络为支撑的供应链模式。

盒马鲜生物流架构大致可以分为四个部分：采购端（供应链）、DC（加工检测中心）、店仓（FDC 前端物流中心＋门店）及消费者。

采购端分为海外直采和国内直采，货品将以这两种模式进行采购。与其他的商家不同，在农产品领域，盒马采用的是自采自营模式，而不是从中间商进货然后再售卖。在该模式下，盒马可从源头就开始对产品进行把控，一直到加工、运输等环节，完全形成了闭环，既可以保证产品质量，做到让消费者满意，也能减少中间商赚差价，让生产者和盒马自身都获得更高收益。

接着，采购回来的农产品将被运送至温控式加工质检中心进行食品质量安全检测并包装。包装完成的农产品将由货车运送至后仓存储，以及各地门店销售。整个物流环节的最后一端就是消费者,消费者可到线下门店购买,也可通过手机端 App 线上购买,线上购买后将会由配送员进行城市配送,具体物流架构如图 5-17 所示。

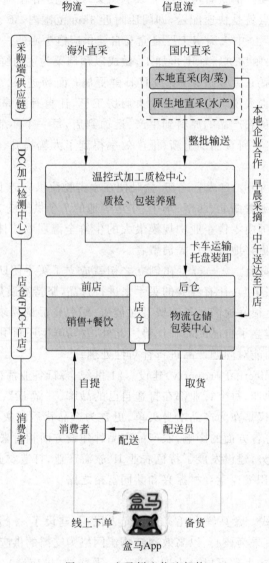

图 5-17 盒马鲜生物流架构

(2) 全产业布局。基地建成后将在很大程度上替代国内外直采端,形成自产自销体系。而下游盒马鲜生门店也将成为生产基地稳定的分销商。上下游全产业链布局使得盒马鲜生具备独立完整的生产、加工、运输、销售模式,使其在市场中更具竞争力。

4. 底层架构

(1) 高科技技术。基地综合运用 5G、物联网、AI 大数据、云计算、区块链等技术为运输、仓储、加工、监控体系等方面提供有效支撑。基于全流程智能化、互联网化,自动沉淀积累数据,管理者可实现数字化的科学管理决策,从而降低出错率并减少成本。例如,通过消费场景数据化，盒马可以持续获取包括浏览、消费、口味偏好、评价等消费者行为及交易数据。对这些数据进行挖掘，盒马可以精准地捕捉消费者的需求和反馈，而后将这些需求反馈到整个生产和供应链条，从而推动产品生产端进行改良。用需求来推动生产，消费者需要什么，盒马就生产什么。这是盒马鲜生成功重要因素之一，而数字化在这个过程中起到了不可替代的作用。可以说，如果售卖过程没有数字化，精准定位就无法实现。

（2）智能化设备。基地配备全自动立库、自动存储输送、分拣加工等一系列智能化设备，为产业基地注入了现代数字智能化血液。自动化、数字化供应链体系，极大提升了商品流通效率，保障了盒马门店高效到货。以供应链中的分拣为例，投入了 AGV 智能机器人（图 5-18）、机械臂、交叉带分拣机等自动化设备，同时有服务器云端部署的架构，再借助阿里云的算力，实施计算胶框最优分拣路径，实现了单日分拣能力超过 280 万份。

图 5-18　盒马上海供应链中心 AGV 智能机器人

（3）建设数字化平台。建立数字化平台，园区牛羊肉分切、分拣、分装工作在加工仓无菌生产车间里的全自动生产线上完成，数十条生产线全速运转，机械手臂负责对牛肉分拣、打标签等工作。身穿白色无菌服的工人只需查看设备和数据。生产线设备日产能可达 260t。数据大屏上则记录着当日牧区存栏总数、当日屠宰总数、每个城市的实时订单量，以及物流运送车坐标等核心数据。

（二）京东物流冷链物流数智化

1. 基本情况介绍

京东冷链物流作为国内领先的冷链物流服务提供商，致力于打造全球领先的冷链物流平台，提供高效、安全、可靠的冷链物流服务。京东科技从产业经济发展的角度不断提升供应链全链条的数智化水平。目前，京东科技已在全国签约和落地了 70 多个数字经济产业园，不断促进地方产业集聚化、品牌化、平台化、智能化发展。未来，京东科技将发挥"科技＋产业＋运营"核心优势，助力产业生态数智升级，为企业、产业、城市，以及全社会的发展创造更多价值。

2014 年，京东物流开始打造冷链物流体系，2018 年，正式推出京东冷链物流，京东冷链物流专注于生鲜食品、医药物流，以产品为基础，以科技为核心，通过构建社会化冷链物流协同网络，打造全流程、全场景的 F2B2C 一站式冷链物流服务平台。京东冷链物流通过推出一系列的服务、平台、产品,加快发展。

2．功能目标

(1)"'骨干网'合伙人"模式。京东冷链物流通过发布"京东云冷链"计划,将依托京东资源,专注全国核心骨干网络、信息化体系等基础设施建设,联合区域优质冷链物流企业形成"骨干网＋合伙人"的创新模式,通过"京东云冷链"独家品牌授权、营销支持、系统输出、金融赋能、资源共享,实现网络共建、货量共集、利益共享与风险共担,共同推进冷链物流网络的纵深布局与社会化运力资源的聚集。

(2)"自建仓＋协同仓"模式。依靠"自建仓＋协同仓"运作模式来减少中间环节,保障商品能够高品质、高时效地从原产地直发给用户。截至2020年年底,京东拥有87个冷链物流仓库,运营面积超过490 000 m^2,同时在全国超过360座城市建立了核心城市配送站,以此实现了冷链物流运输配送全链条连接,并达到了用较低的成本来提供高质服务的目标。

3．流通环节

京东冷链物流拥有全球领先的冷链物流技术和设备,可以为客户提供从采购、运输、仓储,到配送的一站式冷链物流解决方案。

(1)在物流运输方面,京东冷链物流采用先进的物流技术和设备,确保农产品在整个运输过程中保持稳定的温度和湿度,避免农产品受到损坏或变质。

(2)在仓储方面,京东冷链物流拥有先进的冷库设备和管理系统,可以为客户提供高效、安全、可靠的冷库服务。同时,京东冷链物流还可以根据客户的需求,提供定制化的仓储服务,确保客户的农产品得到最好的保护。

(3)在配送方面,京东冷链物流采用智能化的配送系统,可以实现快速、准确的配送,为客户提供优质的配送服务,还可以根据客户的需求,提供定制化的配送服务。

总体来说,随着消费升级的深化,无界零售时代的到来,消费者对商品和服务产生了更为精准化、个性化、高品质化的需求。京东冷链物流通过智能科技、"骨干网＋合伙人"的创新模式、一站式冷链物流服务平台、冷链物流运输配送产品、"自建仓＋协同仓"运作模式的推出,提高了冷库自动化程度,并应用智能化操作系统,推进冷链物流网络的纵深布局与社会化运力资源的聚集,使京东冷链物流具备一体化、智能化、网络化、个性化的特点,京东成为冷链物流行业的头部企业,推动中国生鲜冷链物流行业长足发展。

4．底层架构

(1)智能科技服务——智能温控平台。智能科技已成为京东冷链物流的"王牌"之一。京东冷链物流通过物联网、大数据与人工智能等新兴技术方面的优势,加速"人、车、货、场"等要素的数据化升级,打造全流程、可视化的智能温控平台,确保全程温度可视、品质可控。

(2)智能硬件设备——"亚洲一号"生鲜仓。武汉"亚洲一号"生鲜仓正式使用大型冷库旋转货架系统,这是全国首个应用于电商冷库内的"货到人"拣选系统,极大加速了订单流转效率,让消费者可以在更短时间收到新鲜商品,不仅大幅提高了冷库拣选的自动化程度,也极大改善了员工在冷库的操作环境。

(3)智能保温箱。为全面提升用户体验,京东物流陆续在全国范围内投放超过20万个智能保温箱,以其为载体,搭建起了全球首个冷链物流全流程智能温控体系,近220个城市的消费者将有机会实时查看在京东上所购自营生鲜商品在仓储、运输、配送等各环节的温度反馈和实时位置,实现全流程可溯源。目前,第一批智能保温箱已在北京、上海、广州等华北、华东、华南区域的128个城市投入使用。

该智能保温箱具有如下作用。

① 智慧温控全程可视,让消费者"看得明白,吃得放心"。智能保温箱是集保温、定位、实时温度监测功能为一体,集成物联网、信息及人工智能技术的自动化设备,实现了冷链物流信息与实物的无缝对接。不仅能长时间蓄温保冷,还能够通过京东云实时监测生鲜冷链物流包裹地理信息、包裹内生鲜商品的温度及其他品控相关信息,为生鲜商品提供全方位、高品质物流保障。智能保温箱主要应用于酸奶、热带果蔬、海鲜冻肉等对温控要求较高的冷冻、冷藏食品。

② 京东App订单详情中查看商品配送过程中温度实时变化信息。京东通过技术手段将查看"商品配送过程中温度实时变化"信息通过"可视化"来实现。消费者在京东选购这些生鲜商品时,可以在商品详情页查看其储存的实时温度,下单之后,即可通过PC(计算机)端或者京东App在订单详情中查看商品配送过程中的温度实时变化情况,关注食品安全。

另外,京东智能保温箱还具有环保功能,京东自主研发的具备FDA(美国食品药品监督管理局)标准的第五代VIP材质保温箱可以循环使用,不仅在保温时长、存储占用空间等方面优于行业平均水平,而且使用寿命是行业的2~3倍,大大节省了包装的损耗成本。

(4) 冷链物流运输配送设备。京东冷链物流在运输配送方面推出冷链卡班、冷链城配以及冷链整车。

① 冷链卡班。按重量和体积报价的模式,满足客户多批次小批量不足整车的运输需求,以集拼或分拨的模式,进行点到点固定班次运输服务。

② 冷链城配。京东冷链物流为商家提供一体化、多场景的同城冷链物流运输服务,以拼车共配或整车专送的模式,满足客户点到点、点到多点的冷链物流运输需求。

③ 冷链整车。冷链整车以平台化的模式,通过整合上游货主、中游物流企业与下游货车司机多方资源,根据客户指定的时间和地点,提供点到点、点到多点的冷链整车直送服务。

(5) 平台体系保障,包括以下三个部分。

① F2B2C一站式冷链物流服务平台。基于智能科技体系与更加完善的产品体系,根据产地、工业、餐饮、零售、进口共五大行业的供应链特性与差异,打造了从仓储到配送、从线上到线下、从硬件到软件的一体化行业定制解决方案,寻求供应链效率的裂变再造。此外,在商家最为关心的品控环节,京东冷链物流依托自主研发的订单管理系统与智能温度监控平台,实现订单全流程在线可视与24小时监控异常,不断打造行业内"快"和"鲜"的双重标准。

② 冷链物流全流程智能温控体系。冷库等标准设施匮乏、品类杂多难于标准化、源头预冷率低,且过程中脱冷导致腐损率高,是中国生鲜冷链物流行业的痛点。为此,京东已在全国范围内建立了覆盖深冷、冷冻、冷藏和控温四个温区的冷仓,满足不同品类生鲜

商品的个性化存储需求。同时,配置了涵盖冷藏、冷冻、恒温三个温区的专业冷链物流运输车及冷链三轮车,加上冷链保温箱、专业冷媒(干冰、冰板、冰包、冰袋)等材料,确保全程冷链物流不"断链"。在此基础上,随着智能保温箱的投入使用,京东搭建起了全球首个冷链物流全流程智能温控体系,实现了对生鲜农产品在仓运配各环节的温度变化、运输速度、配送时效等进行全面监控。尤其是在温度控制上,通过智能温控硬件设备,采集仓库、冷藏车、保温箱的温湿度信息,与生鲜产品要求的温湿度进行比对,例如,出现异常可以及时预警,进行处理,全面提升了冷链物流全程管理能力,有效降低了生鲜产品的损耗,实现了"0断链""0腐损",保证了生鲜食品安全。

③ 优质客户服务体系。除了提供优质的冷链物流服务,京东冷链物流还注重客户的服务体验。京东冷链物流建立了完善的客户服务体系,为客户提供全天候的服务支持,确保客户在使用京东冷链物流的服务过程中得到更好的服务体验。

任务实施

李导师:小王,根据之前的预习,你对冷链物流数智化运营有了哪些理解?

小王:冷链物流数智化运营框架可分为四个层面,分别为功能目标层面、应用领域层面、底层技术层面及冷链物流流通环节层面,并以此来构建一个冷链物流数智化运营框架。

李导师:预习得不错!总体来说,冷链物流数智化运营框架的搭建是以数智化技术和设备、保障体系作为底层架构驱动的,在此基础上进行场景应用和目标实现,涉及冷链物流的整个过程。

小王:我理解了,但感觉真正进行冷链物流数智化的运营框架搭建有些难度。

李导师:是的,冷链物流数智化运营框架的搭建,需要我们从全局思考每一个冷链物流运营层面的内容,做到系统性思考。下面以"京东冷链物流数智化运营框架搭建"为例,基于冷链物流数智化的运营框架知识,分析其冷链物流运营框架模式,如表5-2所示。

表5-2 京东冷链物流数智化运营框架

冷链物流企业	运营框架关键要素	模式特点
京东冷链物流	功能目标:F2B2C 一站式冷链物流服务模式 应用领域:生鲜食品和医药物流中的冷链物流仓储网、冷链物流运输网、冷链物流配送网 底层架构:智能科技服务(智能温控平台等)、智能硬件设备("亚洲一号"生鲜仓、智能保温箱、冷链物流运输配送设备等)、平台体系保障(F2B2C 一站式冷链物流服务平台、冷链物流全流程智能温控体系、优质客户服务体系)	F2B2C 一站式冷链物流服务体系智能化、一体化、网络化等

任务拓展

李导师:小王,冷链物流数智化运营框架搭建的重点在于形成系统化和全局思维。经过本任务的相关理论及盒马鲜生冷链物流实例的学习,相信你较好地掌握了冷链物流数智化运营框架搭建的相关知识及技能。下面请你根据老师提供的资料及上网查询的相关数据,分析"蒙牛和顺丰冷链物流数智化运营框架",具体如表5-3所示。

小王:好的,老师。我会认真完成的。

请你代替小王,分析"蒙牛、大闸蟹或顺丰冷链物流数智化运营框架"。

表5-3 蒙牛和顺丰冷链物流数智化运营框架

冷链物流企业	蒙牛	顺丰
运营框架的关键要素		
模式特点		
联系区别		

任务评价

知识点与技能点	我的理解(填写关键词)	掌握程度
冷链物流数智化运营框架搭建		☆☆☆☆☆
冷链物流数智化案例分析		☆☆☆☆☆

补充阅读

数字化时代下冷链物流园区的信息化建设与智慧化运营

在数字化时代,信息技术的迅速发展为各行各业带来了巨大的变革。冷链物流作为物流行业的重要组成部分,对物流园区的信息化建设和智慧化运营提出了新的要求。园区信息化系统的推广应用,将有效提升冷链物流园区的运营效率,降低运营成本,实现个性化服务,进一步推动冷链物流业实现智慧化转型和发展。

1. 智慧化入场管理

传统人工入场管理存在效率低下、信息不一致等问题。引入智慧化入场管理系统,冷链物流园区可以通过自助机、人脸识别、RFID等技术手段实现入场登记、车辆管理、安全检查等工作的数字化,提高入场管理的效率和准确性。同时,系统化的数据收集和分析,可以为冷链物流园区提供更全面、准确的统计分析,为经营决策提供依据。

2. 可视化统筹和调度

冷链物流园区拥有众多流程和多样的业务需求。通过园区信息化系统的可视化功能,冷链物流园区可以实时了解园区内各项业务数据和运行状态,对各项业务进行统筹和调度。同时,通过数据的可视化呈现,可以更加直观地了解物流运营状态和趋势,从而更好地制定发展战略和规划决策,提高园区的竞争力和营利能力。

3. 全方位服务与个性化服务

冷链园区信息化系统的应用,可以为物流运营者提供全方位的服务。园区信息化系统可以实现订单管理、库存管理、运输调度等模块的数字化,从而提供更加高效和便捷的物流服务。同时,根据不同物流运营者的需求,信息化系统可以针对个性化的服务需求进行定制开发,满足不同物流运营者的特殊需求。

冷链物流管理

通过数字化、智慧化、信息化的建设和运营，冷链物流园区可以提供高效的物流运营平台、全方位的物流业务系统与个性化的物流服务。这将提升冷链物流园区的信息化建设水平、降低运营成本、提高运营效率，推动冷链物流业的智慧化转型和发展。冷链物流园区将迎来更加智慧、高效的运营模式，为物流行业带来新的发展机遇。

资料来源：傲蓝管理软件.数字化时代下冷链物流园区的信息化建设与智慧化运营[EB/OL].(2023-09-05)[2024-02-19]. https://baijiahao.baidu.com/s?id=1776178766381123724&wfr=spider&for=pc.

【思考】

数字化时代下冷链物流园区如何进行信息化建设与智慧化运营？

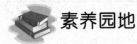

素养园地

5A级物流企业让智慧物流实现"安心""省心""舒心"

党的二十大报告提出，"加快发展物联网，建设高效顺畅的流通体系，降低物流成本""构建优质高效的服务业新体系，推动现代服务业同先进制造业、现代农业深度融合"。贵州丰茂东投物流有限公司作为一家化工及新能源产业供应链服务商，获评"国家5A级物流企业"，凭借一体化服务、数字化赋能的强劲势头，推动现代物流业高质量发展。

数字化赋能是贵州丰茂东投物流有限公司长期坚持的战略路径。在贵州丰茂东投物流有限公司危化专用停车场里，驾驶员驶着危化品运输车辆进进出出，他们的动态实时掌握在监控室里，安全又有序，安心又放心。由企业团队自主研发的智慧物流管理系统，在线远程管控和一线有序运行兼收并蓄，覆盖了公司在全国范围内的运输车辆，并能根据业务变化、管理需求不断更新迭代，实现车辆调度智能化、业务流程精细化、安全管理标准化，达到了科学精准的可视化管理目的。

智慧物流让企业的员工深感安心的同时，还带来了工作上的省心。在公司办公区域，记者看到，工位上两台无人操作的电脑正在快速运行，根据后台接到的订单指令，两分钟便完成了订单数据填写。贵州丰茂东投物流有限公司以数字化、信息化为抓手，于2021年引进并研发的"数字劳动力"，电子运单、ETC录入、发票打印、24小时自动提取数据、自动录入系统……这些工作均可让"数字劳动力"来代替，省心又省力，不仅节约了人力成本，也大大提高了工作效率。

资料来源：福泉：5A级物流企业让智慧物流实现"安心""省心""舒心"[EB/OL].[2023-11-02]. https://www.gzfuquan.gov.cn/xwdt/tpxw/202311/t20231102_82916826.html.

习　　题

一、单选题

1. 冷链物流数智化可实现配送路径动态优化、温湿度自动化控制、（　　）、故障检测与预警等。

　　A. 管理精细化　　　　　　　　B. 运输过程可视化
　　C. 风险监控　　　　　　　　　D. 信息共享与同步

2. 冷链物流数智化过程中,数据实时生成的措施不包括( )。
   A. 移动化　　　　B. 标签化　　　　C. 可视化　　　　D. 多功能化
3. 对于中国冷链物流数智化发展阶段,可以从技术发展特征视角划分,可分为( )。
   A. 信息共享化阶段　　　　　　　B. 运营精细化阶段
   C. 政府监管阶段　　　　　　　　D. "互联网+冷链"使用阶段
4. 仓储数智化设备中,不是"货到人"方案设备的是( )。
   A. 无人叉车"货到人"　　　　　　B. 多层料箱AGV"货到人"
   C. 穿梭车式"货到人"　　　　　　D. 潜伏式AGV"货到人"
5. 冷链物流数智化运营框架中,智能化冷链物流设备建设属于( )层面内容。
   A. 功能目标　　B. 应用领域　　C. 底层技术　　D. 流通环节
6. 智慧冷链物流关键技术不包括的是( )。
   A. 仓内技术　　B. 前端技术　　C. 干线技术　　D. 智慧数据底盘
7. 属于干线技术的是( )等。
   A. 无人驾驶卡车技术　　　　　　B. 可穿戴设备
   C. 无人机技术　　　　　　　　　D. 无人驾驶叉车
8. 冷链物流自动化立体仓库的核心设备是( )等。
   A. 冷库　　　　B. 输送设备　　C. 自动化货架　　D. 智能控制系统
9. 多层料箱式AGV"货到人"是一款适用于( )中自动存取的自动化设备。
   A. 多层密集型立体仓库　　　　　B. 高层料箱货架
   C. 多层料箱立体仓库　　　　　　D. 密集型立体货架
10. 无人叉车,也叫( )。
    A. 自动导引小车　　B. 无人小车　　C. 潜伏式AGV　　D. 穿梭车

二、多选题

1. 智慧冷链物流的技术总体包括( )的应用。
   A. 感知层　　　　　　　　　　　B. 网络传输层
   C. 数据存储层　　　　　　　　　D. 应用服务层面
2. ( )等技术,可应用于仓内搬运、上架、分拣等操作。
   A. 机器人与自动化分拣　　　　　B. 可穿戴设备
   C. 无人驾驶叉车　　　　　　　　D. 货物识别
3. 数据底盘主要包括( )等领域。
   A. 物联网　　　　B. 大数据　　　C. 互联网　　　D. 人工智能
4. "货到人"可以再被细分为( )方式。
   A. 货物到人　　　B. 货架到人　　C. 货箱到人　　D. 货场到人

三、简答题

1. 简述冷链物流数智化的过程特征。
2. 冷链物流数智化仓内技术主要有哪些?
3. 如何构建冷链物流数智化的运营框架?

项目六

冷链物流食品安全监管

 学习目标

知识目标

1. 了解冷链物流与食品安全的关系。
2. 熟悉食品的化学成分。
3. 掌握冷链物流管理中影响食品质量的因素。
4. 掌握冷链物流温湿度监控方法。
5. 了解食品安全追溯逻辑及系统构成。

能力目标

1. 能够分析食品质量安全问题。
2. 能够分析不同种类食品的化学成分。
3. 能够进行冷链物流温湿度监控。
4. 能够编写果蔬的感官检验项目。
5. 能够识别冷链物流保鲜温度与湿度要求。

素养目标

1. 培养学生的合法经商、健康种养的商业道德和法律意识。
2. 培养学生的独立思考及将理论应用实践的能力。
3. 增强学生的食品质量安全意识。

学习内容

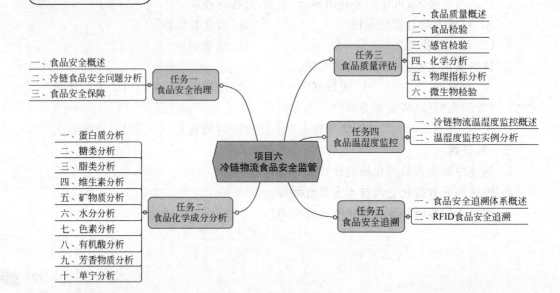

> **任务布置**

李导师向小王介绍了公司的冷链物流与食品安全关系,并逐一介绍了接下来需要轮岗实习的 5 个任务:①食品安全治理;②食品化学成分分析;③食品质量评估;④冷链物流温湿度监控;⑤食品安全追溯。

李导师给小王布置了岗位实习中的任务与要求。

(1) 各岗位实践中,导师会分别以"漂白剂危害及预防""荔枝感官检验项目""荔枝化学成分(营养成分)""荔枝冷链物流保鲜温度与湿度要求""浙江省食品安全追溯闭环管理系统'浙食链'"为例,通过"任务实施"方式,完成每一岗位实操的培训。

(2) 为了强化及检验实习生对该岗位的实操掌握情况,实习生需依次完成相应岗位的"果蔬越美或越毒的感想""黄秋葵化学成分(营养成分)""黄秋葵感官检验项目""黄秋葵冷链物流保鲜温度与湿度要求""盒马鲜生食品安全追溯系统"等实训拓展任务的实操考核。

任务一　食品安全治理

食品安全状况是一个国家经济发展水平和人民生活质量的重要标志。中国政府坚持以人为本,高度重视食品安全,一直把加强食品安全摆在重要位置。多年来,中国立足从源头抓质量的工作方针,建立健全食品安全监管体系和制度,全面加强食品安全立法和标准体系建设,对食品实行严格质量安全监管,全社会食品安全意识明显提高。经过努力,中国食品质量总体水平稳步提高,食品安全状况不断改善。冷链物流与食品安全息息相关。

> **知识储备**

一、食品安全概述

20 世纪 80 年代以来,由于一系列食品原料的化学污染、疯牛病暴发、口蹄疫疾病出现和自然毒素影响,以及畜牧业中抗生素的应用,基因工程技术的应用,使食品安全成为全世界关注的问题。食品安全问题已经成为 21 世纪消费者面临的重要问题。

因为涉及食品安全中的重要环节,冷链物流行业迎来了重大利好。冷链物流可减少食品损耗、降低食品安全风险,促进产业发展。几乎所有食品中都含有微生物,而食品流通环节控制食品安全和质量的关键在于温度,温度的变化直接关系着微生物的生长和食品的腐败。

为此,冷链物流的发展对于食品安全十分重要,也贡献巨大。

(一) 食品安全的概念

随着国家经济的发展和人民生活水平的提高,怎样切实保证食品在仓储过程和流通过程中的冷链物流安全,已经成为整个食品冷链物流行业的头等大事,更是保证每一位公民生命安全的关键环节。中国冷链物流企业众多,但区域性、全国性的龙头企业较少。一些企业为降低运营成本,在仓储和运输过程中采用不达标的设备和设施,或不按照规定程序操作,往往导致冷链物流"断链",造成食品安全隐患,因此,社会亟须加强冷链物流企业运营监管,为冷链物流食品安全保驾护航。

食品安全指食品(食物)的种养殖、加工、包装、储藏、运输、销售、消费等活动符合国家强制标准和要求,不存在可能损害或威胁人体健康的有毒有害物质,以防止消费者病亡或者危及消费者及其后代身体健康。

食品安全一般指相对安全性,是一种食物或成分在合理食用方式和正常食用量下不会导致对健康损害的实际确定性。在有效控制食品有害物质或有毒物质含量前提下,一切食品是否安全,还要取决于食品生产、饮食方式合理性、食品数量,以及食用者自身的一些内在条件。

食品安全是个综合概念,包括食品卫生、食品质量、食品营养等相关方面内容和食品(食物)种养殖、加工、包装、储藏、运输、销售、消费等环节。另外,食品安全是结果安全和过程安全的统一,而食品卫生侧重于过程安全。

近年来,国际社会逐步以食品安全概念替代食品卫生、食品质量概念,更加凸显了食品安全的政治责任。综合型的《中华人民共和国食品安全法》也逐步替代要素型的《中华人民共和国食品卫生法》《中华人民共和国食品质量法》《中华人民共和国营养条例(草案)》等,反映了时代发展要求。

(二)食品安全的三个层次

1. 食品数量安全

一个国家或地区能够生产民族基本生存所需的膳食需要。要求人们既能买得到又能买得起生存生活所需要的基本食品。

2. 食品质量安全

提供的食品在营养、卫生等方面满足和保障人群的健康需要。食品质量安全涉及食物的污染、是否有毒,添加剂是否违规超标、标签是否规范等问题,需要在食品受到污染界限之前采取措施,预防食品污染和避免遭遇主要危害因素侵袭。

3. 食品可持续安全

从发展角度,要求食品的获取需要注重生态环境良好保护和资源利用的可持续性。

(三)食品安全性评价

社会进步使得人们对自身的健康予以更多的关注,科学技术发展使得人们对食品安全性问题有了更多了解。人们都希望食品安全有切实保障,所消费食品不会对人体健康产生危害。这里所说的危害是指可能对人体健康产生不良后果的因素或状态,食品中具有的危害通常称为食源性危害。

食源性危害大致可以分为物理性、化学性以及生物性危害。对于这三类危害特征的划分,中国卫生主管部门在有关卫生标准中有所规定,美国国家食品微生物标准顾问委员会(NACMCF)和其他国际组织也有比较详细解释。

食品安全性评价主要目的是评价某种食品是否可以安全食用。具体就是评价食品中有关危害成分或者危害物质的毒性及相应的风险程度,并需要利用足够的毒理学资料确认这些成分或物质的安全剂量。食品安全性评价在食品安全性研究、监控和管理方面具有重要意义。

食品安全性评价是风险分析的基础。食品安全性评价中采用的毒理学评价适用于评价食品生产、加工、贮藏、运输与配送、销售过程中使用的化学和生物物质,以及在上述过程中产生的或污染造成的有害物质,也适用于评价食品中其他有害物质。食品安全性评价通常包括四个阶段:急性毒性试验、遗传毒理学试验、亚慢性毒性试验、慢性毒性试验(包括致癌试验)。

中国食品卫生标准中对有害化学物质的确定过程通常是动物毒性试验,确定动物最大无作用剂量,确定人体每日允许摄入量,确定一日食物中的总允许量,确定该物质在每种食品中的最高允许量,制定食品中的允许标准。对微生物指标的制定程序基本相同,只是在制定时对采集样本的要求更为严格。

二、食品安全问题分析

食品安全问题主要集中在以下几个方面:微生物性危害、化学性危害、生物毒素、食品掺假和基因工程食品的安全性问题。食品安全问题引发的危害包括:农产品种养殖生产过程中使用农药、化肥、兽药等带来的危害。农作物采收、贮藏或运输与配送不当,发生霉变或微生物污染。食品加工、存储或运输不当,食品发生腐败变质。在食品冷链物流中,食品安全问题主要是微生物性危害引发的食品腐败变质。

(一)食品腐败变质的原因

食品腐败变质主要是由微生物的生命活动和食品中的酶所进行的生物化学反应所造成的。

动物性食品没有生命力,如畜、禽、鱼等,在贮藏时其生物体与细胞都已死亡,故不能控制引起食品变质的酶的作用,也不能抵抗引起食品腐败的微生物的作用,因此对细菌抵抗力不大,细菌一旦染上去,很快就会繁殖起来,造成食品腐败。

如果把动物性食品放在低温(−18℃以下)条件下,则微生物和酶对食品的作用就变得很微小。当食品在−18℃冻结时,生成的冰结晶使微生物细胞受到破坏,则微生物丧失活力而不能繁殖,同时酶的作用也受到严重抑制,食品的化学变化就会变慢,因此就可以贮藏较长时间而不会腐败变质。这就是食品需要冷藏的原因。

植物性食品腐烂受呼吸作用影响。例如,水果、蔬菜在采摘后贮藏,虽然不再继续生长,但其仍是一个有生命力的有机体,即仍然还有生命,具有呼吸作用,而呼吸作用能抵抗细菌入侵。像呼吸过程中的氧化作用,能够把微生物分泌的水解酶氧化而变成无害物质,使水果、蔬菜的细胞不受毒害,从而阻止微生物侵入。因此,植物性食品能控制机体内酶的作用,并对引起腐败、发酵的外界微生物侵入有一定抵抗能力。

但由于植物性食品是活体,需要进行呼吸,同时与采摘前不同的是,植物性食品不能再从母株上得到水分及其他营养物质,只能消耗其体内的物质而逐渐衰老变成死体。

因此,要长期贮藏植物性食品,就必须维持其活体状态,同时又要减弱其呼吸作用。而低温能够减弱水果、蔬菜类食品的呼吸作用,延长贮藏期限。但温度又不能过低,温度过低会引起植物性食品生理病害,甚至冻死。因此,冻藏温度应该选择在接近冰点,但又不致使植物发生冻死现象的温度。如果能同时调节空气成分(氧、二氧化碳、水分),可以取得更好效果。

降低温度的贮藏称为低温贮藏,改变空气成分的贮藏称为气调贮藏(CA 贮藏)。气调贮藏目前已广泛应用于水果、蔬菜的保存,并已取得良好的效果。

总之,防止食品腐败,对动物性食品来说,主要是降低温度防止微生物活动和生物化学变化;对植物性食品来说,主要是保持恰当温度(因品种不同而异),控制好水果、蔬菜的呼吸作用。

(二)食品腐败变质的危害

1. 食物中毒

人们食用已腐败变质的食品后极易发生食物中毒。由微生物引起的食物中毒可以分为多种类型。

(1)细菌性食物中毒,常见类型如下。

① 沙门氏菌类群食物中毒。引起食物中毒最多的主要有鼠伤寒沙门氏菌、猪霍乱沙门氏菌和肠炎沙门氏菌。这些细菌为无芽孢、无荚膜的革兰氏阳性细菌,主要污染鱼肉、禽蛋和乳品等食物,在食品中繁殖并释放毒素。一般需要食进大量菌体,致病力较弱者需达到 10^8 个/mL(g),才能引发中毒。

② 金黄色葡萄球菌食物中毒。金黄色葡萄球菌可产生外毒素和肠毒素,因而食用受其污染的食品后易中毒。此菌在适宜温度时可产生一种具有 6 种不同抗原性的 A、B、C、D、E 和 F 型的可溶性蛋白肠毒素。此种肠毒素抗热性特强,只有在 218～248℃下加热 30 分钟才能将其破坏,消除毒性。乳制品、腌肉、鸡蛋和含有淀粉的食品易受此菌污染。同样,引起食物中毒需要一定细菌数量和毒素。

③ 条件性致病菌食物中毒。大肠杆菌是肠道的重要正常菌群,条件性致病菌是指大肠杆菌中那些具有特异抗原性的血清型菌株。大肠杆菌具有菌体抗原(O)、鞭毛抗原(H)和荚膜抗原(K)三种抗原,具有 K 抗原者较无 K 抗原者具有更强的毒力。在 K 抗原中又可分为 A、B、L 三类。可引起食物中毒的条件性致病菌有 O111∶B4,O55∶B5,O26∶B6,O157 等血清型菌株。

④ 副溶血性弧菌食物中毒。副溶血性弧菌是一种嗜盐的不产芽孢的革兰氏阴性多形态球杆菌,以污染海产品和肉类食品较为多见,其他食品也可因与海产品接触而受到污染。此菌致病力不强,但繁殖速度很快,一旦污染,在短时间内即可达到引起中毒的菌量,其引起食物中毒的原因尚存不同争议,或认为此菌产生耐热性溶血毒素,或认为产生类似霍乱毒素的肠毒素,或认为是毒素型和感染型的混合型中毒。

⑤ 肉毒梭状芽孢杆菌食物中毒。肉毒梭菌是可形成芽孢、无荚膜、有鞭毛的革兰氏阳性杆菌,可产生对人和动物具有强大毒性的外毒素肉毒毒素。肉毒毒素受高温、碱性条件、日光直射时均可被破坏而不稳定,但在酸性条件下较稳定。引起的中毒是毒素型中毒,毒素作用于中枢神经系统的颅神经核,抑制乙酸胆碱释放,引起肌肉麻痹。在厌氧土壤、江河湖海淤泥沉积物、尘土和动物粪便中有广泛存在,易污染蔬菜、鱼类、肉类、豆类等

蛋白质丰富食品。

⑥ 蜡状芽孢杆菌食物中毒。蜡状芽孢杆菌为产芽孢的革兰氏阳性杆菌,其引起中毒是由于食物中带有大量活菌体和由其产生的肠毒素,活菌数量达到$(13\sim36)\times10^6/mL(g)$时即可致病,常将含菌量达到$(1.8\times10^7)$个$/mL(g)$作为食物中毒指标之一。肠毒素可分为耐热性和不耐热性两种。此菌通常存在于土壤、空气、腐草、灰尘等,且各肉类制品、奶类制品、蔬菜、水果等带菌率也高,在加工、运输、储藏、销售过程中也易被此菌污染。

除上述各种食物中毒外,还有其他各种细菌可引起食物中毒。另外,致病性细菌还可引发消化道传染病,如志贺氏菌引发细菌性痢疾,伤寒沙门氏菌和副伤寒沙门氏菌引发的伤寒和副伤寒疾病,霍乱弧菌和副霍乱弧菌引发的霍乱和副霍乱,以及其他肠道传染病微生物,如炭疽杆菌、布鲁氏菌和结核杆菌引起的传染病。

(2) 霉菌性食物中毒。霉菌性食物中毒主要是由少数霉菌产生的毒素所引起的。一种菌种或菌株可产生几种不同毒素,同一毒素也可由不同霉菌产生。对污染霉菌的检测结果表明,污染米类的主要是曲霉和青霉,污染肉类的主要是美丽枝霉和毛霉等,而污染饲料的主要是曲霉、青霉和枝孢霉等。

常见霉菌毒素食物中毒如下。

① 黄曲霉毒素中毒。黄曲霉毒素是黄曲霉和寄生曲霉产生的一类结构类似的代谢混合产物,有17种之多。其基本结构都是二呋喃环和香豆素,前者为基本毒性结构,后者为致癌物。黄曲霉毒素非常稳定,耐热,在熔点(200~300℃)之下不会分解,且其毒性非常强,主要损伤肝脏,使肝细胞坏死、出血及胆管增生,有明显致癌作用。产生黄曲霉毒素的霉菌主要污染粮食及其制品,花生、花生油、大米、棉籽等,奶、咸鱼等也有污染。

② 赤霉病麦中毒。赤霉病麦中毒是食用了受赤霉病害的麦类食物后发生的中毒现象。引起麦类赤霉病的病原菌主要是镰刀菌中的禾谷镰刀菌、串珠镰刀菌、尖孢镰刀菌、燕麦镰刀菌等。它们可产生能引起呕吐的赤霉病麦毒素和具有雌激素作用的玉米赤霉烯酮两类霉菌毒素。

③ 黄变米中毒。受霉菌代谢产物污染后米粒变黄,称为黄变米。根据污染霉菌不同,黄变米可分为三种,第一种为黄绿青霉黄变米,其受黄绿青霉产生的黄绿青霉素污染,这种毒素毒性强烈,侵害神经,可导致死亡。第二种为桔青霉黄变米,其受桔青霉的霉素桔青霉素污染,此毒素主要损害肾脏,引起实质性病变。第三种是岛青霉黄变米,其受岛青霉产生的黄天精和岛青霉毒素所污染。

④ 麦角中毒。此类中毒是由于食用了带有麦角的麦类或麦制品所引起。其病原菌为麦角菌,此菌能形成麦角胺、麦角类碱和麦角新碱三类生物碱,其中麦角胺可引起食物中毒,急性为恶心、呕吐、腹痛、腹泻、心力衰竭、昏迷等,慢性有不同症状。

除了上述外,还有甘蔗的霉变中毒等由霉菌有毒代谢物引起的食物中毒。当人们误食了污染有致病性细菌,或细菌、霉菌产生的毒素的食品后,就会发生中毒症状,呕吐、腹泻、头痛、体温升高,甚至血便、吞咽困难、语言障碍、呼吸困难和死亡等。

2. 传播人畜共患病

误食了人畜共患病原菌,例如,吃了患炭疽病死亡的动物肉类后,炭疽病原菌进入体内,便可引起炭疽病,症状有腹痛、呕吐、血便。如病原菌进入血液,则易形成全身败血症。

牛、猪的布鲁氏杆菌也会引起人患病,如人误食了含有布鲁氏杆菌的内脏器官、乳汁可得病,全身关节疼痛无力,呈现波浪热。结核杆菌是又一种人畜共患病病原菌,牛易患此结核病,在病牛乳中常有结核杆菌,消毒不彻底时,人极易感染。

(三)微生物污染预防与控制

在农产品贮藏工作中,应采取各种措施,对可能出现的微生物污染进行预防。

1. 农产品微生物污染的预防

许多农产品,如水果、蔬菜、鱼肉、禽蛋等,内部一般不含有微生物,但其外表往往带有各种各样的微生物,在某些条件下,其数量相当巨大。这些微生物由于已适应农产品的环境条件,因而极易大量而迅速繁殖。

作为预防措施,首先是对某些农产品所带有的泥土和污物进行清洗,以减少或去除大部分所带的微生物。干燥降温,使环境不适于微生物的生长繁殖,也是一项有效措施。工作人员应注意在加工、运输、贮藏过程中的环境、设备、辅料防止微生物对农产品的污染。无菌密封包装是农产品加工后防止微生物再次污染的有效方法。

2. 减少和去除农产品中的已有微生物

农产品都不可避免地带有某些微生物,包括病原菌和腐败菌,不仅可引起农产品腐败变质,而且食用后可能会损害人们的健康。

减少和去除农产品中已有微生物的方法很多,如过滤、离心、沉淀、洗涤、加热、灭菌、干燥、加入防腐剂、辐射等。这些方法可以根据农产品的不同性质,加以选择应用。但应注意选择的方法应以不损害农产品营养、风味、表观性状、内在质地和食用价值为原则。

3. 控制农产品中残留微生物的生长繁殖

经过加工处理的农产品,仍有可能残留一些微生物。控制农产品中残留微生物的生长繁殖,就可以延长农产品贮藏时间,保证农产品食用安全。控制方法有低温法、干燥法、厌氧法、防腐剂法等。基本原理就是创造不利于微生物生长繁殖的环境,或加入某些化学药剂以抑制微生物生长。

(四)食品添加剂危害

1. 食品添加剂的定义

随着食品工业的发展,食品添加剂已经成为加工食品不可或缺的成分。食品添加剂对改善食品的色、香、味、形,以及食品和原料保鲜、食品营养价值提高、食品加工新工艺开发等方面均起着十分重要的作用。

按照《食品安全国家标准 食品添加剂使用标准》(GB 2760—2014),将食品添加剂定义为"为改善食品品质和色香味,以及为防腐、保鲜和加工工艺的需要而加入的人工合成或者天然物质。营养强化剂、食品用香料、胶基糖果中基础剂物质、食品工业用加工助剂也包括在内"。

世界各国对食品添加剂的定义不尽相同,联合国粮农组织(FAO)和世界卫生组织(WHO)联合食品法规委员会将食品添加剂定义为:食品添加剂是有意识地少量添加于食品中的,以改善食品外观、风味和组织结构或贮存性质的非营养物质。按照这一定义,以增强食品营养成分为目的的食品强化剂不应该包括在食品添加剂范围内。

2. 食品添加剂的作用

食品添加剂大大促进了食品工业发展，并被誉为现代食品工业的灵魂，给食品工业带来许多好处，其主要作用大致如下。

（1）防止食品变质。防腐剂可以防止由微生物引起的食品腐败变质，延长食品保存期，同时还具有防止由微生物污染引起的食物中毒作用。抗氧化剂可阻止或推迟食品氧化变质，以提供食品稳定性和耐藏性，同时也可防止可能有害的油脂自动氧化物质的形成。此外，还可用来防止食品，特别是水果、蔬菜的酶促褐变与非酶褐变。这些对食品保藏都是具有一定意义的。

（2）改善食品感官性状。适当使用着色剂、护色剂、漂白剂、食用香料及乳化剂、增稠剂等食品添加剂，可以明显提高食品感官质量，满足人们不同需要。

（3）提高食品营养价值。在食品加工时适当地添加某些属于天然营养范围的食品营养强化剂，可以大大提高食品营养价值，这对防止营养不良和营养缺乏、促进营养平衡、提高人们健康水平具有重要意义。

（4）增加食品品种和方便性。市场上已拥有多达20 000种以上食品可供消费者选择，尽管这些食品生产大多通过一定包装及不同加工方法处理，但在生产工程中，一些色、香、味俱全的产品，大多不同程度地添加了着色、增香、调味，乃至其他食品添加剂。正是这些众多食品，尤其是方便食品的供应，给人们生活和工作带来了极大方便。

（5）方便食品加工。在食品加工中使用消泡剂、助滤剂、稳定剂和凝固剂等，可有利于食品加工操作。例如，当使用葡萄糖酸内酯作为豆腐凝固剂时，有利于豆腐生产的机械化和自动化。

（6）满足其他特殊需要。食品应尽可能满足人们不同需求。例如，糖尿病人不能吃糖，就可用无营养甜味剂或低热能甜味剂，如三氯蔗糖或天门冬酰苯丙氨酸甲酯制成无糖食品供应。

3. 常见的食品添加剂

食品添加剂按其来源可分为天然食品添加剂与化学合成食品添加剂两大类，目前使用最多的是化学合成食品添加剂。由于各国对食品添加剂定义的差异，食品添加剂分类亦有区别。《食品安全国家标准食品添加剂使用标准》根据功能将食品添加剂分为22类、2300多个品种。常见的有防腐剂、抗氧化剂、水分保持剂、漂白剂、着色剂（色素）等。

（1）防腐剂。食品防腐剂能保证食品新鲜度，延长食物保质期，是一类以保持食品原有品质和营养价值为目的的食品添加剂。规定使用的防腐剂有苯甲酸、苯甲酸钠、山梨酸、山梨酸钾、丙酸钙等25种。

山梨酸及其盐类抗菌力强、毒性小，是一种不饱和脂肪酸，可参与人体正常代谢，并被转化而产生二氧化碳和水，是国际公认的低毒、安全、高效的食品防腐剂。苯甲酸是一种芳香酸类化合物，少量的苯甲酸进入人体后，能与人体内氨基己酸化合生成马尿酸，还能与人体内葡萄糖醛酸结合生成葡萄糖苷酸而随尿液排出体外。苯甲酸作为食品防腐剂毒性较小，且在空气中比较稳定，成本较低，因此在中国应用也较广泛。

世界各国应用种类不同，美国有50种，日本约有40种，不同于杀菌剂，防腐剂基本上没有杀菌作用,只有抑制微生物生长的作用;毒性较低,对食品风味基本没有损伤;使用方法比较容易掌握。

(2)抗氧化剂。含油脂较多的食品在贮存过程中易被空气氧化,引起酸败、变质、变色,从而降低食品的感官质量和营养价值,甚至产生有害物质引起食物中毒,而抗氧化剂能够有效阻止或延缓食品氧化进程,保护营养成分。

抗氧化剂中的 BHA(丁基羟基茴香醚)、BHT(二丁基羟基甲苯)、PG(没食子酸丙酯)、TBHQ(特丁基对苯二酚)和生育酚是国际上广泛使用的脂溶性抗氧化剂,其中前四种均为合成抗氧化剂,生育酚即维生素 E 属于天然抗氧化剂。抗氧化剂可单独使用或与柠檬酸、抗坏血酸等酸性增效剂复合使用,抗氧化效果更为显著。BHA 和 BHT 抗氧化性能良好,但安全性受到质疑。许多国家对其添加量已进行严格限制,《FAO/WHO 食品标准法典》明确规定了合成抗氧化剂添加量。TBHQ 是目前唯一使用效果好且相对较安全(在适用范围之内正常使用是绝对安全的)的化学合成抗氧化剂。

一般抗氧化剂都是还原性物质,如抗坏血酸是一种抗氧化剂,用于抑制水果和蔬菜切割表面的酶促褐变,同时还能与氧气反应,除去食品包装中氧气,防止食品氧化变质;亚硫酸和亚硫酸盐是常用的抗氧化剂,通常用于干果类食品中。亚硫酸盐是一种可以引起过敏和其他健康问题的食品防腐剂。不像其他添加剂那样,只具有单一功能,它兼具漂白、防腐作用。对这些物质敏感的健康者,可注意避免食用含有此类成分食品。

(3)水分保持剂。水分保持剂是指添加于食品中有助于维持食品水分稳定的食品添加剂。磷酸盐是一类具有多种功能的食品添加剂,被广泛用于食品加工,放在肉类制品中能保持肉的持水性、保留肉中的可溶性蛋白,从而增加肉的柔嫩性,还可以防止饮料变得浑浊、膨松和改良面团面制品、改善大豆蛋白和淀粉功能特性。磷是机体内一个重要元素,通常以磷酸根的形式参与机体能量传递、人体组织(如牙齿、骨骼及部分酶)组成,以及营养代谢,因此磷酸盐常被用作食品营养强化剂。

(4)漂白剂。漂白剂是指能够破坏或者抑制食品色泽形成因素,使其色泽褪去或者避免食品褐变的一类添加剂。如果脯生产、淀粉糖浆等制品的漂白处理等。漂白剂除可改善食品色泽外,还具有抑菌防腐、抗氧化等多种作用,在食品加工中应用广泛。

漂白剂种类很多,但鉴于食品安全性和其本身特殊性,真正适合应用于食品的漂白剂品种不多。按其作用机理分还原型漂白剂和氧化型漂白剂。无论是还原型漂白剂,还是氧化型漂白剂,除能够改善食品色泽外,还有钝化生物酶活性和抑制微生物繁殖作用,从而起到控制酶促褐变及抑菌等作用。

(5)着色剂。食品着色剂以给食品着色为主要目的,也称食用色素。食品着色剂使食品具有悦目的色泽,对增加食品嗜好性及刺激食欲有重要意义。着色剂按来源分为天然色素和人工合成色素两大类。常用的天然色素有 β-胡萝卜素、甜菜红、花青素、辣椒红素、红曲色素、姜黄、胭脂虫红、焦糖色等。人工合成色素包括胭脂红、柠檬黄、日落黄、苋菜红、赤藓红、靛蓝和亮蓝、叶绿素铜钠盐、二氧化钛等。

4. 食品添加剂的问题

国家对食品添加剂使用有严格要求,需要经过安全性毒理学评价,证明在使用限量内长期使用对人体安全无害,每一种添加剂都有严格卫生标准和质量标准,并经过正式批准、公布。因此,符合标准的添加剂,一般不会危害身体健康。但可能会出现部分劣质厂家为非定点生产厂、无生产许可证,生产并销售污染或者变质食品添加剂的情况,可能会危害身体健康,如大量食用后,可能会影响机体新陈代谢,加重肝脏、肾脏负担,毒素无法及时排出,也可能会导致机体代谢紊乱,甚至出现代谢性碱中毒,表现为呼吸困难、喉头痉挛、浑身乏力等症状;还可能会刺激胃肠黏膜,影响消化、吸收。毒素长期积聚在肠胃中,容易引起慢性胃炎、胃溃疡、胃出血等疾病,常伴随恶心、呕吐、腹泻、腹痛等症状。

适量的食品添加剂除可以保障食品的口感、色泽、香味外,还可以消除食品制造过程中产生的有害物质。只要添加剂符合国家食品安全标准、合规使用,并不会带来食品安全问题,我们要反对的是超剂量、超范围滥用食品添加剂。

5. 食品添加剂的使用原则

食品添加剂使用时应符合以下基本原则:①不应对人体产生任何健康危害;②不应掩盖食品腐败变质;③不应掩盖食品本身或加工过程中的质量缺陷或以掺杂、掺假、伪造为目的而使用食品添加剂;④不应降低食品本身的营养价值;⑤在达到预期效果前提下尽可能降低使用量。

在下列情况下可使用食品添加剂:①保持或提高食品本身营养价值;②作为某些特殊食品的必要配料或成分;③提高食品质量和稳定性,改进其感官特性;④便于食品生产、加工、包装、运输或者贮藏。

三、食品安全保障

(一)冷链物流与食品安全的关系

随着中国家庭消费结构的不断升级,消费者对优质农产品的需求不断增长,最终使得冷链物流运输市场不断扩大,对农产品冷链物流质量要求也越来越高。然而,农产品运输周期长、储存技术落后、冷链物流运输质量控制效率低下等问题,会导致农产品易腐烂和变质。在造成巨大经济损失的同时更会影响消费者身体健康。

中国公众环保民生指数显示,82%的公众都高度关注食品安全,而38%的公众在日常生活中"遭遇"过食品安全问题。农产品冷链物流安全仍是许多农产品生产企业的短板,农产品腐烂变质是造成食品安全隐患和资源浪费的主要原因。

1. 食品安全和农产品冷链物流息息相关

农产品冷链物流,简言之就是农产品从生产到流通整个过程的特殊供应链系统,其任何一个环节的断裂都会产生食品安全隐患。冷链物流由多个环节组成,从农产品原料种植和采购、加工、流通和配送,直至零售和消费的全过程,是一项复杂的低温系统工程,确保各环节质量安全问题是冷链物流的核心。

2. 冷链物流与食品安全密切相关

如何确保食品质量安全问题是冷链物流和传统物流的区别所在。冷链物流的特殊性就在于其流通配送需要一个系统、精确、安全的操作系统,需要保持冷度、持续供电、不带菌环境以保持农产品的新鲜、干净。冷链物流和传统物流相比,重在其可追溯性,通过信息系统记录生产、加工、运输、仓储等环节信息,使冷链物流各环节都有据可查,一旦发生问题就能及时召回存在问题的农产品。

(1) 冷链物流是改善食品安全的重要途径。由于易腐农产品从产地到餐桌的冷链物流运输过程，极易被致病性微生物污染。此外，温度控制不当还会导致农产品腐败变质。因此，对农产品冷链物流的食品安全控制是保障食品安全的重要环节。

(2) 冷链物流全程不"断链"是保障食品安全的中心工作。调查数据显示，全国有实际运输要求的易腐农产品达4亿～5亿t，其中只有20%～30%实现冷链物流运输。每年因为冷链物流的缺失，损失额可达1000亿元人民币以上。农产品冷链物流安全的核心就是防止农产品冷链物流过程中的"断链"。一些企业开始搭建物流平台，建立完善的冷链物流系统，以保证商品品质。

总之，在农产品运输中应用冷链物流是对食品安全的最强有力的保障。要保证冷冻食品质量和安全，关键是"冷链"不能"断链"，也就是说在食品制造、贮藏、运输配送、零售过程中，应始终处于受控低温状态。同时，人们对食品安全问题的重视又推动了冷链物流发展。

(二) 冷链物流保障食品安全措施

冷链物流要求农产品在各个环节中始终处于低温环境，但由于中国农产品冷链物流尚未形成完整体系，部分农产品在流入市场后存在冷链物流"断链"现象。冷链物流中的农产品污染和腐烂变质向来在食品安全问题中占有较大比例。因此，必须加强农产品冷链物流全程温度管理和监管体系构建，加强冷链物流硬件设施建设，推进食品冷链物流市场化进程，切实保障冷链物流食品安全。

1. 构建冷链物流监管机制

(1) 尽快建立冷链食品标准和农产品冷链物流标准，以及有效监管机制，严密监测易腐农产品在冷链物流各环节中的运行状况。目前中国冷链食品既无统一质量标准，又无对贮藏、运输、销售的规范要求。因此，有关部门应逐步健全有利于冷链物流健康发展的标准体系和标准监管实施体系，加强行业宏观管理和调控。除了在冷链物流各环节都必须建立和实施合适的质量保证和质量管理体系外，还需要注重对冷链物流全程质量管理，不断完善和改进冷链物流建设。

(2) 规范冷链物流各个环节作业制度和作业标准。冷链物流缺乏统一作业管理和规范作业标准，直接导致冷链物流效率低下，浪费惊人。政府应加大对行业的管理力度，对食品加工储藏运输等环节要有严格执行标准，有规范的管理条例和明确管理分工，相关企业在执行过程中必须有完整实施条件和管理措施，制定质量控制标准，严格执行内部管理制度，完善设施建设等一系列措施。

(3) 加强对农产品冷链物流实行认证管理。完善食品安全认证认可、卫生注册等制度，进一步整顿、规范冷链食品认证，确保食品质量安全。把专项整治工作与开展食品质量安全市场准入工作结合起来，严格市场准入审查，切实加强对发证后的监督管理。

(4) 完善中国食品安全和冷链物流的相关法规。中国法律法规制度对商业欺诈行为的惩戒力度不够，没有相应惩罚体系，直接影响农产品冷链物流合作竞争市场机制的形成。因此，应不断完善法律法规，支持农产品流通企业建立严格的食品召回制度，例如，对农产品冷链物流因非冷链造成的垃圾收取高额环保费用，建立食品物流企业社会信用评价与管理体系。

（5）加强对冷链物流操作标准执行的监督力度。加大监督力度是促进冷链物流发展的重要手段之一。

2. 加强冷链物流硬件设施建设

冷链物流硬件设施建设不仅需要大量资金，还需要大量技术支持。冷链物流自身特点决定其投资收回周期较长，运营时的维护资金需求也较多，仅仅依靠企业不能满足建设需要。这就要求政府与企业联合起来，共同投资、共同管理。

（1）鼓励企业建立区域性现代化物流中心。增加物流中心覆盖范围；鼓励农产品专业批发市场进行标准化改造；支持农产品流通企业建设配送中心。

（2）增加冷链物流运输与配送设备的拥有量。中国公路现有保温车辆3万辆，占货运车辆比例仅为0.3%。铁路方面全国总运行车辆33.8万辆，冷藏车只有6970辆，仅占2%，而且都是陈旧的机械式车皮，规范的冷藏车辆极其缺乏，冷链物流运输量仅占易腐农产品运量的25%，不到铁路货物运输总量的1%。

（3）发展先进的冷链物流运输与配送装备。应加强与先进国家技术合作，尽快提升冷链物流运输与配送装备技术水平，大力发展新型冷链物流冷藏装备。中国冷链物流运输设备应发展能够适应冷链物流快运业务的冷藏车，能够适应货物品类多样化及长距离运输的冷藏集装箱，以及灵活机动、控温范围广、能满足小批量货物运输需求的单节及小组机械冷藏车。

3. 提高冷链物流市场化程度

（1）壮大第三方冷链物流。冷冻冷藏产品对于物流配送要求较高，应借助提供专业服务的第三方物流，使农产品冷链物流配送服务更大限度地适应企业发展需求，解决企业冷冻冷藏业务发展瓶颈问题。作为物流先进模式，独立于供给方和需求方的第三方物流，是社会化分工和现代化物流的发展方向。

（2）树立全程物流概念。全程物流即由同一家物流企业对同一家农业企业的农产品冷链物流实施全程物流服务和监管。不仅便于明确农产品冷链物流各环节的安全责任追究，也便于物流企业更好地对冷链物流全程实施温控及安全追溯管理。

任务实施

李导师：小王，根据你之前的预习，谈谈你对冷链物流与食品安全保障的看法？

小王：冷链物流由多个环节组成，包括农产品采收、分级、预冷、加工、运输和配送，直至零售和消费等过程，其中每一环节都涉及微生物侵害等食品安全问题。

李导师：是的，农产品自采收后，就面临着农产品腐败变质风险。因此，为了保障农产品色、香、味俱全，很多商家都会对农产品进行保鲜及杀菌的药物处理。合理及科学的药物处理，一般不会危害消费者的身体健康，但有些黑心商贩动起了歪心思，为了追求更大的利益，用过量的化学药剂或者违规的添加剂对果蔬产品进行改色，以此来欺骗消费者。

小王：啊，还有这种情况，商贩应该合法经商，不能损害消费者身体健康。

李导师：在市售食品中，很多食品是经过漂白处理的。而不少消费者在购买一些食物时总对白色食物情有独钟，都喜欢选择雪白的颜色。这些食品的雪白颜色从何而来？如略微发黄的白萝卜、豆芽、山药或梨变得雪白，并保持色泽鲜艳，这可都是二氧化硫类物质的"漂白功劳"。

小王：太可怕了，以后我要注意了。

李导师：下面以"漂白剂危害及预防"为例，进一步学习冷链物流与食品安全保障相关的知识及实操技能。

漂白剂危害及预防

二氧化硫、焦亚硫酸钾、亚硫酸钠是食品加工中常用的漂白剂和防腐剂，使用后会产生二氧化硫残留。二氧化硫进入人体后最终转化为硫酸盐并随尿液排出体外，少量摄入不会给身体带来健康危害，但若过量食用可能引起如恶心、呕吐等胃肠道反应。人体长期摄入二氧化硫及亚硫酸盐等会影响生长发育，易患多发性神经炎，出现骨髓萎缩等症状，引起慢性中毒。若长期食用硫黄熏蒸的食品，会造成肠道功能紊乱，从而引发剧烈腹泻或头痛，损害肝脏，影响人体营养吸收，严重危害人体的消化系统健康。亚硫酸盐还会引发支气管痉挛，摄入过量可能造成呼吸困难、呕吐或腹泻等症状，气喘患者摄入过量，除了易产生过敏反应，还可能引发哮喘。

此外，工业用的漂白粉，含有不合格化学原料，可危害人体健康。漂白后的果蔬中的余氯，经过高温还会生成致癌物。

作为消费者，不要过分追求产品的色香味，要尽量通过正规渠道购买产品，应该尽量挑选原色食品，不要过分追求产品的"颜值"，切忌购买颜色太白的食品。

任务拓展

李导师：小王，黑心商贩可能通过非法手段来让产品显得有"颜值"。西瓜"打针"、芋头泡药、红毛丹"泡澡"、打蜡苹果、染色橙子、早产葡萄、"漂泊梨"等新闻屡见不鲜。

小王：我们一定要严厉打击此种危害人民健康的黑心商贩。

李导师：经过本任务的相关理论及荔枝实例的学习，相信你较好地掌握了冷链物流与食品安全保障的相关知识及技能。下面请你根据老师提供的资料及上网查询的相关数据，编写"果蔬'越美或越毒'的感想"。

至少含有以下内容。

（1）描述下西瓜"打针"、芋头泡药、红毛丹"泡澡"、打蜡苹果、染色橙子、早产葡萄、"漂泊梨"等具体的危害做法。

（2）上述现象存在的原因。

（3）如何避免该现象的发生。

小王：好的，老师。我会认真完成的。

请你代替小王，编写"果蔬'越美或越毒'的感想"。

任务评价

知识点与技能点	我的理解（填写关键词）	掌握程度
食品安全概述		☆☆☆☆☆
食品安全问题分析		☆☆☆☆☆
食品安全保障		☆☆☆☆☆

补充阅读

构建冷链食品安全监管体系　守护市民"舌尖上的安全"

民以食为天,食以安为先。深圳海关持续强化进口冷链食品源头管理,建立与完善全链条产品安全监控和追溯体系,保证进口食品的安全性和可靠性,推进行业有序健康发展。深圳海关持续强化进出口冷链食品监管工作,不断提升把关服务能力,全力保障市民"舌尖上的安全"。

强监管上"下功夫",优服务上"出实招"。2023年1—5月,深圳机场口岸进口冰鲜水产品0.79万t,同比增长5.2倍。来自全球各地优质渔业产区的冰鲜水产品争先通过航空物流进入国内市场,为市民的"菜篮子"提供更多选择。冰鲜水产品要"进得来""进得快",得益于深圳海关不断改进采样送检流程,提高作业效率,压缩检测周期。2023年以来,进口冰鲜水产品实验室检测时长同比压缩1/3,整体检验检疫时长同比压缩40%。

创新"体检式"核查,提升属地监管效率。深圳海关从顶层设计出发,以"源头严防、过程严管、风险严控"为核心,创新体制机制,保障进出口食品监管高效顺畅运行,如优化出口食品"企业分类、产品分级、风险分层",实行一体化监管。

科技强关提效能,创新服务促发展。通过进口冷链食品追溯体系建设,可实现进口食品"来源可查、去向可追、责任可究",保障食品安全。对此,深圳海关全国首创"进口食品追溯与预警平台",实现全链条追溯,完善进口冷链食品追溯及实施方案,并运用智慧化技术手段,在对进口食品不贴编码或标签的情况下,实现对进口食品的精准追溯。

资料来源:方慕冰,苗新伟.从源头到餐桌全链条监管　守护市民"舌尖上的安全"[N].深圳特区报,2023-06-28(A06).

【思考】

冷链物流与食品安全监管有什么关系?

任务二　食品化学成分分析

食品中的化学成分主要包括蛋白质、糖类、脂类、维生素、矿物质、水、色素、有机酸、芳香物质、单宁等。

知识储备

一、蛋白质分析

蛋白质是一类复杂的高分子含氮化合物。它是构成细胞的基本有机物,也是一切生命活动的基础,还是构成生物体细胞主要原料及生命活动主要承担者。每克蛋白质能为人体提供16.7kJ热量。

（一）蛋白质组成

蛋白质是生命的物质基础，也是营养素中的要素之一。正常人体组织含蛋白质16%～19%，并始终处于不断分解又不断合成的动态平衡之中。

蛋白质种类繁多、结构复杂，但不管来源和种类如何，其化学元素组成均相似，主要由碳、氢、氧、氮、硫、磷六种元素组成，另有少量铁、铜、锌等元素。蛋白质中主要元素含量为：碳50.6%～54.5%、氧21.5%～23.5%、氢6.5%～7.3%、氮15.0%～17.6%、硫0.3%～2.5%、磷0～4%。

蛋白质分子是一个分子氨基酸的羟基和另一个分子氨基酸的氨基相互缩合形成肽键，肽键把许多氨基酸连接在一起形成较长的多肽链，然后通过氢键而形成螺旋多肽链，再通过副键（如盐键等）将几条螺旋状多肽链折叠盘曲，使其保持着不同形状的立体结构。由于糖类和脂肪中仅含碳、氢、氧，不含氮，所以蛋白质是人体氮的唯一来源。

（二）蛋白质分类

1. 根据化学结构分类

按化学结构不同，蛋白质可以分为单纯蛋白质和结合蛋白质两个主要类型。

（1）单纯蛋白质。单纯蛋白质是水解后只产生氨基酸而不产生其他物质的蛋白质。根据来源、受热凝固性及溶解度等理化性质的不同，分为白蛋白、球蛋白、谷蛋白、醇溶蛋白、组蛋白、鱼精蛋白和硬蛋白七类。

（2）结合蛋白质。结合蛋白质的分子中除氨基酸组分之外，还含有非氨基酸物质，后者称为辅因子，二者以共价或非共价形式结合，往往作为一个整体从生物材料中被分离出来。结合蛋白质是由单纯蛋白质和其他化合物结合构成的，被结合的其他化合物通常称为结合蛋白质的非蛋白部分（辅基）。按其非蛋白部分的不同而分为核蛋白（含核酸）、糖蛋白（含多糖）、脂蛋白（含脂类）、磷蛋白（含磷酸）、金属蛋白（含金属）及色蛋白（含色素）等。

2. 根据营养价值分类

按营养价值不同，蛋白质可分为完全蛋白质、半完全蛋白质和不完全蛋白质三类。

（1）完全蛋白质。完全蛋白质的特点是含必需氨基酸的种类齐全、数量充足、比例合适。在膳食中用这类蛋白质作为唯一蛋白质来源时，可以维持成年人健康，并可促进儿童正常生长发育，完全蛋白质是一种高质量蛋白质，如乳类、蛋类及瘦肉和大豆中的蛋白质均属于这种完全蛋白质。

（2）半完全蛋白质。半完全蛋白质中所含的必需氨基酸种类不够齐全，数量多少不均，比例不太合适。食之虽然有益健康，但不够理想。如果将半完全蛋白质在膳食中作为唯一蛋白质来源时，可以维持生命，但不能促进生长发育。属于半完全蛋白质食物如米、面粉、土豆、干果中的蛋白质等。

（3）不完全蛋白质。不完全蛋白质中缺少若干种必需氨基酸，更谈不上合适比例。如果膳食中用这类蛋白质作为唯一蛋白质来源时，既不能维持生命，更不能促进生长发育。如玉米、豌豆、肉皮、蹄筋中的蛋白质均属于不完全蛋白质。

（三）蛋白质在加工和储藏中的变化

蛋白质在食品加工和储藏过程中会发生物理变化、化学变化和营养变化。

1. 加热条件下变化

加热条件下的有利方面如下。①蛋白质变性，肽链松散，容易受到消化作用，提高消化率和氨基酸生物有效性；②钝化蛋白酶、酯酶、多酚氧化酶等，防止食品在保藏期间发生色泽和风味变化；③抑制外源凝集素和消除蛋白酶抑制剂的影响。

加热条件下的不利方面如下。通过发生分解、氨基酸氧化、氨基酸键之间交换、氨基酸新键的形成等，引起氨基酸脱硫、脱酰胺和异构化，有时伴随有毒化合物产生。

2. 冷冻冷藏条件下变化

蛋白质冷冻变性使食品保水性差，质地、风味变劣。冷藏条件下最常见变化就是蛋白质分解、变质。

3. 碱处理条件下变化

蛋白质浓缩、分离、起泡和乳化，或者使溶液中的蛋白质连成纤维状，经常要用碱处理。蛋白质经过碱处理后发生缩合反应，通过分子之间或者分子内的共价交联生成各种新氨基酸；同时也会发生氨基酸异构化反应，影响蛋白质功能和性质。

4. 氧化处理条件下变化

蛋白质和含硫氨基酸和含苯环的氨基酸容易氧化。

5. 脱水条件下变化

蛋白质湿润性、吸水性、分散性和溶解度会发生变化。

6. 辐照处理条件下变化

蛋白质的含硫氨基酸和含苯环的氨基酸容易发生分解，肽链断裂。

（四）蛋白质变性

蛋白质变性是指当天然蛋白质受到物理或化学因素影响时，蛋白质分子内部的二、三、四级结构发生异常变化，从而导致生物功能丧失或物理化学性质改变现象。常见引起蛋白质变性的物理因素有热作用、高压、剧烈振荡、辐射等，化学因素有酸、碱、重金属离子、高浓度盐、有机溶剂等。

1. 变性对蛋白质功能性质的影响

（1）蛋白质变性会失去酶、免疫球蛋白等生物活性。

（2）改变其理化性质，如不能结晶、溶解度降低、特性黏度增大、旋光值改变等。

（3）改变其营养功能，血蛋白持氧能力等生物化学性质。

（4）构象发生改变。

2. 热变性对蛋白质营养价值的影响

（1）热变性会导致蛋白质生物活性丧失，但同时也更利于消化吸收。

（2）热烫或蒸煮等行为可以使对食品保藏不利的脂酶、脂肪氧化酶、多酚氧化酶等失去活力，可以防止食品在贮藏过程中发生变色、风味变差、维生素损失等现象。

（3）热变性可使类似肉毒杆菌毒素等具有毒性的蛋白质和抗营养因子失活，金黄色葡萄球菌毒、蛋白酶抑制剂、凝集素等在100℃仍然不失活。

二、糖类分析

（一）糖类组成

糖类由碳、氢、氧三种元素组成，由于绝大多数的糖类化合物都可以用通式 $C_n(H_2O)_m$ 表示，所以过去人们一直认为糖类是碳与水的化合物。

（二）糖类分类

糖类物质包括多羟基（两个或两个以上）的醛类或酮类化合物，以及它们的衍生物或聚合物。据此可分为醛糖和酮糖。

根据糖的结构单元数目多少，分为单糖、双糖、低聚糖、多糖四类。

1. 单糖

单糖是最简单的糖类。按照碳原子数目多少，依次称为丙、丁、戊、己、庚糖。其中丙糖和丁糖以中间代谢物形式存在，自然界存在最多的是戊糖和己糖。单糖具有醛基或酮基，有醛基的称为醛糖，有酮基的称为酮糖。

（1）己糖。常见的己糖有：①葡萄糖。葡萄糖是一种醛糖，人体空腹时唯一游离存在的六碳糖。②果糖。果糖分子式与葡萄糖一样，但果糖是一种酮糖。③半乳糖。半乳糖是乳糖的成分之一。④甘露糖。甘露糖是一种醛糖。

（2）戊糖。D-核糖和D-脱氧核糖作为核酸的基本组成部分，存在于所有动植物细胞中，因为人体可以合成，所以其不是必需营养物质。人类食物中可能存在的戊糖是阿拉伯糖和木糖。

2. 双糖

两分子单糖组成的糖类称为双糖。营养学上有意义的双糖有三种。

（1）蔗糖。蔗糖是一分子葡萄糖和果糖的结合物，是应用最广泛的糖。

（2）乳糖。乳糖是一分子葡萄糖和半乳糖的结合物，是哺乳类动物乳中主要的糖。

（3）麦芽糖。麦芽糖是两分子葡萄糖的结合物，也是淀粉的基本单位。

3. 低聚糖

低聚糖，又称寡糖，是由 3～9 个单糖经糖苷键缩聚而成的低分子糖类聚合物。由于人体肠道内没有水解这些低聚糖的酶，因此它们经过肠道时不能被消化。低聚糖水解后所有糖分子都为葡萄糖的称为麦芽低聚糖，水解时产生不止一种单糖的称为杂低聚糖。

4. 多糖

多糖是很多同种单糖或异种单糖以直链或支链形式缩合而成的。多糖按能否被人体利用而分为以下两类。

（1）可利用多糖。

① 淀粉。高分子碳水化合物，是由葡萄糖分子聚合而成的多糖。淀粉有直链淀粉和支链淀粉两类。直链淀粉含几百个葡萄糖单元，支链淀粉含几千个葡萄糖单元。在天然

淀粉中直链占 20%~26%,它是可溶性的,其余则为支链淀粉。直链淀粉分子一端为非还原末端基,另一端为还原末端基,而支链淀粉分子具有一个还原末端基和许多非还原末端基;当用碘溶液进行检测时,直链淀粉液呈深蓝色,吸收碘量为 19%~20%,而支链淀粉与碘接触时则变为紫红色,吸收碘量为 1%。

② 糊精。用来衡量原料蒸煮工艺的技术用语。淀粉在加热、酸或淀粉酶作用下发生分解和水解时,将大分子的淀粉首先转化成为小分子中间物质,这时的中间小分子物质,称为糊精。

③ 糖原。一种动物淀粉,又称肝糖或糖原,由葡萄糖结合而成的支链多糖,是动物的贮备多糖。哺乳动物体内,糖原主要存在于骨骼肌(约占整个身体糖原的 2/3)和肝脏(约占 1/3)中,其他大部分组织中,如心肌、肾脏、脑等,也含有少量糖原。低等动物和某些微生物(如真菌)中,也含有糖原或糖原类似物。糖原结构与支链淀粉相似。

(2) 不可利用多糖。葡萄糖分子以 β-糖苷键联结,机体不能消化吸收,这类物质通常称为膳食纤维,但膳食纤维中有的不属于糖类,如木质素。

膳食纤维包括以下几类。

① 纤维素。由葡萄糖组成的大分子多糖。不溶于水及一般有机溶剂,是植物细胞壁的主要成分。纤维素是自然界中分布最广、含量最多的一种多糖,占植物界碳含量的 50% 以上。

② 半纤维素。由几种不同类型的单糖构成的异质多聚体,这些糖是五碳糖和六碳糖,包括木糖、阿拉伯糖和半乳糖等。半纤维素木聚糖在木质组织中占总量的 50%,它结合在纤维素微纤维的表面,并且相互连接,这些纤维构成了坚硬的细胞相互连接的网络。

③ 果胶。一种多糖,其组成有同质多糖和杂多糖两种类型。它们多存在于植物细胞壁和细胞内层,大量存在于柑橘、柠檬、柚子等果皮中。呈白色至黄色粉状,相对分子质量为 20 000~400 000,无味。

④ 树胶。一种变硬的树脂或各种树和灌木的渗出物。有些树胶溶于水,另一些会吸收水,并且浸泡于水中时会膨胀得很大。

⑤ 木质素。一类复杂的有机聚合物,其在维管植物和一些藻类的支持组织中形成重要的结构材料。木质素在细胞壁的形成中特别重要,特别是在木材和树皮中,因为它赋予它们刚性,并且不容易腐烂。在化学上,木质素是交叉链接的酚聚合物。

⑥ 抗性淀粉。抗性淀粉又称抗酶解淀粉、难消化淀粉,在小肠中不能被酶解,但在人的肠胃道结肠中可以与挥发性脂肪酸起发酵反应。

(三) 糖类在储藏过程中的变化

糖类在储藏过程中的变化主要是淀粉老化,老化的淀粉食味及消化性能显著变劣,但是淀粉老化是糖类食品在常温保存时必然发生的现象。

1. 淀粉老化原理

糖类中的淀粉分子彼此排列得非常紧密,它们之间的羟基通过氢键形成致密的疏水性微胶粒构造,也就是 β-淀粉。β-淀粉难以消化,同时碘的吸附性也较差。

淀粉粒与水共热,导致淀粉分子之间的氢键受破坏,当温度达 60~70℃ 时变成糊状。

这种状态的淀粉称为α-淀粉。α-淀粉使原来的微胶粒结构消失,使酶容易发生作用,也容易消化,遇碘呈蓝色反应。在温度较高情况下,α-淀粉一般是稳定。但当温度接近或低于30℃时,淀粉分子间的氢键就会恢复稳定状态,淀粉分子彼此又通过氢键结合,分子又按次序紧密排列起来,原来所含的水分逐渐被排挤出来而减少,α-淀粉又部分地恢复β-淀粉的状态,此为淀粉老化原理。

2. 影响淀粉老化因素

在储藏保存淀粉时,淀粉含水量为30%~60%时较容易老化,含水量小于10%或在60%以上时则不容易老化。淀粉老化作用的最适宜温度为2~4℃,保存环境的温度高于60℃或低于-20℃时淀粉一般不会老化。

淀粉在偏酸或偏碱条件下保存不易老化。脱水干燥是淀粉食品防止老化的最普通方法。淀粉在保存时要防止吸湿返潮。可将糊化后的α-淀粉在80℃以上高温迅速除去水分,或冷至0℃以下迅速脱水。在这种情况下,淀粉分子不能移动和相互靠近,就成了固定的α-淀粉;因无胶束结构,水易于浸入而将淀粉分子包蔽,不需加热,也易糊化。在实际操作中,将淀粉加工成变性淀粉可以防止淀粉老化,部分地导入亲水基,其老化性可显著降低。

此外,在淀粉中加入蔗糖、饴糖等糖类,这些糖的羟基会和淀粉分子的羟基形成氢键,也对推迟老化有明显效果。

三、脂类分析

(一) 脂类组成

脂类包括脂肪和类脂。人类脂类总量占体重的10%~20%,肥胖者可占30%~60%。

(二) 脂类分类

1. 脂肪

脂肪即甘油三酯,又称脂酰甘油,一般将常温下呈液态的称为油,呈固态的称为脂肪。脂质是油、脂肪、类脂的总称。食物中的油性物质主要是油和脂肪。脂肪由C、H、O三种元素组成。脂肪是由甘油和脂肪酸组成的甘油三酯,其中甘油分子比较简单,而脂肪酸的种类和长短却不相同。脂肪酸分三大类:饱和脂肪酸、单不饱和脂肪酸、多不饱和脂肪酸。脂肪可溶于多数有机溶剂,但不溶解于水。

脂肪的性质和特点主要取决于脂肪酸,不同食物中的脂肪所含有的脂肪酸种类和含量不同。脂肪酸一般由4~24个碳原子组成。自然界有40多种脂肪酸,因此可形成多种脂肪酸甘油三酯。在自然界中,最丰富的是混合甘油三酯,在食物中占脂肪的98%,在身体里占28%以上。所有细胞都含有磷脂,它是细胞膜和血液中的结构物,在脑、神经、肝中含量非常高,卵磷脂是膳食和体内最丰富的磷脂之一。四种脂蛋白是血液中脂类的主要运输工具。

2. 类脂

类脂是指与脂和油很类似的化合物。种类很多,主要分为五类,包括磷脂(含有磷酸、脂肪酸和氮的化合物)、糖脂(含有碳水化合物、脂肪酸和氨基醇的化合物)、脂蛋白(脂类与蛋白质的结合物)、类固醇及固醇(类固醇都是相对分子质量很大的化合物,如动植物组织中的胆固醇和植物组织中的谷固醇)和蜡。

(1) 磷脂。磷脂也称磷脂类、磷脂质,是指含有磷酸的脂类,属于复合脂。磷脂是组成生物膜的主要成分,分为甘油磷脂与鞘磷脂两大类,分别由甘油和鞘氨醇构成。至今,人们已发现磷脂几乎存在于所有机体细胞中,在动植物体重要组织中都含有较多磷脂。动物磷脂主要存在于蛋黄、牛奶、动物体脑组织、肝脏、肾脏及肌肉组织部分。植物磷脂主要存在于油料种子中,且大部分存在于胶体相内,并与蛋白质、糖类、脂肪酸、菌醇、维生素等物质以结合状态存在,是一类重要油脂伴随物。

(2) 糖脂。糖脂属脂类化合物,广泛存在于各种生物体中。自然界中的糖脂可按其组分中的醇基种类分为两大类,即甘油糖脂及鞘糖脂。糖基化的甘油醇脂类称为甘油糖脂,存在于动物神经组织、植物和微生物中,是植物中的主要糖脂。

(3) 脂蛋白。脂蛋白是一类由富含固醇脂、甘油三酯的疏水性内核和由蛋白质、磷脂、胆固醇等组成的外壳构成的球状微粒。脂蛋白对于昆虫和哺乳动物细胞外脂质的包装、储存、运输和代谢起着重要作用,脂蛋白代谢异常(通常伴随着脂质组分和蛋白质组分改变)与动脉硬化症、糖尿病、肥胖症以及肿瘤发生密切相关。

(4) 类固醇。固醇类是环戊烷多氢化菲衍生物,又称类固醇,属脂类化合物。这类化合物广泛分布于生物界。动物中主要有胆固醇、类固醇激素和胆汁酸。其中又以胆固醇最为重要,它是后二类化合物前身物。胆固醇分子一端有羟基,为极性头(亲水);分子另一端有烃链和环戊烷多氢菲环状结构,为非极性尾(疏水),故与磷脂同属极性脂类。胆固醇及与长链脂肪酸生成的胆固醇酯是动物血浆蛋白和细胞膜重要成分。植物细胞则含有其他固醇如豆固醇,后者与胆固醇结构的不同在于,C_{22} 与 C_{23} 之间有一双键,胆固醇可转变成类固醇激素(性激素和肾上腺皮质激素)及胆汁酸。胆汁酸是肝脏产生的一种类固醇酸,能降低表面张力,促使脂肪乳化,以帮助肠中脂肪消化和吸收。

(5) 蜡。蜡通常在狭义上是指一价或二价脂醇和熔点较高的油状物质;广义上是指具有某些类似性状的油脂等物质,能溶能燃,不溶于水,无气味,是一种白色或无色透明固态物。

(三) 影响油脂安全储藏的因素

油脂能否安全储藏,与环境条件密切相关。环境条件适宜,油脂可以较长期地安全储藏;环境条件不适宜,油脂就容易氧化分解、酸败变质,不能安全储藏。通常影响油脂安全储藏的有以下因素。

1. 水分

水分含量是油脂安全储藏的重要条件,含水量过高会导致水解作用加强,游离脂肪酸增多,增加酶活性,有利于微生物繁殖,导致油脂酸败变质。因此,在储存油脂时,需要注意水分含量控制,以确保油脂安全储存。

2. 杂质

杂质是油脂中常含有的一种亲水物质,常见于未精炼毛油中,含量较高,如磷脂、蛋白质、蜡、饼末、种皮等。这些杂质吸水性强,可促进微生物生长繁殖,加速油脂酸败,对油脂安全储藏十分不利。长期储藏的油脂,各种杂质含量不允许超过0.2%,否则必须采取措施除去,使其含量降至0.2%以下,才能保持油脂安全储藏。

3. 空气

油脂接触空气中的氧气会发生氧化变质,导致过氧化值与游离脂肪酸增加,并分解成低级的短碳链的醛、酮类物质。这种变质会散发出一种特殊刺激气味,使食物失去食用价值。因此,在储存油脂时,应尽可能减少与氧气接触机会,储存温度每升高10℃,氧化速率就会加倍。

4. 温度

高温能加快化学反应速度,增强脂肪酶活性,促进微生物生长繁育,分泌蛋白酶、解脂酶,使油脂中不饱和脂肪酸加速氧化分解、酸败变质。温度越高,高温时间越长,油脂酸败变质越快。在60~100℃范围内,一般每升高10℃,油脂酸败速度约可提高一倍。相反,降低温度则能中止或延缓油脂酸败过程,提高储藏稳定性,确保安全储藏。

5. 日光

日光的紫外线能活化氧及光敏物质,促进油脂氧化酸败,形成少量臭氧和氧化物,影响油脂氧化酸败速度。因此,在550nm附近的可见光对油脂氧化影响很大。为了延长油脂保存期,可以添加适量稳定剂。

四、维生素分析

(一)水溶性维生素

1. B族维生素

(1)维生素B_1。维生素B_1又称硫胺素或抗神经炎素,由真菌、微生物和植物合成,动物和人类则只能从食物中获取。维生素B_1主要存在于种子的外皮和胚芽中,例如,在米糠和麸皮中含量很丰富,在酵母菌中含量也极丰富。硫胺素由嘧啶环和噻唑环结合而成,在体内参与糖代谢。

(2)维生素B_2。维生素B_2又称核黄素,是B族维生素的一种,微溶于水,在中性或酸性溶液中加热是稳定的,为体内黄酶类辅基组成部分,如缺乏可影响机体生物氧化,使代谢发生障碍。

(3)维生素B_6。维生素B_6又称吡哆素,包括吡哆醇、吡哆醛及吡哆胺,在体内以磷酸酯形式存在,是一种水溶性维生素,遇光或碱易被破坏,不耐高温。维生素B_6为无色晶体,易溶于水及乙醇,在酸液中稳定,在碱液中易被破坏,吡哆醇耐热,吡哆醛和吡哆胺不耐高温。维生素B_6在酵母菌、肝脏、谷粒、肉、鱼、蛋、豆类及花生中含量较多。

(4)维生素B_3。维生素B_3又称烟酸,是一种有机化合物,为白色结晶性粉末,主要存在于动物内脏、肌肉组织,水果中,蛋黄中也有微量存在,是人体必需的13种维生素之一。

(5)维生素B_5。维生素B_5又称泛酸。消旋维生素B_5具有吸湿性和静电吸附性;纯游离维生素B_5是一种淡黄色黏稠的油状物,具酸性,易溶于水和乙醇,不溶于苯和氯仿。维生素B_5在酸、碱、光及热等条件下都不稳定。

2. 维生素C

维生素C是一种含有6个碳原子的酸性多羟基化合物,又称抗坏血酸。维生素C不易溶于脂溶性溶剂,易溶于水。在水溶液中易氧化,遇空气中氧、热、光、碱性物质,特别是有氧化酶及铜、铁等金属离子存在时可促进其氧化破坏,在酸性环境中稳定。

(二)脂溶性维生素

1. 维生素A

维生素A不溶于水,但是可以溶于脂肪及大多数有机溶剂中。天然食物中维生素A多以棕榈酸酯形式存在,且在高温和碱性环境中比较稳定,在一般烹调和罐头加工过程中不易被破坏。维生素A在体内主要储存于肝脏中,占总量的90%~95%,少量存在于脂肪组织中。

2. 维生素D

维生素D是指具有钙化醇生物活性的一类化合物,包括维生素D_2和维生素D_3。

3. 维生素E

维生素E是指含苯并二氢吡喃结构、具有α-生育酚生物活性的一类物质。

4. 维生素K

维生素K指脂溶性维生素中含有2-甲基-1,4-萘醌的一族同系物,是肝脏中凝血酶原和其他凝血因子合成必不可少的元素。

五、矿物质分析

人体是由多种元素组成,除碳、氢、氧、氮构成蛋白质、脂类、糖类等有机物及水外,其余元素统称为矿物质。

矿物质包含常量元素和微量元素。其中含量大于0.01%的称为常量元素,含量小于0.01%的称为微量元素。目前有20余种元素被认为是构成人体组织、参与机体代谢、维持生理功能所必需的,其中,锌、碘、硒、氟、铜、钼、锰、铬、钴被认为是10种必需微量元素。

(一)常量元素

1. 钙

钙是人体内最重要的元素成分之一,其含量仅次于碳、氢、氧、氮。钙是人体内含量最多的金属元素矿物质,在人体内总量达1200g左右,相当于一般人体体重的1.5%~2%。钙的功能是维持人体多种生理活动,也是骨骼和牙齿的重要成分。

2. 磷

磷在人体中含量仅次于钙,磷是构成骨骼、牙齿和软组织的成分,参与能量的储存和释放,参与酶的组成,参与物质代谢,调节酸碱平衡。人体磷含量约为体重的1%。

3. 钠

体重60kg的成年人体内含钠为77~100g,其中70%在骨骼和细胞外液中。正常人血清中钠浓度为135~140mmol/L。

钠的生理功能如下。

(1)维持渗透压。调节细胞外液容量与渗透压,维持细胞内外渗透压平衡。

(2)维持神经肌肉正常功能。细胞内外钠、钾、钙、镁等离子的适当浓度是维持神经肌肉正常功能的必要条件,钠的主要功能是加强神经肌肉兴奋性。如果缺钠就可出现食欲不振、恶心、头痛、心率加快、眩晕、血压降低、肌肉无力或痉挛等症状,严重缺钠可导致休克和呼吸衰竭。

(3) 维持酸碱平衡。钠与氢离子交换,可清除体内酸性代谢物,保持体液酸碱平衡。

4. 钾

成人体内含钾 110~140g,约 98% 存在于细胞内液中。钾的生理功能有:维持和调节正常渗透压;维持酸碱平衡和离子平衡;维持神经肌肉应激性和正常功能;维持心肌兴奋性;维持糖类和蛋白质正常代谢;降低血压。

(二) 微量元素

1. 铁

铁是人体必需微量元素中含量最多的一种,铁缺乏是全球,特别是发展中国家主要营养素缺乏病之一。体内的铁可分为功能性铁和储存性铁两种,其中功能性铁约占 2/3,如血红蛋白、肌蛋白等中的铁;体内储存性铁有两种形式——铁蛋白和含铁血黄素,主要存在于肝、网状内皮细胞与骨骼中。

铁是血红蛋白、肌红蛋白、细胞色素酶,以及某些呼吸酶的主要成分。铁的其他作用有:促进 β-胡萝卜素转化为维生素 A,嘌呤与胶原的合成,抗体的产生,脂类从血液中转运及药物在肝脏的解毒等。铁可以提高机体免疫力,增加中性粒细胞和吞噬细胞吞噬功能,同时也可使机体抗感染能力增强。膳食铁的良好来源为动物肝脏、动物全血、畜禽肉类、鱼类等。

2. 锌

成年人机体中平均含锌量为 1.4~2.3g,其中 20% 存在于皮肤中,还有部分存在于骨骼、肌肉、牙齿、肝、心、肾、胰、肺、睾丸、脑、肾上腺等器官中。血液中 75%~88% 的锌存在于红细胞内,在白细胞内仅为 3%,在血浆内为 12%~22%。大部分与红细胞结合的锌存在于碳酸酐酶中,小部分与其他含锌酶结合。

锌的生理功能有:是酶组成成分;促进生长发育和组织再生;促进性器官和性功能正常发育;促进食欲;促进维生素 A 代谢和生理作用;参与免疫。锌不同程度地存在于各种自然食物中,通过食物涉入一般情况下完全可以满足人体对锌基本需求。

3. 碘

碘是人体必需微量元素之一,在甲状腺中的碘以无机碘、一碘酪氨酸、二碘酪氨酸、三碘甲状腺素、多肽甲状腺素、甲状球蛋白及其他碘的复合物形式存在。碘含量丰富的食品为海产品,如海带、发菜、紫菜、海参、海鱼、干贝、海虾、蚶等。但海盐中碘含量极微。

4. 硒

硒最早在 1817 年被发现,是机体不可缺少一种微量元素。硒在人体内总量为 14~20mg,并广泛分布于组织和器官中,在肝和肾中的含量最高,其次为肌肉、骨骼与血液,脂肪组织中硒的含量最低。

硒的生理功能有:抗氧化;促进生长,保护视觉器官;维护心肌结构和功能;解除体内重金属毒性;提高免疫力,以及增加抗肿瘤作用细胞数目;对某些化学致癌物有阻断作用。硒的良好来源为动物的肝、肾,肉类和海产品。

5. 铜

铜在正常人体内含量为50～120mg,分布在体内各组织器官中,其中50%～70%存在于肌肉和骨骼肌中,20%存在于肝脏中,5%～10%存在于血液中,少量存在于铜酶中。

铜在人体内主要以含铜金属酶的形式发挥作用。铜的生理功能有:参与铁的代谢和血红蛋白合成;参与结缔组织的合成;清除氧自由基。缺铜在人体中不是很常见,但是长期缺铜可发生低色素小细胞性贫血、中性粒细胞减少、高胆固醇血症等,多见于营养不良的婴幼儿和接受肠外营养的患者。

铜存在于各种天然食物中,含铜较多的食物有牡蛎、贝类、动物肝和肾、猪肉、龙虾、干豆类、核桃、蟹肉、葡萄干等。奶类和蔬菜中铜含量最低,但人奶中铜含量远高于牛奶。

六、水分分析

水是一切食品主要组成成分之一,各种食品中的含水量不同,如水果含水量为73%～90%、蔬菜为65%～96%、鱼为70%～80%、肉为50%。有的食品含水量较少,如乳粉含3%～4%的水,食糖含1.5%～3%的水。

食品中的水分以自由水和胶体结合水两种形式存在。食品汁液和细胞液中含有自由水,胶体结合水是构成胶粒周围水膜的水,胶体结合水的冻结点较自由水低。食品冻结后,在解冻过程中,自由水易被食品组织重新吸收,但胶体结合水则不能完全被组织吸收。

食品中的水分为微生物繁殖创造条件,所以为了达到降低食品水分以防止微生物繁殖的目的,必须把食品中水分去掉或冻结。食品经过冻结,其中水结成冰后,其水分活度降低,这也是抑制微生物繁殖的一种手段,因此冻藏是食品常用的储藏方法之一。

七、色素分析

(一) 叶绿素

果蔬植物绿色就是由于叶绿素的存在。叶绿素含量及种类直接影响了果蔬外观品质。叶绿素可分为两种:一种是叶绿素a,另一种是叶绿素b。两种叶绿素结构很相似,叶绿素a呈蓝绿色,叶绿素b呈黄绿色,一般以3∶1比例存在。

在正常生长发育的果蔬中,叶绿素合成作用大于分解作用,采收后水果蔬菜中的叶绿素,在酶的作用下水解生成叶绿醇和叶绿酸盐等溶于水的物质,加上光氧化破坏,叶绿素含量逐渐减少,叶绿素a与叶绿素b的比例也发生变化,果蔬开始失去绿色而显出其他颜色。但是对于大多数果实来说,最先的成熟象征就是绿色消失,叶绿素很不稳定,光、酸、碱、氧、氧化剂等都会使其分解。酸性条件下,叶绿素分子很容易失去卟啉环中的镁成为脱镁叶绿素。

(二) 类胡萝卜素

类胡萝卜素是一类重要天然色素的总称,普遍存在于动物、高等植物、真菌和细菌中的黄色、橙红色或红色的色素中。类胡萝卜素是体内维生素A的主要来源,同时还具有抗氧化、免疫调节、抗癌、延缓衰老等功效。类胡萝卜素主要是 β-胡萝卜素和 γ-胡萝卜素，因此而得名。

类胡萝卜素可分为胡萝卜素、叶黄素、类胡萝卜素酸三类。

（三）花青素

花青素是使果实和花等呈现红、蓝、紫等颜色的水溶色素的总称。花青素存在于植物体内，溶于细胞质或液泡中。天然花青素苷呈糖苷形态，经酸或酶水解后可产生花青素和糖。

花青素是一种感光性色素，因此花青素形成需要日光，一般在果实成熟时才合成，存在于表皮细胞液中。往往含糖量多时花青素也多，因此红色果实色越深越甜。许多果蔬中也存在着使花青素苷褪色的酶系统，或是微生物侵染时含有类似的酶，分解花青素苷使果实褪色。

（四）黄酮素

黄酮素是另一类多酚色素，比花青素稳定。黄酮类色素是广泛分布于植物组织细胞中的一类水溶性色素，呈浅黄或鲜明橙黄色，包括呈色的黄酮及其衍生物和核黄素等。此类物质已被发现 1000 多种。果实中比较重要的黄酮及酮苷有圣草苷、芦丁、橙皮苷。

八、有机酸分析

水果、蔬菜中含有多种有机酸，主要有苹果酸、柠檬酸和酒石酸，此外还含有少量草酸、苯甲酸和水杨酸等。有机酸也是水果、蔬菜呼吸时所消耗基质之一，呼吸时有机酸将转化为 CO_2 和 H_2O，与葡萄糖氧化过程相同。

有机酸含量和有机酸种类因水果和蔬菜品种、成熟度和部位的不同而有所差别。一般水果、蔬菜在未成熟时有机酸含量较高，在生长发育过程中，有机酸种类和含量会发生变化。有机酸不仅直接影响水果、蔬菜风味和品质，而且能调节人体内酸碱平衡。如果菠菜、苋菜、竹笋等食入过多，蔬菜中的草酸会刺激和腐蚀黏膜，破坏代谢作用，影响人体对钙的吸收。

九、芳香物质分析

芳香物质主要成分是醇类、酯类、醛类、酮类、烃类等挥发性油，另外还有酚类、含硫及含氮化合物。各种水果及蔬菜因含有其特有的芳香物质而具有特征性香气。梨、桃、李的芳香成分主要为有机酸和醇产生的酯类，芹菜叶中含有芹菜油丙酯、芹菜油酸酐。番茄的芳香物质由 30 多种成分构成，其中以乙醇、甲醇、醋酸丙酯较多。

果蔬经过储藏之后，所含的挥发性风味物质由于挥发和分解作用而含量降低，例如，苹果储藏时间越长，所含挥发性成分含量越少。而在低温下储藏的果蔬，其风味物质含量降低可以得到有效抑制。

十、单宁分析

单宁又称鞣质,具有收敛性涩味。鞣质广泛存在于水果中,蔬菜中较少。鞣质对水果、蔬菜及其制品的质量影响很大,在加工中若处理不当,会引起变色。

鞣质易溶于水,并有涩味,未成熟水果大多是涩的,就是由于鞣质的存在。涩味是由于鞣质处于可溶性状态时与口腔黏膜的蛋白质结合而产生,若将可溶性鞣质变成不可溶性鞣质,那么人们就感觉不出涩味。一般将失去涩味的过程称为脱涩。水果、蔬菜经过冻结储藏即可脱涩。

任务实施

李导师:小王,根据之前的预习,你对食品化学成分有了哪些了解?

小王:食品的化学成分主要有蛋白质、糖类、脂类、维生素、矿物质、水等,这些化学成分大部分是人体所需的营养成分。

李导师:对的,食品中的成分相当复杂,划分为内源性物质成分和外源性物质成分两大部分。

小王:内源性物质成分是动、植物体内原有的,对吗?

李导师:是的,外源性物质成分是在加工过程、贮藏期间新产生的,有些是人为添加的,有些是食品腐败或污染产生的。下面以"荔枝化学成分(营养成分)"为例,分析食品的化学成分(营养成分)。

荔枝化学成分(营养成分)

每 100g 荔枝所含营养成分:①蛋白质(0.90g),②糖类(16.60g),③脂肪(0.20g),④膳食纤维(0.50g),⑤维生素 A(2.00μg),⑥胡萝卜素(10.00μg),⑦硫胺素(0.10mg),⑧核黄素(0.04mg),⑨烟酸(1.10mg),⑩维生素 C(41.00mg),⑪钙(2.00mg),⑫磷(24.00mg),⑬钠(1.70mg),⑭镁(12.00mg),⑮铁(0.40mg),⑯锌(0.17mg),⑰硒(0.14μg),⑱铜(0.16mg),⑲锰(0.09mg),⑳钾(151.00mg)。

任务拓展

李导师:小王,黄秋葵简称秋葵,属于一种蔬菜,含有多种矿物质和适量的维生素、微量元素、膳食纤维等,黏液质含量高,是一种营养价值高的蔬菜。

小王:秋葵在中国的河北、山东、江苏、浙江、湖南、湖北、云南和广东等省份都有种植。

李导师:是的。经过本任务的相关理论及荔枝实例的学习,相信你较好地掌握了食品化学成分分析的相关知识及技能。下面请你根据老师提供的资料及上网查询的相关数据,编写"黄秋葵化学成分(营养成分)"。

小王:好的,老师。我会认真完成的。

请你代替小王,编写"黄秋葵化学成分(营养成分)"。

任务评价

知识点与技能点	我的理解（填写关键词）	掌握程度
蛋白质分析		☆☆☆☆☆
糖类分析		☆☆☆☆☆
脂类分析		☆☆☆☆☆
维生素分析		☆☆☆☆☆
矿物质分析		☆☆☆☆☆
水分分析		☆☆☆☆☆
色素与有机酸分析		☆☆☆☆☆
芳香物质与单宁分析		☆☆☆☆☆

补充阅读

杂粮营养好，如何吃更健康？

杂粮通常是指除水稻、小麦、玉米、大豆和薯类五大作物以外的粮谷类作物，其中谷类杂粮主要包括高粱、燕麦、小米、藜麦、荞麦等，豆类杂粮主要包括绿豆、小豆、芸豆、豌豆、鹰嘴豆、扁豆等。

杂粮含有的丰富营养元素如下。

1. 蛋白质

杂粮蛋白质含量丰富，尤其是豆类杂粮，蛋白质含量高达20%左右，是良好的植物蛋白来源。谷类蛋白质普遍缺乏人体必需氨基酸——赖氨酸，而豆类杂粮含有较高的赖氨酸，两者搭配食用，可以弥补不足，提高蛋白质的利用率。

2. 膳食纤维

杂粮中还含有丰富的膳食纤维，不仅可以增加饱腹感、控制体重，还能增强肠道功能，改善便秘，对降低血脂、保护血管也非常有帮助。

3. 维生素和矿物质

杂粮含有丰富的B族维生素，钙、铁、锌等矿物质含量也远高于精大米。这些营养素对维持身体的正常功能具有非常重要的作用。例如，B族维生素以辅酶的形式广泛参与身体内的各种生理过程，是推动机体代谢，把糖、脂肪、蛋白质等转换为能量不可或缺的物质。钙能形成坚固的骨架以支撑整个身体，保护心、肺、牙齿等。铁是构成细胞的原料，参与体内血红蛋白、肌红蛋白及某些酶的合成；锌能促进生长发育与组织再生，促进维生素A的代谢。

4. 植物活性成分

杂粮中含有许多能降低血糖浓度的植物活性成分，包括多糖、黄酮、膳食纤维等。这些植物活性成分有助于延缓食物的消化吸收，改善胰岛素敏感性和葡萄糖代谢，从而起到阻止或减缓机体血糖升高的作用。

5. 天然抗氧化剂成分

杂粮中还含有丰富的天然抗氧化剂成分，如酚类物质、不饱和脂肪酸、甾醇、植酸、维生素 E 等，它们可以帮助机体更好地抵抗自由基，延缓衰老。

资料来源：健康中国.杂粮营养好，如何吃更健康？[EB/OL].(2023-10-01)[2024-02-19]. https://news.bjd.com.cn/2023/10/01/10581603.shtml.

【思考】

杂粮有哪些营养价值？

任务三　食品质量评估

食品质量与安全是人们关注的重要问题之一。随着食品供应链的全球化和食品安全事件的频发，食品质量评估变得尤为重要。食品质量评估能够及时发现和解决食品中存在的安全隐患，有效防止食品中毒等公共卫生事件的发生，保障公众健康。

 知识储备

一、食品质量概述

食品是指各种供人食用或饮用的成品和原料，以及按照传统既是食品又是药品的物品，但是不包括以治疗为目的的物品。

食品质量是指食品的物理、化学、生物学、微生物学、毒理学等方面特性，以及食品在生产、加工、贮藏、运输、销售、消费等过程中所受到的影响。食品质量高低关系到人们的身体健康和生命安全。

食品质量由三类主要品质特性指标构成。①感官指标，包括色泽、风味、质构等；②营养指标，包括营养素、营养成分种类和性质等；③卫生指标，包括无毒、无害、无污染。

食品质量的影响因素很多，其中包括食品原材料质量、生产加工环境和设备、人员操作技术、贮藏和运输等。

（1）食品原材料质量。食品生产的关键在于原材料，原材料质量与安全是食品质量的基础。如果原材料出现质量问题，那最终生产出来的食品也会存在安全和质量问题。

（2）生产加工环境和设备。生产加工环境和设备对食品质量影响很大。如果环境和设备不洁净，会导致食品受到污染，从而影响食品质量。

（3）人员操作技术。食品生产和加工需要经验丰富的工作人员，如果操作不当，会导致食品受到污染，从而影响食品质量。

（4）贮藏和运输。食品的贮藏和运输也是影响食品质量的重要因素。食品在贮藏和运输过程中容易受到温度、湿度、氧气、光照等因素影响，如果处理不得当，会导致食品受到污染，从而影响食品质量。

二、食品检验

为了确保食品原有营养价值和风味不变，防止食品安全问题带来的隐患，需要对冷链物流中的食品进行检验。食品检验内容十分丰富，包括食品营养成分分析、食品中污染物质分析、食品辅助材料及食品添加剂分析、食品感官鉴定等。

广义的食品检验是指研究和评定食品质量及其变化的一门学科,它依据物理、化学、生物化学的一些基本理论和各种技术,按照制定的技术标准,对原料、辅助材料、成品的质量进行检验。

狭义的食品检验通常是指食品检验机构依据《中华人民共和国食品卫生法》规定的卫生标准,对食品质量所进行的检验,包括对食品外包装、内包装、标志、唛头和商品体外观的特性、理化指标,以及其他一些卫生指标所进行的检验。检验方法主要包括感官检验法和理化检验法。

食品受到微生物污染后,容易发生变质。那么如何鉴定食品腐败变质?一般是从感官、化学、物理和微生物四个方面来进行食品腐败变质的鉴定。

三、感官检验

(一) 感官检验定义

食品感官检验就是通过人类的看、嗅、尝、摸、听等感觉器官不同感受对食品质量做出是否可提供人类食用和食用价值的评价方法。各种食品都有各自的感官特征,除了色、香、味是各种食品都共有的感官特征外,液态食品还有澄清透明等感官指标。固体半固体食品还有软、硬、弹性、韧性、黏、滑、干燥等一切能被人体感官判定和接受的指标。严格意义上的感官分析,已获得国际公认。

1. 感觉分类

食品作为一种刺激物,它能刺激人的多种感觉器官而产生多种感官反应。早在两千多年前就有人将人类感觉划分成五种基本感觉,即视觉、听觉、触觉、嗅觉和味觉。除上述五种基本感觉外,人类可辨认的感觉还有温度觉、痛觉、疲劳觉、口感等多种感官反应。

感觉敏感性是指人的感觉器官对刺激的感受、识别和分辨能力。感觉敏感性因人而异,某些感觉通过训练或强化可以获得特别的发展,即敏感性增强。

2. 感觉基本规律

感官检验中不同的感觉之间会产生一定影响,有时发生相乘作用,有时产生相抵效果。但在同一类感觉中,不同刺激对同一感受器作用,又可引起感觉的适应、掩蔽或对比等现象。

(二) 感官鉴定方法

感官鉴定是以人的视觉、嗅觉、触觉、味觉来查验食品初期腐败变质的一种简单而灵敏的方法。食品初期腐败时会产生腐败臭味,发生颜色变化(褪色、变色、着色、失去光泽等),出现组织变软、变黏等现象。这些都可以通过感官分辨出来,且还比较灵敏。

1. 色泽

食品无论在加工前或加工后,本身均呈现一定色泽,如有微生物繁殖引起食品变质时,色泽就会发生改变。有些微生物产生色素,分泌至细胞外,色素不断累积就会造成食品原有色泽改变,如食品腐败变质时常出现黄色、紫色、褐色、橙色、红色和黑色的片状斑点或全部变色。另外,由于微生物代谢产物的作用促使食品发生化学变化时也可引起食品色泽变化。例如,肉及肉制品的绿变就是由于硫化氢与血红蛋白结合形成硫化氢血红蛋白所引起的;腊肠由于乳酸菌繁殖过程中产生了过氧化氢促使肉色素褪色或绿变。

2. 气味

食品本身有一定气味,动植物原料及其制品因微生物繁殖而产生极轻微变质时,人们的嗅觉就能敏感地察觉到有不正常气味产生。如氨、三甲胺、乙酸、硫化氢、乙硫醇、粪臭素等具有腐败臭味,这些物质在空气中浓度为 $8 \sim 11 mol/m^3$ 时,人们的嗅觉就可以察觉到。此外,食品变质时,其他胺类物质、甲酸、乙酸、酮、醛、醇类、酚类、靛基质化合物等也可察觉到。

食品中产生的腐败臭味,常是多种臭味混合而成的。有时也能分辨出比较突出的不良气味,如霉味臭、醋酸臭、胺臭、粪臭、硫化氢臭、酯臭等。但有时产生的有机酸,水果变坏产生的芳香味,人的嗅觉习惯不认为是臭味。因此评定食品质量不是以香、臭味来划分的,而是应该按照正常气味与异常气味来评定。

3. 口味

微生物造成食品腐败变质时也常引起食品口味变化。而口味改变中比较容易分辨的是酸味和苦味。一般碳水化合物含量多的低酸食品,变质初期产生酸是其主要特征,但对于原来酸味就高的食品,如番茄制品来讲,微生物造成酸败时,酸味稍有增高,辨别起来就不那么容易。另外,某些假单胞菌污染消毒乳后可产生苦味;蛋白质被大肠杆菌、小球菌等微生物作用也会产生苦味。

当然,口味评定从卫生角度看是不符合卫生要求的,而且不同人评定结果往往意见分歧较多,只能做大概比较。为此,口味评定应借助仪器来测试,这是食品科学需要解决的一项重要课题。

4. 组织状态

食品变质时,动植物性组织因微生物酶的作用,可使组织细胞破坏,造成细胞内容物外溢,这样食品性状即出现变形、软化。鱼肉类食品则呈现肌肉松弛、弹性差,有时组织体表出现发黏等现象。粉碎后加工制成的食品,如鱼糕、乳粉、果酱等变质后常引起黏稠、结块等表面变形,湿润等现象。

液态食品变质后即会出现浑浊、沉淀,表面出现浮膜、变稠等现象。鲜乳因微生物作用引起变质,可出现凝块、乳清析出、变稠等现象,有时还会产生气泡。

食品质量优劣最直接地表现在它的感官性状上,通过感官指标来鉴别食品优劣和真伪,不仅简便易行,而且灵敏度高,直观而实用,与使用各种理化、微生物仪器进行分析相比,有很多优点,因而它也是食品生产、销售、管理人员所必须掌握的一门技能。广大消费者从维护自身权益的角度,掌握这种方法也是十分必要的。

感官鉴别不仅能直接发现食品感官性状在宏观上出现的异常现象,而且当食品感官性状发生微观变化时也能敏锐地察觉到。例如,食品中混有杂质、异物、发生霉变、沉淀等不良变化时,可以直观地鉴别出来并做出相应决策和处理,而不需要再进行其他检验分析。尤其重要的是,当食品感官性状只发生微小变化,甚至这种变化轻微到有些仪器都难以准确发现时,通过人的感觉器官,如嗅觉等都能给予应有鉴别。可见,食品感官质量鉴别有着理化和微生物检验方法所不能替代的优越性。在食品质量标准和卫生标准中,第一项内容一般都是感官指标,通过这些指标不仅能够直接对食品感官性状做出判断,还能够据此提出必要理化和微生物检验项目,以便进一步证实感官鉴别准确性。

如对于鲜牛奶的感官检验,可取适量试样置于 50 mL 烧杯中,在自然光下观察色泽和组织状态。闻其气味,用温开水漱口,品尝滋味,如表 6-1 所示。

表 6-1 生鲜牛奶的感官要求及检验方法

项　目	要　求	检验方法
色泽	呈乳白色或微黄色	取适量试样置于 50mL 烧杯中,在自然光下观察色泽和组织状态。闻其气味,用温开水漱口后,品尝滋味
滋味、气味	具有乳固有的香味、无异味	
组织状态	为均匀一致液体,无凝块、无沉淀、正常视力可见异物	

四、化学分析

(一) 检测方法

以物质的化学反应为基础,使被测成分在溶液中与化学试剂发生反应,由生成物的量或消耗试剂的量来确定组分含量方法,包括定性分析和定量分析。

(1) 定性分析就是对研究对象进行"质"的方面的分析。具体地说是运用归纳和演绎、分析与综合、抽象与概括等方法,对获得的各种材料进行思维加工,从而能去粗取精、去伪存真、由此及彼、由表及里,认识事物本质、揭示内在规律。定性分析的主要任务是确定物质(化合物)组成,只有确定物质组成后,才能选择适当分析方法进行定量分析。根据对象不同,可分为无机定性分析和有机定性分析。

(2) 定量分析是对社会现象的数量特征、数量关系与数量变化的分析。定量分析包括:①称量法,包括食品中水分、灰分、脂肪、果胶、纤维等成分的测定,常规法都是称量法;②滴定法,包括酸碱滴定法、氧化还原滴定法、配位滴定法和沉淀滴定法。例如,酸度、蛋白质的测定常用酸碱滴定法。还原糖、维生素 C 的测定常用氧化还原滴定法。

(二) 检测指标

微生物代谢可引起食品化学组成的变化,并产生多种腐败性物质。因此,直接测定这些腐败产物就可作为判断食品质量的依据。一般氨基酸、蛋白质等含氮高的食品,如鱼、虾、贝类及肉类,在需氧性败坏时,常以测定挥发性盐基氮含量多少作为评定的化学指标;对于含碳水化合物丰富的食品,在缺氧条件下腐败则经常以有机酸的含量或 pH 的变化作为测定指标。

1. 挥发性盐基总氮(TVBN)

挥发性盐基总氮是指肉、鱼类样品浸液在弱碱性下能与水蒸气一起蒸馏出来的总氮量,主要是氨和胺类(三甲胺和二甲胺),常用蒸馏法或 Conway 微量扩散法定量。该指标现已列入中国食品卫生标准。例如,一般在低温有氧条件下,鱼类挥发性盐基氮的量达到 30mg/100g 时,即认为是变质的标志。

2. 三甲胺

在挥发性盐基总氮构成的胺类中,主要的是三甲胺,其是季胺类含氮物经微生物还原产生。可用气相色谱法进行定量,或者三甲胺制成碘的复盐,用二氯乙烯抽取测定。新鲜鱼虾等水产品、肉中没有三甲胺,初期腐败时,其量可达 4~6mg/100g。

3. 组胺

鱼贝类可通过细菌分泌的组氨酸脱羧酶,使组氨酸脱羧生成组胺而发生腐败变质。当鱼肉中的组胺达到 4~10mg/100g,就会发生变态反应样的食物中毒。通常用圆形滤纸色谱法(卢塔-宫木法)进行定量。

4. K 值(K value)

K 值是指 ATP(腺苷三磷酸)分解的肌苷(HxR)和次黄嘌呤(Hx)低级产物占 ATP 系列分解产物(ATP+ADP+AMP+IMP+HxR+Hx)的百分比。K 值主要适用于鉴定鱼类早期腐败。若 $K \leqslant 20\%$,说明鱼体绝对新鲜;$K \geqslant 40\%$ 时,鱼体开始有腐败迹象。

5. pH

食品中 pH 的变化,一方面,可由微生物的作用或食品原料本身酶的消化作用,使食品中 pH 下降;另一方面,也可以由微生物作用所产生的氨而促使 pH 上升。一般腐败开始时,食品 pH 略微降低,随后上升,因此多呈现"V"字形变动。例如,牲畜和一些青皮红肉的鱼在死亡之后,肌肉中因碳水化合物产生消化作用,造成乳酸和磷酸在肌肉中积累,以致引起 pH 下降;其后因腐败微生物繁殖,肌肉被分解,造成氨积累,促使 pH 上升。借助于 pH 测定,可评价食品变质程度。但由于食品种类、加工方法不同以及污染的微生物种类不同,pH 变动有很大差别,所以一般不用 pH 作为初期腐败指标。

化学分析法是食品分析与检验的基础。即使是现代仪器分析,也都是用化学方法对样品进行预处理及制备,而且仪器分析原理大多数也是建立在化学分析的基础上。为检验仪器分析的准确度和精确度,还需用规定的或推荐的化学分析标准方法作对照,以确定两种方法分析结果的符合程度。因此,化学分析法是食品检测技术中最基础、最基本,也是最重要的检测方法。食品中大多数成分分析都可以靠化学分析法完成。分析化学的发展为食品安全检验提供了准确可靠的分析方法。

五、物理指标分析

食品物理指标主要是指根据蛋白质分解时低分子物质增多这一现象,研究食品浸出物量、浸出液电导度、折光率、冰点、黏度等指标。其中肉浸液的黏度测定尤为敏感,能反映腐败变质程度。

通过对被测食品某些物理性质(如温度、密度、折射率、旋光度、沸点、透明度等)的测定,可间接得出食品中某种成分含量,进而判断被检食品的纯度和品质。

物理指标分析方法简便、实用,在实际工作中应用广泛。例如,密度法可测定糖液浓度、酒中酒精含量,检验牛奶是否掺水、脱脂等;折光法可测定果汁、番茄制品、蜂蜜、糖浆等食品的固形物含量,牛乳中乳糖含量等;旋光法可测定饮料中蔗糖含量、谷类食品中淀粉含量等。

六、微生物检验

食品微生物检验技术就是应用微生物学的理论和方法,对食品中的菌落总数、大肠杆菌及致病菌数进行检测,客观地揭示食品卫生状况。常用于维生素、抗生素的残留量、激素等成分的分析。

(一)菌落总数

在无菌袋(样品均质机用无菌袋)中称量10g被检样品,加入90mL灭菌生理盐水,在样品均质机上均质30秒至1分钟,将之作为试料原液。根据情况将原液稀释至100倍,1000倍等。

在各灭菌培养皿中注入各阶段的稀释液1mL。然后将事先准备好的灭菌降温至45～50℃的标准琼胶培养基12～15mL注入灭菌培养皿,立即使稀释液和培养基充分混合均匀。待琼胶培养基完全凝固后,倒置培养皿,放入(35 ± 1)℃的培养箱中,培养(48 ± 3)小时后,算出所得菌落数,计算出1g食品相当的菌数,例如,生鲜牛奶要求的菌落总数≤2×10^5 CFU/g(mL)。

计算公式为

$$1g食品相当的菌数 = 所得菌落数 \times 10 \times 混合液稀释倍数$$

(二)大肠菌群数

按照菌落总数计算方法将调整后的稀释液1mL放入灭菌培养皿,注入加热溶解降温至50℃的Deso琼胶培养基12～15mL,将其混匀。待培养基琼胶凝固后,再在固体的培养基上浇上一层Deso琼胶培养基(约5mL);待培养基凝固后将培养皿倒置,放入(35 ± 1)℃的培养箱内,培养(20 ± 2)小时;然后按照菌落总数的计算方法进行计算。

(三)耐热性芽孢菌数

用如上方法制作试料原液。取一定量(5mL或10mL)稀释液于灭菌带栓的试管,放入沸水中水浴10分钟后,使之冷却。取1mL稀释液按照上述方法进行操作和计算菌落总数。

(四)霉菌及酵母菌

按照菌落总数的计算方法将调整后的稀释液1mL放入灭菌的培养皿,注入降温至45～50℃土豆Dextrose培养基12～15mL,将其混匀。倒置放入30℃培养箱中培养(72 ± 3)小时(或25℃,5d)。然后按菌落总数的计算方法进行计算。

对食品进行微生物菌数测定,可以反映食品被微生物污染程度,以及是否发生变质,同时它也是判定食品生产一般卫生状况及食品卫生质量的一项重要依据。在国家卫生标准中常用细菌总菌落数和大肠菌群的近似值来评定食品卫生质量,一般食品中的活菌数达到10^8 CFU/g时,则可认为处于初期腐败阶段。

任务实施

李导师：小王，根据你之前的预习，如何鉴定食品的质量？

小王：一般是从感官、物理、化学和微生物四个方面来进行食品质量的鉴定。

李导师：对的。上述四种鉴定方法中，食品感官质量鉴别有着理化和微生物检验方法所不能替代的优越性。食品感官检验可直接通过看、嗅、尝、摸、听等感觉器官不同感受对食品质量做出是否可供人类食用和是否有食用价值的评价。

小王：明白，感官检验简便易行，而且直观实用。

李导师：是的。下面以"荔枝感官检验项目"为例，进一步学习食品质量评估相关理论及技能。

荔枝感官检验项目

果实风味、成熟度、果形、色泽、果面缺陷、果穗整齐度等感官指标主要采用目测法、嗅闻法及品尝法测定（表6-2）。在同一个果实上兼有两项或以上不符合该质量等级要求项目的，只记录其中对品质影响较重的一项。

表6-2 荔枝各等级感官检验指标

项目	果形	色泽	果面缺陷	果穗整齐度
特等品	果形正常，无畸形果	具有该品种固有色泽，均匀一致，无褐斑	无裂果、脱粒、病虫害、机械伤	果粒分布均匀，紧凑
一等品	果形正常，无畸形果	具有该品种固有色泽，均匀较一致，基本无褐斑	无裂果、脱粒、病虫害、机械伤	果粒分布均匀，紧凑
二等品	果形正常，允许有轻微缺点，无畸形果	具有该品种固有色泽，均匀一致，有轻微褐斑	无裂果、脱粒、病虫害，允许有轻微机械伤和轻微形变	果粒分布较均匀，较紧凑

任务拓展

小王：在食品质量标准和卫生标准中，第一项内容一般都是感官指标。

李导师：对的。通过感官检验，不仅能够直接对食品感官性状做出判断，如果需要，还能够据此提出必要理化和微生物检验项目以验证感官检验结果。

小王：明白，感官检验很重要。

李导师：小王，经过本任务的相关理论及荔枝实例的学习，相信你较好地掌握了食品质量评估相关知识及技能。下面请你根据老师提供的资料及上网查询的相关数据，编写"黄秋葵感官检验项目"。

小王：好的，老师。我会认真完成的。

请你代替小王，编写"黄秋葵感官检验项目"。

任务评价

知识点与技能点	我的理解（填写关键词）	掌握程度
食品质量概述		☆☆☆☆☆
食品检验		☆☆☆☆☆
感官检验		☆☆☆☆☆
化学分析		☆☆☆☆☆
物理指标分析		☆☆☆☆☆
微生物检验		☆☆☆☆☆

补充阅读

6批次月饼抽检不合格

2023年9月，国家市场监督管理总局组织开展月饼专项监督抽检，采取现场抽样和网络抽样方式在全国随机抽取月饼样品400批次，发现6批次样品不合格，分别是3批次微生物污染、2批次食品添加剂超限量使用和1批次质量指标不达标。

3批次微生物污染样品分别是，湖北省××公司销售的抹茶味奶黄流心月饼，其中菌落总数不符合食品安全国家标准规定。吉林省长春市××超市销售的京式月饼（五仁），其中菌落总数不符合食品安全国家标准规定。

菌落总数是指示性微生物指标，不是致病菌指标，反映食品在生产过程中的卫生状况。月饼中菌落总数超标原因，既可能是企业未按要求严格控制生产加工过程的卫生条件，也可能是产品包装密封不严或储运条件不当等。

食品添加剂超限量使用的样品分别是，辽宁省沈阳市××购物中心销售的蛋月烧月饼（蓝莓五仁），其中纳他霉素检验值不符合食品安全国家标准规定。天猫××旗舰店在天猫（手机App）销售的蛋月烧月饼（莲蓉蛋黄味），其中脱氢乙酸及其钠盐（以脱氢乙酸计）检验值不符合食品安全国家标准规定。

纳他霉素是一种食品防腐剂，纳他霉素检验值超标的原因，可能是企业为了防止食品腐败变质、延长产品保质期而超限量使用，也可能是在使用过程中未计量或计量不准确。

脱氢乙酸及其钠盐是一种广谱食品防腐剂，月饼中脱氢乙酸及其钠盐（以脱氢乙酸计）检验值超标的原因，既可能是生产企业为防止食品腐败变质超限量使用了该食品添加剂，也可能是其使用的复配添加剂中该添加剂含量较高，还可能是在添加过程中未准确计量。

质量指标不达标的样品是，重庆××公司销售的饼城记月饼（莲蓉蛋黄味），其中酸价（以脂肪计）（KOH）检验值不符合食品安全国家标准规定。

酸价又称酸值，主要反映食品中油脂的酸败程度。酸价超标会导致食品有"哈喇"等异味，严重超标时会产生醛酮类化合物，长期摄入酸价超标的食品会对健康有一定影响。月饼中酸价（以脂肪计）（KOH）检验值超标的原因，可能是企业原料采购把关不严，也可能是生产工艺不达标，还可能与产品储藏条件不当有关。

项目六　冷链物流食品安全监管

对抽检发现的不合格食品,辽宁、吉林、浙江、山东、湖北、重庆等省级市场监管部门已组织开展核查处置,查清产品流向,督促企业采取下架召回不合格产品等措施控制产品风险。对违法违规行为,将依法从严处理。有关省级市场监管部门要督促及时公开所采取的不合格产品风险防控措施和核查处置情况,并向市场监管总局报告。

资料来源:央广网. 微生物污染、食品添加剂超标、酸价超标,6批次月饼抽检不合格[EB/OL]. (2023-09-18)[2024-02-19]. https://food.cnr.cn/trends/20230918/t20230918_526424450.shtml.

【思考】
3批次微生物污染、2批次食品添加剂超限量使用和1批次质量指标不达标对应的各检验指标是什么,造成不达标的可能原因是什么?

任务四　食品温湿度监控

随着人们对食品质量和安全的要求越来越高,冷链物流在食品、医疗、化工等行业中应用越来越广泛,实时监测农产品在冷链物流过程中的环境变化,确保农产品从生产地到消费地各环节保持恒定的温度和湿度,及时发现异常情况并进行处理,为农产品的食品安全和品质保驾护航。

知识储备

一、冷链物流温湿度监控概述

冷链物流温湿度监控是指利用先进的物联网温度传感与控制技术,将温湿度管理应用于涉冷农产品的流程管理中,实时监测、记录温湿度,完成对农产品生鲜度、品质的动态管理,有效解决农产品流通过程中的变质问题,满足对农产品冷链物流全过程的管理与监控需求。冷链物流温湿度监控一般包含温湿度检测系统、系统运营与维护、温湿度报警、冷链物流温湿度监控报告等。

冷链物流温度监控有几个显著特点:①实时性,即实时监控农产品在生产加工、贮藏、运输、装卸、销售等环节的温度、湿度、位置等状态信息;②准确性,要对农产品在各环节的信息实现准确监控;③可靠性,应确保各环节使用的设备或系统所提供信息服务的可靠性;④实用性,应根据客户需求及冷链物流实际流程开展冷链物流温湿度监控,并可根据用户意见进行调整和改进。

(一)温湿度检测系统

1. 功能需求

温湿度检测系统,应具备温湿度传感器模块、数据记录及处理模块、显示模块、备用供电模块、报警模块等硬件设备,并包含相关运行软件。

(1)温湿度传感器模块,温度测量范围为$-40 \sim 120$℃,温度最大允许误差为± 0.5℃,湿度测量范围为$0 \sim 100\%$RH,湿度最大允许误差为$\pm 3\%$RH。

(2)数据记录及处理模块应保证将温湿度传感相关数据进行存储、检索、加工和传输。

（3）显示模块用于开发和管理，能够按关键词、分类、名称等维度进行查询，展现应用数据的基本信息，包括情况描述、技术描述、计量单位、分类等。

（4）备用供电模块应能够在供电中断时给系统提供稳定、不间断的电力供应，保证至少 30 分钟内全部功能正常运行。

（5）报警模块应实现无人值守远程报警，实现高、低温湿度超限报警，断电报警，系统模块故障报警。

2．软件要求

软件应具备对冷库温湿度数据的自动实时采集、传送、存储、备份、处理、显示和温湿度异常报警等功能，且能实现在线远程监测；软件应防止被修改、删除及反向导入数据。

软件应自主安全运行，同时应保证在软件关闭状态或其他故障下采集、存储、报警功能正常。温湿度数据采集终端采集的数据，一般要求通过网络自动传送到管理主机，进行处理和记录，并对数据进行保存，确保不丢失。软件应自动更新实时温湿度数据记录，记录内容包括：温湿度值、日期、时间、测点位置、库区等，并确保数据传送及时、完整。

（二）系统运营与维护

1．采集点布局

合理的温度和湿度测量采集布局能够准确反映农产品以外的环境或者冷藏设备所处的工作状态。当设计布局时，操作人员需要首先查明关键布局区域。在很大的开放式冷冻/冷藏区域中，有几个区域温度特别容易波动。例如，距离天花板或者外墙很近的空间容易受到外界温度影响。当冷库仓门打开时，外界温度会对门附近的区域造成很大影响。棚架、支架或者集装架区域，因为阻挡了空气循环，可能会有较高温度点。上述重要区域需要使用设备进行监控。同时为了进行对比，在冷冻/冷藏区域的出口区域、外部区域和冷冻/冷藏区域的不同高度区域都需要使用设备进行测量监控。此外，还建议在蒸发器的回风处设置温度计，这样能够比较准确地反映室内空气的平均温度。在出口设置温度计的计数，通常比回风口处低 2~3.5℃。

在冷藏库中，一般推荐操作人员每隔 900~1500m 的直线距离放置一个监控设备。当冷库由小的冷冻/冷藏室单元组成时，应该在每个里面都放置监控设备。一旦安装后，温度监控设备应该尽可能快地取样，以避免剧烈温度变化。但是这种取样也不能过于频繁，以免带来大量多余数据。一般来说，每 15 分钟进行一次采样比较合理。

体积在 3000m³ 以内的库房，温度数据采集终端数量应至少有 3 个（出风口、回风口、最远端各 1 个）。例如，采用电化霜，应在最远端处增加 1 个温度数据采集终端；体积每增加 3000m³，至少增加 1 个温度数据采集终端。温度数据采集终端位置经各方确认后，应牢固安装，不得随意改动。冷藏车内，温湿度数据采集终端的数量应为 1~3 个，可设置在出风口、车厢门口、货物中心端。

2．冷链物流温湿度监控要求

温湿度数据采集间隔时间不应大于 5 分钟；采集的数据应保存并备份，数据保存时间应大于产品保质期 6 个月以上，如无保质期，应保存 2 年以上。判断超温湿度时限时，以温湿度检测系统的超温报警提示为准,应定期对系统各模块进行校准。温度传感器模块应保证准确度和灵敏度,具有生产厂家提供的产品合格证明资料,以及产品校验资料和检定资料。相关各方根据约定设置系统权限,确认系统安全性;用户、系统管理方应凭不同权限的密码登录系统。

(三)温湿度报警

当冷链物流温湿度监测的数值达到设定的临界值或者超出规定范围,系统应能够就地报警,并在指定地点进行声光报警,同时通过短信方式,至少向库房管理、客户、库主三方的指定人员发出报警信息。因受进出货物影响,库房内温湿度超出限值,系统应立即报警;当发生供电中断,系统应通过短信方式,至少向库房管理、客户、库主三方的指定人员发出报警信息;发出报警信息时,系统应自动建立记录,生成报告。

(四)冷链物流温湿度监控报告

围绕农产品和温湿度设施,需要定期生成温湿度监控报告并存档。报告应包括车辆、库房、冷柜等测点位置,农产品种类、农产品数量、温湿度设定值、负责人信息、日期等信息。统计数据应包括超温湿次数、超温湿时长、报警系统预警信息等。此外,报告还应包括温湿度监控结果的分析和建议。

二、温湿度监控实例分析

(一)生物制药公司温湿度监控系统

生物制药公司温湿度监控系统是用于监控生物制药生产环境中温度和湿度的系统。该系统目的是确保生产环境中的温湿度处于符合标准范围内,以保证产品质量和安全。生物制药行业的生产过程对温湿度要求非常严格,因为温度和湿度变化可能会影响生物制品稳定性和活性。因此,温湿度监控系统被广泛应用于生物制药公司生产车间和实验室。

医药库房温湿度监控系统多采用"RS485 有线+局域网"模式,由温湿度传感器、温湿度采集器、监控主机、监控软件、门磁开关报警器等组成。

温湿度传感器用于实时测量环境中的温度和湿度数据,温湿度采集器负责收集传感器数据,并将其传输给数据存储设备进行存储和备份。库房增加了门磁开关报警器,监测库房开关门状态,避免冷库进出频繁、库房跑冷严重等因素导致库房温湿度异常。监控主机采集数据信息,声光报警。监控软件则用于分析和显示数据,以便操作员实时监控环境参数并及时采取相应的措施。

温湿度监控系统可以提供实时警报和报告功能,当温度或湿度超出预设范围时,系统将自动发送警报给相关人员,并生成相应报告以供后续分析和处理。通过使用温湿度监控系统,生物制药公司可以有效地监控生产环境中的温湿度变化,确保生产过程的稳定性和产品质量的一致性。此外,监控系统数据记录和报告功能还可用于审核和合规性验证,以满足监管机构要求。

（二）恒温果蔬冷库环境监测系统

恒温果蔬冷库环境监测系统设计是为了让瓜果蔬菜在存储、转运过程中能够保持较好新鲜度而设计的，目的是通过智能化监测管理，让冷库内温湿度处在适宜范围内，从而减少果蔬在存放、运输过程中的损耗，保障果农及商家利益。

恒温果蔬冷库环境监测系统设计基于先进嵌入式技术、智能测控技术和无线传输技术，通过在现场部署智能环控主机、温湿度采集模块、自动报警装置等设备，实时采集冷库内温湿度数据，并检测现场空调运行状态，及时发现温湿度失衡、空调故障情况，发现异常立即报警，让管理人员第一时间做出修整。

系统具备自动调控功能，能够在温湿度异常时，通过继电器控制空调设备的开关机状态。如现场温度升高，超出设定的阈值时，系统自动打开空调进行送风，在温湿度恢复正常范围时，再关闭空调。

为了提高监测效率，在进行系统设置时还配置在线监测软件，用户可通过网络查看现场实时动态，掌握温湿度状况，通过人机交互页面设计，远程控制冷库内空调启停状态，实现遥测、遥信、遥调、遥控功能。

一个良好的冷链物流体系，不但需要有完善的设备和操作能力强的实施者，同时也需要有良好的监控系统。冷链物流温湿度监控正如商品监护者一样，需要进行全程监控，始终维持商品安全。目前中国冷链物流市场处于快速发展阶段，冷链物流运营者往往在冷冻和冷藏设备上有较大的投入，而温湿度监控容易被作为一个附件而忽略。随着医疗、食品安全在社会中受重视程度的不断提高，标准与法规的健全，以及与国际接轨，在国外已经得到广泛研究的冷链物流温湿度监控系统必将在国内得到越来越多应用。

任务实施

李导师：小王，根据你之前的预习，说说冷链物流温湿度监控有哪几个特点？

小王：冷链物流温湿度监控一般要确保温度与湿度数据的实时性、准确性、可靠性、实用性。

李导师：很好。为了做好温湿度监控，首先必须保证农产品贮藏、运输及销售过程中的温度与湿度要求。

小王：明白，要科学设置农产品冷链物流各环节保鲜所要求的温度与湿度，并严格执行。

李导师：是的。下面以"荔枝冷链物流保鲜温度与湿度要求"为例，进一步学习冷链物流温湿度控制相关理论及技能（表6-3）。

表6-3 荔枝冷链物流保鲜温度与湿度要求

贮藏		运输	销售
温度/℃	湿度/%	温度/℃	温度/℃
2～5	90～95	1～5	1～10

项目六　冷链物流食品安全监管

任务拓展

李导师：小王，经过本任务的相关理论及荔枝实例的学习，相信你较好地掌握了温湿度控制相关知识及技能。下面请你根据老师提供的资料及上网查询的相关数据，编写"黄秋葵冷链物流保鲜温度与湿度要求"。

小王：好的，老师。我会认真完成的。

请你代替小王，编写"黄秋葵冷链物流保鲜温度与湿度要求"（表6-4）。

表6-4　黄秋葵冷链物流保鲜温度与湿度要求

贮 藏		运 输	销 售
温度	湿度	温度	温度

任务评价

知识点与技能点	我的理解（填写关键词）	掌握程度
冷链物流温湿度监控		☆☆☆☆☆
冷链物流温湿度监控实例		☆☆☆☆☆

补充阅读

冷链食品贮运环境温湿度数据将全部纳入平台监管

守护好全市人民"舌尖上的安全"，郑州市又有新动作。2022年4月，郑州市召开冷链食品安全智慧化监管工作推进会，要求冷链食品贮运环境温湿度数据全部纳入平台监管。

为进一步强化冷链食品安全，郑州市政府2021年安排部署了"冷链食品安全智慧化监管三年行动计划"。根据计划，郑州市将用3年时间，将冷链食品贮运环境的温湿度数据纳入平台监管，对冷链食品仓储运输过程中的温湿度数据进行实时监控、预警，以做到对所有冷链食品"物防"追溯和脱冷变质等安全问题的早发现、早关注、早提示、早预警、早处置。具体要求为，3年内实现大型冷库100万 m^2、冷链运输车辆3000台、冷藏冷冻前置仓1500间的温湿度数据接入监管平台，并实现温湿度数据的在线监管、智能分析和风险分级预警。

目前，郑州市约完成大型冷库21万 m^2、冷藏车1140台、冷藏冷冻前置仓533间的数据接入。按照计划，2022年已完成大型冷库40万 m^2、冷藏车1000台、冷藏冷冻前置仓500间的数据接入。

资料来源：郑州市人民政府.郑州：冷链食品贮运环境温湿度数据将全部纳入平台监管[EB/OL].(2022-04-25)[2024-02-19]. https://www.henan.gov.cn/2022/04/25/2438351.html.

【思考】

郑州市监管冷链食品贮运环境温湿度数据的具体措施有哪些？

任务五　食品安全追溯

食品安全追溯体系目前已经广泛应用于各个行业,它是一种可以对产品进行正向、逆向或不定向追踪的生产控制系统,适用于农产品生产和流通过程控制。追溯系统应用,能够保证农产品质量,使生产管理规范化、标准化;在发现农产品质量缺陷时,可迅速将缺陷农产品召回,使损害与损失降至最低。食品安全追溯系统不仅有利于提升品牌形象,保护消费者权益不受侵害,提升企业品牌形象;还能通过物联网技术加快信息传输速度,可有效提高企业供应链效率。

知识储备

一、食品安全追溯体系概述

(一) 发达国家和地区食品安全追溯体系概述

发达国家和地区食品安全追溯体系起步比较早,法律法规和标准比较完善,在追溯体系建设方面积累了大量宝贵经验。供应链可追溯性和企业内部可追溯性都有很多值得借鉴的地方。

1. 美国

美国基于国家安全高度,建立了严格立法机制,确保实施食品安全管理和食品市场监管。2002年,美国颁布了《生物恐怖主义行动法》,以确保针对食品恐怖主义行为和食源性疾病的暴发可以追溯到源头。基于该法案,美国食品药品监督管理局(FDA)要求食品生产商、加工商、分包商、零售商和进口商保留(纸质或电子)记录,用于跟踪和识别食品流通全过程中的信息。

基于多年食品安全管理和追溯经验,美国政府制定了食品安全法律和行业标准。《建立和保存记录管理法案》要求制造、加工、包装、运输、配送、接收、保存或进口食品的国内人员,以及一些制造、加工、包装或保存食品的外国企业,需建立和保存供应链中食品的相关记录。《食品安全跟踪条例》要求所有涉及食品运输、配送和进口的企业建立和保存食品流通全过程的记录。

美国食品安全追溯体系涵盖生产、包装、加工、运输、销售等环节,贯穿整个农产品供应链,可以追溯到所有环节。美国食品安全管理体系以危害风险分析为基础,以控制农产品生产经营主体为目标,以实施HACCP(hazard analysis and critical control point)质量体系认证为主要手段,建立从食品生产、加工到销售的全过程质量控制体系。

美国食品追溯体系要求强制执行,其主要内容包括:立法允许FDA发布食品相关的安全生产法规;所有食品生产商和供应商必须遵守FDA的相关生产法规。进口食品必须在美国食品药品监督管理局或美国农业部注册,检验合格后才能流入;食品种植生产企业在种植过程中应遵循GAP(良好农业规范)管理制度。美国对种植生产和农药残留有严格要求和监管。在加工过程中,他们应遵循GMP(良好生产规范)管理体系和

HACCP食品安全认证体系,建立食品安全控制体系和可追溯体系,以确保产品生产的每一步都可控、安全和可追溯。生产或销售的食品按照标签基本要求进行统一标识,在运输和销售过程中也实行食品供应可追溯制度和 HACCP 认证制度。

2. 欧盟

欧盟在立法中充分考虑农产品质量安全,通过食品安全追溯体系促进食品安全监管。2000年,联盟要求自 2004 年起所有在欧盟销售的食品及其配料必须可追溯,否则禁止流通和销售。2002 年,欧盟要求从 2005 年起禁止无溯源性食品在欧盟销售,并据此制定了鱼、蛋、禽、果蔬和转基因产品的溯源性法规。

2023 年,欧盟通过全球统一标识(ENAUCC)系统对食品安全的可追溯性进行标识,该系统已广泛应用于全球供应链中的零售和物流行业。该系统由编码系统、数据载体和数据交换链路组成。其中,EANUCC 码是生产、加工、销售过程共享信息的标签系统。该代码在农产品流通的源头生成,贯穿于农产品的整个生命周期,包括贸易项目、物流单位、资产、位置、服务关系等的标识代码。数据载体包括条形码和射频标识;EANUCC 系统的数据交换基于流通领域电子数据交换规范(EANCOM),用于共享农产品供应链各环节的相关信息。ENAUCC 系统可以有效减少不兼容造成的资源浪费,有效降低系统运维成本,实现信息流与实体物流的快速、准确、无缝连接。

欧盟食品安全追溯体系包括食品、饲料、用于食品制造的牲畜,以及与食品和饲料制造相关的物品。要求确保生产、加工和销售的各个环节都能进行追溯和监督。其中,生产作为农产品供应链中的第一个环节,要求生产者严格按照相应经营管理规定进行生产,以保证监管部门能够随时获得详细留存信息。欧盟食品安全追溯体系规定,在加工过程中,加工者应严格按照操作管理程序工作,加工后的农产品应统一编号并录入追溯系统进行追溯。还规定农产品进入市场销售时,农产品标签应当包含供应链各环节的相关信息,直至销售后两个月,以便追溯生产、加工、流通、销售等各环节信息,控制问题农产品的扩散,并进行责任追究。

(二)中国食品安全追溯体系概述

近年来,国内外食品危机不断,从疯牛病、禽流感、口蹄疫、甲型 H1N1,到一直存在的蔬菜农药残留、滥用化肥等问题,极大地影响了公众健康,给农产品生产企业和个人也带来损失。"毒豇豆""问题黄瓜""漂亮豆芽""虫子橘子""爆炸的西瓜""催熟的杧果""毒大米"等农产品质量安全事件偶有曝光,导致消费者对国内食品健康安全要求越来越高,亟须新的食品安全保障体系来保证农产品质量,从而保障食品安全。依托于信息技术的食品安全追溯体系,作为食品安全和信息技术的结合点,是目前中国农业信息化领域的研究热点。

中国农业农村部、国家质量监督检验检疫总局等部门相继开展了 40 多个农产品安全监管系统试点工作,虽有一定成效,但也存在一些问题,主要表现在以下几个方面:①以企业为基础开发的内部溯源系统,满足本企业溯源需求,但一般不易实现溯源信息共享;②来源信息内容不一致,有简有繁;③溯源链条较短,没有实现上下游企业之间溯源信息的传递。

食品安全追溯体系以信息技术为手段,以法规标准为依据,以发展现代流通方式为基础,采用 RFID 食品追溯管理系统,利用 RFID 先进技术并依托网络技术及数据库技术,实现信息融合、查询、监控,为每一个生产阶段及分销到最终消费领域的全过程,提供针对每件农产品安全性、食品成分来源及库存控制的合理决策,实现食品安全预警机制。RFID 技术贯穿于食品生产、加工、流通、消费各环节,有助于对全过程严格控制。

食品安全追溯体系建立了一个完整产业链的食品安全控制体系,让农业行业彻底实施农产品源头追踪,形成各类食品企业生产销售的闭环生产,以及在农产品供应链中提供完全透明的信息,并确保供应链高质量数据交流,确保市场上销售的"每一块肉、每一束菜"都经过严密监管,做到"来源清楚、去向明白、消费者放心",以保证向社会提供优质的放心食品。

食品安全追溯体系建设解决了因为油污、潮湿等原因造成的条码损坏而不能准确读出数据的问题,不仅可以追溯疫病与污染问题,还可以追溯种养殖过程中滥用药,加工过程中超范围、超限量使用添加剂问题,改变以往对食品质量安全管理只侧重于生产后控制,而忽视生产中预防控制的现象,完善农产品加工技术规程、卫生规范及生产认证标准,带动行业整体进步,全面提升中国食品行业水平。

二、RFID 食品安全追溯

RFID 食品安全追溯管理系统可以保障农产品质量安全及可全程追溯,规范农产品生产、加工、流通和消费四个环节,给大米、面粉、油、肉、奶制品等农产品都颁发一个"电子身份证",即全部加贴 RFID 电子标签,并建立食品安全数据库,从农产品种养殖及生产加工环节开始加贴,实现"从农田到餐桌"全过程跟踪和追溯,包括运输、包装、分装、销售等流转过程中的全部信息,如生产基地、加工企业、配送企业等都能通过电子标签在数据库中查到。

RFID 食品安全追溯管理系统包括三个层次结构、二级节点、一个数据中心与基础架构平台。

(1) 三个层次结构包括网络资源系统、公用服务系统和应用服务系统。

(2) 二级节点由农产品供应链、安全生产监管数据中心和各关键监测节点组成。农产品供应链是指从农田到消费者手中的整个流程,涵盖了农产品的生产、采收、流通加工、贮藏、运输与配送、销售等环节,并整合上下游资源、建立战略联盟,从而提升企业核心竞争力。安全生产监管数据中心为海量的农产品追溯与安全监测数据提供充足存储空间,保证信息共享开放性、资源共享及安全性,实现农产品追踪与安全监测管理功能。各关键监测节点包括种养殖场节点、生产与加工线节点、仓储与配送节点、消费节点,实现各节点数据采集和信息链连接,并使各环节可视化。

(3) 一个数据中心与基础架构平台中的"一个数据中心"为农产品供应链及安全生产监管数据管理中心。该中心是构建于基础架构平台 ezRFID 的管理平台。ezRFID 是 RFID 运作的中枢,为硬件和应用程序间的中介角色,将实现不同节点、不同追溯环节上各种不同 RFID 设备和软件顺畅地协同运行。它的作用主要体现在两个方面,一是操纵控制 RFID 读写设备按照预定方式工作，保证不同读写设备之间配合协调；二是按照一定规则过滤数据，筛除绝大部分冗余数据，将真正有效数据传送给后台信息系统。例如，在猪或牛出生后将被打上 RFID 电子耳标，耳标里有此头生猪或牛的唯一标识号，此号码将贯穿所有节点，并和各环节相关管理和监测信息关联，以达到追溯目的。

（一）系统功能

RFID 食品追溯管理系统由中心数据库系统、种养殖安全管理系统、安全生产与加工管理系统、供应链管理系统、消费管理系统、检疫监控系统、基础信息服务系统等组成。通过种养殖生产、加工生产、流通、消费的信息化建立起来的信息连接，实现企业内部生产过程安全控制和对流通环节实时监控，达到食品可追溯与可召回的目的。

(1) 中心数据库系统包括农产品分类库及样品库、农产品生产单位属性数据库、农产品安全标准与安全指标、农产品生产与管理信息、农产品安全监测与检测数据。

(2) 种植养殖场管理系统中种植养殖场的数据上传管理中心，监管部门可实时监控。主要包括农产品维护管理功能，对于本种植养殖场或外购的畜禽、果蔬、鱼类等建立基本信息档案，并用电子标签标识；生长发育管理功能，根据标准参数，判断其发育及健康状况，调整营养措施及饲养方法；饲养管理功能，记录各饲养情况，查看在不同生长发育阶段的营养需求，选用合理饲养配方；繁殖管理功能，记录繁殖信息；疾病管理功能，根据相应管理标准，建立疫病档案；防疫管理功能，建立检疫和免疫档案，包括疫苗、喂药等，将各种违禁药物信息嵌入在系统中，用来防止动物等在休药期内出栏，杜绝源头污染。

(3) 安全生产与加工管理系统主要功能为对种养殖场农产品进行生产加工的管理，例如，畜、禽、鱼等肉类的屠宰与生产加工，果蔬谷物大米等食品的挑选加工、奶类生产与奶制品加工、饮料生产等。在生产加工环节中，将种养殖环节中标签所标识的信息传递入生产加工环节信息链，按管理标准与规范采集生产加工不同节点上的信息，通过电子标签唯一标识，并将该信息传送到冷链物流环节中。

(4) 供应链管理系统主要功能为仓储与物流配送管理，通过 RFID 在生产加工及销售供应链中建立可追溯系统。在物流上，货品信息记录在托盘或货品箱的标签上。这样 RFID 系统能够清楚地获知托盘上货箱，甚至单独货品的各自位置、身份、储运历史、目的地、有效期及其他有用信息。RFID 系统能够为供应链中的实际货品提供详尽数据，并在货品与其完整的身份之间建立物理联系，用户可方便地访问这些完全可靠的货品信息。并通过 RFID 高效采集数据，及时将仓储物流信息反馈到生产加工，指导生产。

(5) 消费管理系统在农产品进入最终端销售时，可根据具体情况分析，采用现有成熟条码技术。

(6) 检疫监控系统不仅在种养殖、生产加工过程进行检验检疫，基于 RFID 的检疫监控系统还在道口实施使用，并将监控链延伸到超市，监控对象覆盖各类食品。

(7) 基础信息服务系统为统一的资源发布、农产品安全数据信息共享服务网，提供全方位农产品安全数据信息共享与服务。主要为各环节信息查询、农产品食品安全监测分析、事件预防等，并可部署到消费终端，如超市。通过最终产品的电子质量安全码扫描，可以查询到所购农产品的各供应环节信息，也可以向上层层进行追溯，最终确定问题所在，这种方法主要用于问题产品的召回。

（二）系统特点

RFID追溯管理系统利用RFID的优势特性达到对农产品的食品安全与追溯管理，相比记录档案追溯方式具有高效、实时、便捷。在农产品供应链中提供完全透明的管理能力，保障农产品食品安全的全程可视化控制、监控与追溯，并可对问题食品召回。可以全面监控种养殖源头污染、生产加工过程的添加剂及有害物质、流通环节中的安全隐患。可以对有可能出现的食品安全隐患进行有效评估和科学预警提供依据。数据能够通过网络实现实时、准确报送，便于快速高效做更深层次分析研究。通过网络，消费者可查询所购买食品的完整追溯信息。

（三）系统适用领域

系统可广泛应用于农、林、渔、牧、副各类农产品的食品安全追溯管理，适用粮油食品、畜禽食品、果蔬食品、水产食品、调味品、乳制品、方便食品、婴幼儿食品、食品添加剂、饮料、化妆品、保健食品等。

任务实施

李导师：小王，根据你之前的预习，说说食品安全追溯体系有什么功能？

小王：食品安全追溯体系可以实现"从农田到餐桌"全过程跟踪和追溯，包括运输、包装、分装、销售等流转过程中的全部信息，如生产基地、加工企业、配送企业等都能通过电子标签在数据库中查到。

李导师：是的，通过二维码，就可全程追溯农产品冷链物流全过程，保证食品安全，让消费者买得放心、企业管理安心、有关部门执法省心。

小王：明白，应积极构建食品全链条追溯体系，保障食品安全。

李导师：下面以"浙江省食品安全追溯闭环管理系统'浙食链'"为例，进一步学习食品安全追溯相关理论及技能。

浙江省食品安全追溯闭环管理系统"浙食链"

浙江省探索构建以承诺达标合格证为载体、"浙食链"数字化追溯为核心、"检测＋溯源＋责任传导"为目标的食用农产品风险隐患闭环管控机制，实现全链条数字化追溯管理，确保食用农产品来源可溯、去向可追、责任可究，达到食用农产品风险隐患闭环管控成效。

浙江省食品安全追溯闭环管理系统"浙食链"自推出以来，经过不断迭代升级，已构建起覆盖食品生产、销售全链条的闭环溯源管理体系。消费者只需扫一扫食品包装或门店的"浙食链"二维码，就能轻松了解食品从生产到销售的全过程，如图6-1所示。

"浙食链"批次码的作用体现在哪里？库管员通过支付宝或者微信扫一扫公司提供的"订单码"后，逐一扫码食品外箱的"箱码"，就可以集成式轻松入库。另外，库管员在扫食品最小单元塑料包装上标有"浙食链"的批次码后，能够了解食品的生产加工状况，包括生

图 6-1 "浙食链"二维码

产批次、生产日期、产品条码等,还有完整的食品追溯信息和出厂检验结果等。如果这种食品在监督抽检中判定为不合格,监管部门会在"浙食链"系统召回该批次产品,并警示消费者避免食用。

实现农产品流通全方位应用

2021年,浙江省市场监管局以数字化改革为总抓手,聚焦食品安全治理体系和治理能力现代化建设,全力推进食品安全从田间到餐桌全链条监管。

在食品加工流水线上,每个食品都被加赋"浙食链"溯源码。随着食品进入流通端,"浙食链"系统进一步汇集食品的市场进货报备、交易记录、检测数据等信息。等产品被摆上货架,消费者扫一扫"浙食链"二维码即可实时查看店铺的月度检查、企业自查、监督抽查、行政处罚、阳光厨房等信息。

打造"透明、放心、可溯"的食品安全数字化生态。"浙食链"不仅便利消费者,也提高了销售企业管理效率。依托"浙食链"二维码,超市在引入食品时能有效设置质控门槛;质量管理部门在抽检或淘汰替换高风险食品时能提供有效依据;消费者在选购食品时也更具"慧眼";商家之间公平竞争也更有理有据。

作为食品展示、销售的主渠道,大中型商超是对接上游食品生产加工、农产品种养殖与下游食品经营者、消费者的桥梁和纽带,对保障食品安全和稳定供应至关重要。"浙食链"系统在大中型商超的推广应用,对进一步提升浙江全省食品安全保障水平和能力具有重要意义。一方面,通过"浙食链"系统应用,全省食品生产经营行业建立全过程、全覆盖的食品安全追溯体系;另一方面,借助"浙食链"系统,企业间办事流程得到优化,也减轻企业负担,实现了上下游主体信息、食品生产流通信息和食品安全风险信息全过程实时共享、共通、共用。

至此,"浙食链"系统建立起符合数字化追溯要求的信息管理系统,打通食品上下游信息链,确保精准定位和处置问题食品,必要时能够向消费者和相关企业发出预警,防范和化解重大食品安全风险。

同时,"浙食链"系统相关制度保障也在不断完善。2022年,浙江省市场监管局出台《浙江省食品销售进货查验记录和销售记录工作规范》,提出"浙食链"系统的电子凭证与纸质凭证具有同等法律效力。

然而,在实践中由于缺乏法定依据,基层推动食品追溯信息上链较为困难。为此,浙江省加快推进《浙江省食品安全数字化追溯规定》制定。未来,该地方性法规的出台将使食品追溯信息上链成为经营者法定义务,真正让上链履责成为习惯。

企业使用降本增效 消费者购买生鲜放心

"浙食链"是实现食品安全追溯闭环管理的专用身份证。在杭州市生鲜门店的醒目位置都挂着印有"浙食链"字样的二维码,消费者只要拿出手机,用微信扫一扫,就会跳出"浙食链"小程序,可以查看产地、检测报告等信息。消费者购物体验更好,购买生鲜也更放心。

实际上,浙江省对生鲜食品的溯源管理早在2021年就已经开始。浙江省修订出台的《浙江省动物防疫条例》明确,生产加工、批发、零售、餐饮等经营环节的食用动物产品经营者应当按照规定查验、记录、保存食用动物产品检验检疫信息,并录入省食品安全追溯系统。这一规定让肉类追溯有法可依,推动肉类全链条追溯体系建立。

截至2023年6月下旬,浙江全省共激活上链猪肉经营单位43 904家,农业农村部门向"浙食链"推送的动物检疫证数据3 596 474条,"浙农码"食用农产品合格证数据1 096 632条,肉类平均每天上链达8291t,肉类无纸化交易率高达90%以上。目前,浙江省猪肉全链条追溯体系基本建立,"浙食链"一键可查猪肉产品完整流转链路图,猪肉产品来源和流向一目了然。

这些成绩离不开浙江省市场监管局对生鲜门店食品安全治理工作的全面谋划。2023年3月,浙江省形成规范生鲜门店食品安全治理行动方案,在全省范围部署推进,并在全国率先出台《生鲜门店食品安全管理规范》《生鲜门店食品销售风险分级管理规范》,分别对生鲜门店经营条件、环境卫生、食品安全管理、安全生产等方面提出条目式和清单式要求,并对生鲜门店食品安全风险评定等级,实施分等分级、精准监管。

同时,浙江省市场监管局在"浙食链"系统上开发"生鲜门店"管理模块,将生鲜供应与销售纳入"浙食链"的管理体系。

对于农业企业而言,在采收前进行农残快检,并承诺将达标合格证上传"浙食链",农产品到大仓之后扫码入库,直接分销到生鲜门店或配送至各农贸市场等,在门店端可以查询到商品的来源,实现农产品全程可追溯。

对市场监管部门而言,一旦发现抽检产品不合格信息,立即依托"浙食链"系统开展溯源追踪,及时通报源头供应商所在地监管部门跟进处置,让消费者买得放心、吃得安心。

对于经营者来说,"浙食链"系统提供食品安全管理便利。通过近两年的使用,"浙食链"系统切实帮助企业提质增效,降低成本,特别是畜禽产品,供应商可以减少一个送货环节,不用再去配送中心所在地的动检所换票,企业也减少了票证管理成本及人工成本。针对预包装产品,扫码就可看电子报告,既提升索证索票效率,也降低产品合格证明丢失风险及企业管理成本。

据统计,截至2023年6月下旬,浙江省近8400家生鲜门店中,已激活"浙食链"的共6420家,占生鲜门店总数的77%。其中,食品销售企业2595家,连锁经营1167家,农贸(农批)市场周边200m生鲜门店1803家,有现场加工生鲜门店484家。浙江省正推进生鲜门店提升"浙食链"应用活跃度,着力构建高风险品种全链条追溯体系。

两年多来,"浙食链"系统上链用户从9950户增长到39.2万户,占全部销售主体的50%以上,重点覆盖65家农批市场、1863家农贸市场、10 119家大中型商超等经营主体,用户数量增长近40倍。

接下来,浙江省将督促食品经营主体通过"浙食链"系统采集食品进货报备和交易信息,继续加快"浙食链"系统在农批(贸)市场、商场超市等重点经营主体的应用,全力构建"从农田到餐桌"数字化全链条追溯体系,着力推进"无感监管、有感服务"在食品安全监管领域的率先落地。

任务拓展

李导师:小王,经过本任务的相关理论及"浙食链"系统实例的学习,相信你较好地掌握了食品安全追溯相关知识及技能。下面请你根据老师提供的资料及上网查询的相关数据,编写"盒马鲜生食品安全追溯系统"。

小王:好的,老师。我会认真完成的。

请你代替小王,编写"盒马鲜生食品安全追溯系统"。

任务评价

知识点与技能点	我的理解(填写关键词)	掌握程度
食品追溯体系概述		☆☆☆☆☆
RFID食品安全追溯		☆☆☆☆☆

补充阅读

创新监管模式　守护"舌尖上的安全"

2023年2月,国家卫生健康委员会同农业农村部、市场监督管理总局发布了《食品安全标准跟踪评价工作方案》,旨在推动食品安全标准跟踪评价工作有效开展,不断完善食品安全标准体系。事实上,为筑牢食品安全防线,近年来各地各部门多措并举保障食品安全,重拳出击强化监管成效,一系列相关政策相继出台,监管举措不断创新,全力守护"舌尖上的安全"。

食品安全关乎人民群众身体健康、生命安全,必须以零容忍的态度惩治食品安全犯罪,密织食品安全的"防护网",拧紧管理"水龙头"。

1. 推动食品安全标准执行

坚持线上、线下相结合,坚持常态评价、专项评价和专题研究相结合,坚持跟踪评价与宣传培训相结合。承担食品安全与营养健康综合试验区、区域营养创新平台建设的省份,要主动将综合试验区、创新平台建设与跟踪评价工作有机结合,推进本地区跟踪评价深入开展。

2. 多地创新食品安全监管

"民以食为天,食以安为先"。越来越多的消费者选择点外卖解决日常饮食需求,这对餐饮行业食品安全提出了更高要求。

不少地方探索聘任外卖员担任食品安全监督员,将外卖骑手纳入食品安全治理体系,实现食品安全社会共治与基层社会治理的同向发力。例如,苏州市吴江区对外卖骑手开展了食品安全共治共管业务培训,为外卖骑手们现场讲解证照公示、明厨亮灶、文明餐桌等食品安全监管知识。为了提高监督效率,吴江区还建立了"菜单式"工作联络机制,监督员通过小程序上传视频、图片、文字等信息,就能实现监督"一键直达",市场监管局工作人员收到后会立即进行反馈。四川省宜宾市在全市选任外卖配送行业食品安全义务监督员,负责监督市区内第三方网络餐饮服务及外卖配送行业食品安全,并对监管工作提出意见建议。据介绍,这些外卖小哥在配送过程中,一旦发现餐馆后厨"脏乱差"等食品安全隐患问题,可以及时拍照,向属地市场监管部门联络员举报,为食品安全社会共治提供助力。

为充分发挥各地各部门协调联动作用,形成食品安全监管合力,夯实食品安全工作基础,京津冀三地市场监管部门将围绕"一体化"建设,进一步推动区域协同监管、区域信息共享、检查人员共用、食品产业发展,保障京津冀食品安全;统一三地食品生产企业监管标准,推进跨省市设立、搬迁食品生产企业监管工作的协调一致;推动三地在食品生产许可、日常监督检查、问题核查处置上协同统一,共同推动区域食品生产监管高质量发展。

此外,浙江、上海等地积极推进以大数据、云计算、人工智能等新技术为基础的全新监管机制,监管效率大幅提升,食品安全监管已经从"人海战术"向"智慧监管"转型。例如,兰州市大力推进"互联网+食品安全"智慧工程建设,依托"陇上食安"一体化智慧监管平台,对食品生产、流通、餐饮和特殊食品环节实施智慧监管。此举有效解决了基层监管力量不足的问题,提高了监管的科学性和精准性,监管人员可以通过手机实时查看餐厅后厨和各种食材公示等信息。

3. 多方合力守护食品安全

食品安全直接关系人民群众的身体健康和生命安全,关系千家万户的幸福安康,是重大的民生工程、民心工程。自2015年以来,《中华人民共和国食品安全法》三次对食品安全监管制度进行修订完善。《中华人民共和国农产品质量安全法》《中华人民共和国食品安全法实施条例》《农药管理条例》《兽药管理条例》《生猪屠宰管理条例》等一系列相关法律法规也进行了修订,《刑法修正案(十一)》还对食品监管渎职罪作出相应修改。

同时,惩治危害食品安全犯罪也成为相关部门保障民生的重要内容。2021年5月,农业农村部、市场监督管理总局、公安部、最高人民法院、最高人民检察院、工信部、国家卫健委七部门联合发布《食用农产品"治违禁控药残促提升"三年行动方案》,力争用三年左右时间,有效遏制常规农兽药残留超标问题,基本解决违法使用禁限用药物问题。

2022年以来,食品安全相关政策陆续出台。例如,2022年8月,国家卫健委印发《食品安全标准与监测评估"十四五"规划》,对"十四五"时期食品安全标准与监测评估工作总体要求、基本原则、发展目标、主要任务、保障措施做出系统设计和具体部署;2022年9月,市场监管总局发布《企业落实食品安全主体责任监督管理规定》,落实食品安全法及其实施条例相关规定,督促企业落实食品安全主体责任,强化企业主要负责人食品安全责任,规范食品安全管理人员行为。

食品安全标准是强制性技术法规,也是生产经营者的基本遵循,还是监督执法的重要依据。截至目前,中国已发布食品安全国家标准1455项,包含2万余项指标,涵盖了从农田到餐桌全链条、从过程到产品各环节的主要健康危害因素,保障人民群众的饮食安全。

项目六　冷链物流食品安全监管

食品安全监管牵涉方方面面,不仅需要生产者、消费者、监管者三方合力,还需要不断升级监管方式和手段。只有智能化手段"多管齐下",不断提高食品安全监管精度和效率,才能更精准、更高效推动食品安全监管工作从"被动整治"走向"主动防控",从"两头监管"走向"过程监管",不断提高食品安全工作水平,切实保障人民群众身体健康和生命安全。

资料来源:中国商报.创新监管模式 守护"舌尖上的安全"[EB/OL].(2023-02-24)[2024-02-19]. https://baijiahao.baidu.com/s?id=1758675953532245810&wfr=spider&for=pc.

【思考】

如何创新监管模式,守护"舌尖上的安全"?

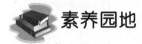素养园地

筑牢食安屏障　守护人民健康

2022年,广东省政府强化食品药品安全监管纳入"省十件民生实事"。市场监管部门坚持问题导向,深化改革创新,完善三级分工、上下联动的食品抽检工作机制,增强食品抽检针对性、有效性和系统性,充分发挥抽检监测排查和化解食品安全风险隐患的作用,切实保障人民群众身体健康和生命安全。

在广州市花都区的一家农贸市场快检室里,工作人员正在对早上刚运抵市场的农产品进行抽样检验。这不仅可以快速检测蔬菜农药残留,还可以对畜禽、鱼类、贝壳和虾类等食用农产品的兽药残留、重金属、有害物质等进行现场快速定性检测,最快10~20分钟就可以出具检测结果,并将检测结果在市场的大屏幕进行公示。

此外,为了形成"双保险"。在市场的蔬菜区,来自广东省食品检验所的工作人员正在当地市场监管部门的陪同下进行抽样,并将样本送到更全面的实验室进行检测。

自食品抽检工作实施以来,共完成82.4万批次食品安全抽检,全省核查处置不合格食品2万多件,有效阻止195.1t不合格、问题产品流入市场,没收违法所得305.48万元,没收食品货值65.52万元,罚款1.04亿元。在食用农产品快检方面,全省食用农产品快检933万多批次,合格率为98.96%,快检发现不合格食用农产品9.75万批次,销毁快检不合格问题产品192.17万t,切实保障人民群众食品消费安全,提振消费信心。

习　题

一、单选题

1. 下列做法中,符合《中华人民共和国食品安全法》规定的是(　　)。

　　A. 以甲醇为原料生产白酒

　　B. 用工业用乙酸勾兑食醋

　　C. 在辣椒酱中添加苏丹红

　　D. 焙制面包时按食品安全国家标准加入小苏打

2. 冷链物流温湿度监控的显著特点不包括(　　)。

A. 实时性　　　　B. 完整性　　　　C. 可靠性　　　　D. 准确性

3. 食品卫生侧重于（　　）。
   A. 生产安全　　B. 结果安全　　C. 冷链物流安全　　D. 过程安全

4. （　　）是一类复杂的高分子含氮化合物，它是构成细胞的基本有机物。
   A. 蛋白质　　　B. 糖类　　　　C. 脂类　　　　D. 水分

5. （　　）可以用通式 $C_n(H_2O)_m$ 表示，是碳水化合物。
   A. 蛋白质　　　B. 糖类　　　　C. 脂类　　　　D. 水分

6. 食品中水分、灰分、脂肪、果胶、纤维等成分的测定，称为（　　）。
   A. 称量法　　　B. 滴定法　　　C. 称重法　　　D. 容积法

7. 肉浸液的黏度测定，属于（　　）。
   A. 感官检验法　B. 化学分析法　C. 物理指标法　D. 微生物检验法

8. 冷藏车内，温湿度数据采集终端一般不设置的地点是（　　）。
   A. 车厢门口　　B. 车厢底部　　C. 出风口　　　D. 货物中心端

9. 数据保存时间应大于产品保质期 6 个月以上，如无保质期，应至少保存（　　）年以上。
   A. 1　　　　　B. 2　　　　　C. 3　　　　　D. 5

10. 脂肪性质和特点主要取决于（　　）。
    A. 甘油三酯　　B. 油和脂肪　　C. 脂肪酸　　　D. 胆固醇

二、多选题

1. 食品安全的三个层次为（　　）。
   A. 食品数量安全　　　　　　B. 食品质量安全
   C. 食品营养安全　　　　　　D. 食品可持续安全

2. 食品安全是个综合概念，包括（　　）等相关方面内容。
   A. 食品卫生　　B. 食品质量　　C. 食品质量　　D. 食品营养

3. 食品安全是（　　）的完整统一。
   A. 生产安全　　B. 结果安全　　C. 冷链物流安全　　D. 过程安全

4. 食品质量包括的主要品质特性指标有（　　）。
   A. 检验指标　　B. 感官指标　　C. 营养指标　　D. 卫生指标

5. 一般是从（　　）方面来进行鉴定食品的腐败变质。
   A. 感官　　　　B. 物理　　　　C. 化学　　　　D. 微生物

三、简答题

1. 冷链物流与食品安全的关系如何？
2. 何为感官检验法？
3. 温湿度检测系统包括哪几部分？

参 考 文 献

[1] 中华人民共和国农业农村部.荔枝冷链流通技术要求：NY/T 4167—2022[S].北京：中国农业出版社,2022.

[2] 中华人民共和国农业农村部.荔枝等级规格：NY/T 1648—2015[S].北京：中国农业出版社,2015.

[3] 中华人民共和国农业农村部.龙眼、荔枝产后贮运保鲜技术规程：NY/T 1530—2007[S].北京：中国农业出版社,2008.

[4] 中华人民共和国农业农村部.黄秋葵等级规格：NY/T 3270—2018[S].北京：中国农业出版社,2018.

[5] 中国乳制品工业协会.牦牛乳奶车清洗管理规范：RHB 814—2018[S/OL].(2018-12-31)[2024-05-20]. https://www.cdia.org.cn/cate_newinfo/1168.html.

[6] 上海市检验检测认证协会.巴氏杀菌乳——鲜牛奶：T/CSCA 110059—2020[S/OL].(2020-11-10)[2024-05-20]. https://www.ttbz.org.cn/StandardManage/Detail/43576/.

[7] 山东省市场监督管理局.黄秋葵冷链流通技术规程：DB37/T 3808—2019[S/OL].(2019-12-24)[2024-05-20]. http://isdapp.shandong.gov.cn/jmopenpub/jmopen_files/webapp/html5/sdsdfbzcx/index.html#/page-detail.

[8] 广西壮族自治区市场监督管理局.秋葵采收与贮运技术规程：DB45/T 2191—2020[S/OL].(2020-10-29)[2024-05-20]. https://dbba.sacinfo.org.cn/stdDetail/d69e9eb733512700075eeaea84d2cd3efaebb09fd39d317282f88220d16d3b7d.

[9] 辽宁省市场监督管理局.食品冷链物流(仓储与配送)技术管理规范：DB21/T 3356—2020[S/OL].(2020-12-30)[2024-05-20]. https://dbba.sacinfo.org.cn/stdDetail/3687db147e24891c75071fa40a67d3d92465d8ee5d846e1d197dda6c78864d27.

[10] 天津市市场和质量监督管理委员会.冷链物流 温湿度要求与测量方法：DB12/T 3012—2018[S/OL].(2018-04-12)[2024-05-20]. https://dbba.sacinfo.org.cn/stdDetail/6d3d3ccb57e88a8f4f35bcdc773f1f85.

[11] 惠州市市场监督管理局.优质牛奶生产管理技术规范：DB4413/T 24—2021[S/OL].(2021-12-02)[2024-05-20]. https://dbba.sacinfo.org.cn/stdDetail/9c77ca0db7734fcf8ec67d3808089f68a41f298e346cc8256137239fb30ff960.

[12] 青海省市场监督管理局.蔬菜采后处理及配送技术规范：DB63/T 1900—2021[S/OL].(2021-03-10)[2024-05-20]. https://dbba.sacinfo.org.cn/stdDetail/8066788847b7ad11210d177ceffd550d19db63a7bd5c7032acf382a128b2b7ff.

[13] 国家市场监督管理总局 国家标准化管理委员会.GB/T 28842—2021 药品冷链物流运作规范[S].北京：中国标准出版社,2021,11.

[14] 中华全国供销合作总社.鲜荔枝：GH/T 1185—2020[S/OL].(2020-12-07)[2024-05-20]. https://std.samr.gov.cn/hb/search/stdHBDetailed?id=B833280C56541D70E05397BE0A0A07BF.

[15] 国家药典委员会.中国药典(2020年版)[M].北京：中国医药科技出版社,2020.

[16] 李学工.冷链物流管理[M].北京：清华大学出版社,2022.

[17] 谢如鹤,王国利.冷链物流管理[M].北京：中国财富出版社有限公司,2022.

[18] 孙前进,孙静,陈学英.医药冷链物流[M].北京：中国发展出版社,2021.

[19] 田长青.冷链物流技术与装备[M].北京：清华大学出版社,2021.

[20] 王雅蕾.物流设施设备[M].北京：电子工业出版社,2021.

[21] 李洋,刘广海.冷链物流技术与装备[M].北京：中国财富出版社有限公司,2020.

[22] 白世贞,曲志华.冷链物流[M].北京：中国人民大学出版社,2019.

[23] 叶建恒.冷链物流管理[M].北京：北京师范大学出版社,2018.

[24] 杨清,吴立鸿.冷链物流运营管理[M].北京：北京理工大学出版社,2018.

[25] 吕建军,侯云先.冷链物流[M].北京：中国经济出版社,2018.

[26] 谢如鹤,刘广海.冷链物流[M].武汉：华中科技大学出版社,2017.

[27] 朱丹玉,李现伟.基于数字智能化的冷链物流管理技术研究[J].中国物流与采购,2023(3)：54-55.

[28] 李颖玲,陈焕新,陈璐瑶.大数据在冷链物流领域的应用[J].智慧轨道交通,2023,60(1)：1-5.

[29] 李远方.五部门联手推进冷链物流发展[J].中国商界,2022(5)：14-15.

[30] 牛秀明,余建群,艾振,等.国外农产品冷链物流发展经验及启示[J].物流技术,2022,41(11)：22-26.

[31] 梁鸿宇.冷链物流数字化意识的觉醒[J].中国储运,2022(12)：24-25.

[32] 霍家玉.基于区块链技术的医药冷链物流应用研究[J].物流工程与管理,2022,44(3)：46-49.

[33] 汪凯.我国冷链物流未来发展问题研究[J].农村经济与科技,2020,31(12)：73-74.

[34] 周强,傅少川.智能化冷链物流综合防控技术体系研究[J].科技管理研究,2020,40(13)：196-201.

[35] 王洪艳,张艺丹,余俊,等.冷链物流转型升级及行业新动能研究——以沈阳市冷链物流为例[J].物流工程与管理,2019,41(10)：10-14.

[36] 周远,田绅,邵双全,等.发展冷链装备技术,推动冷链物流业成为新的经济增长点[J].冷藏技术,2017,40(1)：1-4.

[37] 中物联医药物流分会研究中心.中国医药冷链物流行业研究报告（2022）[EB/OL].(2022-10-26)[2024-05-20].https://www.sohu.com/a/595248389_100136123.

[38] 秦玉鸣.中国医药冷链物流发展全景分析报告[EB/OL].(2023-07-26)[2024-05-20].https://www.sohu.com/a/706442336_99932987.